中外文稀有版本文献

《自然辩证法》

德 文 版

【德】弗里德里希·恩格斯 ◎ 著

图书在版编目（CIP）数据

《自然辩证法》中外文稀有版本文献：汉文、英文、德文/(德)恩格斯著；杜畏之译. -- 北京：中央编译出版社，2024.4
ISBN 978-7-5117-4535-4

Ⅰ.①自… Ⅱ.①恩… ②杜… Ⅲ.①《自然辩证法》—汉、英、德 Ⅳ.①A811.2

中国国家版本馆 CIP 数据核字 (2023) 第 178323 号

《自然辩证法》中外文稀有版本文献

策划统筹	张远航
责任编辑	郑永杰　宋　妍
责任印制	李　颖
出版发行	中央编译出版社
网　　址	www.cctpcm.com
地　　址	北京市海淀区北四环西路 69 号（100080）
电　　话	（010）55627391（总编室）　（010）55627319（编辑室）
	（010）55627320（发行部）　（010）55627377（新技术部）
经　　销	全国新华书店
印　　刷	廊坊市印艺阁数字科技有限公司
开　　本	710 毫米 ×1000 毫米 1/16
字　　数	1403 千字
印　　张	109.75
版　　次	2024 年 4 月第 1 版
印　　次	2024 年 4 月第 1 次印刷
定　　价	2860.00 元（全 4 册）

新浪微博：@中央编译出版社　　　微　信：中央编译出版社（ID：cctphome）
淘宝店铺：中央编译出版社直销店（http://shop108367160.taobao.com）（010）55627331

本社常年法律顾问：北京市吴栾赵阎律师事务所律师　闫军　梁勤
凡有印装质量问题，本社负责调换，电话：（010）55627320

前　言

　　《自然辩证法》基本上由恩格斯于一八七三年至一八八三年期间所撰写，一八八五年至一八八六年期间，又进行了个别补充，并在其完成《资本论》出版的相关工作后，进行了进一步的整理。哲学作为时代精神的精华，既是一种对历史与当下的总结与反思，也是对未来之路的思忖与展望。正如恩格斯在《自然辩证法》一书"总计划草案"中所展示的那样，该书既是对当时自然科学最新成果的总结与概括，也是对辩证法理论的剖析与建构。同时，这项工作是艰难不失的。因此，恩格斯对自然辩证法的关注和研究长达四十年之久，并留下了大量的、丰富的研究成果。虽然《自然辩证法》是一部未完成的遗稿，但却是一部具有划时代意义的著作，是恩格斯关于自然科学和自然界辩证理论的结晶。

一　《自然辩证法》的主要内容

　　我们所看到的《自然辩证法》的材料有四束，恩格斯在逝世前不久把他有关这一著作的所有论文和札记都分列在这四束里，并冠以下列标题：《辩证法和自然科学》《自然研究和辩证法》《自然辩证法》《数学和自然科学。各种札记》。这里看不出这些材料是按内容划分还是严格按写作时间顺序划分。这四束中只有两束（第二束和第三束）标有恩格斯编的目录，列出了该束所包括的材料。

　　第一束共一百二十七篇，共由两部分组成：（1）札记，写在有恩格斯编号的十一张对折页上，其中每一张都有标题《自然辩证法》；这些札记彼此之间有区分线分开，它们都属于一八七三年至一八七六年这一时期，并且是根据它们在各页手稿上编号的次序按年代先后写成的。（2）二十张未编号的单页，每一页都有一个较长或几个较短的彼此之间有区分线分开的札记；其中仅有极少数札记包含有一些使我们能确定其写作日期的材料。

第二束共六篇，包括《关于现实世界中数学的无限的原型》《关于"机械的"自然观》和《关于耐格里的没有能力认识无限》这三个大札记；还包括《〈反杜林论〉旧序。论辩证法》，一篇论文《劳动在从猿到人的转变中的作用》和一个大片断《〈费尔巴哈〉的删略部分》。从恩格斯所编的目录可以看出，这一束本来还包括两篇论文：《运动的基本形式》和《神灵世界中的自然科学》。但后来恩格斯从第二束的目录中勾去了这两篇论文的标题，把它们改列入第三束。

第三束共六篇，包括六篇最接近完成的论文：《运动的基本形式》《运动的量度。——功》《电》《神灵世界中的自然科学》《导言》和《潮汐摩擦》。

第四束共四十二篇，包括未完的两篇论文《辩证法》和《热》；十八张未编号的单页，其中每一页都有一个较长或几个较短的彼此之间有区分线分开的札记；几张数学计算。在第四束的札记中有《自然辩证法》的两个计划草案。这一束札记的写作日期只有极少数可以确定。

从《自然辩证法》四束手稿的内容可以看出，还包含恩格斯原定写作计划之外的一些文稿：《〈反杜林论〉旧序》、《〈反杜林论〉三则注释》(《关于现实世界中数学的无限之原型》《关于"机械的"自然观》和《注释（1），凯库勒》)、《〈费尔巴哈〉的删略部分》、《劳动在从猿到人的转变中的作用》和《神灵世界中的自然研究》等，此外还有几篇短小的札记材料。

一八九五年八月五日，恩格斯逝世，《自然辩证法》后来以手稿的形式与读者见面，且是一部未完成的遗稿。

二 《自然辩证法》在国外的传播

自《自然辩证法》问世以来，已经被翻译为多种文字出版，产生了巨大而又深远的影响，但《自然辩证法》是一部尚未完成的遗作。在恩格斯生前，《自然辩证法》的材料并未公开发表过。因此，关于其国内外主要版本和传播情况的研究，首先是它的出版。

恩格斯逝世后，马克思和恩格斯的遗稿由马克思的女儿爱琳娜和德国社会民主党中央负责保管。在一八九八年爱琳娜逝世之后，伯恩施坦代表德国社会民主党中央负责处理马克思与恩格斯遗稿。

鉴于伯恩施坦对辩证法的敌视，恩格斯《自然辩证法》遗稿的公开发表，被搁置了。德国社会民主党中央曾委托党员、物理学家列奥·阿龙斯（Martin Leo Arons）去研究马克思和恩格斯关于自然科学和数学的遗稿是否可以发表。阿龙斯到伦敦审读了这些手稿后，认为内容太陈旧，完全不能发表。这为伯恩施坦阻挠《自然辩证法》的发表提供了借口。但事实上，阿龙斯是个坚持狭隘的经验论立场、没有哲学头脑的实验物理学家。因此，在四束内容丰富的遗稿中，伯恩施坦只发表了两篇。一篇是《劳动在从猿到人的转变中的作用》，发表在一八九六年的《新时代》杂志上，且发表时还未说明出处。另一篇是《神灵世界中的自然科学》，发表在《一八九八年世界新历画报》年鉴上，发表时才透露这是一系列关于自然辩证法的完整论文中的一篇。

直至俄国十月社会主义革命胜利以后，俄共（布）中央派马克思恩格斯研究院（成立于一九二一年一月）院长梁赞诺夫前往柏林德国社会民主党档案馆，全面组织马克思和恩格斯遗稿的照相复制工作，才发现《自然辩证法》手稿。

一九二四年春天,梁赞诺夫找伯恩施坦谈《自然辩证法》手稿的出版问题,伯恩施坦才把这部手稿送交爱因斯坦审读,根据爱因斯坦的建议来考虑是否可以出版。爱因斯坦于一九二四年六月三十日给伯恩施坦回复了这样的意见:"爱德华·伯恩施坦先生把恩格斯的一部关于自然科学内容的手稿交给我,托付我发表意见,看这部手稿是否应该付印。我的意见如下:要是这部手稿出自一位并非作为一个历史人物而引人注意的作者,那么我就不会建议把它付印,因为不论从当代物理学的观点来看,还是从物理学史方面来说,这部手稿的内容都没有特殊的趣味。可是,我可以这样设想:如果考虑到这部著作对于阐明恩格斯的思想的意义是一个有趣的文献,那是可以出版的。"

因此,由于马克思恩格斯研究院的努力,在恩格斯逝世三十年之后的一九二五年,《自然辩证法》遗稿以德文原文和俄文译文对照形式终于在莫斯科由苏联国家出版社正式出版了。同时,在德国法兰克福由国际出版社出版了德文版。《自然辩证法》的第一个版本,它的编辑、校订和翻译工作都做得比较粗糙。编排次序完全按照写作年代,编者不但不考虑恩格斯自己写的计划草案,甚至还把它们随意删掉,而且还加进一篇不属于《自然辩证法》遗稿的悼念肖莱马的文章。

恩格斯《自然辩证法》的手稿在一九二五年以德文原文和俄文译文对照的形式在苏联第一次正式出版。接着,日文版、中文版、英文版等多种文字的版本也相继问世。《自然辩证法》的出版发行,促进了自然辩证法在世界各国的广泛传播,引起了许多科学家和哲学家的兴趣和关注。

一九二五年《自然辩证法》出版以后,一九二七年和一九二九年又分别再版了德文版和俄文版。这个俄文版也收在一九二八年至一九四六年出版的二十九卷本俄文版《马克思恩格斯全集》第一版的第十四卷中,并于一九三五年分别出版了德文和俄文的单行本。

一九四一年,联共(布)中央马克思恩格斯列宁研究院出版了《自然辩证法》的新版本。此版本的编辑与梁赞诺夫持完全相反的观点。马克·鲍里索维奇·米丁（Mark Borisovich Mitin）负责编辑出版了这一版。米丁版本修订了一九二五年版的一些重大错误，编辑形式与梁赞诺夫版不同，其主要是根据恩格斯草拟的写作计划草案而不是简单地按照时间次序重新整理了遗稿，并将恩格斯的遗稿，以完成稿的面目予以出版发行。

一九五四年至一九六六年出版的三十九卷本《马克思恩格斯全集》俄文第二版第二十卷（中译本一九七一年出版）中的《自然辩证法》，就是沿袭一九四一年版的。

在日本，恩格斯的《自然辩证法》日译本问世之前，关于自然辩证法的研究工作已经开始。如，一九二六年十月，黑田房雄翻译了恩格斯的《劳动在从猿到人的转变中的作用》；一九二七年由大山彦一翻译的苏联德波林的论文《唯物辩证法和自然科学》在日本公开出版发行，该文的公开发行被视为自然辩证法在日本传播的标志。《自然辩证法》的最早日译本是由加藤正·加古祐二郎翻译的，上卷于一九二九年由岩波书店出版，下卷于一九三二年由希望阁出版。在此之后，还有不同的译本。

一九三九年十月，英国生物学家约翰·伯顿·桑德森·霍尔丹（J. B. S. Haldane）为《自然辩证法》写序，该序言对该著作中的诸多思想进行了评述，并认为自然科学家不能再忽视马克思主义。该序言被收入杜德（Clemens Dutt）所翻译的《自然辩证法》之中。

此外，在德国东柏林马列主义学院和莫斯科马列主义学院的支持下，一九七五年重新开启了《马克思恩格斯全集》（Marx-Engels-Gesamtausgabe，简称MEGA）编辑出版的相关工作；一九八九年后，该工作在国际马克思—恩格斯基金会指导下，由柏林-勃兰登堡科学院继续进行。其中，德国柏林洪堡大学一个多学科的研究小组重新编辑恩格斯的《自然辩证法》，其排序是严格按照年代的顺序进行编排，即按照材料写成的先后次序进行编排。

三 《自然辩证法》在中国的传播

恩格斯的《自然辩证法》作为马克思主义的重要组成部分，于二十世纪二十年代进入我国，并产生了广泛的社会影响。《自然辩证法》的中译本首先是该著作的部分篇章。如早在一九二八年，上海春潮出版社出版了由陆一远翻译的《马克思主义人种由来说》，这是恩格斯的《自然辩证法》中的《劳动在从猿到人的转变中的作用》，这也是恩格斯《自然辩证法》最早被翻译成中文的篇章；一九三○年，上海泰东图书局出版了由成篙翻译的《从猿到人》，其中包括《人类进化的过程》即《自然辩证法·导言》中的一段，以及苏联郭烈夫的论文《马克思主义观点的达尔文主义》等；一九三○年，《动力》月刊一卷二期发表了杜畏之翻译的《导言》的全译文，题目改为了《辩证唯物论的宇宙观与现代自然科学之发展》。

《自然辩证法》全书是一九三二年八月由神州国光社出版，翻译者为杜畏之。该版本是《自然辩证法》的第一个中译本。该版本根据苏联一九二五年首次公布的《自然辩证法》德俄对照本译出，但该版本的译者依据自己的主观意愿按照文章的性质对编排次序作了根本性的更动，因此，译本显示出了很大的混乱和任意性。同时，原书编者所写的注释也全被删去。但该版本作为第一个全译本，在二十世纪三十年代到四十年代之间，曾被八次印行，在自然辩证法思想传播中有过较大的影响。一九四九年，译者参考新的俄文版，进行了大量删减，出版了《自然辩证法》的"新译节本"。

第二个中译本于一九五○年九月由北京三联书店出版，翻译者为郑易里。该版本根据一九三五年的俄译本和一九三○年的日译本转译，至于编排次序依据的是一九四九年的俄文新版（即一九四一年版）而作了改动。同样，原书编者的注释也全部未译。

第三个中译本是一九五五年二月人民出版社出版的，翻译者为曹葆华、于光远、谢宁，是根据联共（布）中央马克思恩格斯列宁研究院编、一九三五年出版的《马克思恩格斯全集》德文版和一九五三年的俄译本译出的，编排次序完全按照俄译本（也就是一九四一年版的），俄译本的附注也全部译出。

第四个中译本是一九七一年三月人民出版社出版的，译文由中共中央马克思恩格斯列宁斯大林著作编译局对一九五五年版本的译文略作了一次校订而成，校订所依据的是《马克思恩格斯全集》第二版德文版第二十卷。

于光远等所译编的《自然辩证法》于一九八四年由人民出版社出版，是第五个中译本。这个新译本除了在译文、附属材料、注释、索引等方面作了改进和重新审校之外，还对《自然辩证法》全部材料进行了重新编排。其特点是：按照恩格斯《自然科学的辩证法》的构思来编辑；增加了三篇以前未收入的恩格斯为准备写作《自然辩证法》而作的有关书籍的札记；把马克思恩格斯通信中和在恩格斯其他著作的序言中有关写作《自然辩证法》的文字作为附录；另外有我国学者和出版者作的注释和索引。

在国内，《自然辩证法》既以单行本的方式发行，也以被收录在《马克思恩格斯全集》《马克思恩格斯选集》以及《马克思恩格斯文集》的方式发行。

《自然辩证法》是马克思主义理论的重要文献，是马克思主义哲学的经典著作之一。尽管这是一本最后没有完成的著作，但它涉及人类社会史、科学技术史、工业生产史等领域，涉及自然科学的各门基础学科，涉及哲学的基本原理和各种哲学史问题，具有广泛的知识性、哲理性和实践性。因此，这部文献一经整理出版，就受到理论界、思想界和自然科学界的高度重视，并产生了广泛深远的影响，引发了多方面的理论研究热情，尤其是受到广大哲学工作者和科技工作者的欢迎，同时，也引起了多种不同的思考与解读。

为向国内学者提供权威的版本资料，进一步推动《自然辩证法》的思想研究，中央编译出版社此次整理出版了《自然辩证法》在全世界流行较为广泛的德文版和英文版，以及中国出版的第一个中文全译本和它的节译本。如有不当之处，敬请批评指正。

（本文整理自中央编译出版社二〇一七年出版的《恩格斯〈自然辩证法〉研究读本》一书。）

FRIEDRICH ENGELS

DIALEKTIK DER NATUR

BÜCHEREI DES MARXISMUS-LENINISMUS

Band 18

FRIEDRICH ENGELS

DIALEKTIK DER NATUR

DIETZ VERLAG BERLIN

1952

1.–60. Tausend

Copyright 1951 by Dietz Verlag GmbH, Berlin · Printed in Germany · Alle Rechte vorbehalten · Gestaltung und Typographie: Dietz Entwurf · Lizenznummer 1
Satz: VEB Offizin Haag-Drugulin Leipzig III/18/38
Druck: Karl-Marx-Werk Pößneck

德文版

Vorwort

Marx und Engels haben zeit ihres Lebens aufmerksam die Entwicklung der Naturwissenschaft verfolgt, ihre Ergebnisse philosophisch verallgemeinert und sie vom Standpunkt der Theorie des dialektischen Materialismus beleuchtet. Fragen der theoretischen Naturwissenschaft nehmen einen hervorragenden Platz in einem so bedeutenden Werk der marxistischen Literatur wie dem „Anti-Dühring" von Engels ein, wo eine ausführliche Darstellung der Bestandteile der marxistischen Theorie gegeben wird. Zahlreiche Bemerkungen über Probleme der Naturwissenschaften finden sich in einer ganzen Reihe anderer Werke von Marx und Engels, darunter auch im Hauptwerk von Marx, im „Kapital". Auch im Briefwechsel von Marx und Engels wird den Fragen der Naturwissenschaft große Aufmerksamkeit geschenkt. Aber die ausführlichste Darstellung von Fragen aus allen Hauptzweigen der Naturwissenschaft und der Mathematik wird in Engels' „Dialektik der Natur" gegeben, einem unvollendet gebliebenen, jedoch durch seinen Gedankenreichtum ausgezeichneten Werk, an dem Engels in enger Fühlungnahme mit Marx gearbeitet hat.

Wie aus dem Briefwechsel von Marx und Engels ersichtlich ist, beschloß Engels schon im Jahre 1873, eine große Arbeit über die Dialektik in der Natur zu schreiben. In dem Brief an Marx vom 30. Mai 1873 teilt er diesem seine Gedanken über die Naturwissenschaft mit. Hier formuliert er bereits drei zentrale Ideen seiner „Dialektik der Natur": 1. Die Untrennbarkeit von Materie und Bewegung (die Bewegung als Daseinsweise der Materie), 2. qualitativ verschiedene Bewegungsformen und die sie untersuchenden verschiedenen Wissenschaften (Mechanik – Physik – Chemie – Biologie), 3. der dialektische Übergang von einer Bewegungsform zur anderen und dementsprechend von einer Wissenschaft zur anderen. Der Brief schließt mit der Versicherung, daß das Verarbeiten dieser Gedanken „immer noch viel Zeit erfordern wird".[1]

Der Inhalt dieses Briefes deckt sich fast völlig mit einem der Fragmente aus der „Dialektik der Natur", nämlich mit dem Fragment, das „Dialektik der Naturwissenschaft" betitelt ist (siehe im Text S. 264–265). Auf demselben Blatt wie dieses Fragment befindet sich unmittelbar darüber der Entwurf des Konspekts über eine von Engels geplante Arbeit gegen Büchner und andere Vertreter des Vulgärmaterialismus (siehe im Text S. 215–217). Dieser Konspekt, der offenbar kurz vor dem Fragment „Dialektik der Naturwissenschaft" niedergeschrieben wurde, zeigt, daß Engels' ursprünglicher Plan darin bestand, in Form einer Kritik des Vulgärmaterialismus und auf Grund des Materials der neuesten Naturwissenschaft 1. den Gegensatz zwischen der metaphysischen und der dialektischen Denkmethode und 2. den Gegensatz zwischen der mystifizierenden idealistischen Dialektik Hegels und der „rationellen Dialektik" des philosophischen Materialismus zu zeigen. Dabei betont Engels in seinem Konspekt besonders, daß „die des Mystizismus entkleidete Dialektik eine absolute Notwendigkeit" für die Naturwissenschaft seiner Zeit wird. Es liegen daher gute Gründe zu der Annahme vor, daß Engels zu Beginn des Jahres 1873 die Absicht hatte, eine Art „Anti-Büchner" zu schreiben, in dem die Fragen der Dialektik der Naturwissenschaft geklärt und die Fehler des Vulgärmaterialismus Büchners der Kritik unterzogen werden sollten, ebenso seine „Anmaßung, die Naturtheorien auf die Gesellschaft anzuwenden und den Sozialismus zu reformieren".

Aus den nachgelassenen Manuskripten von Engels ist ersichtlich,

---

[1] *Karl Marx/Friedrich Engels*, „Briefwechsel", IV. Bd., Dietz Verlag, Berlin 1950, S. 476–478.

daß er das Vorhaben, eine Arbeit gegen Büchner zu schreiben, bald
aufgab, aber eifrig weiter Material zur Dialektik in der Naturwissenschaft und in der Mathematik sammelte. Er begann, die vorbereitenden Entwürfe für seine „Dialektik der Natur" zu schreiben, und
bereits in den Jahren 1875–1876 vollendete er beinahe ganz die
große „Einleitung" zu seinem Werk. Aber kurze Zeit danach stellte
sich Engels auf eine andere große Arbeit um – auf die Kritik der
Schriften Dührings, wofür er auch sein Material zur Dialektik der
Natur verwandte. Die Interessen der revolutionären proletarischen
Partei erforderten die Widerlegung der Anhänger Dührings – dieser
neuen Spielart des kleinbürgerlichen Utopismus in seiner reaktionärsten, spezifisch preußischen Form, die die Ansichten des kleinbürgerlichen Sozialismus in den Reihen der deutschen Sozialdemokratie zu verbreiten drohte. Nach Beendigung des „Anti-Dührings"
(im Juni 1878) kehrte Engels zu seiner Arbeit an der „Dialektik der
Natur" zurück, entwarf den Gesamtplan seines Werkes (siehe im
Text S. 3–4) und schrieb einige mehr oder weniger vollendete
Kapitel sowie eine Menge vorbereitender Bemerkungen. Am 23. November 1882 schreibt er an Marx, daß er seine „Dialektik der Natur"
nun bald beenden müsse. Aber Marx' Tod (am 14. März 1883) veranlaßte Engels, diese Arbeit einzustellen und sich „mit dringenderen
Pflichten" zu beschäftigen, wie er im Vorwort zur zweiten Auflage
des „Anti-Dührings" bemerkt. „Ich habe die Pflicht", schreibt Engels
in diesem Vorwort, „die hinterlassenen Manuskripte von Marx für
den Druck fertigzustellen, und dies ist viel wichtiger als alles
andre."[1] Außerdem lastete nach Marx' Tode die ganze Arbeit der
Führung der internationalen Arbeiterbewegung auf Engels, und dies
kostete ihn ebenfalls viel Zeit. All das führte dazu, daß die von ihm
geplante Arbeit über die Dialektik der Natur nicht beendet wurde
und daß nicht einmal das Material, das er zu diesem Thema niederzuschreiben vermocht hatte, systematisch geordnet wurde. Im Vor-

---

[1] *Friedrich Engels*, „Herrn Eugen Dührings Umwälzung der Wissenschaft", Dietz Verlag, Berlin 1948, S. 8.

wort zur zweiten Auflage des „Anti-Dührings" schrieb Engels, er gäbe den Gedanken nicht auf, bei Gelegenheit „die gewonnenen Resultate zu sammeln und herauszugeben, vielleicht zusammen mit den hinterlassenen höchst wichtigen mathematischen Manuskripten von Marx"[1]. Aber Engels kam nicht mehr dazu.

Nach Engels' Tode (am 5. August 1895) geriet die „Dialektik der Natur" zusammen mit anderen Manuskripten von Engels in die Hände der opportunistischen Führer der deutschen Sozialdemokratie, die diese überaus kostbare Arbeit in verbrecherischer Weise jahrzehntelang verborgen hielten und bis heute noch verborgen halten. Die „Dialektik der Natur" wurde nach Fotokopien des Manuskripts zum erstenmal in der Sowjetunion veröffentlicht. Sie wurde 1925 in Moskau in deutscher Sprache parallel mit der russischen Übersetzung herausgebracht. Aber diese Ausgabe war in wissenschaftlicher Hinsicht völlig unbefriedigend. Die Entzifferung des Engelsschen Manuskripts war sehr nachlässig vorgenommen worden, und eine ganze Anzahl Stellen, darunter solche, die die Grundlagen der theoretischen Anschauungen Engels' betreffen, waren völlig entstellt. Die russische Übersetzung wimmelte von Fehlern und Entstellungen. Schließlich zeigte die Anordnung der einzelnen Teile der „Dialektik der Natur" ein so chaotisches Durcheinander, daß die Lektüre und das Studium dieses Engelsschen Werkes dadurch sehr erschwert wurden.

Im Jahre 1927 erschien die zweite Auflage der „Dialektik der Natur" in deutscher Sprache und im Jahre 1929 die zweite russische Auflage. In diesen Ausgaben wurden gewisse Fehler in der Entzifferung beseitigt, aber alle grundlegenden Mängel der Ausgabe von 1925 blieben unverbessert. Alle folgenden russischen Ausgaben der „Dialektik der Natur" (auch die im XIV. Band der Werke von Marx und Engels) übernahmen den Text der russischen Ausgabe von 1929 fast ohne Änderungen. Im Jahre 1935 brachte das Marx-Engels-Lenin-Institut, Moskau, eine neue Ausgabe der „Dialektik

---

[1] Ebenda, S. 13.

der Natur" in der Sprache des Originals heraus („Marx/Engels Gesamtausgabe. Friedrich Engels: Herrn Eugen Dührings Umwälzung der Wissenschaft. Dialektik der Natur. 1873–1882. Sonderausgabe zum vierzigsten Todestage von Friedrich Engels", Moskau-Leningrad 1935; im folgenden wird diese Ausgabe kurz mit den Großbuchstaben MEGA bezeichnet). Diese Ausgabe bedeutete sowohl hinsichtlich einer sorgfältigeren Entzifferung des Manuskripts als auch hinsichtlich einer richtigeren Anordnung des Materials im Buche einen wichtigen Schritt vorwärts. Aber auch sie war weder in diesen beiden Punkten noch auch in bezug auf die Qualität des wissenschaftlichen Apparats frei von außerordentlich schwerwiegenden Mängeln. Diese Ausgabe wurde nicht ins Russische übertragen.

Obwohl die „Dialektik der Natur" unvollendet geblieben ist und einzelne ihrer Teile den Charakter vorbereitender Notizen und zusammenhangloser Bemerkungen haben, bildet dieses Werk ein geschlossenes Ganzes, das durch die gemeinsamen Grundgedanken und den einheitlichen Bauplan zusammengefügt ist.

In der „Dialektik der Natur" gibt Engels die philosophische Verallgemeinerung der Schlußfolgerungen der Naturwissenschaft seiner Zeit. Indem Engels als Materialist und Dialektiker an die Natur herangeht, stellt er sie als einheitliches unendliches Ganzes dar, als „allgemeinen Entwicklungszusammenhang", als historischen Prozeß der Entwicklung der Materie. Er zeigt, daß in der Natur alles dialektisch zugeht und daß deshalb die materialistische Dialektik die einzig richtige Methode der Erkenntnis der Natur ist.

In der „Einleitung" zu seinem Werk gibt Engels eine glänzende Skizze der Entwicklung der Naturwissenschaft von der Renaissance bis zu Darwin, in der er zeigt, wie die metaphysische Ansicht von der Natur, die für das 17. und 18. Jahrhundert charakteristisch ist, durch die eigene Entwicklung der Naturwissenschaft selbst von innen gesprengt und gezwungen wird, der neuen dialektischen Auffassung von der Natur Platz zu machen. Indem Engels die historische Entwicklung der Wissenschaften verfolgt, hebt er besonders die Rolle der menschlichen Praxis, die Rolle der Produktion, hervor, die letzten Endes sowohl die Entstehung als auch den Entwicklungsgang der Wissenschaft bedingt.

Engels zeigt auf, daß die Erkenntnis des wechselseitigen Zusammenhangs der in der Natur vor sich gehenden Prozesse besonders dank drei großen Entdeckungen der Naturwissenschaft des 19. Jahrhunderts einen riesigen Schritt vorwärts tat: der Entdeckung der tierischen und pflanzlichen Zelle, der Entdeckung des Gesetzes der Erhaltung und Verwandlung der Energie und der Lehre Darwins von der Entwicklung der tierischen und pflanzlichen Organismen.

Gestützt auf alle wichtigeren Ergebnisse der Naturwissenschaft seiner Zeit, gibt Engels eine Darstellung der naturwissenschaftlichen Grundlagen der dialektisch-materialistischen Weltanschauung. Das Weltall ist unendlich in Raum und Zeit. Es befindet sich in ununterbrochener Bewegung und Veränderung. Die großartigen Kreisläufe, in denen sich die Materie bewegt, umfassen den gesamten vielgestaltigen Reichtum der Bewegungsformen der Materie – von den einfachsten Bewegungsformen der anorganischen Materie bis zum Leben und Denken bewußter Wesen. Materie und Bewegung sind nicht nur in quantitativer, sondern auch in qualitativer Hinsicht unzerstörbar. Kein einziges Attribut der Materie kann verlorengehen, weil sie „mit derselben eisernen Notwendigkeit, womit sie auf der Erde ihre höchste Blüte, den denkenden Geist, wieder ausrotten wird, ihn anderswo und in andrer Zeit wieder erzeugen muß".

. Diese außerordentlich tiefen, glänzend formulierten Gedanken Engels' sind eine sehr scharfe Waffe im Kampf gegen die idealistischen und mystischen Lehren der Ideologen des sterbenden Kapitalismus, gegen die neuesten Versuche, den mittelalterlichen Obskurantismus und den Unglauben an die Fähigkeit des Menschen zur Erkenntnis der Welt wieder aufleben zu lassen, gegen das Bestreben, die überlebte Religion mit naturwissenschaftlichen Argumenten zu erneuern, wobei jede wissenschaftliche Schwierigkeit ausgenutzt wird, die durch die verschärfte Krisis der bürgerlichen Naturwissenschaft auf Grund des immer tieferen Verfalls der bürgerlichen Kultur entsteht.

Durch die ganze „Dialektik der Natur" zieht sich Engels' Lehre von den verschiedenen Bewegungsformen der Materie (mechanische Bewegung oder einfache Ortsveränderung; verschiedene Arten der physikalischen Bewegung: Wärme, Licht, Elektrizität; chemische Vorgänge: organisches Leben), von ihrer Einheit und dem wechselseitigen Umschlagen der einen in die anderen und damit von den *qualitativen* Besonderheiten jeder dieser Bewegungsformen und von der Unmöglichkeit, höhere Formen der Bewegung aus niederen mechanistisch „abzuleiten". Auf der Grundlage dieser Lehre von den Bewegungsformen der Materie baut Engels eine dialektisch-materialistische Klassifizierung der Naturwissenschaften auf, in der jede Wissenschaft „eine einzelne Bewegungsform oder eine Reihe zusammengehöriger und ineinander übergehender Bewegungsformen analysiert".

In allen Zweigen der Wissenschaft unterstützt Engels fortschrittliche Ansichten und Theorien, rückt sie in den Vordergrund und entwickelt sie weiter. Insbesondere schätzt Engels den genialen großen russischen Gelehrten D. I. Mendelejew, den Begründer des periodischen Systems der chemischen Elemente. Gleichzeitig kämpft Engels entschieden gegen jene Vertreter, die hinter den neuesten Errungenschaften der Wissenschaft zurückbleiben und den weiteren Fortschritt der Forschung hemmen. Engels entlarvt die „Anhänger des Alten" und stellt ihnen das Neue gegenüber, das Fortschrittlichste der Wissenschaft seiner Zeit. Er beleuchtet neue Tatsachen und neue naturwissenschaftliche Theorien vom Gesichtspunkt der fortschrittlichsten, revolutionärsten Theorie des dialektischen Materialismus, analysiert eingehend ihre Bedeutung und zeigt den weiteren Weg der Entwicklung der Wissenschaft. Das gibt ihm nicht nur die Möglichkeit, den Stand der Naturwissenschaft seiner Zeit philosophisch zu erfassen, sondern auch weit vorauszusehen und verschiedene spätere Errungenschaften der Wissenschaft vorwegzunehmen.

So verteidigt Engels zum Beispiel im Gegensatz zu den meisten Gelehrten seiner Zeit die Ansicht von der Kompliziertheit der Atome der chemischen Elemente. „Nun aber gelten die Atome keineswegs für einfach oder überhaupt für die kleinsten bekannten Stoffteilchen." In genialer Weise sah Engels die Existenz der Teilchen voraus, analog zu den Reihen mathematischer unendlich kleiner abnehmender Größen. Die moderne Lehre vom Bau der Materie bestätigte die Ansichten Engels' von der Kompliziertheit des Atoms und seiner Unerschöpflichkeit. Engels' Ideen über die Bedeutung der Ausstrahlung als Faktor der Repulsion und über die Rolle dieser Ausstrahlung in der Entwicklung des Weltalls überflügelten bei weitem die Anschauungen, die zu Engels' Zeit herrschten, und fanden ihre Bestätigung in den neuesten Entdeckungen der Astronomie und Physik. Ebenso stellte Engels in den Fragen nach der Entstehung des Lebens, nach dem Wesen des Lebens und über die Darwinsche Evolutionstheorie eine Reihe von Behauptungen auf, die die weitere Entwicklung der biologischen Wissenschaft vorwegnahmen. Engels schätzte die Verdienste Darwins auf dem Gebiet der Entwicklungstheorie hoch ein, kritisierte aber gleichzeitig Darwin wegen der Übertragung der pseudowissenschaftlichen Theorien von Malthus auf die Biologie und wegen der Ignorierung der Frage nach den Ursachen der Veränderung der Organismen.

Durch die Aufdeckung der revolutionierenden Bedeutung der fortschrittlichen Theorien seiner Zeit führte Engels einen unversöhnlichen Kampf gegen die Pseudowissenschaft. Neben fortschrittlichen Theorien brachte die bürgerliche Naturwissenschaft des 19. Jahrhunderts auch solche hervor, die in keiner Weise fortschrittlich, sondern im Grunde genommen pseudowissenschaftlich waren. Zu diesen pseudowissenschaftlichen Theorien gehörte die damals in Mode stehende Theorie des sogenannten „Wärmetods" des Weltalls. Engels unterzog diese Theorie einer eingehenden Kritik und zeigte, daß sie dem richtig verstandenen Gesetz der Erhaltung und Verwandlung der Energie widerspricht. Die weitere Entwicklung der Wissenschaft bestätigte, daß Engels recht hatte. Die grundlegenden Thesen Engels' von der Unzerstörbarkeit der Bewegung nicht nur in quantitativer, sondern auch in qualitativer Hinsicht und im Zusammenhang damit von der Unmöglichkeit des „Wärmetods" des Weltalls machen es möglich, die völlige Haltlosigkeit auch jener Versuche aufzudecken, die in unserer Zeit von reaktionären bürgerlichen Gelehrten unternommen werden, um die Theorie des „Wärmetods" wiederzubeleben.

Indem Engels verschiedene Probleme der Mathematik, Mechanik, Physik, Chemie und Biologie untersucht, deckt er überall den dialektischen Charakter der Vorgänge in der Natur auf und gibt er tiefgründige Anmerkungen methodologischen Charakters. Engels' *Methode*, die Methode des dialektischen Materialismus, ist das Wertvollste und Wichtigste in der „Dialektik der Natur". Manche Einzelheiten aus der Physik, Chemie und Biologie sind für unsere Zeit selbstverständlich veraltet und mußten veralten, da seit der Zeit der Niederschrift der „Dialektik der Natur" bereits ungefähr siebzig Jahre weiterer Entwicklung der Wissenschaft vergangen sind. Aber überholte Äußerungen über spezielle Fragen der einzelnen Zweige der Naturwissenschaft berühren das Wesen der dialektisch-materialistischen Anschauungen Engels' nicht im geringsten und schmälern keineswegs die ungeheure Bedeutung der „Dialektik der Natur" für unsere Zeit.

Außer den Artikeln und Fragmenten, die Probleme der verschiedenen Naturwissenschaften und der Mathematik behandeln, finden sich in der „Dialektik der Natur" viele Seiten, die allgemeinen Fragen der materialistischen Dialektik gewidmet sind. Hierher gehören der unvollendete Artikel „Dialektik" und zweiundvierzig Fragmente, die in der vorliegenden Ausgabe im Abschnitt „Dialektik" zusammengefaßt sind. Im Vorwort zur zweiten Auflage des „Anti-Dührings" zeigt Engels, daß man leichter zur dialektischen Auffassung der Natur gelangt, „wenn man dem dialektischen Charakter dieser Tatsachen das Bewußtsein der Gesetze des dialektischen Denkens entgegenbringt"[1]. Die Fragen der dialektischen Logik und Erkenntnistheorie behandelt Engels an konkretem naturwissenschaftlichem Stoff. Wäre es Engels vergönnt gewesen, diesen Teil seines Werkes zu vollenden, so besäßen wir hier eine entwickelte Darlegung der „Dialektik als Wissenschaft von den Zusammenhängen im Gegensatz zur Metaphysik". Aber auch in unvollendeter Form enthält dieser Teil außerordentlich reiches Material über die grundlegenden Fragen der Dialektik.

Der Übergang von der Naturwissenschaft zu den Gesellschaftswissenschaften führt zu den Fragen nach der Herkunft des Menschen und der menschlichen Gesellschaft. Diese Fragen behandelt Engels in dem Abriß „Anteil der Arbeit an der Menschwerdung des Affen". Hier klärt Engels mit unübertroffener Meisterschaft die erstrangige und entscheidende Rolle der Arbeit sowie der Erfindung und Verfertigung von Werkzeugen für die Herausbildung der physischen Gestalt des Menschen und für die Entstehung der menschlichen Gesellschaft, indem er zeigt, wie sich aus dem Affen als Ergebnis eines langen historischen Prozesses ein *qualitativ* anderes Wesen entwickelte, der Mensch. Die Lehre von Marx und Engels über die Abstammung des Menschen und die Entstehung der menschlichen Gesellschaft zerstört die reaktionären Lügenmärchen der bürgerlichen Soziologie von Grund auf und ebenso die Bemühungen der Ideologen des Imperialismus, ein Recht der „höheren" Rassen auf Ausbeutung und Herrschaft über „niedere" Rassen zu begründen.

In der gesamten „Dialektik der Natur" betont Engels unermüdlich die große Rolle der fortschrittlichen philosophischen Theorie, wobei er zeigt, daß die bürgerlichen Fachgelehrten ohne fortschrittliche Philosophie vom wissenschaftlichen Wege abkommen und in die Arme des Pfaffentums geraten. Engels kritisiert hier sowohl die Idealisten als auch die Agnostiker und die Vulgärmaterialisten und entlarvt die ganze Unzulänglichkeit der metaphysischen Methode

---

[1] Ebenda, S. 15.

Vorwort

und des groben, kriechenden Empirismus. Engels verspottet schonungslos die Leichtgläubigkeit der bürgerlichen Gelehrten, die den Boden der Wissenschaft verlassen und dem wildesten Aberglauben und der Mystik zum Opfer fallen.

Die „Dialektik der Natur" blieb Lenin unbekannt; sie wurde erst nach seinem Tode veröffentlicht. Aber es ist bemerkenswert, daß Lenin, der dieses Werk von Engels niemals gelesen hat, in seinen philosophischen Arbeiten Ideen ausspricht, die die Weiterentwicklung fast aller Grundthesen der „Dialektik der Natur" darstellen, wobei an manchen Stellen einzelne Formulierungen Lenins fast wörtlich mit den Formulierungen von Engels in der „Dialektik der Natur" übereinstimmen.

In seinem genialen Buch „Materialismus und Empiriokritizismus", das im Jahre 1909 erschienen ist, gibt Lenin „eine materialistische Verallgemeinerung alles Wichtigen und Wesentlichen, was die Wissenschaft, und vor allem die Naturwissenschaft, in einer ganzen historischen Periode, in der Periode von Engels' Tod bis zum Erscheinen von Lenins Buch ‚Materialismus und Empiriokritizismus', gefunden hatte"[1].

Der „Materialismus und Empiriokritizismus" Lenins ist ein Musterbeispiel der schöpferischen Entwicklung des Marxismus. Lenin zitiert die Worte Engels', daß der Materialismus „mit jeder epochemachenden Entdeckung schon auf naturwissenschaftlichem Gebiete" (geschweige denn auf dem der Geschichte der Menschheit) „seine Form ändern muß", und schreibt: „Eine Revision der ‚Form' des Engelsschen Materialismus, eine Revision seiner naturphilosophischen Sätze enthält folglich nicht nur nichts ‚Revisionistisches' im landläufigen Sinne des Wortes, sondern ist im Gegenteil eine unumgängliche Forderung des Marxismus."[2]

---

[1] „Geschichte der Kommunistischen Partei der Sowjetunion (Bolschewiki), Kurzer Lehrgang", Dietz Verlag, Berlin 1951, S. 129–130.

[2] *W. I. Lenin*, „Materialismus und Empiriokritizismus", Dietz Verlag, Berlin 1949, S. 241.

XVI Vorwort

Solche wissenschaftliche Entdeckungen, wie die Entdeckung des Elektrons, der Radioaktivität usw., warfen eine Reihe grundlegender Probleme der theoretischen Physik von neuem auf und waren eine neue Bestätigung der „einzig wahren Philosophie der Naturwissenschaft" – des dialektischen Materialismus. Indem sich Lenin auf diese Leistungen der Naturwissenschaft stützte, entwickelte er die philosophische Lehre des Marxismus weiter. Alle folgenden Errungenschaften der Naturwissenschaft – die Relativitätstheorie, die Quantentheorie, das Gesetz der Äquivalenz von Energie und Masse – sind eine tiefere Bestätigung der genialen Ideen von Engels und Lenin über die materielle Einheit der Welt, über die Unerschaffbarkeit und Unzerstörbarkeit der Materie und der Bewegung, über die Einheit der diskreten und kontinuierlichen Struktur der Materie und ihre Entwicklungsmöglichkeiten durch den Übergang von einfachen zu immer komplizierteren Daseinsformen.

Auch in anderen Werken beschäftigt sich Lenin mit naturwissenschaftlichen Fragen. So betont er in seinem bekannten Artikel „Über die Bedeutung des streitbaren Materialismus" (März 1922) mit großer Kraft die Bedeutung der fortschrittlichen Philosophie für die Naturwissenschaften: „... ohne eine solide philosophische Grundlage werden keine wie immer geartete Naturwissenschaften, kein wie immer gearteter Materialismus den Kampf gegen den Druck der bürgerlichen Ideen und gegen die Wiederherstellung der bürgerlichen Weltanschauung zu bestehen imstande sein. Um diesen Kampf zu bestehen und ihn mit vollem Erfolg zu Ende zu führen, muß der Naturforscher moderner Materialist, bewußter Anhänger des von Marx vertretenen Materialismus sein, das heißt, er muß dialektischer Materialist sein."[1] Diese Hinweise Lenins stimmen fast wörtlich mit Engels' Äußerungen in der „Dialektik der Natur" überein.

Bemerkenswert ist auch, daß Lenin in seinen „Philosophischen

---

[1] *W. I. Lenin*, Marx-Engels-Marxismus, Verlag für fremdsprachige Literatur, Moskau 1947, S. 410.

Heften" nachdrücklich die unbedingte Notwendigkeit betont, die Dialektik als philosophische Wissenschaft auszuarbeiten, und daß er einen ungeheuren Reichtum von Ideen dazu gibt, als ob er auf das antworte, was zu dieser Frage in der ihm unbekannt gebliebenen „Dialektik der Natur" von Engels geäußert worden ist.

In der Arbeit des Genossen Stalin „Über dialektischen und historischen Materialismus" wird eine geniale Verallgemeinerung des gesamten Ringens um die marxistisch-leninistische Weltanschauung und die Weiterentwicklung der philosophischen Grundlagen des Marxismus gegeben. In dieser Arbeit bezieht sich Genosse Stalin einige Male auf die „Dialektik der Natur" von Engels, wobei er die Thesen von Engels entwickelt und konkretisiert, die die Grundzüge der marxistischen dialektischen Methode und des marxistischen philosophischen Materialismus charakterisieren. Dadurch wird die Bedeutung der „Dialektik der Natur" in unserer Zeit für den Kampf gegen alle Arten des Idealismus und Mechanismus und um den Sieg des dialektischen Materialismus noch mehr unterstrichen.

Nicht lange vor seinem Tode faßte Engels das gesamte zur „Dialektik der Natur" gehörende Material in vier Konvoluten zusammen, die bei ihm folgende Überschriften bekamen: 1. „Dialektik und Naturwissenschaft", 2. „Die Erforschung der Natur und die Dialektik", 3. „Dialektik und Natur" und 4. „Mathematik und Naturwissenschaft. Verschiedenes". Von diesen vier Konvoluten sind nur zwei (das zweite und dritte) von Engels mit Inhaltsverzeichnissen versehen worden, die das Material aufzählen, das in den Konvoluten enthalten ist. Dank diesen Inhaltsverzeichnissen wissen wir genau, welches Material Engels zum zweiten und dritten Konvolut rechnete und in welcher Reihenfolge er es in diesen Konvoluten anordnete. Hinsichtlich des ersten und vierten Konvoluts sind wir nicht sicher, daß die einzelnen Blätter in ihnen genau an der Stelle liegen, wo sie Engels hingelegt hat.

Die Durchsicht des Inhalts der vier Konvolute der „Dialektik der Natur" zeigt, daß Engels außer den Artikeln und vorbereitenden Notizen, die speziell für die „Dialektik der Natur" geschrieben waren, noch einige Manuskripte in sie aufnahm, die er ursprünglich für andere Werke geschrieben hatte (nämlich: „Alte Vorrede zum ‚[Anti-]Dühring' ", zwei „Noten" zum „Anti-Dühring", „Ausgelassenes aus Feuerbach", „Anteil der Arbeit an der Menschwerdung des Affen").

In die vorliegende Ausgabe der „Dialektik der Natur" ist alles aufgenommen worden, was in den vier Konvoluten von Engels enthalten ist, mit Ausnahme von fünf kleinen Seiten zusammenhangloser mathematischer Berechnungen ohne begleitenden Text (aus dem vierten Konvolut) und den folgenden Fragmenten, die ihrem Inhalt nach eindeutig nicht zur „Dialektik der Natur" gehören: 1. der ursprüngliche Entwurf der „Einleitung" zum „Anti-Dühring" (über den zeitgenössischen Sozialismus), 2. ein Fragment über die Sklaverei, 3. Auszüge aus dem Buch von Charles Fourier „Neue Welt" (diese drei Fragmente, die zu vorbereitenden Arbeiten zum „Anti-Dühring" gehören, gerieten aus uns unbekannten Gründen in das erste Konvolut des Manuskripts der „Dialektik der Natur") und 4. ein kleiner Zettel mit kurzen Bemerkungen von Engels über das negative Verhältnis von Philipp Pauli zur Arbeitstheorie des Wertes (aus dem vierten Konvolut).

In dieser Gestalt besteht die „Dialektik der Natur" aus zehn Artikeln oder Kapiteln, einhundertneunundsechzig Notizen und Fragmenten und zwei Planentwürfen – im ganzen aus einhunderteinundachtzig Bestandteilen.

Diese Bestandteile sind in der vorliegenden Ausgabe in thematischer Reihenfolge nach den Grundlinien des Plans von Engels angeordnet, wie sie in den zwei vorausgehenden Planskizzen der „Dialektik der Natur" entworfen waren. Diese beiden Skizzen stehen am Anfang des Buches, die eine davon – die ausführlichere, die alle Teile der „Dialektik der Natur" umfaßt – wurde aller Wahrscheinlichkeit nach im August 1878 (siehe Anmerkungen 1 und 5 zu S. 3 und 4) geschrieben; die andere umfaßt nur einen Teil der gesamten Arbeit und wurde etwa 1880 geschrieben. Bei der Anordnung des Materials im Buch ist die von Engels selbst[1] geplante Unterscheidung zwischen mehr oder weniger vollendeten Artikeln oder Kapiteln auf der einen Seite und Entwürfen, Notizen und Fragmenten auf der anderen Seite (der größte Teil der letzteren stellt nur vorbereitetes Material zur weiteren Bearbeitung dar) durchgeführt worden.

Dadurch ergibt sich eine Aufteilung des ganzen Buches in zwei Teile: 1. Artikel oder Kapitel und 2. Notizen und Fragmente. In jedem dieser beiden Teile ist das Material nach demselben leitenden Schema entsprechend dem Plan von Engels angeordnet.

Engels' Plan sieht folgende Reihenfolge der Teile vor: a) historische Einleitung, b) allgemeine Fragen der materialistischen Dialektik, c) Klassifizierung der Wissenschaften, d) Erwägungen über die einzelnen Zweige der Naturwissenschaft, e) Übergang zu den Gesellschaftswissenschaften. In dem ausführlichen Entwurf des Gesamtplans, der im Jahre 1878 geschrieben wurde, fügte Engels noch einige Punkte hinzu: über die „Plastidülseele", über die Freiheit der Wissenschaft und ihrer Lehre, über den „Zellenstaat" Virchows, über den Feldzug der deutschen bürgerlichen Darwinisten gegen den Sozialismus. Diese Punkte des Plans wurden von Engels nicht ausgearbeitet. Überhaupt decken sich die Punkte der Engelsschen Planskizze nicht vollständig mit dem vorhandenen Material, an dem Engels sowohl vor als auch nach dem Entwurf des Gesamtplans – insgesamt 13 Jahre lang (1873–1886) – arbeitete. Aber die Grundlinien des Plans und der grundlegende Inhalt des vorhandenen Materials entsprechen völlig einander. Wenn daher die buchstäbliche Durchführung des Planschemas von 1878 auch nicht in allen Einzelheiten möglich war, so konnten doch die *all-*

---

[1] Bei der Gruppierung des Materials zur „Dialektik der Natur" nach Konvoluten.

gemeinen Linien der Anordnung der Teile auf der Grundlage der Entwürfe von 1878 und 1880 zur Gänze beibehalten werden.

Wenn wir auf diese Weise die allgemeinen Linien des Engelsschen Plans als Grundlage nehmen, wie sie in den beiden Skizzen niedergelegt sind, so erhalten wir folgende Anordnung für die *Artikel oder Kapitel* der „Dialektik der Natur", die den ersten Teil des Buches bilden:

1. Einleitung (geschrieben 1875–1876);
2. Alte Vorrede zum „[Anti-]Dühring" (Mai-Juni 1878);
3. Die Naturforschung in der Geisterwelt (Mitte 1878);
4. Dialektik (1879);
5. Grundformen der Bewegung (1880–1881);
6. Maß der Bewegung. – Arbeit (1880–1881);
7. Flutreibung (1880–1881);
8. Wärme (1881–1882);
9. Elektrizität (1882);
10. Anteil der Arbeit an der Menschwerdung des Affen (1876).

In der Anordnung aller dieser Artikel oder Kapitel stimmt die thematische Reihenfolge fast vollständig mit der chronologischen überein (mit Ausnahme des Artikels über den „Anteil der Arbeit", der den Übergang von den Naturwissenschaften zu den Gesellschaftswissenschaften bildet). Der Artikel „Die Naturforschung in der Geisterwelt" ist in den Planskizzen Engels' überhaupt nicht vorgesehen. Aller Wahrscheinlichkeit nach plante Engels ursprünglich, ihn gesondert in irgendeiner Zeitschrift erscheinen zu lassen, und hat ihn erst später in die „Dialektik der Natur" aufgenommen. Er wird in der Abteilung Artikel an dritter Stelle gebracht, da er, ähnlich den beiden vorhergehenden, allgemeinmethodologischen Charakter hat und sich seinem Inhalt nach recht eng an die „Alte Vorrede zum ‚[Anti-]Dühring'" anschließt.

Was die *Entwürfe, Notizen und Fragmente* anbetrifft, die den zweiten Teil des Buches bilden und deren Zahl sich auf einhundertneunundsechzig beläuft, so führt ein Vergleich des vorhandenen

Materials mit den Engelsschen Planskizzen zur Einteilung dieses Materials in folgende Rubriken:
1. Aus der Geschichte der Wissenschaft;
2. Naturwissenschaft und Philosophie;
3. Dialektik:
   a) Allgemeine Fragen der Dialektik. Grundgesetze der Dialektik;
   b) Dialektische Logik und Erkenntnistheorie. Von den „Grenzen der Erkenntnis";
4. Bewegungsformen der Materie. Klassifizierung der Wissenschaften;
5. Mathematik;
6. Mechanik und Astronomie;
7. Physik;
8. Chemie;
9. Biologie.

Wenn wir diese Abschnitte der Fragmente mit den Überschriften der oben angeführten zehn Artikel der „Dialektik der Natur" vergleichen, so ergibt sich eine vollständige Übereinstimmung zwischen der Anordnung der Artikel und der Anordnung der Fragmente. Dem ersten Artikel der „Dialektik der Natur" entspricht der erste Abschnitt der Fragmente. Dem zweiten und dritten Artikel entspricht der zweite Abschnitt der Fragmente. Dem vierten Artikel entspricht der dritte Abschnitt der Fragmente, der dieselbe Überschrift trägt wie der ihm entsprechende Artikel („Dialektik"). Dem fünften Artikel („Grundformen der Bewegung") entspricht der vierte Abschnitt der Fragmente. Der sechste und siebente Artikel entsprechen dem sechsten Abschnitt der Fragmente. Der achte und neunte Artikel entsprechen dem siebenten Abschnitt der Fragmente. Der zehnte Artikel („Anteil der Arbeit an der Menschwerdung des Affen") hat keinen entsprechenden Abschnitt in den Fragmenten. Nach Engels' Plan sollte die Frage nach der „Differentiation des Menschen durch Arbeit" ganz am Ende des

XXII Vorwort

Buches behandelt werden, nach der Behandlung biologischer Probleme.

Innerhalb der Rubriken und Unterrubriken sind die Fragmente wiederum nach thematischen Prinzipien angeordnet. An den Anfang sind die Fragmente gestellt, die allgemeinere Fragen behandeln, und danach folgen die Fragmente, die spezielleren Fragen gewidmet sind. In dem Abschnitt „Aus der Geschichte der Wissenschaft" sind die Fragmente in historischer Reihenfolge angeordnet: von der Entstehung der Wissenschaften bei den antiken Völkern bis zu den Zeitgenossen von Engels. Jeder Abschnitt der Fragmente endet nach Möglichkeit mit solchen Fragmenten, die als Übergang zum nächsten Abschnitt dienen.

Für die russische Ausgabe von 1948 der „Dialektik der Natur" wurde der Text der Ausgabe von 1935 (MEGA) nochmals mit den Fotokopien des Manuskripts von Engels verglichen. Dieser Vergleich ergab eine große Zahl wesentlicher Fehler in der früheren Entzifferung des deutschen Textes.

Da das Material in der vorliegenden Ausgabe nicht in chronologischer, sondern in thematischer Reihenfolge angeordnet ist, wurde zur Orientierung über die zeitliche Reihenfolge der Bestandteile der „Dialektik der Natur" ein chronologisches Verzeichnis jener Bestandteile beigefügt, deren Entstehungszeit mit größerer oder geringerer Genauigkeit festgestellt werden kann. Verweise auf die Seiten der MEGA (beziehungsweise die Seiten des II. Bands des deutschen „Marx-Engels-Archivs"), wo dieses oder jenes Fragment zu finden ist, werden in den redaktionellen Anmerkungen zu den Fragmenten gegeben.

In der vorliegenden Ausgabe sind durchgehend alle Worte und Sätze ausgelassen, die von Engels im Verlauf der Arbeit als nicht befriedigend durchgestrichen wurden. Von den von Engels gestrichenen Stellen sind im wesentlichen nur solche wiedergegeben, die ganze Absätze bilden und nicht mit mehreren, sondern nur mit einem senkrechten oder schrägen Strich durchgestrichen sind, was bedeutet, daß diese Absätze in dieser oder jener Form von Engels in anderen Arbeiten benutzt wurden. Von anderen gestrichenen Stellen werden ausnahmsweise nur solche angeführt, die für den Zusammenhang der Darstellung unerläßlich oder als Ergänzung zum Grundtext von besonderem Interesse sind.

In jenen Fällen, wo in Engels' Manuskript ein angeführtes Zitat nur mit den ersten und letzten Worten angegeben ist, zwischen denen entweder Gedankenpunkte oder die Worte „usw. bis" stehen, ist in der vorliegenden Ausgabe der volle Text des Zitats gegeben.

*

Der vorstehende Text stellt, bis auf einige geringfügige technische Änderungen, die Übersetzung des Vorworts des Marx-Engels-Lenin-Instituts beim ZK der KPdSU(B) zur russischen Ausgabe von 1949 dar, deren Aufbau und redaktioneller Apparat ebenfalls übernommen wurden. Ergänzend wird noch bemerkt, daß einige längere fremdsprachige Zitate im Gegensatz zum Text der MEGA in Übersetzung gebracht werden, ebenso sind einige Stellen, bei denen ein häufiger Wechsel der Sprache die Lesbarkeit erschwert, durchgängig in Deutsch wiedergegeben. In allen diesen Fällen wird der Engelssche Originaltext in der entsprechenden Anmerkung im Anhang des Buches gebracht.

Der Verlag

DIALEKTIK DER NATUR

[PLANSKIZZEN]

[Skizze des Gesamtplans] [1]

1. Historische Einleitung: in der Naturwissenschaft durch ihre eigene Entwicklung die metaphysische Auffassung unmöglich geworden.
2. Gang der theoretischen Entwicklung in Deutschland seit Hegel (alte Vorrede[2]). Rückkehr zur Dialektik vollzieht sich unbewußt, daher widerspruchsvoll und langsam.
3. Dialektik als Wissenschaft des Gesamtzusammenhangs. Hauptgesetze: Umschlagen von Quantität und Qualität – Gegenseitiges Durchdringen der polaren Gegensätze und Ineinander-Umschlagen, wenn auf die Spitze getrieben – Entwicklung durch den Widerspruch oder Negation der Negation – Spirale Form der Entwicklung.
4. Zusammenhang der Wissenschaften. Mathematik, Mechanik, Physik, Chemie, Biologie. St. Simon (Comte) und Hegel.
5. Aperçus [Erwägungen, Bemerkungen] über die einzelnen Wissenschaften und deren dialektischen Inhalt:
    1. Mathematik: dialektische Hilfsmittel und Wendungen. – Das mathematische Unendliche wirklich vorkommend;
    2. Mechanik des Himmels – jetzt aufgelöst in einen *Prozeß*. – Mechanik: Ausgegangen von der Inertia, die nur der negative Ausdruck der Unzerstörbarkeit der Bewegung ist;
    3. Physik – Übergänge der molekularen Bewegungen ineinander. Clausius und Loschmidt;
    4. Chemie: Theorien, Energie;
    5. Biologie. Darwinismus. Notwendigkeit und Zufälligkeit.

6. Die Grenzen des Erkennens. Dubois-Reymond und Nägeli. – Helmholtz, Kant, Hume.
7. Die mechanische Theorie. Haeckel.
8. Die Plastidülseele[3] – Haeckel und Nägeli.
9. Wissenschaft und Lehre – Virchow[4].
10. Zellenstaat – Virchow.
11. Darwinistische Politik und Gesellschaftslehre – Haeckel und Schmidt[5]. – Differentiation des Menschen durch *Arbeit*. – Anwendung der Ökonomie auf die Naturwissenschaft. Helmholtz' „*Arbeit*" („Populäre Vorträge", II)[6].

[Skizze des Teilplans] [7]

1. Bewegung im Allgemeinen.
2. Attraktion und Repulsion. Übertragung von Bewegung.
3. [Gesetz der] Erhaltung der Energie hierauf angewandt. Repulsion + Attraktion. — Zutritt von Repulsion = Energie.
4. Schwere — Himmelskörper — irdische Mechanik.
5. Physik. Wärme. Elektrizität.
6. Chemie.
7. Resumé.

    a) Vor 4: Mathematik. Unendliche Linie. + und — gleich.
    b) Bei Astronomie: Arbeitsleistung durch Flutwelle.

    Doppelrechnung   bei Helmholtz, II, 120[8].
    „Kräfte"   bei Helmholtz, II, 190[9].

[ARTIKEL]

Einleitung [1]

Die moderne Naturforschung, die einzige, die es zu einer wissenschaftlichen, systematischen, allseitigen Entwicklung gebracht hat, im Gegensatz zu den genialen naturphilosophischen Intuitionen der Alten und zu den höchst bedeutenden, aber sporadischen und größtenteils resultatlos dahingegangnen Entdeckungen der Araber – die moderne Naturforschung datiert, wie die ganze neuere Geschichte, von jener gewaltigen Epoche, die wir Deutsche, nach dem uns damals zugestoßenen Nationalunglück, die Reformation, die Franzosen die Renaissance und die Italiener das Cinquecento[2] nennen, und die keiner dieser Namen erschöpfend ausdrückt. Es ist die Epoche, die mit der letzten Hälfte des 15. Jahrhunderts anhebt. Das Königtum, sich stützend auf die Städtebürger, brach die Macht des Feudaladels und begründete die großen, wesentlich auf Nationalität basierten Monarchien, in denen die modernen europäischen Nationen und die moderne bürgerliche Gesellschaft zur Entwicklung kamen; und während noch Bürger und Adel sich in den Haaren lagen, wies der deutsche Bauernkrieg[3] prophetisch hin auf zukünftige Klassenkämpfe, indem er nicht nur die empörten Bauern auf die Bühne führte – das war nichts Neues mehr –, sondern hinter ihnen die Anfänge des jetzigen Proletariats, die rote Fahne in der Hand und die Forderung der Gütergemeinschaft auf den Lippen. In den aus dem Fall von Byzanz geretteten Manuskripten, in den aus den Ruinen Roms ausgegrabnen antiken Statuen ging dem erstaunten Westen eine neue Welt auf, das griechische Altertum; vor seinen lichten Gestalten verschwanden die Gespenster des Mittelalters; Italien erhob sich zu einer ungeahnten Blüte der Kunst, die wie ein Widerschein des klassischen Altertums erschien und die nie wieder erreicht worden. In Italien, Frankreich, Deutschland entstand eine neue, die erste moderne Literatur; England und Spanien erlebten bald darauf ihre klassische Literaturepoche. Die Schranken des alten Orbis terrarum[4] wurden durchbrochen, die Erde wurde eigentlich jetzt erst entdeckt und der Grund gelegt zum späteren Welthandel und zum Übergang des Handwerks in die Manufaktur, die wieder den Ausgangspunkt bildete für die moderne große Industrie. Die geistige Diktatur der Kirche wurde gebrochen; die germanischen Völker warfen sie der Mehrzahl nach direkt ab und nahmen den Protestantismus an, während bei den Romanen eine von den Arabern übernommene und von der neuentdeckten griechischen Philosophie genährte heitre Freigeisterei mehr und mehr Wurzel faßte und den Materialismus des 18. Jahrhunderts vorbereitete.

Es war die größte progressive Umwälzung, die die Menschheit bis dahin erlebt hatte, eine Zeit, die Riesen brauchte und Riesen zeugte, Riesen an Denkkraft, Leidenschaft und Charakter, an Vielseitigkeit und Gelehrsamkeit. Die Männer, die die moderne Herrschaft der Bourgeoisie begründeten, waren alles, nur nicht bürgerlich beschränkt. Im Gegenteil, der abenteuernde Charakter der Zeit hat sie mehr oder weniger angehaucht. Fast kein bedeutender Mann lebte damals, der nicht weite Reisen gemacht, der nicht vier bis fünf Sprachen sprach, der nicht in mehreren Fächern glänzte. Leonardo da Vinci war nicht nur ein großer Maler, sondern auch ein großer Mathematiker, Mechaniker und Ingenieur, dem die verschiedensten Zweige der Physik wichtige Entdeckungen verdanken; Albrecht Dürer war Maler, Kupferstecher, Bildhauer, Architekt und erfand außerdem ein System der Fortifikation, das schon manche der weit später durch Montalembert und die neuere deutsche Befestigung wiederaufgenommenen Ideen enthält. Machiavelli war Staatsmann, Geschichtschreiber, Dichter und zugleich der erste nennenswerte Militärschriftsteller der neueren Zeit. Luther fegte nicht nur den Augiasstall der Kirche, sondern auch den der deutschen Sprache aus, schuf die moderne deutsche Prosa und dichtete Text und Melodie jenes siegesgewissen Chorals, der die Marseillaise des 16. Jahrhunderts wurde. Die Heroen jener Zeit waren eben noch nicht unter die Teilung der Arbeit geknechtet, deren beschränkende, einseitig machende Wirkungen wir so oft an ihren Nachfolgern verspüren. Was ihnen aber besonders eigen, das ist, daß sie fast alle mitten in der Zeitbewegung, im praktischen Kampf leben und weben, Partei ergreifen und mitkämpfen, der mit Wort und Schrift, der mit dem Degen, manche mit beidem. Daher jene Fülle und Kraft des Charakters, die sie zu ganzen Männern macht. Stubengelehrte sind die Ausnahme: entweder Leute zweiten und dritten Rangs oder vorsichtige Philister, die sich die Finger nicht verbrennen wollen.

Auch die Naturforschung bewegte sich damals mitten in der allgemeinen Revolution und war selbst durch und durch revolutionär; hatte sie sich doch das Recht der Existenz zu erkämpfen. Hand in Hand mit den großen Italienern, von denen die neuere Philosophie datiert, lieferte sie ihre Märtyrer auf den Scheiterhaufen und in die Gefängnisse der Inquisition. Und bezeichnend ist, daß Protestanten den Katholiken vorauseilten in der Verfolgung der freien Naturforschung. Calvin verbrannte Servet, als dieser auf dem Sprunge stand, den Lauf der Blutzirkulation zu entdecken, und zwar ließ er ihn zwei Stunden lebendig braten; die Inquisition begnügte sich wenigstens damit, Giordano Bruno einfach zu verbrennen.

Der revolutionäre Akt, wodurch die Naturforschung ihre Unabhängigkeit erklärte und die Bullenverbrennung Luthers gleichsam wiederholte, war die Herausgabe des unsterblichen Werks, womit Kopernikus, schüchtern zwar und sozusagen erst auf dem Totenbett, der kirchlichen Autorität in natürlichen Dingen den Fehdehandschuh hinwarf. Von da an datiert die Emanzipation der Naturforschung von der Theologie, wenn auch die Auseinandersetzung der einzelnen gegenseitigen Ansprüche sich bis in unsre Tage hingeschleppt und sich in manchen Köpfen noch lange nicht vollzogen hat. Aber von da an ging auch die Entwicklung der Wissenschaften mit Riesenschritten vor sich und gewann an Kraft, man kann wohl sagen im quadratischen Verhältnis der (zeitlichen) Entfernung von ihrem Ausgangspunkt. Es war, als sollte der Welt bewiesen werden, daß von jetzt an für das höchste Produkt der organischen Materie, den menschlichen Geist, das umgekehrte Bewegungsgesetz gelte wie für den anorganischen Stoff.

Die Hauptarbeit in der nun angebrochnen ersten Periode der Naturwissenschaft war die Bewältigung des nächstliegenden Stoffs. Auf den meisten Gebieten mußte ganz aus dem Rohen angefangen werden. Das Altertum hatte den Euklid und das ptolemäische Sonnensystem, die Araber die Dezimalnotation, die Anfänge der Algebra, die modernen Zahlen und die Alchimie hinterlassen; das christliche Mittelalter gar nichts. Notwendig nahm in dieser Lage die elementarste Naturwissenschaft, die Mechanik der irdischen und himmlischen Körper, den ersten Rang ein, und neben ihr, in ihrem Dienst, die Entdeckung und Vervollkommnung der mathematischen Methoden. Hier wurde Großes geleistet. Am Ende der Periode, das durch Newton und Linné bezeichnet wird, finden wir diese Zweige der Wissenschaft zu einem gewissen Abschluß gebracht. Die wesentlichsten mathematischen Methoden sind in den Grundzügen festgestellt; die analytische Geometrie vorzüglich durch Descartes, die Logarithmen durch Neper, die Differential- und Integralrechnung durch Leibniz und vielleicht Newton. Dasselbe gilt von der Mechanik fester Körper, deren Hauptgesetze ein für allemal klargestellt waren. Endlich in der Astronomie des Sonnensystems hatte Kepler die Gesetze der Planetenbewegung entdeckt und Newton sie unter dem Gesichtspunkt allgemeiner Bewegungsgesetze der Materie gefaßt. Die andern Zweige der Naturwissenschaft waren weit entfernt selbst von diesem vorläufigen Abschluß. Die Mechanik der flüssigen und gasförmigen Körper wurde erst gegen Ende der Periode mehr bearbeitet¹. Die eigentliche Physik war noch nicht über die ersten Anfänge hinaus, wenn wir die Optik ausnehmen, deren ausnahmsweise Fortschritte durch das praktische Bedürfnis der Astronomie hervorgerufen wurden. Die Chemie emanzipierte sich eben erst durch die phlogistische Theorie[5] von der Alchimie. Die Geologie war noch nicht über die embryonische Stufe der Mineralogie hinaus; die Paläontologie konnte also noch gar nicht existieren. Endlich im Gebiet der Biologie war man noch wesentlich beschäftigt mit der Sammlung und ersten Sichtung des ungeheuren Stoffs, sowohl des botanischen und zoologischen wie des anatomischen und eigentlich physiologischen. Von Vergleichung der Lebensformen untereinander, von Untersuchung ihrer geographischen Verbreitung, ihren klimatologischen etc. Lebensbedingungen, konnte noch kaum die Rede sein. Hier erreichte nur Botanik und Zoologie einen annähernden Abschluß durch Linné.

Was diese Periode aber besonders charakterisiert, ist die Herausarbeitung einer eigentümlichen Gesamtanschauung, deren Mittelpunkt die Ansicht *von der absoluten Unveränderlichkeit der Natur* bildet. Wie auch immer die Natur selbst zustande gekommen sein mochte: einmal vorhanden, blieb sie, wie sie war, solange sie bestand. Die Planeten und ihre Satelliten, einmal in Bewegung gesetzt von dem geheimnisvollen „ersten Anstoß", kreisten fort und fort in ihren vorgeschriebnen Ellipsen in alle Ewigkeit oder doch bis zum Ende aller Dinge. Die Sterne ruhten für immer fest und unbeweglich auf ihren Plätzen, einander darin haltend durch die „allgemeine Gravitation". Die Erde war von jeher oder auch von ihrem Schöpfungstage an (je nachdem) unverändert dieselbe geblieben. Die jetzigen „fünf Weltteile" hatten immer bestanden, immer dieselben Berge, Täler und Flüsse, dasselbe Klima, dieselbe Flora und Fauna gehabt, es sei denn, daß durch Menschenhand Veränderung oder Verpflanzung stattgefunden. Die Arten

---

¹ *Am Rande des Manuskripts vermerkte Engels mit Bleistift:* „Torricelli bei Gelegenheit der Alpenstromregulierung". — *Die Red.*

der Pflanzen und Tiere waren bei ihrer Entstehung ein für allemal festgestellt, Gleiches zeugte fortwährend Gleiches, und es war schon viel, wenn Linné zugab, daß hier und da durch Kreuzung möglicherweise neue Arten entstehn konnten. Im Gegensatz zur Geschichte der Menschheit, die in der Zeit sich entwickelt, wurde der Naturgeschichte nur eine Entfaltung im Raum zugeschrieben. Alle Veränderung, alle Entwicklung in der Natur wurde verneint. Die anfangs so revolutionäre Naturwissenschaft stand plötzlich vor einer durch und durch konservativen Natur, in der alles noch heute so war, wie es von Anfang an gewesen, und in der – bis zum Ende der Welt oder in Ewigkeit – alles so bleiben sollte, wie es von Anfang an gewesen.

So hoch die Naturwissenschaft der ersten Hälfte des 18. Jahrhunderts über dem griechischen Altertum stand an Kenntnis und selbst an Sichtung des Stoffs, so tief stand sie unter ihm in der ideellen Bewältigung desselben, in der allgemeinen Naturanschauung. Den griechischen Philosophen war die Welt wesentlich etwas aus dem Chaos Hervorgegangnes, etwas Entwickeltes, etwas Gewordenes. Den Naturforschern der Periode, die wir behandeln, war sie etwas Verknöchertes, etwas Unwandelbares, den meisten etwas mit einem Schlage Gemachtes. Die Wissenschaft stak noch tief in der Theologie. Überall sucht sie und findet sie als Letztes einen Anstoß von außen, der aus der Natur selbst nicht zu erklären. Wird auch die Anziehung, von Newton pompöserweise allgemeine Gravitation getauft, als wesentliche Eigenschaft der Materie aufgefaßt, woher kommt die unerklärte Tangentialkraft, die erst die Planetenbahnen zustande bringt? Wie sind die zahllosen Arten der Pflanzen und Tiere entstanden? Und wie nun gar erst der Mensch, von dem doch feststand, daß er nicht von Ewigkeit her da war? Auf solche Fragen antwortete die Naturwissenschaft nur zu oft, indem sie den Schöpfer aller Dinge dafür verantwortlich machte. Kopernikus, im Anfang der Periode, schreibt der Theologie den Absagebrief; Newton schließt sie mit dem Postulat des göttlichen ersten Anstoßes. Der höchste allgemeine Gedanke, zu dem diese Naturwissenschaft sich aufschwang, war der der Zweckmäßigkeit der Natureinrichtungen, die flache Wolffsche Teleologie, wonach die Katzen geschaffen wurden, um die Mäuse zu fressen, die Mäuse, um von den Katzen gefressen zu werden, und die ganze Natur, um die Weisheit des Schöpfers darzutun. Es gereicht der damaligen Philosophie zur höchsten Ehre, daß sie sich durch den beschränkten Stand der gleichzeitigen Naturkenntnisse nicht beirren ließ, daß sie – von Spinoza bis zu den großen französischen Materialisten – darauf beharrte, die Welt aus sich selbst zu erklären, und der Naturwissenschaft der Zukunft die Rechtfertigung im Detail überließ.

Ich rechne die Materialisten des achtzehnten Jahrhunderts noch mit zu dieser Periode, weil ihnen kein andres naturwissenschaftliches Material zu Gebote stand als das oben geschilderte. Kants epochemachende Schrift blieb ihnen ein Geheimnis, und Laplace kam lange nach ihnen. Vergessen wir nicht, daß diese veraltete Naturanschauung, obwohl an allen Ecken und Enden durchlöchert durch den Fortschritt der Wissenschaft, die ganze erste Hälfte des neunzehnten Jahrhunderts beherrscht hat und noch jetzt, der Hauptsache nach, auf allen Schulen gelehrt wird[1].

[1] Wie unerschütterlich noch 1861 ein Mann an diese Ansicht glauben kann, dessen wissenschaftliche Leistungen höchst bedeutendes Material zu ihrer Beseitigung geliefert haben, zeigen folgende klassischen Worte:

„Alle Einrichtungen im System unserer Sonne zielen, soweit wir sie zu durchschauen imstande sind, auf Erhaltung des Bestehenden und unabänderliche Dauer. Wie kein Tier, keine Pflanze der Erde seit den ältesten Zeiten vollkommener oder überhaupt ein anderes geworden ist, wie wir in allen Organismen nur Stufenfolgen *neben*einander, nicht *nach*einander antreffen, wie unser eigenes Geschlecht in körperlicher Beziehung stets dasselbe geblieben ist – so wird auch selbst die größte Mannigfaltigkeit der koexistierenden Weltkörper uns nicht berechtigen, in diesen Formen bloß verschiedene Entwicklungsstufen anzunehmen, vielmehr ist alles Erschaffene *gleich* vollkommen in sich" (Mädler, „Populäre Astronomie", Berlin 1861, 5. Aufl., S. 316). [*Anmerkung von Engels.*]

Am Rande des Manuskripts ist mit Bleistift vermerkt: „Die Festigkeit der alten Naturanschauung lieferte den Boden zur allgemeinen Zusammen-

Die erste Bresche in diese versteinerte Naturanschauung wurde geschossen nicht durch einen Naturforscher, sondern durch einen Philosophen. 1755 erschien Kants „Allgemeine Naturgeschichte und Theorie des Himmels". Die Frage nach dem ersten Anstoß war beseitigt; die Erde und das ganze Sonnensystem erschienen als etwas im Verlauf der Zeit *Gewordenes*. Hätte die große Mehrzahl der Naturforscher weniger von dem Abscheu vor dem Denken gehabt, den Newton mit der Warnung ausspricht: Physik, hüte dich vor der Metaphysik! – sie hätten aus dieser einen genialen Entdeckung Kants Folgerungen ziehn müssen, die ihnen endlose Abwege, unermeßliche Mengen in falschen Richtungen vergeudeter Zeit und Arbeit ersparte. Denn in Kants Entdeckung lag der Springpunkt alles ferneren Fortschritts. War die Erde etwas Gewordenes, so mußte ihr gegenwärtiger geologischer, geographischer, klimatischer Zustand, mußten ihre Pflanzen und Tiere ebenfalls etwas Gewordenes sein, mußte sie eine Geschichte haben nicht nur im Raum nebeneinander, sondern auch in der Zeit nacheinander. Wäre sofort in dieser Richtung entschlossen fortuntersucht worden, die Naturwissenschaft wäre jetzt bedeutend weiter, als sie ist. Aber was konnte von der Philosophie Gutes kommen? Kants Schrift blieb ohne unmittelbares Resultat, bis lange Jahre später Laplace und Herschel ihren Inhalt ausführten und näher begründeten und damit die „Nebularhypothese"[6] allmählich zu Ehren brachten. Fernere Entdeckungen verschafften ihr endlich den Sieg; die wichtigsten darunter waren: die Eigenbewegung der Fixsterne, der Nachweis eines widerstehenden Mittels im Weltraum, der durch die Spektralanalyse geführte Beweis der chemischen Identität der Weltmaterie und des Bestehens solcher glühenden Nebelmassen, wie Kant sie vorausgesetzt[1].

---

fassung der gesamten Naturwissenschaft als eines Ganzen. Die französischen Enzyklopädisten noch rein mechanisch nebeneinander, dann gleichzeitig St. Simon und deutsche Naturphilosophie, vollendet durch Hegel". – *Die Red.*

[1] *Am Rande des Manuskripts ist mit Bleistift hinzugefügt:* „Flutwellenrotationshemmung auch von Kant erst jetzt verstanden". — *Die Red.*

Es ist aber erlaubt zu zweifeln, ob der Mehrzahl der Naturforscher der Widerspruch einer sich verändernden Erde, die unveränderliche Organismen tragen soll, so bald zum Bewußtsein gekommen wäre, hätte die aufdämmernde Anschauung, daß die Natur nicht *ist*, sondern *wird* und *vergeht*, nicht von andrer Seite Sukkurs bekommen. Die Geologie entstand und wies nicht nur nacheinander gebildete und übereinander gelagerte Erdschichten auf, sondern auch in diesen Schichten die erhaltenen Schalen und Skelette ausgestorbner Tiere, die Stämme, Blätter und Früchte nicht mehr vorkommender Pflanzen. Man mußte sich entschließen anzuerkennen, daß nicht nur die Erde im ganzen und großen, daß auch ihre jetzige Oberfläche und die darauf lebenden Pflanzen und Tiere eine zeitliche Geschichte hatten. Die Anerkennung geschah anfangs widerwillig genug. Cuviers Theorie von den Revolutionen der Erde war revolutionär in der Phrase und reaktionär in der Sache. An die Stelle der *einen* göttlichen Schöpfung setzte sie eine ganze Reihe wiederholter Schöpfungsakte, machte das Mirakel zu einem wesentlichen Hebel der Natur. Erst Lyell brachte Verstand in die Geologie, indem er die plötzlichen, durch die Launen des Schöpfers hervorgerufenen Revolutionen ersetzte durch die allmählichen Wirkungen einer langsamen Umgestaltung der Erde[1].

Die Lyellsche Theorie war noch unverträglicher mit der Annahme beständiger organischer Arten als alle ihre Vorgängerinnen. Allmähliche Umgestaltung der Erdoberfläche und aller Lebensbedingungen führte direkt auf allmähliche Umgestaltung der Organismen und ihre Anpassung an die sich ändernde Umgebung, auf die Wandelbarkeit der Arten. Aber die Tradition ist eine Macht

---

[1] Der Mangel der Lyellschen Anschauung — wenigstens in ihrer ersten Form — lag darin, daß sie die auf der Erde wirkenden Kräfte als konstant auffaßte, konstant nach Qualität und Quantität. Die Abkühlung der Erde besteht nicht für ihn; die Erde entwickelt sich nicht in bestimmter Richtung, sie verändert sich bloß in zusammenhangsloser, zufälliger Weise. [*Anmerkung von Engels.*]

nicht nur in der katholischen Kirche, sondern auch in der Naturwissenschaft. Lyell selbst sah jahrelang den Widerspruch nicht, seine Schüler noch weniger. Es ist dies nur zu erklären durch die inzwischen in der Naturwissenschaft herrschend gewordne Teilung der Arbeit, die jeden auf sein spezielles Fach mehr oder weniger beschränkte und nur wenige nicht des allgemeinen Überblicks beraubte.

Inzwischen hatte die Physik gewaltige Fortschritte gemacht, deren Resultate in dem für diesen Zweig der Naturforschung epochemachenden Jahr 1842 von drei verschiedenen Männern fast gleichzeitig zusammengefaßt wurden[7]. Mayer in Heilbronn und Joule in Manchester wiesen den Umschlag von Wärme in mechanische Kraft und von mechanischer Kraft in Wärme nach. Die Feststellung des mechanischen Äquivalents der Wärme stellte dies Resultat außer Frage. Gleichzeitig bewies Grove[8] – kein Naturforscher von Profession, sondern ein englischer Advokat – durch einfache Verarbeitung der bereits erreichten einzelnen physikalischen Resultate die Tatsache, daß alle sogenannten physikalischen Kräfte, mechanische Kraft, Wärme, Licht, Elektrizität, Magnetismus, ja selbst die sogenannte chemische Kraft, unter bestimmten Bedingungen die eine in die andre umschlagen, ohne daß irgendwelcher Kraftverlust stattfindet, und bewies so nachträglich auf physikalischem Wege den Satz des Descartes, daß die Quantität der in der Welt vorhandenen Bewegung unveränderlich ist. Hiermit waren die besondren physikalischen Kräfte, sozusagen die unveränderlichen „Arten" der Physik, in verschieden differenzierte und nach bestimmten Gesetzen ineinander übergehende Bewegungsformen der Materie aufgelöst. Die Zufälligkeit des Bestehens von soundso viel physikalischen Kräften war aus der Wissenschaft beseitigt, indem ihre Zusammenhänge und Übergänge nachgewiesen. Die Physik war, wie schon die Astronomie, bei einem Resultat angekommen, das mit Notwendigkeit auf den ewigen Kreislauf der sich bewegenden Materie als Letztes hinwies.

Die wunderbar rasche Entwicklung der Chemie seit Lavoisier

und besonders seit Dalton griff die alten Vorstellungen von der Natur von einer andern Seite an. Durch Herstellung von bisher nur im lebenden Organismus erzeugten Verbindungen auf anorganischem Wege wies sie nach, daß die Gesetze der Chemie für organische Körper dieselbe Gültigkeit haben wie für unorganische, und füllte sie einen großen Teil der noch nach Kant auf ewig unüberschreitbaren Kluft zwischen unorganischer und organischer Natur aus.

Endlich hatten auch auf dem Gebiet der biologischen Forschung, namentlich die seit Mitte des vorigen [d. h. 18.] Jahrhunderts systematisch betriebnen wissenschaftlichen Reisen und Expeditionen, die genauere Durchforschung der europäischen Kolonien in allen Weltteilen durch dort lebende Fachleute, ferner die Fortschritte der Paläontologie, der Anatomie und Physiologie überhaupt, besonders seit systematischer Anwendung des Mikroskops und Entdeckung der Zelle, so viel Material gesammelt, daß die Anwendung der vergleichenden Methode möglich und zugleich notwendig wurde[1]. Einerseits wurden durch die vergleichende physische Geographie die Lebensbedingungen der verschiednen Floren und Faunen festgestellt, andrerseits die verschiednen Organismen nach ihren homologen Organen untereinander verglichen, und zwar nicht nur im Zustand der Reife, sondern auf allen ihren Entwicklungsstufen. Je tiefer und genauer diese Untersuchung geführt wurde, desto mehr zerfloß ihr unter den Händen jenes starre System einer unveränderlich fixierten organischen Natur. Nicht nur, daß immer mehr einzelne Arten von Pflanzen und Tieren rettungslos ineinander verschwammen, es tauchten Tiere auf, wie Amphioxus und Lepidosiren[9], die aller bisherigen Klassifikation spotteten[2], und endlich stieß man auf Organismen, von denen nicht einmal zu sagen war, ob sie zum Pflanzenreich oder zum Tierreich

---

[1] *Am Rande des Manuskripts ist mit Bleistift hinzugefügt:* „Embryologie". — *Die Red.*

[2] *Am Rande des Manuskripts ist mit Bleistift hinzugefügt:* „Ceratodus. Dito Archäopterix etc."[10]. — *Die Red.*

gehörten. Die Lücken im paläontologischen Archiv füllten sich mehr und mehr und zwangen auch dem Widerstrebendsten den schlagenden Parallelismus auf, der zwischen der Entwicklungsgeschichte der organischen Welt im ganzen und großen und der des einzelnen Organismus besteht, den Ariadnefaden, der aus dem Labyrinth führen sollte, worin Botanik und Zoologie sich tiefer und tiefer zu verirren schienen. Es war bezeichnend, daß fast gleichzeitig mit Kants Angriff auf die Ewigkeit des Sonnensystems C. F. Wolff 1759 den ersten Angriff auf die Beständigkeit der Arten erließ und die Abstammungslehre proklamierte. Aber was bei ihm nur noch geniale Antizipation, das nahm bei Oken, Lamarck, Baer feste Gestalt an und wurde genau 100 Jahre später, 1859, von Darwin sieghaft durchgeführt. Fast gleichzeitig wurde konstatiert, daß Protoplasma und Zelle, die schon früher als letzte Formbestandteile aller Organismen nachgewiesen, als niedrigste organische Formen selbständig lebend vorkommen. Damit war sowohl die Kluft zwischen anorganischer und organischer Natur auf ein Minimum reduziert, wie auch eine der wesentlichsten Schwierigkeiten beseitigt, die der Abstammungstheorie der Organismen bisher entgegenstand. Die neue Naturanschauung war in ihren Grundzügen fertig: Alles Starre war aufgelöst, alles Fixierte verflüchtigt, alles für ewig gehaltene Besondere vergänglich geworden, die ganze Natur als in ewigem Fluß und Kreislauf sich bewegend nachgewiesen.

Und so sind wir denn wieder zurückgekehrt zu der Anschauungsweise der großen Gründer der griechischen Philosophie, daß die gesamte Natur, vom Kleinsten bis zum Größten, von den Sandkörnern bis zu den Sonnen, von den Protisten bis zum Menschen, in ewigem Entstehen und Vergehen, in unaufhörlichem Fluß, in rastloser Bewegung und Veränderung ihr Dasein hat. Nur mit dem wesentlichen Unterschied, daß, was bei den Griechen geniale Intuition war, bei uns Resultat streng wissenschaftlicher, erfahrungsmäßiger Forschung ist und daher auch in viel bestimmterer und klarerer Form auftritt. Allerdings ist der empirische Nachweis dieses Kreislaufs nicht ganz und gar frei von Lücken, aber diese sind unbedeutend im Vergleich zu dem, was bereits sichergestellt ist, und füllen sich mit jedem Jahr mehr und mehr aus. Und wie könnte der Nachweis im Detail anders als lückenhaft sein, wenn man bedenkt, daß die wesentlichsten Zweige der Wissenschaft – die transplanetarische Astronomie, die Chemie, die Geologie – kaum ein Jahrhundert, die vergleichende Methode in der Physiologie kaum fünfzig Jahre wissenschaftlicher Existenz zählen, daß die Grundform fast aller Lebensentwicklung, die Zelle, noch nicht vierzig Jahre entdeckt ist![11]

Aus wirbelnden, glühenden Dunstmassen, deren Bewegungsgesetze vielleicht erschlossen werden, nachdem die Beobachtungen einiger Jahrhunderte uns über die Eigenbewegung der Sterne Klarheit verschafft, entwickelten sich durch Zusammenziehung und Abkühlung die zahllosen Sonnen und Sonnensysteme unsrer von den äußersten Sternringen der Milchstraße begrenzten Weltinsel. Diese Entwicklung ging offenbar nicht überall gleich schnell vor sich. Die Existenz dunkler, nicht bloß planetarischer Körper, also ausgeglühter Sonnen in unserm Sternsystem, drängt sich der Astronomie mehr und mehr auf (Mädler); andrerseits gehört (nach Secchi) ein Teil der dunstförmigen Nebelflecke als noch nicht fertige Sonnen zu unserm Sternsystem, wodurch nicht ausgeschlossen ist, daß andre Nebel, wie Mädler behauptet, ferne selbständige Weltinseln sind, deren relative Entwicklungsstufe das Spektroskop festzustellen hat.

Wie aus einer einzelnen Dunstmasse ein Sonnensystem sich entwickelt, hat Laplace im Detail in bis jetzt unübertroffner Weise nachgewiesen; die spätere Wissenschaft hat ihn mehr und mehr bestätigt.

Auf den so gebildeten einzelnen Körpern – Sonnen wie Planeten und Satelliten – herrscht anfangs diejenige Bewegungsform der Materie vor, die wir Wärme nennen. Von chemischen Verbindungen der Elemente kann selbst bei einer Temperatur, wie sie heute noch die Sonne hat, keine Rede sein; inwieweit die Wärme sich dabei in Elektrizität oder Magnetismus umsetzt, werden fortgesetzte Sonnenbeobachtungen zeigen; daß die auf der Sonne vorgehenden mechanischen Bewegungen lediglich aus dem Konflikt der Wärme mit der Schwere hervorgehn, ist schon jetzt so gut wie ausgemacht.

Die einzelnen Körper kühlen sich um so rascher ab, je kleiner sie sind. Satelliten, Asteroiden, Meteore zuerst, wie denn ja unser Mond längst verstorben ist. Langsamer die Planeten, am langsamsten der Zentralkörper.

Mit der fortschreitenden Abkühlung tritt das Wechselspiel der ineinander umschlagenden physikalischen Bewegungsformen mehr und mehr in den Vordergrund, bis endlich ein Punkt erreicht wird, von wo an die chemische Verwandtschaft anfängt sich geltend zu machen, wo die bisher chemisch indifferenten Elemente sich nacheinander chemisch differenzieren, chemische Eigenschaften erlangen, Verbindungen miteinander eingehn. Diese Verbindungen wechseln fortwährend mit der abnehmenden Temperatur, die nicht nur jedes Element, sondern auch jede einzelne Verbindung von Elementen verschieden beeinflußt, mit dem davon abhängenden Übergang eines Teils der gasförmigen Materie zuerst in den flüssigen, dann in den festen Zustand, und mit den dadurch geschaffenen neuen Bedingungen.

Die Zeit, wo der Planet eine feste Rinde und Wasseransammlungen auf ihrer Oberfläche hat, fällt zusammen mit der, von wo an seine Eigenwärme mehr und mehr zurücktritt gegen die ihm zugesandte Wärme des Zentralkörpers. Seine Atmosphäre wird der Schauplatz meteorologischer Erscheinungen in dem Sinne, wie wir das Wort jetzt verstehn, seine Oberfläche der Schauplatz geologischer Veränderungen, bei denen die durch atmosphärische Niederschläge herbeigeführten Ablagerungen immer mehr Übergewicht erlangen über die sich langsam abschwächenden Wirkungen nach außen des heißflüssigen Innern.

Gleicht sich endlich die Temperatur so weit aus, daß sie wenigstens an einer beträchtlichen Stelle der Oberfläche die Grenzen nicht mehr überschreitet, in denen das Eiweiß lebensfähig ist, so bildet sich, unter sonst günstigen chemischen Vorbedingungen, lebendiges Protoplasma. Welches diese Vorbedingungen sind, wissen wir heute noch nicht, was nicht zu verwundern, da nicht einmal die chemische Formel des Eiweißes bis jetzt feststeht, wir noch nicht einmal wissen, wieviel chemisch verschiedene Eiweißkörper es gibt, und da erst seit ungefähr zehn Jahren die Tatsache bekannt ist, daß vollkommen strukturloses Eiweiß alle wesentlichen Funktionen des Lebens, Verdauung, Ausscheidung, Bewegung, Kontraktion, Reaktion gegen Reize, Fortpflanzung, vollzieht[12].

Es mag Jahrtausende gedauert haben, bis die Bedingungen eintraten, unter denen der nächste Fortschritt geschehn und dies formlose Eiweiß durch Bildung von Kern und Haut die erste Zelle herstellen konnte. Aber mit dieser ersten Zelle war auch die Grundlage der Formbildung der ganzen organischen Welt gegeben; zuerst entwickelten sich, wie wir nach der ganzen Analogie des paläontologischen Archivs annehmen dürfen, zahllose Arten zellenloser und zelliger Protisten, wovon das einzige Eozoon Canadense[13] uns überliefert, und wovon einige allmählich zu den ersten Pflanzen, andre zu den ersten Tieren sich differenzierten. Und von den ersten Tieren aus entwickelten sich, wesentlich durch weitere Differenzierung, die zahllosen Klassen, Ordnungen, Familien, Gattungen und Arten der Tiere, zuletzt die Form, in der das Nervensystem zu seiner vollsten Entwicklung kommt, die der Wirbeltiere, und wieder zuletzt unter diesen das Wirbeltier, in dem die Natur das Bewußtsein ihrer selbst erlangt – der Mensch.

Auch der Mensch entsteht durch Differenzierung. Nicht nur individuell, aus einer einzigen Eizelle bis zum kompliziertesten Organismus differenziert, den die Natur hervorbringt – nein, auch historisch. Als nach jahrtausendelangem Ringen die Differenzierung der Hand vom Fuß, der aufrechte Gang, endlich festgestellt, da war der

Mensch vom Affen geschieden, da war der Grund gelegt zur Entwicklung der artikulierten Sprache und zu der gewaltigen Ausbildung des Gehirns, die seitdem die Kluft zwischen Menschen und Affen unübersteiglich gemacht hat. Die Spezialisierung der Hand — das bedeutet das *Werkzeug*, und das Werkzeug bedeutet die spezifisch menschliche Tätigkeit, die umgestaltende Rückwirkung des Menschen auf die Natur, die Produktion. Auch Tiere im engern Sinn haben Werkzeuge, aber nur als Glieder ihres Leibes — die Ameise, die Biene, der Biber; auch Tiere produzieren, aber ihre produktive Einwirkung auf die umgebende Natur ist dieser gegenüber gleich Null. Nur der Mensch hat es fertiggebracht, der Natur seinen Stempel aufzudrücken, indem er nicht nur Pflanzen und Tiere versetzte, sondern auch den Aspekt, das Klima seines Wohnorts, ja die Pflanzen und Tiere selbst so veränderte, daß die Folgen seiner Tätigkeit nur mit dem allgemeinen Absterben des Erdballs verschwinden können. Und das hat er fertiggebracht zunächst und wesentlich vermittelst der *Hand*. Selbst die Dampfmaschine, bis jetzt sein mächtigstes Werkzeug zur Umgestaltung der Natur, beruht, weil Werkzeug, in letzter Instanz auf der Hand. Aber mit der Hand entwickelte sich Schritt für Schritt der Kopf, kam das Bewußtsein zuerst der Bedingungen einzelner praktischer Nutzeffekte, und später, bei den begünstigteren Völkern, daraus hervorgehend, die Einsicht in die sie bedingenden Naturgesetze. Und mit der rasch wachsenden Kenntnis der Naturgesetze wuchsen die Mittel der Rückwirkung auf die Natur, die Hand allein hätte die Dampfmaschine nie fertiggebracht, hätte das Gehirn des Menschen sich nicht mit und neben ihr und teilweise durch sie korrelativ entwickelt.

Mit dem Menschen treten wir ein in die *Geschichte*. Auch die Tiere haben eine Geschichte, die ihrer Abstammung und allmählichen Entwicklung bis auf ihren heutigen Stand. Aber diese Geschichte wird für sie gemacht, und soweit sie selbst daran teilnehmen, geschieht es ohne ihr Wissen und Wollen. Die Menschen dagegen, je mehr sie sich vom Tier im engeren Sinn entfernen, desto

Einleitung 23

mehr machen sie ihre Geschichte selbst, mit Bewußtsein, desto geringer wird der Einfluß unvorhergesehener Wirkungen, unkontrollierter Kräfte auf diese Geschichte, desto genauer entspricht der geschichtliche Erfolg dem vorher festgestellten Zweck. Legen wir aber diesen Maßstab an die menschliche Geschichte, selbst der entwickeltsten Völker der Gegenwart, so finden wir, daß hier noch immer ein kolossales Mißverhältnis besteht zwischen den vorgesteckten Zielen und den erreichten Resultaten, daß die unvorhergesehenen Wirkungen vorherrschen, daß die unkontrollierten Kräfte weit mächtiger sind als die planmäßig in Bewegung gesetzten. Und dies kann nicht anders sein, solange die wesentlichste geschichtliche Tätigkeit der Menschen, diejenige, die sie aus der Tierheit zur Menschheit emporgehoben hat, die die materielle Grundlage aller ihrer übrigen Tätigkeiten bildet, die Produktion ihrer Lebensbedürfnisse, das heißt heutzutage die gesellschaftliche Produktion, erst recht dem Wechselspiel unbeabsichtigter Einwirkungen von unkontrollierten Kräften unterworfen ist und den gewollten Zweck nur ausnahmsweise, weit häufiger aber sein grades Gegenteil realisiert. Wir haben in den fortgeschrittensten Industrieländern die Naturkräfte gebändigt und in den Dienst der Menschen gepreßt; wir haben damit die Produktion ins unendliche vervielfacht, so daß ein Kind jetzt mehr erzeugt als früher hundert Erwachsene. Und was ist die Folge? Steigende Überarbeit und steigendes Elend der Massen und alle zehn Jahre ein großer Krach. Darwin wußte nicht, welch bittre Satire er auf die Menschen und besonders auf seine Landsleute schrieb, als er nachwies, daß die freie Konkurrenz, der Kampf ums Dasein, den die Ökonomen als höchste geschichtliche Errungenschaft feiern, der Normalzustand des *Tierreichs* ist. Erst eine bewußte Organisation der gesellschaftlichen Produktion, in der planmäßig produziert und verteilt wird, kann die Menschen ebenso in gesellschaftlicher Beziehung aus der übrigen Tierwelt herausheben, wie dies die Produktion überhaupt für die Menschen in spezifischer Beziehung getan hat. Die geschichtliche Entwicklung macht eine solche Organisation täglich unumgänglicher, aber auch täglich möglicher. Von ihr wird eine neue Geschichtsepoche datieren, in der die Menschen selbst, und mit ihnen alle Zweige ihrer Tätigkeit, namentlich auch die Naturwissenschaft, einen Aufschwung nehmen werden, der alles Bisherige in tiefen Schatten stellt.

Indes, „alles was entsteht, ist wert, daß es zugrunde geht"[14]. Millionen Jahre mögen darüber vergehn, Hunderttausende von Geschlechtern geboren werden und sterben; aber unerbittlich rückt die Zeit heran, wo die sich erschöpfende Sonnenwärme nicht mehr ausreicht, das von den Polen herandrängende Eis zu schmelzen, wo die sich mehr und mehr um den Äquator zusammendrängenden Menschen endlich auch dort nicht mehr Wärme genug zum Leben finden, wo nach und nach auch die letzte Spur organischen Lebens verschwindet und die Erde, ein erstorbner, erfrorner Ball wie der Mond, in tiefer Finsternis und in immer engeren Bahnen um die ebenfalls erstorbne Sonne kreist und endlich hineinfällt. Andre Planeten werden ihr vorangegangen sein, andre folgen ihr; anstatt des harmonisch gegliederten, hellen, warmen Sonnensystems verfolgt nur noch eine kalte, tote Kugel ihren einsamen Weg durch den Weltraum. Und so wie userm Sonnensystem ergeht es früher oder später allen andern Systemen unsrer Weltinsel, ergeht es denen aller übrigen zahllosen Weltinseln, selbst denen, deren Licht nie die Erde erreicht, solange ein menschliches Auge auf ihr lebt, es zu empfangen.

Und wenn nun ein solches Sonnensystem seinen Lebenslauf vollbracht und dem Schicksal alles Endlichen, dem Tode verfallen ist, wie dann? Wird die Sonnenleiche in Ewigkeit als Leiche durch den unendlichen Raum fortrollen, und alle die ehemals unendlich mannigfaltig differenzierten Naturkräfte für immer in die eine Bewegungsform der Attraktion aufgehn? „Oder", wie Secchi fragt (S. 810), „sind Kräfte in der Natur vorhanden, welche das tote System in den anfänglichen Zustand des glühenden Nebels zurückversetzen und es zu neuem Leben wieder aufwecken können? Wir wissen es nicht"[15].

Allerdings wissen wir das nicht in dem Sinn, wie wir wissen, daß $2 \times 2 = 4$ ist, oder daß die Attraktion der Materie zu- und abnimmt nach dem Quadrat der Entfernung. Aber in der theoretischen Naturwissenschaft, die ihre Naturanschauung möglichst zu einem harmonischen Ganzen verarbeitet und ohne die heutzutage selbst der gedankenloseste Empiriker nicht vom Fleck kommt, haben wir sehr oft mit unvollkommen bekannten Größen zu rechnen und hat die Konsequenz des Gedankens zu allen Zeiten der mangelhaften Kenntnis forthelfen müssen. Nun hat die moderne Naturwissenschaft den Satz von der Unzerstörbarkeit der Bewegung von der Philosophie adoptieren müssen; ohne ihn kann sie nicht mehr bestehn. Die Bewegung der Materie aber, das ist nicht bloß die grobe mechanische Bewegung, die bloße Ortsveränderung, das ist Wärme und Licht, elektrische und magnetische Spannung, chemisches Zusammengehn und Auseinandergehn, Leben und schließlich Bewußtsein. Sagen, daß die Materie während ihrer ganzen zeitlos unbegrenzten Existenz nur ein einziges Mal und für eine ihrer Ewigkeit gegenüber verschwindend kurze Zeit in der Möglichkeit sich befindet, ihre Bewegung zu differenzieren und dadurch den ganzen Reichtum dieser Bewegung zu entfalten, und daß sie vor- und nachher in Ewigkeit auf bloße Ortsveränderung beschränkt bleibt — das heißt behaupten, daß die Materie sterblich und die Bewegung vergänglich ist. Die Unzerstörbarkeit der Bewegung kann nicht bloß quantitativ, sie muß auch qualitativ gefaßt werden; eine Materie, deren rein mechanische Ortsveränderung zwar die Möglichkeit in sich trägt, unter günstigen Bedingungen in Wärme, Elektrizität, chemische Aktion, Leben umzuschlagen, die aber außerstande ist, diese Bedingungen aus sich selbst zu erzeugen, eine solche Materie hat *Bewegung eingebüßt*; eine Bewegung, die die Fähigkeit verloren hat, sich in die ihr zukommenden verschiedenen Formen umzusetzen, hat zwar noch Dynamis [Möglichkeit], aber keine Energeia [Wirksamkeit] mehr, und ist damit teilweise zerstört worden. Beides aber ist undenkbar.

Soviel ist sicher: Es gab eine Zeit, wo die Materie unsrer Weltinsel eine solche Menge Bewegung – welcher Art, wissen wir bis jetzt nicht – in Wärme umgesetzt hatte, daß daraus die zu (nach Mädler) mindestens 20 Millionen Sternen gehörigen Sonnensysteme sich entwickeln konnten, deren allmähliches Absterben ebenfalls gewiß ist. Wie ging dieser Umsatz vor sich? Wir wissen es ebensowenig, wie Pater Secchi weiß, ob das künftige caput mortuum[16] unsres Sonnensystems je wieder in Rohstoff zu neuen Sonnensystemen verwandelt wird. Aber entweder müssen wir hier auf den Schöpfer rekurrieren, oder wir sind zu der Schlußfolgerung gezwungen, daß der glühende Rohstoff zu den Sonnensystemen unsrer Weltinsel auf natürlichem Wege erzeugt wurde, durch Bewegungsverwandlungen, die der sich bewegenden Materie *von Natur zustehn*, und deren Bedingungen also auch von der Materie, wenn auch erst nach Millionen und aber Millionen Jahren, mehr oder weniger zufällig, aber mit der auch dem Zufall inhärenten Notwendigkeit sich reproduzieren müssen.

Die Möglichkeit einer solchen Umwandlung wird mehr und mehr zugegeben. Man kommt zu der Ansicht, daß die Weltkörper die schließliche Bestimmung haben, ineinander zu fallen, und man berechnet sogar die Wärmemenge, die sich bei solchen Zusammenstößen entwickeln muß. Das plötzliche Aufblitzen neuer Sterne, das ebenso plötzliche hellere Aufleuchten altbekannter, von dem die Astronomie uns berichtet, erklärt sich am leichtesten aus solchen Zusammenstößen. Dabei bewegt sich nicht nur unsre Planetengruppe um die Sonne und unsre Sonne innerhalb unsrer Weltinsel, sondern auch unsre ganze Weltinsel bewegt sich fort im Weltraum in temporärem, relativem Gleichgewicht mit den übrigen Weltinseln; denn selbst relatives Gleichgewicht frei schwebender Körper kann nur bestehn bei gegenseitig bedingter Bewegung; und manche nehmen an, daß die Temperatur im Weltraum nicht überall dieselbe ist. Endlich: Wir wissen, daß mit Ausnahme eines verschwindend kleinen Teils die Wärme der zahllosen Sonnen unsrer

Weltinsel im Raum verschwindet und sich vergeblich abmüht, die Temperatur des Weltraums auch nur um ein Milliontel Grad Celsius zu erhöhen. Was wird aus all dieser enormen Wärmequantität? Ist sie für alle Zeiten aufgegangen in dem Versuch, den Weltraum zu heizen, hat sie praktisch aufgehört zu existieren und besteht sie nur noch theoretisch weiter in der Tatsache, daß der Weltraum wärmer geworden ist um einen Graddezimalbruchteil, der mit zehn oder mehr Nullen anfängt? Diese Annahme leugnet die Unzerstörbarkeit der Bewegung; sie läßt die Möglichkeit zu, daß durch sukzessives Ineinanderfallen der Weltkörper alle vorhandene mechanische Bewegung in Wärme verwandelt und diese in den Weltraum ausgestrahlt werde, womit trotz aller „Unzerstörbarkeit der Kraft" alle Bewegung überhaupt aufgehört hätte. (Es zeigt sich hier beiläufig, wie schief die Bezeichnung: Unzerstörbarkeit der Kraft, statt Unzerstörbarkeit der Bewegung ist.) Wir kommen also zu dem Schluß, daß auf einem Wege, den es später einmal die Aufgabe der Naturforschung sein wird aufzuzeigen, die in den Weltraum ausgestrahlte Wärme die Möglichkeit haben muß, in eine andre Bewegungsform sich umzusetzen, in der sie wieder zur Sammlung und Betätigung kommen kann. Und damit fällt die Hauptschwierigkeit, die der Rückverwandlung abgelebter Sonnen in glühenden Dunst entgegenstand.

Übrigens ist die sich ewig wiederholende Aufeinanderfolge der Welten in der endlosen Zeit nur die logische Ergänzung des Nebeneinanderbestehens zahlloser Welten im endlosen Raum – ein Satz, dessen Notwendigkeit sich sogar dem antitheoretischen Yankee-Gehirn Drapers aufzwingt[1].

Es ist ein ewiger Kreislauf, in dem die Materie sich bewegt, ein

---

[1] „The multiplicity of worlds in infinite space leads to the conception of a succession of worlds in infinite time." (Draper, „History of the Intellectual Development of Europe". Vol. II, p.[17].) [Die Vielheit der Welten im endlosen Raum führt zur Auffassung von einer Aufeinanderfolge der Welten in der endlosen Zeit. (Draper, Geschichte der geistigen Entwicklung Europas. Bd. II, S.).] [*Anmerkung von Engels.*]

Kreislauf, der seine Bahn wohl erst in Zeiträumen vollendet, für die unser Erdenjahr kein ausreichender Maßstab mehr ist, ein Kreislauf, in dem die Zeit der höchsten Entwicklung, die Zeit des organischen Lebens und noch mehr die des Lebens selbst- und naturbewußter Wesen ebenso knapp bemessen ist wie der Raum, in dem Leben und Selbstbewußtsein zur Geltung kommen; ein Kreislauf, in dem jede endliche Daseinsweise der Materie, sei sie Sonne oder Dunstnebel, einzelnes Tier oder Tiergattung, chemische Verbindung oder Trennung, gleicherweise vergänglich, und worin nichts ewig ist als die ewig sich verändernde, ewig sich bewegende Materie und die Gesetze, nach denen sie sich bewegt und verändert. Aber wie oft und wie unbarmherzig auch in Zeit und Raum dieser Kreislauf sich vollzieht; wieviel Millionen Sonnen und Erden auch entstehn und vergehn mögen, wie lange es auch dauern mag, bis in einem Sonnensystem nur auf *einem* Planeten die Bedingungen des organischen Lebens sich herstellen; wie zahllose organische Wesen auch vorhergehn und vorher untergehn müssen, ehe aus ihrer Mitte sich Tiere mit denkfähigem Gehirn entwickeln und für eine kurze Spanne Zeit lebensfähige Bedingungen vorfinden, um dann auch ohne Gnade ausgerottet zu werden – wir haben die Gewißheit, daß die Materie in allen ihren Wandlungen ewig dieselbe bleibt, daß keins ihrer Attribute je verlorengehn kann, und daß sie daher auch mit derselben eisernen Notwendigkeit, womit sie auf der Erde ihre höchste Blüte, den denkenden Geist, wieder ausrotten wird, ihn anderswo und in andrer Zeit wieder erzeugen muß.

Alte Vorrede zum „[Anti-]Dühring". Über die Dialektik[1]

Die nachfolgende Arbeit ist keineswegs aus „innerem Antrieb" entstanden. Im Gegenteil wird mir mein Freund Liebknecht bezeugen, wieviel Mühe es ihm gekostet hat, bis er mich bewog, die neueste sozialistische Theorie des Herrn Dühring kritisch zu beleuchten. Einmal dazu entschlossen, hatte ich keine andre Wahl, als diese Theorie, die sich selbst als letzte praktische Frucht eines neuen philosophischen Systems vorführt, im Zusammenhang dieses Systems und damit das System selbst zu untersuchen. Ich war also genötigt, Herrn Dühring auf jenes umfassende Gebiet zu folgen, wo er von allen möglichen Dingen spricht und noch von einigen andern. So entstand eine Reihe von Artikeln, die seit Anfang 1877 im Leipziger „*Vorwärts*" erschien und hier im Zusammenhang vorliegt.

Wenn die Kritik eines trotz aller Selbstanpreisung so höchst unbedeutenden Systems in dieser durch die Sache gebotenen Ausführlichkeit auftritt, so mögen zwei Umstände dies entschuldigen. Einerseits gab mir diese Kritik Gelegenheit, auf verschiedenen Gebieten meine Auffassung von Streitpunkten positiv zu entwickeln, die heute von allgemeinerem wissenschaftlichen oder praktischen Interesse sind. Und so wenig es mir einfallen kann, dem System des Herrn Dühring ein andres System entgegenzusetzen, so wird der Leser hoffentlich auch in den von mir aufgestellten Ansichten, bei aller Verschiedenheit des behandelten Stoffs, den inneren Zusammenhang nicht vermissen.

Andrerseits aber ist der „systemschaffende" Herr Dühring keine vereinzelte Erscheinung in der deutschen Gegenwart. Seit einiger

Zeit schießen in Deutschland die philosophischen, namentlich die naturphilosophischen Systeme über Nacht zu Dutzenden auf wie die Pilze, von den zahllosen neuen Systemen der Politik, der Ökonomie usw. gar nicht zu sprechen. Wie im modernen Staat vorausgesetzt wird, daß jeder Staatsbürger über alle die Fragen urteilsreif ist, über die abzustimmen er berufen; wie in der Ökonomie angenommen wird, daß jeder Käufer auch ein Kenner aller derjenigen Waren ist, die er zu seinem Lebensunterhalt einzukaufen in den Fall kommt – so soll es jetzt auch in der Wissenschaft gehalten werden. Jeder kann über alles schreiben, und darin besteht grade die „Freiheit der Wissenschaft", daß man erst recht über das schreibt, was man nicht gelernt hat, und daß man dies für die einzige streng wissenschaftliche Methode ausgibt. Herr Dühring aber ist einer der bezeichnendsten Typen dieser vorlauten Pseudowissenschaft, die sich heutzutage in Deutschland überall in den Vordergrund drängt und alles übertönt mit ihrem dröhnenden – höheren Blech. Höheres Blech in der Poesie, in der Philosophie, in der Ökonomie, in der Geschichtschreibung, höheres Blech auf Katheder und Tribüne, höheres Blech überall, höheres Blech mit dem Anspruch auf Überlegenheit und Gedankentiefe im Unterschied von dem simplen platt-vulgären Blech andrer Nationen, höheres Blech das charakteristischste und massenhafteste Produkt der deutschen intellektuellen Industrie, billig aber schlecht, ganz wie andre deutsche Fabrikate, neben denen es leider in Philadelphia nicht vertreten war. Sogar der deutsche Sozialismus macht neuerdings, namentlich seit dem guten Beispiel des Herrn Dühring, recht erklecklich in höherem Blech; daß die praktische sozialdemokratische Bewegung sich durch dies höhere Blech so wenig irremachen läßt, ist wieder ein Beweis für die merkwürdig gesunde Natur unsrer Arbeiterklasse in einem Lande, wo doch sonst, mit Ausnahme der Naturwissenschaft, augenblicklich so ziemlich alles krankt.

Wenn Nägeli in seiner Rede auf der Münchener Naturforscherversammlung[2] sich dahin aussprach, daß das menschliche Erkennen

Alte Vorrede zum „[Anti-]Dühring". Über die Dialektik

nie den Charakter der Allwissenheit annehmen werde, so sind ihm die Leistungen des Herrn Dühring offenbar unbekannt geblieben. Diese Leistungen haben mich genötigt, ihnen auch auf eine Reihe von Gebieten zu folgen, auf denen ich höchstens in der Eigenschaft eines Dilettanten mich bewegen kann. Es gilt dies namentlich von den verschiednen Zweigen der Naturwissenschaft, wo es bisher häufig für mehr als unbescheiden galt, wenn ein „Laie" ein Wort dareinreden wollte. Indes ermutigt mich einigermaßen der ebenfalls in München gefallene, an einer andern Stelle näher erörterte Ausspruch Herrn Virchows[3], daß jeder Naturforscher außerhalb seiner eignen Spezialität ebenfalls nur ein Halbwisser, vulgo [gemeinhin] Laie ist. Wie ein solcher Spezialist sich erlauben darf und erlauben muß, von Zeit zu Zeit auf benachbarte Gebiete überzugreifen, und wie ihm da von den betreffenden Spezialisten Unbehilflichkeit des Ausdrucks und kleine Ungenauigkeiten nachgesehn werden, so habe auch ich mir die Freiheit genommen, Naturvorgänge und Naturgesetze als beweisende Exempel meiner allgemein theoretischen Auffassungen anzuführen, und darf wohl auf dieselbe Nachsicht rechnen[4]. Die Resultate der modernen Naturwissenschaft drängen sich eben einem jeden, der sich mit theoretischen Dingen beschäftigt, mit derselben Unwiderstehlichkeit auf, mit der die heutigen Naturforscher, wollen sie's oder nicht, zu theoretisch-allgemeinen Folgerungen sich getrieben sehn. Und hier tritt eine gewisse Kompensation ein. Sind die Theoretiker Halbwisser auf dem Gebiet der Naturwissenschaft, so sind es die heutigen Naturforscher tatsächlich ebensosehr auf dem Gebiet der Theorie, auf dem Gebiet dessen, was bisher als Philosophie bezeichnet wurde.

Die empirische Naturforschung hat eine so ungeheure Masse von positivem Erkenntnisstoff angehäuft, daß die Notwendigkeit, ihn auf jedem einzelnen Untersuchungsgebiet systematisch und nach seinem innern Zusammenhang zu ordnen, schlechthin unabweisbar geworden ist. Ebenso unabweisbar wird es, die einzelnen Erkenntnisgebiete unter sich in den richtigen Zusammenhang zu bringen.

Damit aber begibt sich die Naturwissenschaft auf das theoretische Gebiet, und hier versagen die Methoden der Empirie, hier kann nur das theoretische Denken helfen[5]. Das theoretische Denken ist aber nur der Anlage nach eine angeborne Eigenschaft. Diese Anlage muß entwickelt, ausgebildet werden, und für diese Ausbildung gibt es bis jetzt kein andres Mittel als das Studium der bisherigen Philosophie.

Das theoretische Denken einer jeden Epoche, also auch das der unsrigen, ist ein historisches Produkt, das zu verschiednen Zeiten sehr verschiedne Form und damit sehr verschiednen Inhalt annimmt. Die Wissenschaft vom Denken ist also, wie jede andre, eine historische Wissenschaft, die Wissenschaft von der geschichtlichen Entwicklung des menschlichen Denkens. Und dies ist auch für die praktische Anwendung des Denkens auf empirische Gebiete von Wichtigkeit. Denn erstens ist die Theorie der Denkgesetze keineswegs eine ein für allemal ausgemachte „ewige Wahrheit", wie der Philisterverstand sich dies bei dem Wort Logik vorstellt. Die formelle Logik selbst ist seit Aristoteles bis heute das Gebiet heftiger Debatte geblieben. Und die Dialektik gar ist bis jetzt erst von zwei Denkern genauer untersucht worden, von Aristoteles und Hegel. Grade die Dialektik ist aber für die heutige Naturwissenschaft die wichtigste Denkform, weil sie allein das Analogon und damit die Erklärungsmethode bietet für die in der Natur vorkommenden Entwicklungsprozesse, für die Zusammenhänge im ganzen und großen, für die Übergänge von einem Untersuchungsgebiet zum andern.

Zweitens aber ist die Bekanntschaft mit dem geschichtlichen Entwicklungsgang des menschlichen Denkens, mit den zu verschiednen Zeiten hervorgetretenen Auffassungen der allgemeinen Zusammenhänge der äußeren Welt auch darum für die theoretische Naturwissenschaft ein Bedürfnis, weil sie einen Maßstab abgibt für die von dieser selbst aufzustellenden Theorien. Der Mangel an Bekanntschaft mit der Geschichte der Philosophie tritt hier aber oft und grell genug hervor. Sätze, die in der Philosophie seit Jahrhunderten aufgestellt, die oft genug längst philosophisch abgetan sind, treten oft genug bei theoretisierenden Naturforschern als funkelneue Weisheit auf und werden sogar eine Zeitlang Mode. Es ist sicher ein großer Erfolg der mechanischen Wärmetheorie, daß sie den Satz von der Erhaltung der Energie mit neuen Belegen gestützt und wieder in den Vordergrund gestellt hat; aber hätte dieser Satz als etwas so absolut Neues auftreten können, wenn die Herren Physiker sich erinnert hätten, daß er schon von Descartes aufgestellt war? Seitdem Physik und Chemie wieder fast ausschließlich mit Molekülen und Atomen hantieren, ist die altgriechische atomistische Philosophie mit Notwendigkeit wieder in den Vordergrund getreten. Aber wie oberflächlich wird sie selbst von den besten unter ihnen behandelt! So erzählt Kekulé („Ziele und Leistungen der Chemie")[6], sie rühre von Demokrit her, statt von Leukipp, und behauptet, Dalton habe zuerst die Existenz qualitativ verschiedner Elementaratome angenommen und ihnen zuerst verschiedne, für die verschiednen Elemente charakteristische Gewichte zugeschrieben, während doch bei Diogenes Laertius (X, §§ 43-44 und 61)[7] zu lesen ist, daß schon Epikur den Atomen Verschiedenheit nicht nur der Größe und Gestalt, sondern auch des *Gewichts* zuschreibt, also schon Atomgewicht und Atomvolum in seiner Art kennt.

Das Jahr 1848, das in Deutschland sonst mit nichts fertig wurde, hat dort nur auf dem Gebiet der Philosophie eine totale Umkehr zustande gebracht. Indem die Nation sich auf das Praktische warf, hier die Anfänge der großen Industrie und des Schwindels gründete, dort den gewaltigen Aufschwung, den die Naturwissenschaft in Deutschland seitdem genommen, eingeleitet durch die Reiseprediger und Karikaturen Vogt, Büchner etc., sagte sie der im Sande der Berliner Althegelei verlaufenen klassischen deutschen Philosophie entschieden ab. Die Berliner Althegelei hatte das redlich verdient. Aber eine Nation, die auf der Höhe der Wissenschaft stehn will,

3 Engels, Dialektik der Natur

kann nun einmal ohne theoretisches Denken nicht auskommen. Mit der Hegelei warf man auch die Dialektik über Bord – grade im Augenblick, wo der dialektische Charakter der Naturvorgänge sich unwiderstehlich aufzwang, wo also nur die Dialektik der Naturwissenschaft über den theoretischen Berg helfen konnte – und verfiel damit wieder hilflos der alten Metaphysik. Im Publikum grassierten seitdem einerseits die auf den Philister zugeschnittenen flachen Reflexionen Schopenhauers und später sogar Hartmanns, andrerseits der vulgäre Reiseprediger-Materialismus eines Vogt und Büchner. Auf den Universitäten machten sich die verschiedensten Sorten von Eklektizismus Konkurrenz, die nur darin übereinstimmten, daß sie aus lauter Abfällen vergangner Philosophien zusammengestutzt und alle gleich metaphysisch waren. Von den Resten der klassischen Philosophie rettete sich nur ein gewisser Neukantianismus, dessen letztes Wort das ewig unerkennbare Ding an sich war, also das Stück Kant, das am wenigsten verdiente, aufbewahrt zu werden. Das Endresultat war die jetzt herrschende Zerfahrenheit und Verworrenheit des theoretischen Denkens.

Man kann kaum ein theoretisches naturwissenschaftliches Buch zur Hand nehmen, ohne den Eindruck zu bekommen, daß die Naturforscher es selbst fühlen, wie sehr sie von dieser Zerfahrenheit und Verworrenheit beherrscht werden und wie ihnen die jetzt landläufige sogenannte Philosophie absolut keinen Ausweg bietet. Und hier gibt es nun einmal keinen andern Ausweg, keine Möglichkeit, zur Klarheit zu gelangen, als die Umkehr, in einer oder der andern Form, vom metaphysischen zum dialektischen Denken.

Diese Rückkehr kann auf verschiednen Wegen vor sich gehn. Sie kann sich naturwüchsig durchsetzen, durch die bloße Gewalt der naturwissenschaftlichen Entdeckungen selbst, die sich nicht länger in das alte metaphysische Prokrustesbett wollen zwängen lassen. Das ist aber ein langwieriger, schwerfälliger Prozeß, bei dem eine Unmasse überflüssiger Reibung zu überwinden ist. Er ist großenteils schon im Gang, namentlich in der Biologie. Er kann sehr abgekürzt werden, wenn die theoretischen Naturforscher sich mit der dialektischen Philosophie in ihren geschichtlich vorliegenden Gestalten näher beschäftigen wollen. Unter diesen Gestalten sind es namentlich zwei, die für die moderne Naturwissenschaft besonders fruchtbar werden können.

Die erste ist die griechische Philosophie. Hier tritt das dialektische Denken noch in naturwüchsiger Einfachheit auf, noch ungestört von den holden Hindernissen, die die Metaphysik des 17. und 18. Jahrhunderts – Bacon und Locke in England, Wolff in Deutschland – sich selbst aufwarf, und womit sie sich den Weg versperrte, vom Verständnis des Einzelnen zum Verständnis des Ganzen, zur Einsicht in den allgemeinen Zusammenhang zu kommen. Bei den Griechen – eben weil sie noch nicht zur Zergliederung, zur Analyse der Natur fortgeschritten waren – wird die Natur noch als Ganzes, im ganzen und großen angeschaut. Der Gesamtzusammenhang der Naturerscheinungen wird nicht im einzelnen nachgewiesen, er ist den Griechen Resultat der unmittelbaren Anschauung. Darin liegt die Unzulänglichkeit der griechischen Philosophie, derentwegen sie später andren Anschauungsweisen hat weichen müssen. Darin liegt aber auch ihre Überlegenheit gegenüber allen ihren späteren metaphysischen Gegnern. Wenn die Metaphysik den Griechen gegenüber im einzelnen recht behielt, so behielten die Griechen gegenüber der Metaphysik recht im ganzen und großen. Dies ist der eine Grund, weshalb wir genötigt werden, in der Philosophie wie auf so vielen andern Gebieten, immer wieder zurückzukehren zu den Leistungen jenes kleinen Volks, dessen universelle Begabung und Betätigung ihm einen Platz in der Entwicklungsgeschichte der Menschheit gesichert hat, wie kein andres Volk ihn je beanspruchen kann. Der andre Grund aber ist der, daß in den mannigfachen Formen der griechischen Philosophie sich fast alle späteren Anschauungsweisen bereits im Keim, im Entstehen vorfinden. Die theoretische Naturwissenschaft ist daher ebenfalls gezwungen, will sie die Entstehungs- und Entwicklungsgeschichte ihrer heutigen allgemeinen

Sätze verfolgen, zurückzugehn auf die Griechen. Und diese Einsicht bricht sich mehr und mehr Bahn. Immer seltner werden die Naturforscher, die, während sie selbst mit Abfällen griechischer Philosophie, z. B. der Atomistik, wie mit ewigen Wahrheiten hantieren, baconistisch-vornehm auf die Griechen herabsehn, weil diese keine empirische Naturwissenschaft hatten. Zu wünschen wäre nur, daß diese Einsicht fortschritte zu einer wirklichen Kenntnisnahme der griechischen Philosophie.

Die zweite Gestalt der Dialektik, die grade den deutschen Naturforschern am nächsten liegt, ist die klassische deutsche Philosophie von Kant bis Hegel. Hier ist bereits ein Anfang gemacht, indem auch außerhalb des schon erwähnten Neukantianismus es wieder Mode wird, auf Kant zu rekurrieren. Seitdem man entdeckt hat, daß Kant der Urheber zweier genialer Hypothesen ist, ohne die die heutige theoretische Naturwissenschaft nun einmal nicht vorankommen kann – der früher Laplace zugeschriebnen Theorie von der Entstehung des Sonnensystems und der Theorie von der Hemmung der Erdrotation durch die Flutwelle –, ist Kant bei den Naturforschern wieder zu verdienten Ehren gekommen. Aber bei Kant Dialektik studieren zu wollen, wäre eine nutzlos mühsame und wenig lohnende Arbeit, seitdem ein umfassendes, wenn auch von ganz falschem Ausgangspunkt her entwickeltes Kompendium der Dialektik vorliegt in den Werken *Hegels*.

Nachdem einerseits die durch diesen falschen Ausgangspunkt und durch das hilflose Versumpfen der Berliner Hegelei großenteils gerechtfertigte Reaktion gegen die „Naturphilosophie" ihren freien Lauf gehabt und in bloßes Geschimpfe ausgeartet ist, nachdem andrerseits die Naturwissenschaft in ihren theoretischen Bedürfnissen von der landläufigen eklektischen Metaphysik so glänzend im Stich gelassen worden, wird es wohl möglich sein, vor Naturforschern auch wieder einmal den Namen Hegel auszusprechen, ohne dadurch jenen Veitstanz hervorzurufen, in dem Herr Dühring so Ergötzliches leistet.

Alte Vorrede zum „[Anti-]Dühring". Über die Dialektik

Vor allem ist festzustellen, daß es sich hier keineswegs handelt um eine Verteidigung des Hegelschen Ausgangspunkts: daß der Geist, der Gedanke, die Idee das Ursprüngliche, und die wirkliche Welt nur der Abklatsch der Idee sei. Dies war schon von Feuerbach aufgegeben. Darüber sind wir alle einig, daß auf jedem wissenschaftlichen Gebiet in Natur wie Geschichte von den gegebenen *Tatsachen* auszugehn ist, in der Naturwissenschaft also von den verschiednen sachlichen und Bewegungsformen der Materie[1]; daß also auch in der theoretischen Naturwissenschaft die Zusammenhänge nicht in die Tatsachen hineinzukonstruieren, sondern aus ihnen zu entdecken und, wenn entdeckt, erfahrungsmäßig soweit dies möglich nachzuweisen sind.

Ebensowenig kann davon die Rede sein, den dogmatischen Inhalt des Hegelschen Systems aufrecht zu halten, wie er von der Berliner Hegelei älterer und jüngerer Linie gepredigt worden. Mit dem idealistischen Ausgangspunkt fällt auch das darauf konstruierte System, also namentlich auch die Hegelsche Naturphilosophie. Es ist aber daran zu erinnern, daß die naturwissenschaftliche Polemik gegen Hegel, soweit sie ihn überhaupt richtig verstanden, sich nur gegen diese beiden Punkte gerichtet hat: den idealistischen Ausgangspunkt und die den Tatsachen gegenüber willkürliche Konstruktion des Systems.

Nach Abzug von allem diesem bleibt noch die Hegelsche Dialektik. Es ist das Verdienst von Marx, gegenüber dem „verdrießlichen, anmaßenden und mittelmäßigen Epigonentum, welches jetzt in Deutschland das große Wort führt"[8], zuerst wieder die vergessene dialektische Methode, ihren Zusammenhang mit der Hegelschen Dialektik wie ihren Unterschied von dieser hervorgehoben, und

---

[1] *Hier stand bei der ursprünglichen Redaktion des Textes ein Punkt, hinter dem der folgende, nicht zu Ende geschriebene Satz begann, der später von Engels durchgestrichen wurde:* „Wir sozialistischen Materialisten gehn darin sogar noch bedeutend weiter als die Naturforscher, indem wir auch das ..." — *Die Red.*

gleichzeitig im „Kapital" diese Methode auf die Tatsachen einer empirischen Wissenschaft, der politischen Ökonomie, angewandt zu haben. Und mit dem Erfolg, daß selbst in Deutschland die neuere ökonomische Schule sich nur dadurch über die vulgäre Freihändlerei erhebt, daß sie Marx abschreibt (oft genug falsch) unter dem Vorwand, ihn zu kritisieren.

Bei Hegel herrscht in der Dialektik dieselbe Umkehrung alles wirklichen Zusammenhangs wie in allen andern Verzweigungen seines Systems. Aber, wie Marx sagt: „Die Mystifikation, welche die Dialektik in Hegels Händen erleidet, verhindert in keiner Weise, daß er ihre allgemeinen Bewegungsformen zuerst in umfassender und bewußter Weise dargestellt hat. Sie steht bei ihm auf dem Kopf. Man muß sie umstülpen, um den rationellen Kern in der mystischen Hülle zu entdecken"[9].

In der Naturwissenschaft selbst aber begegnen uns oft genug Theorien, in denen das wirkliche Verhältnis auf den Kopf gestellt, das Spiegelbild für die Urform genommen ist, und die daher einer solchen Umstülpung bedürfen. Solche Theorien herrschen oft genug für längere Zeit. Wenn die Wärme während fast zwei Jahrhunderten als eine besondre geheimnisvolle Materie galt, statt als eine Bewegungsform der gewöhnlichen Materie, so war das ganz derselbe Fall, und die mechanische Wärmetheorie vollzog die Umstülpung. Nichtsdestoweniger hat die von der Wärmestofftheorie beherrschte Physik eine Reihe höchst wichtiger Gesetze der Wärme entdeckt, und besonders durch Fourier[10] und Sadi Carnot die Bahn freigemacht für die richtige Auffassung, die nun ihrerseits die von ihrer Vorgängerin entdeckten Gesetze umzustülpen, in ihre eigne Sprache zu übersetzen hatte¹. Ebenso hat in der Chemie die phlogistische Theorie durch hundertjährige experimentelle Arbeit erst das Ma-

---

¹ Carnots Funktion C buchstäblich umgestülpt: $\frac{1}{C}$ = die absolute Temperatur. Ohne diese Umstülpung nichts zu machen aus ihr. [*Anmerkung von Engels.*]

terial geliefert, mit Hilfe dessen Lavoisier in dem von Priestley dargestellten Sauerstoff den reellen Gegenpol des phantastischen Phlogiston entdecken und damit die ganze phlogistische Theorie über den Haufen werfen konnte. Damit aber waren die Versuchsresultate der Phlogistik durchaus nicht beseitigt. Im Gegenteil. Sie blieben bestehn, nur ihre Formulierung wurde umgestülpt, aus der phlogistischen Sprache in die nunmehr gültige chemische Sprache übersetzt, und behielten soweit ihre Gültigkeit.

Wie die Wärmestofftheorie zur mechanischen Wärmelehre, wie die phlogistische Theorie zu der Lavoisiers, so verhält sich die Hegelsche Dialektik zur rationellen Dialektik.

Die Naturforschung in der Geisterwelt [1]

Es ist ein alter Satz der in das Volksbewußtsein übergegangenen Dialektik, daß die Extreme sich berühren. Wir werden uns demnach schwerlich irren, wenn wir die äußersten Grade von Phantasterei, Leichtgläubigkeit und Aberglauben suchen nicht etwa bei derjenigen naturwissenschaftlichen Richtung, die, wie die deutsche Naturphilosophie, die objektive Welt in den Rahmen ihres subjektiven Denkens einzuzwängen suchte, sondern vielmehr bei der entgegengesetzten Richtung, die, auf die bloße Erfahrung pochend, das Denken mit souveräner Verachtung behandelt und es wirklich in der Gedankenlosigkeit auch am weitesten gebracht hat. Diese Schule herrscht in England. Bereits ihr Vater, der vielgepriesene Franz Bacon, verlangt, daß seine neue empirische, induktive Methode betrieben werde, um vor allem dadurch zu erreichen: Verlängerung des Lebens, Verjüngung in einem gewissen Grade, Veränderung der Statur und der Züge, Verwandlung der Körper in andre, Erzeugung neuer Arten, Gewalt über die Luft und Erregung von Ungewittern; er beschwert sich, daß solche Untersuchungen verlassen worden seien, und gibt in seiner Naturhistorie förmliche Rezepte, Gold zu machen und mancherlei Wunder zu verrichten. Ebenso beschäftigte sich Isaak Newton auf seine alten Tage viel mit der Auslegung der Offenbarung Johannis. Was Wunder also, wenn in den letzten Jahren der englische Empirismus in einigen seiner Vertreter – und es sind nicht die schlechtesten – der von Amerika importierten Geisterklopferei und Geisterseherei anscheinend rettungslos verfallen ist.

Die Naturforschung in der Geisterwelt 41

Der erste hierher gehörige Naturforscher ist der hochverdiente Zoologe und Botaniker Alfred Russel Wallace, derselbe, der gleichzeitig mit Darwin die Theorie von der Artveränderung durch natürliche Zuchtwahl aufstellte. In seinem Schriftchen „On Miracles and Modern Spiritualism", London, Burns[2], 1875, erzählt er, daß seine ersten Erfahrungen in diesem Zweig der Naturkunde von 1844 datieren, wo er den Vorlesungen des Herrn Spencer Hall über Mesmerismus beiwohnte, und infolgedessen an seinen Schülern ähnliche Experimente machte. „Ich war aufs äußerste von dem Gegenstand interessiert und verfolgte ihn mit Leidenschaft (ardour)" [S. 119]. Er erzeugte nicht nur den magnetischen Schlaf nebst den Erscheinungen der Gliederstarre und lokalen Empfindungslosigkeit, sondern er bestätigte auch die Richtigkeit der Gallschen Schädelkarte, indem auf Berührung je eines beliebigen Gallschen Organs die betreffende Tätigkeit beim magnetisierten Patienten erregt und durch lebhafte Gesten vorschriftsmäßig betätigt wurde. Er stellte ferner fest, daß sein Patient, wenn er ihn nur dabei berührte, an allen Sinnesempfindungen des Operators teilnahm; er machte ihn betrunken mit einem Glase Wasser, sobald er ihm nur sagte, es sei Kognak. Einen der Jungen konnte er selbst im wachenden Zustand so dumm machen, daß er seinen eignen Namen nicht mehr wußte, was andre Schulmeister indes auch ohne Mesmerismus fertigbringen. Und so weiter.

Nun trifft es sich, daß ich diesen Herrn Spencer Hall ebenfalls im Winter 1843/44 in Manchester sah. Er war ein ganz ordinärer Scharlatan, der unter der Protektion einiger Pfaffen im Lande herumzog und an einem jungen Mädchen magnetisch-phrenologische Schaustellungen vornahm, um dadurch die Existenz Gottes, die Unsterblichkeit der Seele und die Nichtigkeit des damals von den Owenisten in allen großen Städten gepredigten Materialismus zu beweisen. Die Dame wurde in magnetischen Schlaf versetzt und gab, sobald der Operator ein beliebiges Gallsches Organ ihres Schädels berührte, theatralisch-demonstrative Gesten und Posen zum besten, die die Betätigung des betreffenden Organs darstellten; beim Organ der Kinderliebe (philoprogenitiveness) z. B. hätschelte und küßte sie ein Phantasiebaby usw. Der brave Hall hatte dabei die Gallsche Schädelgeographie um eine neue Insel Barataria[3] bereichert: Ganz zu oberst auf dem Scheitel hatte er nämlich ein Organ der Anbetung entdeckt, bei dessen Berührung sein hypnotisches Fräulein in die Knie sank, die Hände faltete und dem erstaunten versammelten Philisterium den in Anbetung verzückten Engel vorführte. Das war der Schluß und Glanzpunkt der Vorstellung. Die Existenz Gottes war bewiesen.

Es ging mir und einem Bekannten ähnlich wie Herrn Wallace: Die Phänomene interessierten uns, und wir versuchten, wieweit wir sie reproduzieren konnten. Ein aufgeweckter Junge von zwölf Jahren bot sich als Subjekt. Gelindes Anstieren oder Bestreichen versetzte ihn ohne Schwierigkeit in den hypnotischen Zustand. Da wir aber etwas weniger gläubig und etwas weniger hitzig zu Werk gingen als Herr Wallace, so kamen wir auch zu ganz andern Resultaten. Abgesehn von der leicht zu erzeugenden Muskelstarre und Empfindungslosigkeit, fanden wir einen Zustand vollständiger Passivität des Willens, verbunden mit eigentümlich überspannter Erregbarkeit der Empfindung. Der Patient, durch irgendeine Anregung von außen aus seiner Lethargie gerissen, bezeugte noch weit mehr Lebhaftigkeit als in wachendem Zustande. Von geheimnisvollem Rapport zum Operator keine Spur; jeder andre konnte den Schlummernden ebenso leicht in Tätigkeit versetzen. Die Gallschen Schädelorgane wirken zu lassen, war für uns das Wenigste; wir gingen noch viel weiter: Wir konnten sie nicht nur vertauschen und über den ganzen Körper verlegen, sondern wir fabrizierten noch eine beliebige Menge andrer Organe, des Singens, Pfeifens, Tutens, Tanzens, Boxens, Nähens, Schusterns, Tabakrauchens usw., und verlegten sie, wohin wir wollten. Wenn Wallace seinen Patienten mit Wasser betrunken machte, so entdeckten wir in der großen Zehe ein Organ der Betrunkenheit, das wir nur zu berühren brauchten, um die schönste betrunkene Komödie in Gang zu bringen. Aber wohlverstanden: Kein Organ zeigte einen Schatten von Wirkung, bis dem Patienten zu verstehn gegeben, was von ihm erwartet wurde; der Junge vervollkommnete sich bald durch die Praxis so, daß die geringste Andeutung hinreichte. Diese so erzeugten Organe blieben dann auch für spätere Einschläferungen ein für allemal in Geltung, solange sie nicht auf demselben Wege abgeändert wurden. Der Patient hatte eben ein doppeltes Gedächtnis, eins für den wachenden, ein zweites, ganz gesondertes, für den hypnotischen Zustand. Was die Passivität des Willens, seine absolute Unterwerfung unter den Willen eines Dritten angeht, so verliert sie allen Wunderschein, sobald wir nicht vergessen, daß der ganze Zustand mit der Unterwerfung des Willens des Patienten unter den des Operators begann, und ohne sie nicht hergestellt werden kann. Der zaubermächtigste Magnetiseur der Erde ist mit seinem Latein zu Ende, sobald sein Patient ihm ins Gesicht lacht.

Während wir so, mit unsrer frivolen Skepsis, als Grundlage der magnetisch-phrenologischen Scharlatanerie eine Reihe von Erscheinungen fanden, die von denen des wachenden Zustandes meist nur dem Grade nach verschieden sind und keiner mystischen Interpretation bedürfen, führte die Leidenschaft (ardour) des Herrn Wallace ihn zu einer Reihe von Selbsttäuschungen, kraft deren er die Gallsche Schädelkarte in allen ihren Details bestätigte und einen geheimnisvollen Rapport zwischen Operator und Patienten feststellte[1]. Überall in der, bis zur Naivität aufrichtigen Erzählung des Herrn Wallace blickt durch, daß es ihm viel weniger darum zu tun war, den tatsächlichen Hintergrund der Scharlatanerie zu untersuchen, als die sämtlichen Erscheinungen um jeden Preis wieder

---

[1] Wie schon gesagt, die Patienten vervollkommnen sich durch die Übung. Es ist also wohl möglich, daß, wenn die Willensunterwerfung erst gewohnheitsmäßig geworden, das Verhältnis der Beteiligten intimer wird, einzelne Erscheinungen sich steigern und selbst im wachenden Zustande schwach reflektiert werden. [*Anmerkung von Engels.*]

hervorzubringen. Es braucht nur diese Gemütsstimmung, um in kurzer Frist den anfänglichen Forscher, vermittelst einfacher und leichter Selbsttäuschung, in den Adepten zu verwandeln. Herr Wallace endigte mit dem Glauben an die magnetisch-phrenologischen Wunder, und stand nun schon mit einem Fuß in der Geisterwelt.

Den andern Fuß zog er nach im Jahr 1865. Zurückgekehrt von seinen zwölfjährigen Reisen in der heißen Zone, führten ihn Tischrückexperimente in die Gesellschaft verschiedner „Medien". Wie rasch seine Fortschritte waren, wie vollständig seine Beherrschung des Gegenstands ist, davon legt das obige Schriftchen Zeugnis ab. Er mutet uns nicht nur zu, alle angeblichen Wunder der Home, Gebrüder Davenport und andrer sich mehr oder weniger für Geld sehen lassenden und großenteils des öfteren als Betrüger entlarvten „Medien" für bare Münze zu nehmen, sondern auch eine ganze Reihe angeblich beglaubigter Geistergeschichten aus früherer Zeit. Die Pythonissen des griechischen Orakels, die Hexen des Mittelalters waren „Medien", und Jamblichos, „De divinatione" [Über Weissagung] beschreibt schon ganz genau „die erstaunlichsten Erscheinungen des modernen Spiritualismus" [S. 229].

Wie leicht Herr Wallace es mit der wissenschaftlichen Feststellung und Beglaubigung dieser Wunder nimmt, davon nur ein Beispiel. Es ist gewiß eine starke Zumutung, daß wir glauben sollen, die p. p. Geister ließen sich fotografieren, und wir haben doch sicher das Recht, zu verlangen, daß solche Geisterfotografien, ehe wir sie für echt annehmen, auf die unzweifelhafteste Weise beglaubigt seien. Nun erzählt Herr Wallace S. 187, daß im März 1872 Frau Guppy, geborene Nicholls, ein Hauptmedium, mit ihrem Mann und ihrem kleinen Jungen sich bei Herrn Hudson in Notting Hill[4] fotografieren ließ, und bei zwei verschiedenen Aufnahmen eine hohe weibliche Gestalt, in weißer Gaze künstlerisch (finely) drapiert, mit etwas orientalischen Zügen, in segnender Stellung hinter ihr erschien. „Hier nun von zwei Dingen *sind* eins absolut gewiß[1]. Entweder war ein lebendes, intelligentes, aber unsichtbares Wesen gegenwärtig, oder Herr und Frau Guppy, der Fotograf und irgendeine vierte Person haben einen schändlichen (wicked) Betrug geplant und ihn stets seitdem aufrechterhalten. Ich kenne aber Herrn und Frau Guppy sehr gut und habe die *absolute Überzeugung,* daß sie eines Betrugs dieser Art ebenso unfähig sind wie irgendein ernster Wahrheitsforscher auf dem Gebiet der Naturwissenschaft" [S. 188].

Also entweder Betrug oder Geisterfotografie. Einverstanden. Und bei dem Betrug war entweder der Geist schon vorher auf den Platten, oder es müssen vier Personen beteiligt gewesen sein, respektive drei, wenn wir den alten Herrn Guppy, der im Januar 1875 im Alter von 84 Jahren starb, als unzurechnungsfähig oder düpiert beiseite lassen (er brauchte nur hinter die spanische Wand des Hintergrunds geschickt zu werden). Daß ein Fotograf sich ohne Schwierigkeit ein „Modell" für den Geist verschaffen konnte, darüber brauchen wir kein Wort zu verlieren. Der Fotograf Hudson aber ist bald darauf der gewohnheitsmäßigen Fälschung von Geisterfotografien öffentlich bezichtigt worden, so zwar, daß Herr Wallace begütigend sagt: „Eins ist klar, daß, falls Betrug stattgefunden hat, er sofort von Spiritualisten selbst entdeckt wurde" [S. 189]. Auf den Fotografen ist also auch nicht viel Verlaß. Bleibt Frau Guppy, und für sie spricht „die absolute Überzeugung" von Freund Wallace und sonst weiter nichts. – Weiter nichts? Keineswegs. Für die absolute Zuverlässigkeit der Frau Guppy spricht ihre Behauptung, eines Abends, gegen Anfang Juni 1871, aus ihrem Hause in Highbury Hill Park nach 69 Lambs Conduit street – drei englische Meilen in grader Linie – bewußtlosen Zustandes durch die Luft getragen und

---

[1] Here, then, one of two things *are* absolutely certain. Die Geisterwelt steht über der Grammatik. Ein Spaßvogel ließ einst den Geist des Grammatikers Lindley Murray zitieren. Auf die Frage, ob er da sei, antwortete er: I are (amerikanisch statt I am)[5]. Das Medium war aus Amerika. [*Anmerkung von Engels.*]

in besagtem Hause Nr. 69 inmitten einer Geistersehersitzung auf dem Tisch deponiert worden zu sein. Die Türen des Zimmers waren verschlossen und obwohl Frau Guppy eine der beleibtesten Damen von London war, was gewiß etwas sagen will, so hat ihr plötzlicher Einbruch doch weder in den Türen, noch in der Decke das geringste Loch hinterlassen (erzählt im Londoner „Echo", 8. Juni 1871). Und wer jetzt nicht an die Echtheit der Geisterfotografie glaubt, dem ist nicht zu helfen.

Der zweite namhafte Adept unter den englischen Naturforschern ist Herr William Crookes, der Entdecker des chemischen Elements Thallium und des Radiometers (in Deutschland auch Lichtmühle[6] genannt). Herr Crookes fing gegen 1871 an, die spiritistischen Manifestationen zu untersuchen, und wandte dabei eine ganze Reihe physikalischer und mechanischer Apparate an, Federwagen, elektrische Batterien usw. Ob er den Hauptapparat, einen skeptisch-kritischen Kopf, mitbrachte oder bis zum Ende in arbeitsfähigem Zustande erhielt, werden wir sehn. Jedenfalls war Herr Crookes in nicht gar langer Zeit ebenso vollständig eingefangen wie Herr Wallace. „Seit einigen Jahren", erzählt dieser, „hat eine junge Dame, Fräulein Florence Cook, bemerkenswerte Mediumeigenschaft gezeigt; und in der letzten Zeit erreichte diese ihren Höhepunkt in der Produktion einer vollständigen weiblichen Gestalt, die geisterhaften Ursprungs zu sein behauptet, und die barfuß und in weißer fließender Gewandung erschien, während das Medium, in dunkler Kleidung, gebunden und in tiefem Schlaf in einem verhängten Raume (cabinet) oder Nebenzimmer lag."[7] Dieser Geist, der sich den Namen Katey beilegte, und der Fräulein Cook merkwürdig ähnlich sah, wurde eines Abends plötzlich von Herrn Volckman – dem jetzigen Gemahl der Frau Guppy – um die Taille gefaßt und festgehalten, um zu sehn, ob er nicht eben Fräulein Cook in andrer Ausgabe sei. Der Geist bewährte sich als ein durchaus handfestes Frauenzimmer, wehrte sich herzhaft, die Zuschauer mischten sich ein, das Gas wurde abgedreht, und als nach einigem Hin- und Herkämpfen die Ruhe wieder hergestellt und das Zimmer erleuchtet, war der Geist verschwunden, und Fräulein Cook lag gebunden und bewußtlos in ihrer Ecke. Herr Volckman soll aber bis heute behaupten, er habe Fräulein Cook gefaßt und niemand anders. Um dies wissenschaftlich festzustellen, führte ein berühmter Elektriker, Herr Varley, bei einem neuen Versuch den Strom einer Batterie so durch das Medium, Fräulein Cook, daß diese den Geist nicht hätte vorstellen können, ohne den Strom zu unterbrechen. Dennoch erschien der Geist. Es war also in der Tat ein von dem Fräulein Cook verschiedenes Wesen. Dies ferner zu konstatieren, war die Aufgabe des Herrn Crookes. Sein erster Schritt war, sich das *Vertrauen* der geisterhaften Dame zu erwerben. Dies Vertrauen – so sagt er selbst im „Spiritualist", 5. Juni 1874 – „wuchs allmählich so, daß sie sich weigerte, eine Sitzung zu geben, es sei denn, daß *ich die Arrangements leitete.* Sie sagte, sie wünschte *mich* stets in ihrer Nähe und in der Nähe des Kabinetts; ich fand, daß – nachdem dies Vertrauen hergestellt und sie sicher war, daß ich *kein ihr gemachtes Versprechen brechen* würde – die Erscheinungen bedeutend an Stärke zunahmen, und Beweismittel freiwillig gestattet wurden, die auf andern Wege unerreichbar gewesen wären. Sie *konsultierte mich* häufig in bezug auf bei den Sitzungen anwesende Personen und über die ihnen anzuweisenden Plätze, denn sie war neuerdings sehr ängstlich (nervous) geworden infolge gewisser übelberatener Andeutungen, man solle neben andern, mehr wissenschaftlichen Untersuchungsmethoden doch auch die *Gewalt* anwenden."[8]

Das Geisterfräulein belohnte dies ebenso liebenswürdige wie wissenschaftliche Vertrauen in vollstem Maß. Sie erschien – was uns jetzt nicht mehr wundern kann – sogar im Hause des Herrn Crookes, spielte mit seinen Kindern und erzählte ihnen „Anekdoten aus ihren Abenteuern in Indien", gab Herrn Crookes auch „einige der bittern Erfahrungen ihres vergangnen Lebens"[9] zum besten, ließ sich von ihm in den Arm nehmen, damit er sich von ihrer handfesten Materialität überzeuge, ließ ihn die Zahl ihrer

Pulsschläge und Atemzüge in der Minute feststellen und ließ sich zuletzt auch neben Herrn Crookes fotografieren. „Diese Gestalt", sagt Herr Wallace, „nachdem man sie gesehn, betastet, fotografiert und sich mit ihr unterhalten hatte, *verschwand absolut* aus einem kleinen Zimmer, aus dem kein andrer Ausgang war als durch ein anstoßendes, mit Zuschauern gefülltes Zimmer" [S. 183] – was keine so große Kunst ist, vorausgesetzt, die Zuschauer waren höflich genug, dem Herrn Crookes, in dessen Hause dies geschah, nicht weniger Vertrauen zu beweisen, als dieser dem Geist bewies.

Leider sind diese „vollständig beglaubigten Erscheinungen" selbst für Spiritualisten nicht ohne weiteres glaublich. Wir sahen oben, wie der sehr spiritualistische Herr Volckman sich einen sehr materiellen Zugriff gestattete. Und nun hat ein Geistlicher und Komiteemitglied der „Britischen National-Assoziation der Spiritualisten" ebenfalls einer Sitzung des Fräulein Cook beigewohnt, und ohne Schwierigkeit festgestellt, daß das Zimmer, durch dessen Tür der Geist kam und verschwand, durch eine *zweite Tür* mit der Außenwelt kommunizierte. Das Benehmen des ebenfalls gegenwärtigen Herrn Crookes gab „meinem Glauben, daß etwas an diesen Manifestationen sein könne, den schließlichen Todesstoß" („Mystic London", by the Rev. C. Maurice Davies, London, Tinsley Brothers)[10]. Und zum Überfluß kam es in Amerika an den Tag, wie man „Kateys" „materialisiert". Ein Ehepaar Holmes gab in Philadelphia Vorstellungen, bei denen ebenfalls eine „Katey" erschien, und von den Gläubigen reichlich beschenkt wurde. Ein Skeptiker jedoch ruhte nicht, bis er besagter Katey, die übrigens schon einmal wegen Mangel [an] Zahlung Strike [Streik] gemacht hatte, auf die Spur kam: Er entdeckte sie in einem boarding house (Privathotel) als eine junge Dame von unbestrittenem Fleisch und Bein, und im Besitz aller der dem Geist gemachten Geschenke.

Indes auch der Kontinent sollte seine wissenschaftlichen Geisterseher erleben. Eine Petersburger wissenschaftliche Körperschaft –

ich weiß nicht genau, ob die Universität oder gar die Akademie — delegierte die Herren Staatsrat Aksakow und den Chemiker Butlerow, die spiritistischen Phänomene zu ergründen, wobei indes nicht viel herausgekommen zu sein scheint[11]. Dagegen — wenn anders den lauten Verkündigungen der Spiritisten zu trauen ist — hat jetzt auch Deutschland seinen Mann gestellt in der Person des Herrn Professor Zöllner in Leipzig.

Bekanntlich hat Herr Zöllner seit Jahren stark in der „vierten Dimension" des Raumes gearbeitet, und entdeckt, daß viele Dinge, die in einem Raum von drei Dimensionen unmöglich sind, sich in einem Raum von vier Dimensionen ganz von selbst verstehn. So kann man in diesem letzteren Raum eine geschlossene Metallkugel umkehren wie einen Handschuh, ohne ein Loch darin zu machen, desgleichen einen Knoten schlingen in einen beiderseits endlosen oder an beiden Enden befestigten Faden, auch zwei getrennte geschlossene Ringe ineinander verschlingen, ohne einen von ihnen zu öffnen, und was dergleichen Kunststücke mehr sind. Nach neueren triumphierenden Berichten aus der Geisterwelt hätte sich nun Herr Professor Zöllner an ein oder mehrere Medien gewandt, um mit ihrer Hilfe über die Lokalität der vierten Dimension das Nähere festzustellen. Der Erfolg sei überraschend gewesen. Die Stuhllehne, auf die er den Arm gestützt, während die Hand den Tisch nie verließ, sei nach der Sitzung mit dem Arm verschlungen gewesen, ein an beiden Enden auf den Tisch angesiegelter Faden habe vier Knoten bekommen usw. Kurz, alle Wunder der vierten Dimension seien von den Geistern spielend geleistet worden. Wohlgemerkt: relata refero[12], ich stehe nicht ein für die Richtigkeit der Geisterbulletins, und sollten sie Unrichtiges enthalten, so dürfte Herr Zöllner mir Dank wissen, daß ich ihm Gelegenheit gebe, sie zu berichtigen. Sollten sie aber die Erfahrungen des Herrn Zöllner unverfälscht wiedergeben, so bezeichnen sie offenbar eine neue Ära in der Geisterwissenschaft wie in der Mathematik. Die Geister beweisen das Dasein der

4 Engels, Dialektik der Natur

vierten Dimension, wie die vierte Dimension einsteht für das Dasein der Geister. Und wenn das einmal feststeht, so eröffnet sich der Wissenschaft ein ganz neues, unermeßliches Feld. Alle bisherige Mathematik und Naturwissenschaft wird nur eine Vorschule für die Mathematik der vierten und noch höheren Dimensionen und für die Mechanik, Physik, Chemie und Physiologie der sich in diesen höheren Dimensionen aufhaltenden Geister. Hat doch Herr Crookes wissenschaftlich festgestellt, wieviel Gewichtsverlust Tische und andre Möbel bei ihrem Übergang – wir dürfen jetzt wohl sagen – in die vierte Dimension erleiden, und erklärt Herr Wallace es für ausgemacht, daß dort das Feuer den menschlichen Körper nicht verletzt. Und nun gar die Physiologie dieser Geisterkörper! Sie atmen, sie haben einen Puls, also Lungen, Herz und Zirkulationsapparat, und sind demzufolge auch in betreff der übrigen Leibesorgane sicher mindestens ebenso vortrefflich beschlagen wie unsereins. Denn zum Atmen gehören Kohlenwasserstoffe, die in der Lunge verbrannt werden, und diese können nur von außen zugeführt werden: also Magen, Darm und Zubehör – und haben wir erst soviel konstatiert, so folgt das übrige ohne Schwierigkeit. Die Existenz solcher Organe aber schließt die Möglichkeit ihrer Erkrankung ein, und somit kann es Herrn Virchow noch passieren, daß er eine Zellularpathologie der Geisterwelt verfassen muß. Und da die meisten dieser Geister wunderschöne junge Damen sind, die sich durch nichts, aber auch gar nichts von irdischen Frauenzimmern unterscheiden als durch ihre überirdische Schönheit, wie könnte es da lange dauern, bis sie einmal ankommen „bei Männern, welche Liebe fühlen"[13]; und wenn da das von Herrn Crookes am Pulsschlag konstatierte „weiblich Herze nicht fehlt", so eröffnet sich der natürlichen Zuchtwahl ebenfalls eine vierte Dimension, in der sie nicht mehr zu befürchten braucht, mit der bösen Sozialdemokratie verwechselt zu werden[14].

Genug. Es zeigt sich hier handgreiflich, welches der sicherste Weg von der Naturwissenschaft zum Mystizismus ist. Nicht die überwuchernde Theorie der Naturphilosophie, sondern die allerplatteste, alle Theorie verachtende, gegen alles Denken mißtrauische Empirie. Es ist nicht die aprioristische Notwendigkeit, die die Existenz der Geister beweist, sondern die erfahrungsmäßige Beobachtung der Herren Wallace, Crookes & Co. Wenn wir den spektralanalytischen Beobachtungen von Crookes glauben, die zur Entdeckung des Metalls Thallium führten, oder den reichen zoologischen Entdeckungen von Wallace im Malaiischen Archipel, so verlangt man von uns denselben Glauben für die spiritistischen Erfahrungen und Entdeckungen dieser beiden Forscher. Und wenn wir meinen, daß hier doch ein kleiner Unterschied stattfinde, nämlich der, daß wir die einen verifizieren können und die andern nicht, so entgegnen uns die Geisterseher, daß dies nicht der Fall, und daß sie bereit sind, uns Gelegenheit zu geben, auch die Geistererscheinungen zu verifizieren.

Man verachtet in der Tat die Dialektik nicht ungestraft. Man mag noch so viel Geringschätzung hegen für alles theoretische Denken, so kann man doch nicht zwei Naturtatsachen in Zusammenhang bringen oder ihren bestehenden Zusammenhang einsehn ohne theoretisches Denken. Es fragt sich dabei nur, ob man dabei richtig denkt oder nicht, und die Geringschätzung der Theorie ist selbstredend der sicherste Weg, naturalistisch und damit falsch zu denken. Falsches Denken, zur vollen Konsequenz durchgeführt, kommt aber nach einem altbekannten dialektischen Gesetz regelmäßig an beim Gegenteil seines Ausgangspunkts. Und so straft sich die empirische Verachtung der Dialektik dadurch, daß sie einzelne der nüchternsten Empiriker in den ödesten aller Aberglauben, in den modernen Spiritismus führt.

Ebenso geht es mit der Mathematik. Die gewöhnlichen metaphysischen Mathematiker pochen mit gewaltigem Stolz auf die absolute Unumstößlichkeit der Resultate ihrer Wissenschaft. Zu diesen Resultaten gehören aber auch die imaginären Größen, denen damit auch eine gewisse Realität zukommt. Hat man sich aber erst daran gewöhnt, der $\sqrt{-1}$ oder der vierten Dimension irgendwelche Realität außerhalb unsres Kopfes zuzuschreiben, so kommt es nicht darauf an, ob man noch einen Schritt weiter geht und auch die Geisterwelt der Medien akzeptiert. Es ist, wie Ketteler von Döllinger sagte: „Der Mann hat in seinem Leben soviel Unsinn verteidigt, da konnte er wahrhaftig auch noch die Unfehlbarkeit in den Kauf nehmen!"[15]

In der Tat ist die bloße Empirie unfähig, mit den Spiritisten fertig zu werden. Erstens werden die „höheren" Phänomene immer erst dann gezeigt, wenn der betreffende „Forscher" schon soweit eingefangen ist, daß er nur noch sieht, was er sehen soll oder will – wie Crookes das mit so unnachahmlicher Naivität selbst beschreibt. Zweitens aber macht es den Spiritisten nichts aus, wenn Hunderte angeblicher Tatsachen als Prellerei und Dutzende angeblicher Medien als ordinäre Taschenspieler enthüllt werden. Solange nicht *jedes* einzelne angebliche Wunder wegerklärt ist, bleibt ihnen Terrain genug übrig, wie dies ja auch Wallace bei Gelegenheit der gefälschten Geisterfotografien deutlich sagt. Die Existenz der Fälschungen beweist die Echtheit der echten.

Und so sieht sich dann die Empirie gezwungen, die Zudringlichkeit der Geisterseher nicht mit empirischen Experimenten, sondern mit theoretischen Erwägungen abzufertigen und mit Huxley zu sagen: „Das einzige Gute, das meiner Ansicht nach bei dem Nachweis der Wahrheit des Spiritualismus herauskommen könnte, wäre dies, ein neues Argument gegen den Selbstmord zu liefern. Lieber als Straßenkehrer leben, denn als Verstorbener Blech schwätzen durch den Mund eines Mediums, das sich für eine Guinea per Sitzung vermietet!"[16]

Dialektik[1]

(Allgemeine Natur der Dialektik als Wissenschaft von den Zusammenhängen im Gegensatz zur Metaphysik zu entwickeln.)

Es ist also die Geschichte der Natur wie die der menschlichen Gesellschaft, aus der die Gesetze der Dialektik abstrahiert werden. Sie sind eben nichts andres als die allgemeinsten Gesetze dieser beiden Phasen der geschichtlichen Entwicklung, sowie des Denkens selbst. Und zwar reduzieren sie sich der Hauptsache nach auf drei:

das Gesetz des Umschlagens von Quantität in Qualität und umgekehrt;

das Gesetz von der Durchdringung der Gegensätze;

das Gesetz von der Negation der Negation.

Alle drei sind von Hegel in seiner idealistischen Weise als bloße *Denk*gesetze entwickelt: das erste im ersten Teil der „Logik", in der Lehre vom Sein; das zweite füllt den ganzen zweiten und weitaus bedeutendsten Teil seiner „Logik" aus, die Lehre vom Wesen; das dritte endlich figuriert als Grundgesetz für den Aufbau des ganzen Systems. Der Fehler liegt darin, daß diese Gesetze als Denkgesetze der Natur und Geschichte aufoktroyiert, nicht aus ihnen abgeleitet werden. Daraus entsteht dann die ganze gezwungene und oft haarsträubende Konstruktion: Die

Welt, sie mag wollen oder nicht, soll sich nach einem Gedankensystem einrichten, das selbst wieder nur das Produkt einer bestimmten Entwicklungsstufe des menschlichen Denkens ist. Kehren wir die Sache um, so wird alles einfach und die in der idealistischen Philosophie äußerst geheimnisvoll aussehenden dialektischen Gesetze werden sofort einfach und sonnenklar.

Wer übrigens seinen Hegel nur einigermaßen kennt, der wird auch wissen, daß Hegel an Hunderten von Stellen aus Natur und Geschichte die schlagendsten Einzelbelege für die dialektischen Gesetze zu geben versteht.

Wir haben hier kein Handbuch der Dialektik zu verfassen, sondern nur nachzuweisen, daß die dialektischen Gesetze wirkliche Entwicklungsgesetze der Natur, also auch für die theoretische Naturforschung gültig sind. Wir können daher auf den innern Zusammenhang jener Gesetze unter sich nicht eingehn.

I. Gesetz vom Umschlagen von Quantität in Qualität und umgekehrt. Dies können wir für unsern Zweck dahin ausdrücken, daß in der Natur, in einer für jeden Einzelfall genau feststehenden Weise, qualitative Änderungen nur stattfinden können durch quantitativen Zusatz oder quantitative Entziehung von Materie oder Bewegung (sogenannter Energie).

Alle qualitativen Unterschiede in der Natur beruhen entweder auf verschiedner chemischer Zusammensetzung oder auf verschiednen Mengen respektive Formen von Bewegung (Energie) oder, was fast immer der Fall, auf beiden. Es ist also unmöglich, ohne Zufuhr respektive Hinwegnahme von Materie oder von Bewegung, d. h. ohne quantitative Änderung des betreffenden Körpers, seine Qualität zu ändern. In dieser Form erscheint also der mysteriöse Hegelsche Satz nicht nur ganz rationell, sondern selbst ziemlich einleuchtend.

Es ist wohl kaum nötig, darauf hinzuweisen, daß auch die verschiednen allotropischen und Aggregatzustände der Körper, weil auf verschiedner Molekulargruppierung, auf größeren oder geringeren dem Körper mitgeteilten Mengen von Bewegung beruhen.

Aber der Formwechsel der Bewegung oder sogenannten Energie? Wenn wir Wärme in mechanische Bewegung verändern oder umgekehrt, da wird doch die Qualität verändert und die Quantität bleibt dieselbe? Ganz richtig. Aber Formwechsel der Bewegung ist wie Heines Laster: Tugendhaft kann jeder für sich sein, zum Laster gehören immer zwei[2]. Formwechsel der Bewegung ist immer ein Vorgang, der zwischen mindestens zwei Körpern erfolgt, von denen der eine ein bestimmtes Quantum Bewegung dieser Qualität (z. B. Wärme) verliert, der andre ein entsprechendes Quantum Bewegung jener Qualität (mechanische Bewegung, Elektrizität, chemische Zersetzung) empfängt. Quantität und Qualität entsprechen sich hier also beiderseits und gegenseitig. Bisher ist es noch nicht gelungen, innerhalb eines einzelnen isolierten Körpers Bewegung aus einer Form in eine andre zu verwandeln.

Es ist hier zunächst nur die Rede von leblosen Körpern; für lebende gilt dasselbe Gesetz, geht aber unter sehr verwickelten Bedingungen vor sich, und die quantitative Messung ist uns heute oft noch unmöglich.

Wenn wir uns einen beliebigen leblosen Körper in immer kleinere Teile zerteilt vorstellen, so tritt zunächst keine qualitative Änderung ein. Aber das hat seine Grenze: Gelingt es uns, wie bei der Verdunstung, die einzelnen Moleküle frei darzustellen, so können wir zwar diese meist auch noch weiter zerteilen, jedoch nur unter vollständiger Änderung der Qualität. Das Molekül zerfällt in seine einzelnen Atome, und diese haben ganz andre Eigenschaften als jene. Bei Molekülen, die aus verschiednen chemischen Elementen zusammengesetzt waren, treten an die Stelle des zusammengesetzten Moleküls Atome oder Moleküle dieser Elemente selbst; bei Elementarmolekülen erscheinen die freien Atome, die ganz verschiedne qualitative Wirkungen ausüben: Die freien

Atome des naszenten Sauerstoffs erwirken spielend, was die im Molekül gebundnen des atmosphärischen nie fertigbringen.

Aber auch schon das Molekül ist von der Körpermasse, der es angehört, qualitativ verschieden. Es kann Bewegungen vollführen unabhängig von ihr, und während sie scheinbar in Ruhe bleibt, z. B. Wärmeschwingungen; es kann vermittelst Änderung der Lage und des Zusammenhangs mit den Nachbarmolekülen den Körper in einen andern allotropischen oder Aggregatzustand versetzen usw.

Wir sehn also, daß die rein quantitative Operation der Teilung eine Grenze hat, an der sie in einen qualitativen Unterschied umschlägt: Die Masse besteht aus lauter Molekülen, ist aber etwas wesentlich vom Molekül Verschiednes, wie dieses wieder vom Atom. Es ist dieser Unterschied, auf dem die Trennung der Mechanik, als Wissenschaft von den himmlischen und irdischen Massen, von der Physik, als der Mechanik der Moleküle, und der Chemie, als der Physik der Atome, beruht.

In der Mechanik kommen keine Qualitäten vor, höchstens Zustände wie Gleichgewicht, Bewegung, potentielle Energie, die alle auf meßbarer Übertragung von Bewegung beruhen und selbst quantitativ ausdrückbar sind. Soweit also hier qualitative Änderung stattfindet, soweit ist sie bedingt durch quantitative entsprechende Änderung.

In der Physik werden die Körper als chemisch unveränderlich oder indifferent behandelt; wir haben es mit den Veränderungen ihrer Molekularzustände zu tun und mit dem Formwechsel der Bewegung, der in allen Fällen, wenigstens auf einer der beiden Seiten, die Moleküle ins Spiel bringt. Hier ist jede Veränderung ein Umschlagen von Quantität in Qualität, eine Folge quantitativer Veränderung der dem Körper innewohnenden oder mitgeteilten Bewegungsmenge irgendwelcher Form. „So ist z. B. der Temperaturgrad des Wassers zunächst gleichgültig in Beziehung auf dessen tropfbare Flüssigkeit; es tritt dann aber beim Vermehren oder Vermindern der Temperatur des flüssigen Wassers ein Punkt ein, wo dieser Kohäsionszustand sich ändert und das Wasser einerseits in Dampf und andrerseits in Eis verwandelt wird" (Hegel, „Enzyklopädie", Gesamtausgabe, Bd. VI, S. 217)[3]. So gehört eine bestimmte Minimalstromstärke dazu, den Platindraht des elektrischen Glühlichts zum Glühen zu bringen; so hat jedes Metall seine Glüh- und Schmelzwärme, so jede Flüssigkeit ihren bei bekanntem Druck feststehenden Gefrier- und Siedepunkt — soweit unsre Mittel uns erlauben, die betreffende Temperatur hervorzubringen; so endlich auch jedes Gas seinen kritischen Punkt, wo Druck und Abkühlung es tropfbar flüssig machen. Mit einem Wort: Die sogenannten Konstanten der Physik sind größtenteils nichts andres als Bezeichnungen von Knotenpunkten, wo quantitative ⟨Veränderung⟩[4] Zufuhr oder Entziehung von Bewegung qualitative Änderung im Zustand des betreffenden Körpers hervorruft, wo also Quantität in Qualität umschlägt.

Das Gebiet jedoch, auf dem das von Hegel entdeckte Naturgesetz seine gewaltigsten Triumphe feiert, ist das der Chemie. Man kann die Chemie bezeichnen als die Wissenschaft von den qualitativen Veränderungen der Körper infolge veränderter quantitativer Zusammensetzung. Das wußte schon Hegel selbst („Logik", Gesamtausgabe, III, S. 433)[5]. Gleich der Sauerstoff: Vereinigen sich drei Atome zu einem Molekül, statt der gewöhnlichen zwei, so haben wir Ozon, einen Körper, der durch Geruch und Wirkung von gewöhnlichem Sauerstoff sehr bestimmt verschieden. Und gar die verschiednen Verhältnisse, in denen Sauerstoff sich mit Stickstoff oder Schwefel verbindet, und deren jedes einen von allen andern qualitativ verschiednen Körper bildet! Wie verschieden ist Lachgas (Stickstoffmonoxyd N_2O) von Salpetersäureanhydrid (Stickstoffpentoxyd N_2O_5)! Das erste ein Gas, das zweite bei gewöhnlicher Temperatur ein fester kristallinischer Körper. Und doch ist der ganze Unterschied der Zusammensetzung der, daß das zweite fünfmal soviel Sauerstoff enthält als das erste, und zwischen beiden liegen noch drei andre Oxyde des Stickstoffs (NO, N_2O_3, NO_2), die alle von jenen beiden und unter sich qualitativ verschieden sind.

Noch schlagender tritt dies hervor an den homologen Reihen der Kohlenstoffverbindungen, namentlich der einfacheren Kohlenwasserstoffe. Von den normalen Paraffinen ist das niedrigste Methan, CH_4; hier sind die vier Verbindungseinheiten des Kohlenstoffatoms mit vier Atomen Wasserstoff gesättigt. Das zweite, Äthan C_2H_6, hat zwei Atome Kohlenstoff unter sich verbunden und die freien sechs Verbindungseinheiten mit sechs Atomen Wasserstoff gesättigt. So geht es fort C_3H_8, C_4H_{10}, usw. nach der algebraischen Formel C_nH_{2n+2}, so daß durch Zusatz von je CH_2 jedesmal ein von dem früheren qualitativ verschiedner Körper gebildet wird. Die drei niedrigsten Glieder der Reihe sind Gase, das höchste bekannte, das Hekdekan $C_{16}H_{34}$, ist ein fester Körper mit dem Siedepunkt 270 Grad C. Ganz ebenso verhält sich die Reihe der von den Paraffinen (theoretisch) abgeleiteten primären Alkohole von der Formel $C_nH_{2n+2}O$ und der einbasischen fetten Säuren (Formel $C_nH_{2n}O_2$). Welchen qualitativen Unterschied der quantitative Zusatz von C_3H_6 hervorbringen kann, lehrt die Erfahrung, wenn wir Äthylalkohol C_2H_6O in irgendeiner genießbaren Form ohne Beimischung andrer Alkohole verzehren, und wenn wir ein andres Mal denselben Äthylalkohol zu uns nehmen, aber mit einem gewissen Zusatz von Amylalkohol $C_5H_{12}O$, der den Hauptbestandteil des infamen Fuselöls bildet. Unser Kopf wird das am nächsten Morgen sicher gewahr, und zu seinem Schaden; so daß man sogar sagen könnte, der Rausch und nachher der Katzenjammer sei ebenfalls in Qualität umgeschlagene Quantität, einerseits von Äthylalkohol, andrerseits von diesem zugesetzten C_3H_6.

Bei diesen Reihen tritt uns das Hegelsche Gesetz indes noch in einer andern Form entgegen. Die unteren Glieder lassen nur eine einzige gegenseitige Lagerung der Atome zu. Erreicht aber die Anzahl der zu einem Molekül verbundenen Atome eine für jede Reihe bestimmte Größe, so kann die Gruppierung der Atome im Molekül in mehrfacher Weise stattfinden; es können also zwei oder mehrere isomere Körper auftreten, die gleichviel Atome C, H, O im Molekül haben, aber dennoch qualitativ verschieden sind. Wir können sogar berechnen, wieviel solcher Isomerien für jedes Glied der Reihe möglich sind. So in der Paraffinreihe für C_4H_{10} zwei, für C_5H_{12} drei; bei den höheren Gliedern steigt die Zahl der möglichen Isomerien sehr rasch. Es ist also wieder die quantitative Anzahl der Atome im Molekül, die die Möglichkeit und, soweit sie nachgewiesen, auch die wirkliche Existenz solcher qualitativ verschiednen isomeren Körper bedingt.

Noch mehr. Aus der Analogie der uns in jeder dieser Reihen bekannten Körper können wir auf die physikalischen Eigenschaften der noch unbekannten Glieder der Reihe Schlüsse ziehn und wenigstens für die den bekannten zunächst folgenden Glieder diese Eigenschaften, Siedepunkt usw., mit ziemlicher Sicherheit vorhersagen.

Endlich aber gilt das Hegelsche Gesetz nicht nur für die zusammengesetzten Körper, sondern auch für die chemischen Elemente selbst. Wir wissen jetzt, „daß die chemischen Eigenschaften der Elemente eine periodische Funktion der Atomgewichte sind" (Roscoe-Schorlemmer, „Ausführliches Lehrbuch der Chemie", II. Bd., S. 823)[6], daß also ihre Qualität bedingt ist durch die Quantität ihres Atomgewichts. Und die Probe hierauf ist glänzend gemacht worden. Mendelejew wies nach, daß in den nach den Atomgewichten angeordneten Reihen verwandter Elemente verschiedene Lücken sich vorfinden, die darauf hindeuten, daß hier noch neue Elemente zu entdecken sind. Eins dieser unbekannten Elemente, das er Ekaaluminium[7] nannte, weil es in der mit Aluminium anfangenden Reihe auf dieses folgt, beschrieb er nach seinen allgemeinen chemischen Eigenschaften im voraus, und sagte sein spezifisches und Atomgewicht wie sein Atomvolum annähernd vorher. Wenige Jahre später entdeckte Lecoq de Boisbaudran dies Element wirklich, und die Vorausbestimmungen Mendelejews trafen bis auf ganz geringe Abweichungen zu. Das Ekaaluminium war realisiert im Gallium (ebendaselbst, S. 828). Vermittelst der – unbewußten – Anwendung des Hegelschen Gesetzes vom Umschlagen der Quantität in Qualität war Mendelejew eine wissenschaftliche Tat gelungen, die sich der Leverriers in der Berechnung der Bahn des noch unbekannten Planeten Neptun kühn an die Seite stellen darf.

In der Biologie wie in der Geschichte der menschlichen Gesellschaft bewährt sich dasselbe Gesetz auf jedem Schritt, doch wollen wir hier bei Beispielen aus den exakten Wissenschaften bleiben, da hier die Quantitäten genau meßbar und verfolgbar sind.

Wahrscheinlich werden dieselben Herren, die bisher das Umschlagen von Quantität in Qualität als Mystizismus und unverständlichen Transzendentalismus verschrien haben, jetzt erklären, es sei ja etwas ganz Selbstverständliches, Triviales und Plattes, das sie seit langer Zeit angewandt hätten, und somit werde ihnen gar nichts Neues gelehrt. Ein allgemeines Gesetz der Natur-, Gesellschafts- und Denkentwicklung zum erstenmal in seiner allgemein geltenden Form ausgesprochen zu haben, das bleibt aber immer eine weltgeschichtliche Tat. Und wenn die Herren seit Jahren Quantität und Qualität haben ineinander umschlagen lassen, ohne zu wissen, was sie taten, so werden sie sich trösten müssen mit Molières Monsieur Jourdain[8], der auch sein Leben lang Prosa gesprochen hatte, ohne das geringste davon zu ahnen[9].

Grundformen der Bewegung[1]

Bewegung in dem allgemeinsten Sinn, in dem sie als Daseinsweise, als inhärentes Attribut der Materie gefaßt wird, begreift alle im Universum vorgehenden Veränderungen und Prozesse in sich, von der bloßen Ortsveränderung bis zum Denken. Die Untersuchung über die Natur der Bewegung mußte selbstredend von den niedrigsten, einfachsten Formen dieser Bewegung ausgehen und diese begreifen lernen, ehe sie in der Erklärung der höheren und verwickelten Formen etwas leisten konnte. So sehen wir, wie in der geschichtlichen Entwicklung der Naturwissenschaften die Theorie der einfachen Ortsveränderung, die Mechanik der Weltkörper wie der irdischen Massen, zuerst ausgebildet wird; ihr folgt die Theorie der Molekularbewegung, die Physik, und gleich hinter, fast neben ihr und stellenweise ihr voraus, die Wissenschaft von der Bewegung der Atome, die Chemie. Erst nachdem diese verschiednen Zweige der Erkenntnis der die leblose Natur beherrschenden Bewegungsformen einen hohen Grad der Ausbildung erreicht, konnte die Erklärung der den Lebensprozeß darstellenden Bewegungsvorgänge mit Erfolg angefaßt werden. Sie schritt fort im Verhältnis, wie Mechanik, Physik, Chemie fortschritten. Während also die Mechanik schon seit längerer Zeit imstande war, im tierischen Körper die Wirkungen der durch Muskelzusammenziehung in Bewegung gesetzten Knochenhebel genügend auf ihre auch in der unbelebten Natur geltenden Gesetze zurückzuführen, steht die physikalisch-chemische Begründung der übrigen Lebenserscheinungen noch so ziemlich am Anfang ihrer Laufbahn. Wenn wir hier also die Natur der Bewegung untersuchen, so sind wir gezwungen, die organischen Bewegungsformen aus dem Spiel zu lassen. Wir beschränken uns daher notgedrungen – dem Stand der Wissenschaft gemäß – auf die Bewegungsformen der unbelebten Natur.

Alle Bewegung ist mit irgendwelcher Ortsveränderung verbunden, sei es nun Ortsveränderung von Weltkörpern, von irdischen Massen, von Molekülen, Atomen oder Ätherteilchen. Je höher die Bewegungsform, desto geringer wird diese Ortsveränderung. Sie erschöpft die Natur der betreffenden Bewegung in keiner Weise, aber sie ist untrennbar von ihr. Sie ist also vor allen Dingen zu untersuchen.

Die ganze uns zugängliche Natur bildet ein System, einen Gesamtzusammenhang von Körpern, und zwar verstehn wir hier unter Körpern alle materiellen Existenzen vom Gestirn bis zum Atom, ja bis zum Ätherteilchen, soweit dessen Existenz zugegeben. Darin, daß diese Körper in einem Zusammenhang stehn, liegt schon einbegriffen, daß sie aufeinander einwirken, und diese ihre gegenseitige Einwirkung ist eben die Bewegung. Es zeigt sich hier schon, daß Materie undenkbar ist ohne Bewegung. Und wenn uns weiter die Materie gegenübersteht als etwas Gegebenes, ebensosehr Unerschaffbares wie Unzerstörbares, so folgt daraus, daß auch die Bewegung so unerschaffbar wie unzerstörbar ist. Diese Folgerung wurde unabweisbar, sobald einmal das Universum als ein System, als ein Zusammenhang von Körpern erkannt war. Und da diese Erkenntnis von der Philosophie gewonnen wurde, lange bevor sie in der Naturwissenschaft wirksame Geltung gewann, so ist es erklärlich, warum die Philosophie volle 200 Jahre vor der Naturwissenschaft den Schluß auf die Unerschaffbarkeit und Unzerstörbarkeit der Bewegung zog. Selbst die Form, in der sie es tat, ist der heutigen naturwissenschaftlichen Formulierung noch immer überlegen. Der Descartessche Satz, daß die Menge der im Universum vorhandnen Bewegung stets dieselbe sei, fehlt nur formell in der Anwendung eines endlichen Ausdrucks auf eine unendliche Größe. Dagegen gelten in der Naturwissenschaft jetzt zwei Ausdrücke desselben Gesetzes: der Helmholtzsche von der Erhaltung der *Kraft* und der neuere, präzisere von der Erhaltung der *Energie*, wovon der eine, wie wir sehen werden, das grade Gegenteil vom andern besagt und wovon zudem jeder nur die eine Seite des Verhältnisses ausspricht.

Wenn zwei Körper aufeinander wirken, so daß eine Ortsveränderung eines derselben oder beider die Folge ist, so kann diese Ortsveränderung nur bestehn in einer Annäherung oder einer Entfernung. Entweder ziehen sie einander an, oder sie stoßen einander ab. Oder, wie sich die Mechanik ausdrückt, die zwischen ihnen wirksamen Kräfte sind zentral, wirken in der Richtung der Verbindungslinie ihrer Mittelpunkte. Daß dies geschieht, stets und ausnahmslos im Universum geschieht, so kompliziert auch manche Bewegungen erscheinen, gilt uns heutzutage als selbstverständlich. Es würde uns widersinnig vorkommen anzunehmen, daß zwei aufeinander wirkende Körper, deren gegenseitiger Einwirkung kein Hindernis oder keine Einwirkung dritter Körper entgegensteht, diese Einwirkung anders ausüben sollten als auf dem kürzesten und direktesten Wege, in der Richtung der ihre Mittelpunkte verbindenden Geraden[1]. Bekanntlich hat aber Helmholtz („Erhaltung der Kraft", Berlin 1847, Abschn. I und II)[3] auch den mathematischen Beweis geliefert, daß zentrale Wirkung und Unveränderlichkeit der Bewegungsmenge[4] sich gegenseitig bedingen, und daß die Annahme andrer als zentraler Wirkungen zu Resultaten führt, bei denen Bewegung entweder erschaffen oder vernichtet werden könnte. Die Grundform aller Bewegung ist hiernach Annäherung und Entfernung, Zusammenziehung und

---

[1] *Am Rande des Manuskripts findet sich hier folgende mit Bleistift geschriebene Notiz*: „Kant [sagt], S. 22, daß die 3 Raumdimensionen dadurch bedingt sind, daß diese Attraktion oder Repulsion nach dem umgekehrten Quadrat der Entfernung geschieht".[2] — *Die Red.*

Ausdehnung – kurz, der alte polare Gegensatz von *Attraktion* und *Repulsion*.

Ausdrücklich zu merken: Attraktion und Repulsion werden hier nicht gefaßt als sogenannte „*Kräfte*", sondern als *einfache Formen der Bewegung*. Wie denn schon Kant die Materie aufgefaßt hat als die Einheit von Attraktion und Repulsion. Was es mit den „Kräften" auf sich hat, wird sich seinerzeit zeigen.

In dem Wechselspiel von Attraktion und Repulsion besteht alle Bewegung. Sie ist aber nur möglich, wenn jede einzelne Attraktion kompensiert wird durch eine entsprechende Repulsion an andrer Stelle. Sonst müßte die eine Seite mit der Zeit das Übergewicht erhalten über die andre, und damit hörte die Bewegung schließlich auf. Also müssen sich alle Attraktionen und alle Repulsionen im Universum gegenseitig aufwiegen. Das Gesetz von der Unzerstörbarkeit und Unerschaffbarkeit der Bewegung erhält hiermit den Ausdruck, daß jede Attraktionsbewegung im Universum durch eine gleichwertige Repulsionsbewegung ergänzt werden muß, und umgekehrt; oder, wie die ältere Philosophie – lange vor der naturwissenschaftlichen Aufstellung des Gesetzes von der Erhaltung der Kraft, respektive Energie – dies aussprach: daß die Summe aller Attraktionen im Weltall gleich ist der Summe aller Repulsionen.

Hier scheinen indes zwei Möglichkeiten noch immer offen, daß alle Bewegung einmal aufhöre, nämlich entweder dadurch, daß Repulsion und Attraktion sich endlich einmal tatsächlich ausgleichen, oder dadurch, daß die gesamte Repulsion sich eines Teils der Materie endgültig bemächtigt und die gesamte Attraktion des übrigen Teils. Für die dialektische Auffassung können diese Möglichkeiten von vornherein nicht existieren. Sobald die Dialektik einmal aus den Resultaten unserer bisherigen Naturerfahrung nachgewiesen hat, daß alle polaren Gegensätze überhaupt bedingt sind durch das wechselnde Spiel der beiden entgegengesetzten Pole aufeinander, daß die Trennung und Entgegensetzung dieser Pole nur besteht innerhalb ihrer Zusammengehörigkeit und Vereinigung, und umgekehrt ihre Vereinigung nur in ihrer Trennung, ihre Zusammengehörigkeit nur in ihrer Entgegensetzung, kann weder von einer endgültigen Ausgleichung von Repulsion und Attraktion, noch von einer endgültigen Verteilung der einen Bewegungsform auf die eine, der andren auf die andre Hälfte der Materie, also weder von der gegenseitigen Durchdringung[5], noch von der absoluten Scheidung beider Pole die Rede sein. Es wäre ganz dasselbe, als wollte man im ersten Fall verlangen, der Nordpol und der Südpol eines Magnets sollten sich gegen- und durcheinander ausgleichen, und im zweiten Fall, die Durchfeilung eines Magnets in der Mitte zwischen beiden Polen solle hier eine Nordhälfte ohne Südpol, dort eine Südhälfte ohne Nordpol herstellen. Wenn aber auch die Unzulässigkeit solcher Annahmen schon aus der dialektischen Natur des polaren Gegensatzes folgt, so spielt doch, dank der herrschenden metaphysischen Denkweise der Naturforscher, wenigstens die zweite Annahme in der physikalischen Theorie eine gewisse Rolle. Hiervon wird an seinem Ort die Rede sein.

Wie stellt sich nun die Bewegung dar in der Wechselwirkung von Attraktion und Repulsion? Dies untersuchen wir am besten an den einzelnen Formen der Bewegung selbst. Das Fazit wird sich dann am Schluß ergeben.

Nehmen wir die Bewegung eines Planeten um seinen Zentralkörper. Die gewöhnliche Schulastronomie erklärt die beschriebne Ellipse mit Newton aus der Zusammenwirkung zweier Kräfte, der Attraktion des Zentralkörpers und einer den Planeten normal zur Richtung dieser Attraktion forttreibenden Tangentialkraft. Sie nimmt also außer der zentral vor sich gehenden Bewegungsform noch eine andre, senkrecht zur Verbindungslinie der Mittelpunkte erfolgende Bewegungsrichtung oder sogenannte „Kraft" an. Sie setzt sich damit in Widerspruch mit dem oben erwähnten Grundgesetz, wonach in unserm Universum alle Bewegung nur in der Richtung der Mittelpunkte der aufeinander einwirkenden Körper stattfinden kann, oder, wie man sich ausdrückt, nur durch zentral

5 Engels, Dialektik der Natur

wirkende „Kräfte" verursacht wird. Sie bringt ebendamit ein Bewegungselement in die Theorie, das, wie wir ebenfalls sahen, notwendig auf die Erschaffung und Vernichtung von Bewegung hinausläuft und daher auch einen Schöpfer voraussetzt. Es kam also darauf an, diese geheimnisvolle Tangentialkraft auf eine zentral vor sich gehende Bewegungsform zu reduzieren, und dies tat die Kant-Laplacesche kosmogonische Theorie. Bekanntlich läßt diese Auffassung das ganze Sonnensystem aus einer rotierenden, äußerst verdünnten Gasmasse durch allmähliche Zusammenziehung entstehn, wobei am Äquator dieses Gasballs die Rotationsbewegung selbstredend am stärksten ist und einzelne Gasringe von der Masse losreißt, die sich dann zu Planeten, Planetoiden etc. zusammenballen und den Zentralkörper in der Richtung der ursprünglichen Rotation umkreisen. Diese Rotation selbst wird gewöhnlich erklärt aus der Eigenbewegung der einzelnen Gasteilchen, die in den verschiedensten Richtungen erfolgt, wobei aber schließlich ein Überschuß in einer bestimmten Richtung sich durchsetzt und so die drehende Bewegung verursacht, die mit dem Fortschritt der Zusammenziehung des Gasballs immer stärker werden muß. Welche Hypothese man aber auch über den Ursprung der Rotation annimmt, mit einer jeden ist die Tangentialkraft beseitigt, aufgelöst in eine besondre Erscheinungsform einer in zentraler Richtung erfolgenden Bewegung. Wenn das eine, direkt zentrale Element der Planetenbewegung durch die Schwere, die Attraktion zwischen ihm und dem Zentralkörper, dargestellt wird, so erscheint nun das andre, tangentielle Element als ein Rest, in übertragner oder verwandelter Form, der ursprünglichen Repulsion der einzelnen Teilchen des Gasballs. Der Daseinsprozeß eines Sonnensystems stellt sich nun dar als ein Wechselspiel von Attraktion und Repulsion, in welchem die Attraktion allmählich mehr und mehr die Oberhand dadurch bekommt, daß die Repulsion in der Form von Wärme in den Weltraum ausgestrahlt wird, dem System also mehr und mehr verlorengeht.

Man sieht auf den ersten Blick, daß die Bewegungsform, die hier als Repulsion gefaßt ist, dieselbe ist, die von der modernen Physik als „*Energie*" bezeichnet wird. Durch die Zusammenziehung des Systems und die daraus folgende Sonderung der einzelnen Körper, aus denen es heute besteht, hat das System „Energie" verloren, und zwar beträgt dieser Verlust nach der bekannten Rechnung von Helmholtz jetzt schon $^{453}/_{454}$ der ganzen ursprünglich darin in der Form von Repulsion vorhandenen Bewegungsmenge.

Nehmen wir ferner eine körperliche Masse auf unsrer Erde selbst. Sie ist mit der Erde verbunden durch die Schwere, wie die Erde ihrerseits mit der Sonne; aber ungleich der Erde ist sie einer freien planetarischen Bewegung unfähig. Sie kann nur bewegt werden durch Anstoß von außen, und auch dann, sobald der Anstoß aufhört, kommt ihre Bewegung bald zum Stillstand, sei es durch die Wirkung der Schwere allein, sei es durch sie in Verbindung mit dem Widerstand des Mittels, in dem sie sich bewegt. Auch dieser Widerstand ist in letzter Instanz eine Wirkung der Schwere, ohne die die Erde kein widerstehendes Mittel, keine Atmosphäre an ihrer Oberfläche haben würde. Wir haben es also in der rein mechanischen Bewegung auf der Erdoberfläche zu tun mit einer Lage, in der die Schwere, die Attraktion entschieden vorherrscht, wo also die Herstellung von Bewegung die beiden Phasen zeigt: zuerst der Schwere entgegenzuwirken, und dann die Schwere wirken zu lassen – in einem Worte: heben und fallenlassen.

Wir haben also wieder die Wechselwirkung zwischen der Anziehung auf der einen, und einer in entgegengesetzter Richtung zur ihrigen erfolgenden, also repellierenden Bewegungsform auf der andern Seite. Nun kommt aber innerhalb des Gebiets der irdischen *reinen* Mechanik (die mit Massen von *gegebnen*, für sie unveränderlichen Aggregat- und Kohäsionszuständen rechnet) diese repellierende Bewegungsform nicht in der Natur vor. Die physikalischen und chemischen Bedingungen, unter denen ein

Felsblock sich von der Bergkuppe losreißt oder unter denen ein Wassergefälle möglich wird, liegen außerhalb ihres Bereichs. Die repellierende, hebende Bewegung muß also in der irdischen reinen Mechanik künstlich erzeugt werden: durch Menschenkraft, Tierkraft, Wasserkraft, Dampfkraft usw. Und dieser Umstand, diese Notwendigkeit, die natürliche Anziehung künstlich zu bekämpfen, ruft bei den Mechanikern die Anschauung hervor, daß die Anziehung, die Schwere, oder wie sie sagen, die Schwer*kraft* die wesentlichste, ja die Grundbewegungsform in der Natur ist.

Wenn z. B. ein Gewicht gehoben wird und durch seinen direkten oder indirekten Fall andren Körpern Bewegung mitteilt, so ist es nach der üblichen mechanischen Auffassung nicht die *Hebung* des Gewichts, die diese Bewegung mitteilt, sondern die *Schwerkraft*. So läßt z. B. Helmholtz „die uns am besten bekannte und einfachste Kraft, die Schwere, als Triebkraft wirken … z. B. in denjenigen Wanduhren, welche durch ein Gewicht getrieben werden. Das Gewicht … kann dem Zuge der Schwere nicht folgen, ohne das ganze Uhrwerk in Bewegung zu setzen." Aber es kann das Uhrwerk nicht in Bewegung setzen ohne selbst zu sinken, und sinkt endlich so weit, bis die Schnur, an der es hängt, ganz abgewickelt ist. „Dann bleibt die Uhr stehn, dann ist die Leistungsfähigkeit ihres Gewichts vorläufig erschöpft. Seine Schwere ist nicht verloren oder vermindert, es wird nach wie vor in gleichem Maße von der Erde angezogen, aber die Fähigkeit dieser Schwere, Bewegungen hervorzubringen, ist verlorengegangen … Wir können die Uhr aber aufziehen durch die Kraft unsres Arms, wobei das Gewicht wieder emporgehoben wird. Sowie das geschehn ist, hat es seine frühere Leistungsfähigkeit wieder erlangt, und kann die Uhr wieder in Bewegung erhalten." (Helmholtz, „Populäre Vorträge"[6], II, S. 144-145.)

Nach Helmholtz ist es also nicht die aktive Bewegungsmitteilung, das Heben des Gewichts, die die Uhr in Bewegung setzt, sondern die passive Schwere des Gewichts, obwohl diese selbe

Schwere erst durch das Heben aus ihrer Passivität herausgerissen wird und auch nach Ablauf der Gewichtsschnur wieder in ihre Passivität zurücktritt. War also nach der neueren Auffassung, wie wir soeben sahen, *Energie* nur ein andrer Ausdruck für *Repulsion*, so erscheint hier in der älteren, Helmholtzschen, *Kraft* als ein andrer Ausdruck für das Gegenteil der Repulsion, für *Attraktion*. Wir konstatieren dies einstweilen.

Wenn nun der Prozeß der irdischen Mechanik sein Ende erreicht hat, wenn die schwere Masse zuerst gehoben und dann wieder um dieselbe Höhe gefallen ist, was wird aus der Bewegung, die diesen Prozeß ausmachte? Sie ist für die reine Mechanik verschwunden. Aber wir wissen jetzt, daß sie keineswegs vernichtet ist. Sie ist zum kleineren Teil in Schallwellenschwingung der Luft, zum weit größeren in Wärme umgesetzt worden — Wärme, die teils der widerstehenden Atmosphäre, teils dem fallenden Körper selbst, teils endlich dem Aufschlagsboden mitgeteilt wurde. Auch das Uhrgewicht hat seine Bewegung in der Form von Reibungswärme an die einzelnen Triebräder des Uhrwerks nach und nach abgegeben. Es ist aber nicht, wie man sich wohl ausdrückt, die *Fall*bewegung, d. h. die Attraktion, die in Wärme, also in eine Form der Repulsion übergegangen ist. Im Gegenteil, die Attraktion, die Schwere, bleibt, wie Helmholtz richtig bemerkt, was sie vorher war, und wird, genau gesprochen, sogar größer. Es ist vielmehr die dem gehobenen Körper durch die Hebung mitgeteilte Repulsion, die durch den Fall *mechanisch* vernichtet wird und als Wärme wieder entsteht. Massenrepulsion ist verwandelt in Molekularrepulsion.

Die Wärme ist, wie schon gesagt, eine Form der Repulsion. Sie versetzt die Moleküle fester Körper in Schwingungen, lockert dadurch den Zusammenhang der einzelnen Moleküle, bis endlich der Übergang in den flüssigen Zustand eintritt; sie steigert auch in diesem, bei fortdauernder Wärmezufuhr, die Bewegung der Moleküle bis zu einem Grad, wo diese sich von der Masse vollständig losreißen und mit einer für jedes Molekül durch seine chemische Konstitution bedingten, bestimmten Geschwindigkeit einzeln frei fortbewegen; bei weiter fortgesetzter Wärmezufuhr steigert sie auch diese Geschwindigkeit noch weiter und repelliert damit die Moleküle immer mehr voneinander.

Wärme ist aber eine Form der sogenannten „Energie"; diese erweist sich auch hier wieder als identisch mit der Repulsion.

Bei den Erscheinungen der statischen Elektrizität und des Magnetismus haben wir Attraktion und Repulsion polarisch verteilt. Welche Hypothese man auch gelten lassen möge in Beziehung auf den modus operandi [die Wirkungsweise] dieser beiden Bewegungsformen, so zweifelt doch angesichts der Tatsachen kein Mensch daran, daß Attraktion und Repulsion, soweit sie durch statische Elektrizität oder Magnetismus hervorgerufen sind und sich ungehindert entfalten können, einander vollständig kompensieren, wie dies in der Tat auch schon aus der Natur der polaren Verteilung mit Notwendigkeit folgt. Zwei Pole, deren Betätigung sich nicht vollständig kompensiert, wären eben keine Pole, und sind bisher in der Natur auch nicht aufzufinden gewesen. Den Galvanismus lassen wir hier einstweilen aus dem Spiel, weil bei ihm der Prozeß durch chemische Vorgänge bedingt und dadurch verwickelt gemacht wird. Untersuchen wir daher lieber die chemischen Bewegungsvorgänge selbst.

Wenn zwei Gewichtsteile Wasserstoff sich mit 15,96 Gewichtsteilen Sauerstoff zu Wasserdampf verbinden, so entwickelt sich während dieses Vorgangs eine Wärmemenge von 68,924 Wärmeeinheiten. Umgekehrt, wenn 17,96 Gewichtsteile Wasserdampf in zwei Gewichtsteile Wasserstoff und 15,96 Gewichtsteile Sauerstoff zerlegt werden sollen, so ist dies nur möglich unter der Bedingung, daß dem Wasserdampf eine Bewegungsmenge zugeführt wird, die mit 68,924 Wärmeeinheiten gleichwertig ist – sei es in der Form von Wärme selbst oder von elektrischer Bewegung. Dasselbe gilt von allen andern chemischen Prozessen. In der sehr großen Mehrzahl der Fälle wird bei der Zusammensetzung Bewegung abgegeben, bei der Zerlegung muß Bewegung zugeführt werden. Auch hier ist die Repulsion in der Regel die aktive, mit Bewegung begabtere oder Bewegungszufuhr heischende, die Attraktion die passive, Bewegung überflüssig machende und abgebende Seite des Prozesses. Daher auch die moderne Theorie wieder erklärt, im ganzen und großen werde bei der Vereinigung von Elementen Energie frei, bei der Zerlegung werde sie gebunden. Energie steht hier also wieder für Repulsion. Und wieder erklärt Helmholtz: „Diese Kraft (die chemische Verwandtschaftskraft) können wir uns als eine *Anziehungs*kraft... vorstellen... Diese Anziehungskraft nun zwischen den Atomen des Kohlenstoffs und des Sauerstoffs leistet gerade so gut Arbeit, wie die, welche die Erde in der Form der Schwere auf ein gehobenes Gewicht ausübt... Wenn Kohlenstoff- und Sauerstoffatome aufeinander losgestürzt sind und sich zu Kohlensäure vereinigt haben, so müssen die neugebildeten Teilchen der Kohlensäure in heftigster Molekularbewegung sein, das heißt in Wärmebewegung... Wenn sie später ihre Wärme an die Umgebung abgegeben hat, so haben wir in der Kohlensäure noch den ganzen Kohlenstoff, noch den ganzen Sauerstoff und auch noch die Verwandtschaftskraft beider ebenso kräftig wie vorher bestehend. Aber letztere äußert sich jetzt nur noch darin, daß sie die Kohlenstoff- und Sauerstoffatome fest aneinander heftet, ohne eine Trennung derselben zu gestatten." (a. a. O., S. 169.) Es ist ganz wie vorhin: Helmholtz besteht darauf, daß in der Chemie wie in der Mechanik die Kraft nur in der *Attraktion* bestehe und also das grade Gegenteil von dem sei, was bei andern Physikern Energie heißt und identisch ist mit der *Repulsion*.

Wir haben jetzt also nicht mehr die beiden einfachen Grundformen der Attraktion und Repulsion, sondern eine ganze Reihe von Unterformen, in denen der im Gegensatz jener beiden sich ab- und aufwickelnde Prozeß der universellen Bewegung vor sich geht. Es ist aber keineswegs bloß unser Verstand, der diese mannigfachen Erscheinungsformen unter den *einen* Ausdruck der Bewegung zusammenfaßt. Im Gegenteil, sie selbst beweisen sich durch die Tat als Formen einer und derselben Bewegung, indem sie unter Umständen die eine in die andre übergehn. Mechanische Massenbewegung geht über in Wärme, in Elektrizität, in Magnetismus; Wärme und Elektrizität gehen über in chemische Zersetzung; chemische Vereinigung ihrerseits entwickelt wieder Wärme und Elektrizität, und vermittelst dieser letzteren Magnetismus; und endlich produzieren Wärme und Elektrizität wiederum mechanische Massenbewegung. Und zwar derart, daß einer bestimmten Bewegungsmenge der einen Form stets eine genau bestimmte Bewegungsmenge der andern Form entspricht; wobei es wieder gleichgültig ist, welcher Bewegungsform die Maßeinheit entlehnt ist, an der diese Bewegungsmenge gemessen wird: ob sie zur Messung von Massenbewegung, von Wärme, von sogenannter elektromotorischer Kraft, oder von der bei chemischen Vorgängen umgesetzten Bewegung dient.

Wir stehn hiermit auf dem Boden der von J. R. Mayer 1842 begründeten[1] und seitdem mit so glänzendem Erfolg international

---

[1] In den „Pop. Vorles."[7] II, S. 113, scheint Helmholtz, außer Mayer, Joule und Colding, auch sich selbst einen gewissen Anteil an der naturwissenschaftlichen Beweisführung für den Descartesschen Satz von der quantitativen Unveränderlichkeit der Bewegung zuzuschreiben. „Ich selbst hatte, ohne von Mayer und Colding etwas zu wissen, und mit Joules Versuchen erst am Ende meiner Arbeit bekannt geworden, *denselben Weg betreten;* ich bemühte mich namentlich, alle Beziehungen zwischen den verschiedenen Naturprozessen aufzusuchen, welche aus der angegebenen Betrachtungsweise zu folgern waren, und *veröffentlichte meine Untersuchungen* 1847 in einer kleinen Schrift unter dem Titel: ‚Über die Erhaltung der Kraft'." – Aber in dieser Schrift findet sich durchaus nichts für den Stand von 1847 Neues außer der oben erwähnten mathematischen übrigens sehr wertvollen Entwicklung, daß „Erhaltung der Kraft" und zentrale Wirkung der zwischen den verschiednen Körpern eines Systems tätigen Kräfte nur zwei verschiedne Ausdrücke für dieselbe Sache sind, und ferner

ausgearbeiteten Theorie von der „Erhaltung der Energie" und haben nun die Grundvorstellungen zu untersuchen, mit denen diese Theorie heutzutage operiert. Dies sind die Vorstellungen von „Kraft" oder „Energie" und von „Arbeit".

Es hat sich schon oben gezeigt, daß die neuere, jetzt wohl ziemlich allgemein angenommene Anschauung unter Energie die Repulsion versteht, während Helmholtz mit dem Wort Kraft vorzugsweise die Attraktion ausdrückt. Man könnte hierin einen gleichgültigen Formunterschied sehn, da ja Attraktion und Repulsion im Universum sich kompensieren, und da es demnach gleichgültig erscheint, welche Seite des Verhältnisses man positiv oder negativ setzt; wie es ja auch an sich gleichgültig ist, ob man von einem Punkt in einer beliebigen Linie aus die positiven Abszissen nach rechts oder nach links zählt. Dies ist indes nicht absolut der Fall.

Es handelt sich hier nämlich zunächst nicht um das Universum, sondern um Erscheinungen, die auf der Erde vorgehn und bedingt sind durch die genau bestimmte Stellung der Erde im Sonnensystem und des Sonnensystems im Weltall. Unser Sonnensystem gibt aber in jedem Augenblick enorme Mengen von Bewegung an den Weltraum ab, und zwar Bewegung von ganz bestimmter Qualität: Sonnenwärme, d. h. Repulsion. Unsre Erde selbst aber ist belebt nur durch die Sonnenwärme und strahlt ihrerseits die empfangene Sonnenwärme, nachdem sie diese zum Teil in andre Bewegungsformen umgesetzt, schließlich ebenfalls in den Weltraum aus. Im Sonnensystem und ganz besonders auf der Erde hat also die Attraktion schon ein bedeutendes Übergewicht über die Repulsion

---

eine genauere Formulierung des Gesetzes, daß die Summe der lebendigen und Spannkräfte in einem *gegebenen mechanischen* System konstant sei. In allem anderen war sie seit Mayers zweiter Abhandlung von 1845 bereits überholt. Mayer behauptet schon 1842 die „Unzerstörlichkeit der Kraft" und weiß über die „Beziehungen zwischen den verschiedenen Naturprozessen" von seinem neuen Standpunkt aus 1845 weit genialere Dinge zu sagen als Helmholtz 1847. [*Anmerkung von Engels.*]

erhalten. Ohne die uns von der Sonne zugestrahlte Repulsionsbewegung müßte alle Bewegung auf der Erde aufhören. Wäre morgen die Sonne erkaltet, so bliebe die Attraktion auf der Erde bei sonst gleichbleibenden Umständen, was sie heute ist. Ein Stein von 100 Kilogramm würde nach wie vor da, wo er einmal liegt, 100 Kilogramm wiegen. Aber die Bewegung, sowohl der Massen wie der Moleküle und Atome, käme zu einem nach unsern Vorstellungen absoluten Stillstand. Es ist also klar: Für Prozesse, die auf der heutigen *Erde* vorgehn, ist es durchaus nicht gleichgültig, ob man die Attraktion oder die Repulsion als die aktive Seite der Bewegung, also als „Kraft" oder „Energie" auffaßt. Auf der heutigen Erde ist die Attraktion im Gegenteil bereits durch ihr entschiednes Übergewicht über die Repulsion *durchaus passiv* geworden; alle aktive Bewegung verdanken wir der Zufuhr von Repulsion durch die Sonne. Und daher hat die neuere Schule – wenn sie auch über die Natur des Bewegungsverhältnisses im unklaren bleibt – dennoch der Sache nach und für *irdische* Vorgänge, ja für das ganze Sonnensystem, vollständig recht, wenn sie Energie als Repulsion faßt.

Der Ausdruck „Energie" spricht zwar keineswegs das ganze Bewegungsverhältnis richtig aus, indem er nur die eine Seite umfaßt, die Aktion, aber nicht die Reaktion. Er läßt auch noch den Schein zu, als sei „Energie" etwas der Materie Äußerliches, ihr Eingepflanztes. Aber er ist dem Ausdruck „Kraft" unter allen Umständen vorzuziehn.

Die Vorstellung von Kraft ist, wie allerseits zugegeben (von Hegel bis Helmholtz), der Betätigung des menschlichen Organismus innerhalb seiner Umgebung entlehnt. Wir sprechen von der Muskelkraft, von der Hebungskraft der Arme, von der Sprungkraft der Beine, von der Verdauungskraft des Magens und Darmkanals, von der Empfindungskraft der Nerven, der Ausscheidungskraft der Drüsen usw. Mit andern Worten, um uns die Angabe der wirklichen Ursache einer durch eine Funktion unsres Organismus herbeigeführten Veränderung zu ersparen, schieben wir eine fiktive Ursache unter, eine der Veränderung entsprechende sogenannte Kraft. Diese bequeme Methode übertragen wir dann auch auf die Außenwelt und erfinden damit ebensoviel Kräfte, wie es verschiedne Erscheinungen gibt.

In diesem naiven Stadium befand sich die Naturwissenschaft (mit Ausnahme etwa der himmlischen und irdischen Mechanik) noch zur Zeit *Hegels*, der mit vollem Recht gegen die damalige Manier der Kräfteernennung losfährt (Stelle zu zitieren)[8]. Ebenso an einer andern Stelle: „Es ist besser (zu sagen), der Magnet habe eine *Seele*" (wie Thales sich ausdrückt), „als er habe die Kraft anzuziehen; Kraft ist eine Art von Eigenschaft, die *von der Materie trennbar*, als ein Prädikat vorgestellt wird – Seele hingegen *dies Bewegen seiner, mit der Natur der Materie dasselbe.*" („Geschichte der Philosophie", I, S. 208.)[9]

So ganz leicht, wie damals, machen wir es uns nun heute mit den Kräften nicht mehr. Hören wir Helmholtz: „Wenn wir ein Naturgesetz vollständig kennen, müssen wir auch Ausnahmslosigkeit seiner Geltung fordern... So tritt uns das Gesetz als eine objektive Macht entgegen, und demgemäß nennen wir es *Kraft*. Wir objektivieren z. B. das Gesetz der Lichtbrechung als eine Lichtbrechungskraft der durchsichtigen Substanzen, das Gesetz der chemischen Wahlverwandtschaften als eine Verwandtschaftskraft der verschiedenen Stoffe zueinander. So sprechen wir von einer elektrischen Kontaktkraft der Metalle, von einer Adhäsionskraft, Kapillarkraft und anderen mehr. In diesen Namen sind Gesetze objektiviert, welche zunächst erst kleinere Reihen von Naturvorgängen umfassen, *deren Bedingungen noch ziemlich verwickelt sind*[10]... die Kraft ist nur das objektivierte Gesetz der Wirkung... Der abstrakte Begriff der Kraft, den wir einschieben, fügt nur das noch hinzu, daß wir dieses Gesetz nicht willkürlich erfunden, daß es ein zwingendes Gesetz der Erscheinungen sei. Unsere Forderung, die Naturerscheinungen *zu begreifen*, d. h. ihre *Gesetze* zu finden, nimmt so eine andere Form des Ausdrucks an, die nämlich, daß wir die *Kräfte* aufzusuchen haben, welche die Ursachen der Erscheinungen sind." (a. a. O., S. 189–191. Innsbrucker Vortrag von 1869.)

Erstens ist es jedenfalls eine eigentümliche Art „zu objektivieren", wenn man in ein bereits als unabhängig von unsrer Subjektivität festgestelltes, also schon vollkommen *objektives* Naturgesetz die *rein subjektive* Vorstellung von *Kraft* hineinträgt. Dergleichen dürfte sich höchstens ein Althegelianer von der striktesten Observanz gestatten, nicht aber ein Neukantianer wie Helmholtz. Weder dem einmal festgestellten Gesetz, noch seiner Objektivität oder derjenigen seiner Wirkung tritt die geringste neue Objektivität hinzu, wenn wir ihm eine Kraft unterschieben; was hinzutritt, ist unsere *subjektive Behauptung*, daß es vermöge einer einstweilen gänzlich unbekannten Kraft wirke. Aber der geheime Sinn dieser Unterschiebung zeigt sich, sobald Helmholtz uns Beispiele gibt: Lichtbrechung, chemische Verwandtschaft, Kontaktelektrizität, Adhäsion, Kapillarität, und die diese Erscheinungen regelnden Gesetze in den „objektiven" Adelstand von *Kräften* erhebt. „In diesen Namen sind Gesetze objektiviert, welche zunächst erst kleinere Reihen von Naturvorgängen umfassen, deren Bedingungen *noch ziemlich verwickelt sind*." Und eben hier erhält die „Objektivierung", die vielmehr Subjektivierung ist, einen Sinn: Nicht weil wir das Gesetz vollständig erkannt haben, sondern eben weil dies *nicht* der Fall, weil wir über die „ziemlich verwickelten Bedingungen" dieser Erscheinungen noch *nicht* im klaren sind, ebendeshalb nehmen wir hier manchmal Zuflucht zum Worte Kraft. Wir drücken also damit nicht unsre Wissenschaft, sondern unsern *Mangel* an Wissenschaft von der Natur des Gesetzes und seiner Wirkungsweise aus. In diesem Sinn, als kurzer Ausdruck eines noch nicht ergründeten Kausalzusammenhangs, als Notbehelf der Sprache, mag es im Handgebrauch passieren. Was darüber ist, das ist vom Übel. Mit demselben Recht, wie Helmholtz physikalische Erscheinungen aus einer sogenannten Lichtbrechungskraft, elektrischen Kontaktkraft usw. erklärt, mit demselben Recht erklärten die Scholastiker des Mittelalters die Temperaturveränderungen aus einer vis calorifica [wärmeerzeugenden Kraft] und einer vis frigifaciens [kälteerzeugenden Kraft] und ersparten sich damit alle weitere Untersuchung der Wärmeerscheinungen.

Und auch in diesem Sinn hat es seine Schiefheit. Es drückt nämlich alles einseitig aus. Alle Naturvorgänge sind doppelseitig, beruhen auf dem Verhältnis von mindestens zwei wirkenden Teilen, auf Aktion und Reaktion. Die Vorstellung von Kraft, infolge ihres Ursprungs aus der Aktion des menschlichen Organismus auf die Außenwelt und weiterhin aus der irdischen Mechanik, schließt aber ein, daß nur der eine Teil aktiv, wirkend, der andre Teil aber passiv, empfangend sei, statuiert also eine bisher nicht nachweisbare Ausdehnung der Geschlechtsdifferenz auf leblose Existenzen. Die Reaktion des zweiten Teils, auf den die Kraft wirkt, erscheint höchstens als eine passive, als ein *Widerstand*. Nun ist diese Auffassungsweise auf einer Reihe von Gebieten auch außerhalb der reinen Mechanik zulässig, nämlich da, wo es sich um einfache Übertragung von Bewegung und deren quantitative Berechnung handelt. Aber schon in den verwickelteren Vorgängen der Physik reicht sie nicht mehr aus, wie grade Helmholtz' eigne Beispiele beweisen. Die Lichtbrechungskraft liegt ebensosehr im Licht selbst wie in den durchsichtigen Körpern. Bei der Adhäsion und Kapillarität liegt die „Kraft" doch sicher ebensosehr in der festen Oberfläche wie in der Flüssigkeit. Bei der Kontaktelektrizität ist jedenfalls soviel sicher, daß *beide* Metalle dazu das ihrige beitragen, und die „chemische Verwandtschaftskraft" liegt, wenn irgendwo, jedenfalls in *beiden* sich verbindenden Teilen. Eine Kraft aber, die aus zwei getrennten Kräften besteht, eine Wirkung, die ihre Gegenwirkung nicht hervorruft, sondern in sich selbst faßt und trägt, ist keine Kraft im Sinn der irdischen Mechanik, der einzigen Wissenschaft, in der man wirklich weiß, was eine Kraft bedeutet. Denn die Grundbedingungen der irdischen Mechanik sind erstens die Weigerung, die Ursachen des Anstoßes, d. h. die Natur der jedesmaligen Kraft zu untersuchen, und zweitens die Anschauung von der Einseitigkeit der Kraft, der eine an jedem Ort stets sich selbst gleiche Schwere entgegengesetzt wird, dergestalt, daß gegenüber jedem irdischen Fallraum der Erdhalbmesser $= \infty$ gilt.

Sehen wir aber weiter, wie Helmholtz seine „Kräfte" in die Naturgesetze hinein „objektiviert".

In einer Vorlesung von 1854 (a. a. O., S. 119)[11] untersucht er den „Vorrat von Arbeitskraft", den der Nebelball, aus dem unser Sonnensystem gebildet, ursprünglich enthielt. „In der Tat war ihm eine ungeheuer große Mitgift in dieser Beziehung schon allein in Form der allgemeinen Anziehungskraft aller seiner Teile zueinander mitgeteilt." Dies ist unzweifelhaft. Ebenso unzweifelhaft aber ist, daß diese ganze Mitgift von Schwere oder Gravitation im heutigen Sonnensystem noch unverkümmert vorhanden ist; abgerechnet etwa das geringe Quantum, das mit Materie verlorenging, die möglicherweise unwiederbringlich in den Weltraum hinausgeschleudert wurde. Weiter: „Auch die chemischen Kräfte mußten schon vorhanden sein, bereit zu wirken; aber da diese Kräfte erst bei der innigsten Berührung der verschiedenartigen Massen in Wirksamkeit treten können, mußte erst Verdichtung eingetreten sein, ehe ihr Spiel begann" [S. 120]. Wenn wir, wie Helmholtz oben, diese chemischen Kräfte als Verwandtschaftskräfte, also als *Anziehung*, fassen, so müssen wir auch hier sagen, daß die Gesamtsumme dieser chemischen Anziehungskräfte noch unvermindert innerhalb des Sonnensystems fortbesteht.

Nun aber gibt Helmholtz auf derselben Seite als das Resultat seiner Berechnung an, „daß nur noch etwa der 454ste Teil der ursprünglichen mechanischen Kraft als solche besteht" – nämlich im Sonnensystem. Wie ist dies zu reimen? Die Anziehungskraft, allgemeine wie chemische, ist noch unversehrt im Sonnensystem vorhanden. Eine andre sichere Kraftquelle gibt Helmholtz nicht an. Allerdings haben, nach Helmholtz, jene Kräfte eine ungeheure Arbeit geleistet. Aber sie haben sich dadurch weder vermehrt noch vermindert. Wie oben dem Uhrgewicht, geht es jedem Molekül im Sonnensystem und dem ganzen Sonnensystem selbst. „Seine Schwere ist nicht verloren oder vermindert." Wie vorhin dem Kohlenstoff und dem Sauerstoff geht es allen chemischen Elementen: Wir haben die sämtliche gegebne Menge eines jeden noch immer, auch noch „die gesamte Verwandtschaftskraft ebenso kräftig wie vorher bestehend". Was haben wir denn verloren? Und welche „Kraft" hat denn die enorme Arbeit geleistet, die 453mal so groß ist als diejenige, die das Sonnensystem nach seiner Berechnung noch leisten kann? Soweit gibt uns Helmholtz keine Antwort. Aber weiter sagt er:

„Ob [im ursprünglichen Nebelball] noch ein weiterer *Kraftvorrat in Gestalt von Wärme* vorhanden war, wissen wir nicht."[12]

Mit Verlaub. Die Wärme ist eine repulsive „Kraft", wirkt also der Richtung der Schwere wie der chemischen Anziehung *entgegen*, ist minus, wenn diese plus gesetzt werden. Wenn Helmholtz also seinen ursprünglichen Kraftvorrat aus allgemeiner und chemischer *Anziehung* zusammensetzt, so müßte ein Vorrat von Wärme, der außerdem noch vorhanden, nicht jenem Kraftvorrat hinzugezählt, sondern von ihm abgezogen werden. Sonst müßte die Sonnenwärme die Anziehungskraft der Erde *verstärken*, wenn sie – ihr grade *entgegen* – Wasser verdunstet und den Dunst in die Höhe hebt; oder die Wärme eines glühenden Eisenrohrs, durch das man Wasserdampf leitet, müßte die chemische Anziehung von Sauerstoff und Wasserstoff *verstärken*, während sie sie grade außer Tätigkeit setzt. Oder, um dieselbe Sache in andrer Form zu verdeutlichen: Wir nehmen an, der Nebelball von r Radius, also vom Volumen $\frac{4}{3}\pi r^3$, habe die Temperatur t. Wir nehmen ferner an, ein zweiter Nebelball von gleicher Masse habe bei der höheren Temperatur T den größeren Radius R und das Volumen $\frac{4}{3}\pi R^3$. Nun ist es einleuchtend, daß in dem zweiten Nebelball die Attraktion, mechanische wie physikalische und chemische, erst dann mit gleicher Kraft wirken kann wie im ersten, wenn er von Radius R auf Radius r zusammengeschrumpft ist, d. h. die der Temperaturdifferenz $T-t$ entsprechende Wärme in den Weltraum ausgestrahlt hat. Der wärmere Nebelball wird also später zur Verdichtung kommen als der kältere, folglich ist die Wärme, als Hindernis der Verdichtung, vom Helmholtzschen Standpunkt betrachtet, kein Plus, sondern ein Minus des „Kraftvorrats". Indem Helmholtz die Möglichkeit eines zu *attraktiven* Bewegungsformen hinzutretenden und ihre Summe vermehrenden Quantums von *repulsiver* Bewegung in der Form von Wärme voraussetzt, begeht er also einen entschiednen Rechnungsfehler.

Bringen wir nun diesen sämtlichen „Kräftevorrat", möglichen wie nachweisbaren, auf dasselbe Vorzeichen, damit eine Addition möglich wird. Da wir vorläufig die Wärme noch nicht umkehren, statt ihrer Repulsion die äquivalente Attraktion setzen können, so werden wir diese Umkehrung bei den beiden Anziehungsformen vornehmen müssen. Dann haben wir statt der allgemeinen Anziehungskraft, statt der chemischen Verwandtschaftskraft und statt der außerdem möglicherweise als solcher bereits im Anfang existierenden Wärme einfach zu setzen — die Summe der im Gasball, im Moment seiner Verselbständigung, vorhandenen Repulsionsbewegung oder sogenannten Energie. Und damit stimmt denn auch die Rechnung von Helmholtz, bei der er „die Erwärmung" berechnen will, „welche durch die angenommene anfängliche Verdichtung der Himmelskörper unsres Systems aus nebelartigem zerstreutem Stoffe entstehen mußte". Indem er so den ganzen „Kraftvorrat" auf Wärme, Repulsion reduziert, macht er es auch möglich, den vermutlichen „Kraftvorrat von Wärme" hinzuzuaddieren. Dann drückt die Rechnung aus, daß $^{453}/_{454}$ aller ursprünglich im Gasball vorhandenen Energie, d. h. Repulsion, in Gestalt von Wärme in den Weltraum ausgestrahlt ist, oder, genau gesprochen, daß die Summe aller Attraktion im heutigen Sonnensystem zur Summe aller darin noch vorhandenen Repulsion sich verhält wie $454:1$. Dann widerspricht sie aber gradezu dem Text des Vortrags, dem sie als Belegstück beigefügt ist.

Wenn nun aber die Vorstellung der Kraft selbst bei einem Physiker wie Helmholtz zu solcher Begriffsverwirrung Anlaß gibt, so ist dies der beste Beweis, daß sie überhaupt wissenschaftlich unbrauchbar ist in allen Forschungszweigen, die über die rechnende Mechanik hinausgehn. In der Mechanik nimmt man die Bewegungsursachen als gegeben an und kümmert sich nicht um ihren Ursprung, sondern nur um ihre Wirkungen. Bezeichnet man also eine Bewegungsursache als eine Kraft, so tut das der Mechanik als solcher keinen Abbruch; aber man gewöhnt sich daran, diese Bezeichnung auch in die Physik, Chemie und Biologie zu übertragen, und dann ist die Konfusion unvermeidlich. Das haben wir gesehn und werden es noch öfter sehn.

Über den Begriff der Arbeit im nächsten Kapitel.

Maß der Bewegung. – Arbeit[1]

„Dagegen habe ich bisher immer noch gefunden, daß die Grundbegriffe dieses Gebiets" (d. h. „die physikalischen Grundbegriffe der Arbeit und ihrer Unveränderlichkeit") „denjenigen Personen, welche nicht durch die Schule der mathematischen Mechanik gegangen sind, bei allem Eifer, aller Intelligenz und selbst bei einem ziemlich hohen Maße naturwissenschaftlicher Kenntnisse sehr schwer faßlich erscheinen. Auch ist nicht zu verkennen, daß es Abstrakta von ganz eigentümlicher Art sind. Ist ihr Verständnis doch selbst einem Geiste, wie I. Kant, nicht ohne Schwierigkeiten aufgegangen, wie seine darüber gegen Leibniz geführte Polemik beweist." So Helmholtz („Pop. wiss. Vortr.", II, Vorrede)[2].

Hiernach wagen wir uns jetzt auf ein sehr gefährliches Gebiet, um so mehr, als wir uns nicht gut erlauben können, den Leser „durch die Schule der mathematischen Mechanik" zu führen. Vielleicht aber stellt sich heraus, daß da, wo es sich um Begriffe handelt, dialektisches Denken mindestens ebenso weit führt wie mathematisches Rechnen.

Galilei entdeckte einerseits das Fallgesetz, wonach die durchlaufenen Räume fallender Körper sich verhalten wie die Quadrate der Fallzeiten. Daneben stellte er den, wie wir sehn werden, diesem nicht ganz entsprechenden Satz auf, daß die Bewegungsgröße eines Körpers (sein impeto oder momento) bestimmt wird durch Masse und Geschwindigkeit, derart, daß sie bei konstanter Masse der Geschwindigkeit proportional ist. Descartes nahm diesen letzteren Satz auf und machte das Produkt aus Masse und Geschwindigkeit eines sich bewegenden Körpers ganz allgemein zum Maß seiner Bewegung.

Huygens fand bereits, daß beim elastischen Stoß die Summe der Produkte aus den Massen in die Quadrate der Geschwindigkeiten vor und nach dem Stoß dieselbe sei, und daß ein analoges Gesetz gelte für verschiedne andere Fälle von Bewegung zu einem System verbundner Körper.

Leibniz war der erste, der einsah, daß das Descartessche Maß der Bewegung mit dem Fallgesetz in Widerspruch stehe. Andrerseits ließ sich nicht leugnen, daß das Descartessche Maß in vielen Fällen richtig sei. Leibniz teilte also die bewegenden Kräfte in tote und lebendige. Die toten waren die „Drucke" oder „Züge" ruhender Körper, ihr Maß das Produkt der Masse in die Geschwindigkeit, mit der der Körper sich bewegen würde, wenn er aus dem Ruhezustand in die Bewegung überginge; als Maß der lebendigen Kraft, der wirklichen Bewegung eines Körpers dagegen, stellte er das Produkt der Masse in das Quadrat der Geschwindigkeit auf. Und zwar direkt aus dem Fallgesetz leitete er dieses neue Bewegungsmaß her. „Es ist", so schloß Leibniz, „die nämliche Kraft erforderlich, einen Körper von vier Pfund Gewicht einen Fuß, wie einen Körper von einem Pfund Gewicht um vier Fuß zu heben; nun sind aber die Wege dem Quadrat der Geschwindigkeit proportional, denn wenn ein Körper um vier Fuß gefallen ist, so hat er die doppelte Geschwindigkeit erlangt, wie wenn er nur um einen Fuß gefallen ist. Beim Fallen erlangen aber die Körper die Kraft, wieder auf dieselbe Höhe zu steigen, von der sie gefallen sind; also sind die Kräfte dem Quadrat der Geschwindigkeit proportional." (Suter, „Geschichte der mathematischen Wissenschaften", II, S. 367.)[3]

Weiter aber wies er nach, daß das Bewegungsmaß mv im Widerspruch stehe mit dem Cartesischen Satz von der Konstanz der Bewegungsquantität, indem, wenn es wirklich gelte, sich die Kraft (d. h. Bewegungsmenge) in der Natur fortwährend vermehre oder vermindere. Er entwarf sogar einen Apparat („Acta Eruditorum"[4],

1690), der, wenn das Maß *mv* richtig sei, ein Perpetuum mobile mit steter Kraftgewinnung darstellen müsse, was doch absurd sei. Helmholtz hat neuerdings diese Art der Argumentation wieder häufig angewandt.

Die Cartesianer protestierten aus Leibeskräften, und es entspann sich ein langjähriger und berühmter Streit, an dem auch Kant in seiner ersten Schrift („Gedanken von der wahren Schätzung der lebendigen Kräfte", 1746) sich beteiligte, ohne indes in der Sache klar zu sehn. Die heutigen Mathematiker schauen mit ziemlicher Verachtung herab auf diesen „unfruchtbaren" Streit, der „über 40 Jahre lang hinausgezogen wurde und die Mathematiker Europas in zwei feindliche Lager teilte, bis endlich d'Alembert durch seinen ‚Traité de dynamique' [Abhandlung über Dynamik] (1743) gleichsam wie durch einen Machtspruch dem *unnützen Wortstreite*[5], denn etwas andres war es nicht, ein Ende machte". (Suter, a. a. O., S. 366.)

Nun sollte es doch scheinen, als ob eine Streitfrage nicht so ganz auf einem unnützen Wortstreit beruhen kann, wenn sie von einem Leibniz gegenüber einem Descartes aufgeworfen wurde und einen Mann wie Kant derart beschäftigte, daß er ihr seine Erstlingsschrift, einen ziemlich starken Band, widmete. Und in der Tat, wie ist es zu reimen, daß die Bewegung zwei einander widersprechende Maße hat, das eine Mal der Geschwindigkeit, das andre Mal dem Quadrat der Geschwindigkeit proportional ist? Suter macht sich die Sache sehr leicht; er sagt, beide Teile hatten recht und beide hatten unrecht; „der Ausdruck ‚lebendige Kraft' hat sich dennoch bis heute erhalten; *allein er gilt nicht mehr als Maß der Kraft*[6], sondern ist eine bloße einmal angenommene Bezeichnung für das in der Mechanik so bedeutungsvolle Produkt der Masse in das halbe Quadrat der Geschwindigkeit" [S. 368]. Also *mv* bleibt Maß der Bewegung, und lebendige Kraft ist nur ein andrer Ausdruck für $\frac{mv^2}{2}$, von welcher Formel wir zwar erfahren, daß sie in der Mechanik sehr bedeutungsvoll ist, jetzt aber erst recht nicht mehr wissen, was sie denn bedeutet.

Nehmen wir indes den rettenden „Traité de dynamique" zur Hand und sehen wir uns d'Alemberts „Machtspruch" näher an: derselbe steht in der *Vorrede*. Im Text, heißt es, komme die ganze Frage gar nicht vor, wegen „l'inutilité parfaite dont elle est pour la mécanique" [des Umstands, daß sie für die Mechanik ohne jeden Nutzen ist]. Dies ist für die *rein rechnende* Mechanik ganz richtig, bei der, wie oben bei Suter, Wortbezeichnungen nur andre Ausdrücke, Namen für algebraische Formeln sind, Namen, bei denen man sich am besten gar nichts denkt. – Indes, da so bedeutende Leute sich mit der Sache beschäftigt, wolle er sie doch in der Vorrede kurz untersuchen. Unter der Kraft sich bewegender Körper könne man, klar gedacht, nur ihre Eigenschaft verstehn, Hindernisse zu überwinden oder ihnen zu widerstehn. Also weder durch mv noch durch mv^2 sei die Kraft zu messen, sondern einzig durch die Hindernisse und deren Widerstand.

Nun gebe es drei Arten Hindernisse: 1. unüberwindliche, die die Bewegung total vernichten, und diese können schon deswegen hier nicht in Betracht kommen; 2. Hindernisse, deren Widerstand grade hinreicht, die Bewegung aufzuheben, und dies augenblicklich tun: Fall des Gleichgewichts; 3. Hindernisse, die die Bewegung nur allmählich aufheben: Fall der verzögerten Bewegung. „Nun sind darüber wohl alle einig, daß zwischen zwei Körpern Gleichgewicht besteht, sobald die Produkte ihrer Massen mit ihren virtuellen Geschwindigkeiten, d. h. den Geschwindigkeiten, mit denen sie sich zu bewegen streben, auf beiden Seiten gleich sind. Somit kann im Gleichgewichtsfalle das Produkt der Masse mit der Geschwindigkeit, oder, was dasselbe ist, die Bewegungsquantität die Kraft darstellen. Jedermann gesteht auch zu, daß bei verzögerter Bewegung die Anzahl der überwundenen Hindernisse dem Quadrat der Geschwindigkeit proportional ist, so daß ein Körper, der z. B. mit einer gewissen Geschwindigkeit eine Feder gespannt hat, mit einer doppelten Geschwindigkeit imstande sein wird, entweder gleichzeitig oder nacheinander nicht zwei, sondern vier der ersten gleiche Federn zu spannen, mit einer dreifachen Geschwindigkeit neun, und so fort. Daraus schließen die Anhänger der lebendigen Kräfte" (die Leibnizianer), „daß die Kraft der in Bewegung befindlichen Körper allgemein dem Produkte der Masse mit dem Quadrat der Geschwindigkeit proportional sei. Welchen Nachteil kann es im Grunde haben, wenn das Maß der Kräfte für das Gleichgewicht und für die verzögerte Bewegung verschieden ist, da bei Zugrundelegung völlig klarer Ideen unter dem Worte *Kraft* nur die in der Überwindung eines Hindernisses oder in dem demselben geleisteten Widerstande bestehende Wirkung verstanden werden soll?" (Vorrede, S. XIX bis XX der Originalausgabe[7].)

Nun aber ist d'Alembert noch viel zu sehr Philosoph, um nicht einzusehn, daß er so leichten Kaufs doch nicht über den Widerspruch eines doppelten Maßes einer und derselben Kraft hinwegkommt. Nachdem er also im Grunde nur dasselbe wiederholt, was Leibniz schon gesagt – denn sein „équilibre" [Gleichgewicht] ist ganz dasselbe, was bei Leibniz die „toten Drucke" –, schlägt er plötzlich um auf die Seite der Cartesianer und findet folgenden Ausweg: Das Produkt *mv* kann auch bei verzögerter Bewegung als Kräftemaß gelten, „wenn man im letzteren Falle die Kraft nicht durch die absolute Größe der Hindernisse, sondern durch die Summe der Widerstände dieser Hindernisse mißt. Denn man darf wohl nicht zweifeln, daß diese Summe der Widerstände der Bewegungsgröße (*mv*) proportional ist[8], da, wie jedermann zugibt, die Bewegungsgröße, welche der Körper in jedem Augenblicke verliert, dem Produkt aus dem Widerstand und der unendlich kleinen Zeitdauer proportional und die Summe dieser Produkte augenscheinlich der Ausdruck für den ganzen Widerstand ist." Diese letztere Berechnungsweise scheint ihm die natürlichere, „denn ein Hindernis ist ein solches, nur so lange es Widerstand leistet, und der richtige Ausdruck für das überwundene Hindernis ist die Summe seiner

Widerstände. Man hat übrigens, wenn man die Kraft in dieser Weise mißt, den Vorteil, für Gleichgewicht und verzögerte Bewegung ein gemeinsames Maß zu haben" [S. XXI[9]]. Doch könne das jeder halten, wie er wolle. Und nachdem er so, wie selbst Suter zugibt, mit einem mathematischen Bock die Frage gelöst glaubt, schließt er mit unliebsamen Bemerkungen über die Konfusion, die bei seinen Vorgängern geherrscht, und behauptet, nach obigen Bemerkungen sei nur noch eine sehr futile metaphysische Diskussion oder gar ein noch unwürdigerer bloßer Wortstreit möglich.

D'Alemberts Versöhnungsvorschlag läuft auf folgende Rechnung hinaus:

Masse 1 mit Geschwindigkeit 1 schließt 1 Springfeder in der Zeiteinheit.

Masse 1 mit Geschwindigkeit 2 schließt 4 Federn, braucht dazu aber 2 Zeiteinheiten, also in der Zeiteinheit nur 2 Federn.

Masse 1 mit Geschwindigkeit 3 schließt 9 Federn in drei Zeiteinheiten, also in der Zeiteinheit nur 3 Federn.

Dividieren wir also die Wirkung durch die dazu erforderte Zeit, so kommen wir von mv^2 wieder auf mv.

Es ist dasselbe Argument, das namentlich Catelan[10] schon früher gegen Leibniz angewandt hatte: Ein Körper mit Geschwindigkeit 2 steigt allerdings gegen die Schwere viermal so hoch als einer mit Geschwindigkeit 1; aber er braucht auch die doppelte Zeit dazu; folglich ist die Bewegungsmenge durch die Zeit zu dividieren und $= 2$, nicht $= 4$. Und dies ist sonderbarerweise auch die Ansicht Suters, der ja dem Ausdruck „lebendige Kraft" allen logischen Sinn genommen und ihm nur einen mathematischen gelassen. Dies ist indes natürlich. Für Suter handelt es sich darum, die Formel mv in ihrer Bedeutung als einziges Maß der Bewegungsmenge zu retten, und deshalb wird mv^2 logisch geopfert, um im Himmel der Mathematik verklärt wieder aufzuerstehn.

Soviel ist indes richtig: Die Catelansche Argumentation bildet eine der Brücken, die mv^2 mit mv vermittelt, und ist damit von Bedeutung.

Die Mechaniker nach d'Alembert nahmen keineswegs seinen Machtspruch an, denn sein schließliches Urteil war ja zugunsten von mv als Maß der Bewegung. Sie hielten sich eben an den Ausdruck, den er der schon von Leibniz gemachten Unterscheidung von toten und lebendigen Kräften gegeben hatte: Für das Gleichgewicht, also für die Statik, gilt mv; für die gehemmte Bewegung, also für die Dynamik, gilt mv^2. Obwohl im ganzen und großen richtig, hat diese Unterscheidung in dieser Form doch nicht mehr logischen Sinn als die bekannte Unteroffiziersentscheidung: Im Dienst immer Mir, außerm Dienst immer Mich[11]. Man nimmt sie schweigend an, es ist nun einmal so, wir können es nicht ändern, und wenn in diesem doppelten Maß ein Widerspruch steckt, was können wir dafür?

So z. B. Thomson and Tait, „A Treatise on Natural Philosophy", Oxford 1867[12], S. 162: „Die *Quantität der Bewegung*, oder die *Bewegungsgröße* eines starren, ohne Rotation sich bewegenden Körpers ist seiner Masse und zugleich seiner Geschwindigkeit proportional. Eine doppelte Masse oder eine doppelte Geschwindigkeit würde einer doppelten Bewegungsgröße entsprechen." Und gleich dahinter: „Die *lebendige Kraft* oder *kinetische Energie* eines in Bewegung befindlichen Körpers ist seiner Masse und zugleich dem Quadrate seiner Geschwindigkeit proportional."[13]

In dieser ganz krassen Form werden die beiden widersprechenden Bewegungsmaße nebeneinander gestellt. Auch nicht der geringste Versuch wird gemacht, den Widerspruch zu erklären, oder auch nur zu vertuschen. Das Denken ist im Buch dieser beiden Schotten verboten, es darf nur gerechnet werden. Kein Wunder, daß wenigstens einer von ihnen, Tait, zu den gläubigsten Christen des gläubigen Schottlands zählt.

In Kirchhoffs Vorlesungen über mathematische Mechanik kommen die Formeln mv und mv^2 *in dieser Form* gar nicht vor.

Vielleicht hilft uns Helmholtz. In der „Erhaltung der Kraft"[14] schlägt er vor, die lebendige Kraft durch $\frac{mv^2}{2}$ auszudrücken, ein Punkt, auf den wir noch zurückkommen. Dann zählt er, S. 20 ff., die Fälle kurz auf, in denen das Prinzip von der Erhaltung der lebendigen Kraft $\left(\text{also von } \frac{mv^2}{2}\right)$ bisher schon benutzt und anerkannt ist. Dazu gehört dann unter Nr. 2: „Die Übertragung der Bewegungen durch die inkompressiblen festen und flüssigen Körper, sobald nicht Reibung oder Stoß unelastischer Stoffe stattfindet. Unser allgemeines Prinzip wird für diese Fälle gewöhnlich als die Regel ausgesprochen, daß eine durch mechanische Potenzen fortgepflanzte und abgeänderte Bewegung stets in demselben Verhältnis an Kraftintensität abnimmt, als sie an Geschwindigkeit zunimmt. Denken wir uns also durch eine Maschine, in welcher durch irgendeinen Vorgang gleichmäßig Arbeitskraft erzeugt wird, das Gewicht m mit der Geschwindigkeit c gehoben, so wird durch eine andere mechanische Einrichtung das Gewicht nm gehoben werden können, aber nur mit der Geschwindigkeit $\frac{c}{n}$, so daß in beiden Fällen die Quantität der von der Maschine in der Zeiteinheit erzeugten Spannkraft durch mgc darzustellen ist, wo g die Intensität der Schwerkraft darstellt."[15]

Also auch hier der Widerspruch, daß eine „Kraftintensität", die im einfachen Verhältnis der Geschwindigkeit ab- und zunimmt, zum Beweise dienen soll für die Erhaltung einer Kraftintensität, die nach dem Quadrat der Geschwindigkeit ab- und zunimmt.

Allerdings zeigt sich hier, daß mv und $\frac{mv^2}{2}$ zur Bestimmung zweier ganz verschiedner Vorgänge dienen, aber das hatten wir ja längst gewußt, mv^2 kann ja nicht $= mv$ sein, es sei denn $v = 1$. Es handelt sich darum, uns verständlich zu machen, warum die Bewegung zweierlei Maß hat, eine Sache, die doch auch in der Wissenschaft sonst ebenso unzulässig ist wie im Handel. Versuchen wir es **also anders.**

Nach *mv* wird also gemessen „eine durch mechanische Potenzen fortgepflanzte und abgeänderte Bewegung"; dies Maß gilt also für den Hebel und alle seine abgeleiteten Formen, Räder, Schrauben etc., kurz für alle Übertragungsmaschinerie. Nun stellt sich aber durch eine sehr einfache und keineswegs neue Betrachtung heraus, daß hier, soweit *mv* gilt, auch mv^2 seine Geltung hat. Wir nehmen irgendeine mechanische Vorrichtung, an der die Summen der Hebelarme der beiden Seiten sich verhalten wie 4:1, an der also ein Gewicht von 1 kg einem von 4 kg das Gleichgewicht hält. Durch einen ganz geringen Kraftzusatz an dem einen Hebelarm heben wir also 1 kg um 20 Meter; derselbe Kraftzusatz, alsdann am andern Hebelarm angebracht, hebt nun 4 kg um 5 Meter, und zwar sinkt das überwiegende Gewicht in derselben Zeit, die das andre zum Steigen braucht. Massen und Geschwindigkeiten verhalten sich umgekehrt: *mv*, $1 \times 20 = m'v'$, 4×5. Lassen wir dagegen jedes der Gewichte, nachdem es gehoben, frei herabfallen auf das ursprüngliche Niveau, so erlangt das eine, 1 kg, nach durchlaufenem Fallraum von 20 Meter (die Beschleunigung der Schwere hier rund = 10 m, statt 9,81 m gesetzt) eine Geschwindigkeit von 20 Meter; das andre, 4 kg, dagegen nach einem Fallraum von 5 m eine Geschwindigkeit von 10 m[16].

$$mv^2 = 1 \times 20 \times 20 = 400 = m'v'^2 = 4 \times 10 \times 10 = 400.$$

Dagegen sind die Fallzeiten verschieden: Die 4 kg durchlaufen ihre 5 Meter in 1 Sekunde, das 1 kg seine 20 m in 2 Sekunden. Reibung und Luftwiderstand sind hier selbstredend vernachlässigt.

Nachdem aber jeder der beiden Körper von seiner Höhe herabgefallen, hat seine Bewegung aufgehört. Hier zeigt sich also *mv* als Maß einfach übertragner, also fortdauernder, mv^2 als Maß verschwundener mechanischer Bewegung.

Weiter. Beim Stoß vollkommen elastischer Körper gilt dasselbe: Die Summe der *mv*, wie die Summe der mv^2 sind vor wie nach dem Stoße unverändert. Beide Maße haben gleiche Geltung.

Nicht so beim Stoß unelastischer Körper. Hier lehren die landläufigen elementaren Lehrbücher (die höhere Mechanik beschäftigt sich fast gar nicht mehr mit solchen Kleinigkeiten), daß ebenfalls nach wie vor dem Stoße die Summe der mv dieselbe sei. Dagegen finde ein Verlust an lebendiger Kraft statt, denn wenn man die Summe der mv^2 nach dem Stoße von der *vor* dem Stoß abziehe, so bleibe ein unter allen Umständen positiver Rest; um diesen Betrag (oder dessen Hälfte, je nach der Auffassungsweise) sei die lebendige Kraft durch das gegenseitige Eindringen sowie durch die Formveränderung der stoßenden Körper verringert worden. – Dies letztere ist nun klar und augenscheinlich. Nicht so die erste Behauptung, daß die Summe der mv dieselbe bleibe nach wie vor dem Stoß. Lebendige Kraft ist trotz Suter Bewegung, und wenn ein Teil von ihr verlorengeht, so geht Bewegung verloren. Entweder also drückt mv die Bewegungsmenge hier unrichtig aus, oder die obige Behauptung ist falsch. Überhaupt ist der ganze Lehrsatz aus einer Zeit überkommen, in der man von der Verwandlung der Bewegung noch keine Ahnung hatte, wo also ein Verschwinden von mechanischer Bewegung nur da zugegeben wurde, wo es nicht anders ging. So wird hier die Gleichheit der Summe der mv vor und nach dem Stoß daraus bewiesen, daß ein Verlust oder Gewinn derselben nirgends zugeführt wird. Geben die Körper aber in der ihrer Unelastizität entsprechenden inneren Reibung lebendige Kraft ab, so geben sie auch Geschwindigkeit ab, und die Summe der mv muß nach dem Stoß geringer sein als vorher. Denn es geht doch nicht an, die innere Reibung bei Berechnung der mv zu vernachlässigen, wenn sie bei Berechnung der mv^2 so deutlich sich geltend macht.

Indes verschlägt dies nichts. Selbst wenn wir den Lehrsatz zugeben und die Geschwindigkeit nach dem Stoß unter der Annahme berechnen, daß die Summe der mv dieselbe geblieben, selbst dann finden wir jene Abnahme der Summe der mv^2. Hier also kommen mv und mv^2 in Konflikt, und zwar um die Differenz wirklich verschwundener mechanischer Bewegung. Und die Rechnung selbst beweist, daß die Summe der mv^2 die Bewegungsmenge richtig, die Summe der mv sie unrichtig ausdrückt.

Dies sind so ziemlich alle Fälle, in denen mv in der Mechanik angewandt wird. Sehen wir uns nun einige Fälle an, bei denen mv^2 verwandt wird.

Wenn eine Kanonenkugel abgefeuert wird, so erschöpft sie auf ihrer Flugbahn eine Bewegungsgröße, die mv^2 proportional ist, gleichviel ob sie gegen ein festes Ziel einschlägt oder durch Luftwiderstand und Schwere zum Stillstand kommt. Wenn ein Eisenbahnzug in einen zweiten, stehenden hineinfährt, so ist die Gewalt, mit der dies geschieht, und die entsprechende Zerstörung seinem mv^2 proportional. Ebenso gilt mv^2 bei der Berechnung jeder zur Überwindung eines Widerstandes erforderlichen mechanischen Kraft.

Was heißt aber diese bequeme, den Mechanikern so geläufige Redensart: Überwindung eines Widerstandes?

Wenn wir durch Hebung eines Gewichts den Widerstand der Schwere überwinden, so verschwindet dabei eine Bewegungsmenge, eine Menge mechanischer Kraft, welche gleich ist derjenigen, die wieder erzeugt werden kann durch den direkten oder indirekten Fall des gehobenen Gewichts aus der erlangten Höhe bis herab auf sein ursprüngliches Niveau. Sie wird gemessen durch das halbe Produkt seiner Masse in das Quadrat der im Fall erlangten Endgeschwindigkeit, $\frac{mv^2}{2}$. Was ist bei der Hebung also geschehn? Mechanische Bewegung oder Kraft ist als solche verschwunden. Aber sie ist nicht zu nichts geworden: Sie ist verwandelt worden in mechanische Spannkraft, um Helmholtz' Ausdruck zu gebrauchen; in potentielle Energie, wie die Neueren sagen; in Ergal, wie Clausius es nennt, und diese kann jeden Augenblick, und in jeder beliebigen, mechanisch zulässigen Weise wieder zurückverwandelt werden in dasselbe Quantum mechanischer Bewegung, das zu ihrer Erzeugung notwendig war. Die potentielle Energie ist nur der negative Ausdruck der lebendigen Kraft und umgekehrt.

Eine 24 pfündige Kanonenkugel schlägt mit einer Geschwindigkeit von 400 Meter in der Sekunde gegen die einen Meter dicke Eisenwand eines Panzerschiffs und hat unter diesen Umständen keine sichtbare Wirkung auf den Panzer. Es ist also eine mechanische Bewegung verschwunden, die $= \frac{mv^2}{2}$, also, da die 24 Zollpfund $= 12$ kg sind, $= 12 \times 400 \times 400 \times \frac{1}{2} = 960000$ Meterkilogramm war. Was ist aus ihr geworden? Ein kleiner Teil von ihr ist verwendet worden zur Erschütterung und molekularen Umsetzung des Eisenpanzers. Ein zweiter zur Zersprengung der Kugel in zahllose Stücke. Aber der größte Teil hat sich in Wärme verwandelt und die Kugel zur Glühhitze erwärmt. Als die Preußen beim Übergang nach Alsen 1864 ihre schweren Batterien gegen die Panzerwände des Rolf Krake[17] spielen ließen, sahn sie in der Dunkelheit bei jedem Treffer das Aufblitzen der plötzlich erglühenden Kugel, und Whitworth hatte schon früher durch Versuche bewiesen, daß Sprenggeschosse gegen Panzerschiffe keines Zünders bedürfen; das glühende Metall selbst entzündet die Sprengladung. Das mechanische Äquivalent der Wärmeeinheit zu 424 Meterkilogramm angenommen, entspricht obiger Menge mechanischer Bewegung eine Wärmemenge von 2264 Einheiten. Die spezifische Wärme des Eisens ist $= 0{,}1140$, d. h. dieselbe Wärmemenge, die 1 kg Wasser um 1° C erwärmt (die als Wärmeeinheit gilt), reicht hin, um die Temperatur von $\frac{1}{0{,}1140} = 8{,}772$ kg Eisen um 1° C zu erhöhen.

Obige 2264 Wärmeeinheiten erhöhen also die Temperatur von 1 kg Eisen um $8{,}772 \times 2264 = 19860°$ oder 19860 kg Eisen um 1° C. Da sich diese Wärmemenge auf Panzer und Geschoß gleichmäßig verteilt, würde dieses um $\frac{19860°}{2 \times 12} = 828°$ erhitzt werden, was schon eine ganz hübsche Glühhitze ergibt. Da aber die vordere, aufschlagende Seite jedenfalls den weitaus größten Teil der Erhitzung erhält, wohl doppelt soviel als die hintere Hälfte, so würde jene auf

1104°, diese auf 552° C erhitzt, was zur Erklärung des Glüheffekts vollständig hinreicht, selbst wenn wir noch für beim Aufschlag wirklich geleistetes mechanisches Werk einen starken Abzug machen.

Bei der Reibung verschwindet ebenfalls mechanische Bewegung, um als Wärme wiederzuerscheinen; durch möglichst genaue Messung der beiden sich entsprechenden Vorgänge gelang es bekanntlich Joule in Manchester und Colding in Kopenhagen, zuerst das mechanische Äquivalent der Wärme experimentell annähernd festzustellen.

Ebenso bei der Erzeugung eines elektrischen Stroms in einer magneto-elektrischen Maschine vermittelst mechanischer Kraft, z. B. einer Dampfmaschine. Die in einer bestimmten Zeit erzeugte Menge sogenannter elektromotorischer Kraft ist proportional und, wenn in demselben Maß ausgedrückt, gleich der in derselben Zeit verbrauchten Menge mechanischer Bewegung. Diese können wir uns erzeugt denken, statt durch die Dampfmaschine, durch ein sinkendes Gewicht, das dem Druck der Schwere folgt. Die mechanische Kraft, die dies abzugeben imstande ist, wird gemessen durch die lebendige Kraft, die es erhalten würde, wenn es durch die gleiche Höhe frei fiele, oder durch die Kraft, die erforderlich, um es auf die ursprüngliche Höhe wieder zu heben: beide Male $\frac{mv^2}{2}$.

Wir finden also, daß die mechanische Bewegung allerdings ein doppeltes Maß hat, aber auch, daß jedes dieser Maße für eine sehr bestimmt abgegrenzte Reihe von Erscheinungen gilt. Wenn schon vorhandene mechanische Bewegung derart übertragen wird, daß sie als mechanische Bewegung erhalten bleibt, so überträgt sie sich nach dem Verhältnis des Produkts der Masse in die Geschwindigkeit. Wird sie aber derart übertragen, daß sie als mechanische Bewegung verschwindet, um in der Form von potentieller Energie, von Wärme, von Elektrizität usw. neu zu erstehn, wird sie mit einem Wort in eine andre Form der Bewegung verwandelt, so ist die Menge dieser neuen Bewegungsform proportional dem Produkt der ursprünglich bewegten Masse in das Quadrat der Geschwindigkeit. Mit einem Wort: mv ist mechanische Bewegung, gemessen in mechanischer Bewegung; $\frac{mv^2}{2}$ ist mechanische Bewegung, gemessen an ihrer Fähigkeit, sich in ein bestimmtes Quantum einer andern Bewegungsform zu verwandeln. Und daß diese beiden Maße, weil verschieden, sich dennoch nicht widersprechen, haben wir gesehn.

Es stellt sich somit heraus, daß der Streit Leibniz' mit den Cartesianern keineswegs ein bloßer Wortstreit war, und daß d'Alemberts „Machtspruch" in der Tat gar nichts erledigte. D'Alembert hätte sich seine Tiraden über die Unklarheit seiner Vorgänger ersparen können, denn er war ebenso unklar wie sie. Und in der Tat, solange man nicht wußte, was aus der scheinbar vernichteten mechanischen Bewegung wird, mußte man im unklaren bleiben. Und solange mathematische Mechaniker wie Suter hartnäckig in den vier Wänden ihrer Spezialwissenschaft befangen bleiben, solange bleiben sie auch ebenso unklar wie d'Alembert und müssen uns mit leeren und widerspruchsvollen Redensarten abspeisen.

Wie aber drückt die moderne Mechanik diese Verwandlung von mechanischer Bewegung in eine andre, ihr der Menge nach proportionelle Form der Bewegung aus? – Sie hat *Arbeit geleistet*, und zwar soundso viel Arbeit.

Aber der Begriff Arbeit im physikalischen Sinn ist hiermit nicht erschöpft. Wenn, wie in der Dampf- oder kalorischen Maschine, Wärme in mechanische Bewegung, also Molekularbewegung in Massenbewegung umgesetzt wird, wenn Wärme eine chemische Verbindung löst, wenn sie in der Thermosäule sich in Elektrizität verwandelt, wenn ein elektrischer Strom die Elemente des Wassers aus verdünnter Schwefelsäure abscheidet, oder umgekehrt die bei dem chemischen Prozeß einer Erregerzelle freigesetzte Bewegung (alias [anders ausgedrückt] Energie) die

Form von Elektrizität annimmt, und diese wiederum im Schließungskreis sich in Wärme umsetzt – bei allen diesen Vorgängen verrichtet die Bewegungsform, die den Prozeß einleitet und durch ihn in eine andre verwandelt wird, Arbeit, und zwar ein ihrer eignen Menge entsprechendes Quantum.

Arbeit ist also Formwechsel der Bewegung, betrachtet nach seiner quantitativen Seite hin.

Aber wie? Wenn ein gehobnes Gewicht oben ruhig hängen bleibt, ist seine potentielle Energie, während der Ruhe, auch eine Form der Bewegung? Allerdings. Sogar Tait ist bei der Überzeugung angekommen, daß potentielle Energie demnächst sich in eine Form aktueller Bewegung auflösen werde („Nature")[18]. Und abgesehen davon geht Kirchhoff noch viel weiter, wenn er sagt („Math. Mech.", S. 32)[19]: „Die Ruhe ist ein spezieller Fall der Bewegung", und damit beweist, daß er nicht nur rechnen, sondern auch dialektisch denken kann.

Der Begriff der Arbeit, der uns ohne mathematische Mechanik als so schwer faßbar geschildert wurde, hat sich uns also ganz nebenbei, spielend und fast von selbst, aus der Betrachtung der beiden Maße der mechanischen Bewegung ergeben. Und jedenfalls wissen wir jetzt mehr davon, als wir aus dem Vortrag Helmholtz' „Über die Erhaltung der Kraft" von 1862 erfahren, und worin er grade „die physikalischen Grundbegriffe der Arbeit und ihrer Unveränderlichkeit möglichst klarzumachen" bezweckt. Alles was wir von der Arbeit da erfahren, ist, daß sie etwas ist, was in Fußpfunden oder auch Wärmeinheiten ausgedrückt wird, und daß die Zahl dieser Fußpfunde oder Wärmeeinheiten für ein bestimmtes Quantum Arbeit unveränderlich ist. Ferner, daß außer mechanischen Kräften und Wärme auch chemische und elektrische Kräfte Arbeit leisten können, daß aber alle diese Kräfte ihre Arbeitsfähigkeit erschöpfen in dem Maß, als sie Arbeit wirklich hervorbringen. Und daß daraus folgt: daß die Summe der wirkungsfähigen Kraftmengen im Naturganzen bei allen Veränderungen in der Natur ewig und unverändert dieselbe bleibt. Der Begriff der Arbeit wird weder entwickelt noch auch nur definiert[1]. Und es ist grade die quantitative Unveränderlichkeit der Arbeitsgröße, die ihm die Einsicht verbirgt, daß die qualitative Veränderung, der Formwechsel, Grundbedingung aller physikalischen Arbeit ist. Und so kann sich denn Helmholtz zu der Behauptung versteigen: „Reibung und unelastischer Stoß sind Vorgänge, bei denen *mechanische Arbeit vernichtet*[21] und dafür Wärme erzeugt wird." („Pop. Vortr.", II, S. 166.) Ganz im Gegenteil. Hier wird nicht mechanische Arbeit *vernichtet*, hier wird mechanische Arbeit *getan*. Mechanische *Bewegung* ist es, die *scheinbar* vernichtet wird. Aber mechanische Bewegung *kann* nie und nimmer für ein Milliontel Meterkilogramm Arbeit tun, ohne als solche scheinbar vernichtet zu werden, ohne sich in eine andre Form der Bewegung zu verwandeln.

Das Arbeitsvermögen nun, das in einer bestimmten Menge mechanischer Bewegung steckt, heißt, wie wir gesehn haben, ihre lebendige Kraft und wurde bis vor kurzem gemessen durch mv^2. Hier aber entstand ein neuer Widerspruch. Hören wir Helmholtz („Erhaltung der Kraft", S. 9). Hier heißt es, die Arbeitsgröße sei ausdrückbar durch ein in die Höhe h gehobnes Gewicht m, wo dann, die Schwerkraft durch g ausgedrückt, die Arbeitsgröße mgh ist. Um senkrecht frei in die Höhe h zu steigen, braucht die Geschwindigkeit $v = \sqrt{2gh}$, und erlangt dieselbe wieder beim Herabfallen. Also ist $mgh = \frac{mv^2}{2}$, und Helmholtz schlägt

---

[1] Nicht weiter kommen wir, wenn wir Clerk Maxwell konsultieren. Dieser sagt („Theory of Heat", 4th ed., London 1875[20]), S. 87: „Work is done when resistance is overcome" [Arbeit wird geleistet, wenn Widerstand überwunden wird], und S. 185: „The energy of a body is its capacity for doing work" [Die Kraft eines Körpers ist seine Fähigkeit, Arbeit zu leisten]. Das ist alles, was wir darüber erfahren. [*Anmerkung von Engels.*]

vor, „gleich die Größe $\frac{mv^2}{2}$ als Quantität der lebendigen Kraft zu bezeichnen, wodurch sie identisch wird mit dem Maß der Arbeitsgröße. Für die bisherige Anwendung des Begriffs der lebendigen Kraft ... ist diese Abänderung ohne Bedeutung, während sie uns im folgenden wesentliche Vorteile gewähren wird."

Es ist kaum zu glauben. So wenig klar war sich Helmholtz 1847 über die gegenseitige Beziehung von lebendiger Kraft und Arbeit, daß er gar nicht einmal merkt, wie er das frühere proportionelle Maß der lebendigen Kraft in ihr absolutes verwandelt; daß ihm ganz unbewußt bleibt, welche bedeutende Entdeckung er mit seinem kühnen Griff gemacht, und er sein $\frac{mv^2}{2}$ nur aus Bequemlichkeitsrücksichten empfiehlt gegenüber dem mv^2! Und aus Bequemlichkeit haben die Mechaniker das $\frac{mv^2}{2}$ sich einbürgern lassen. Erst allmählich hat man das $\frac{mv^2}{2}$ auch mathematisch bewiesen; eine algebraische Entwicklung findet sich bei Naumann, „Allg. Chemie", S. 7[22], eine analytische bei Clausius, „Mech. Wärmetheorie", 2. Aufl., I, S. 18[23], die dann bei Kirchhoff (a. a. O., S. 27) anders abgeleitet und ausgeführt wird.

Eine hübsche algebraische Ableitung von $\frac{mv^2}{2}$ aus mv gibt Clerk Maxwell (a. a. O., S. 88). Was unsre beiden Schotten Thomson und Tait nicht verhindert zu sagen (a. a. O., S. 163): „Die *lebendige Kraft* oder kinetische Energie eines in Bewegung befindlichen Körpers ist seiner Masse und zugleich dem Quadrate seiner Geschwindigkeit proportional. Wenn wir die früheren Einheiten der Masse [und der Geschwindigkeit] beibehalten (nämlich die Einheit der Masse, die sich mit der Einheit der Geschwindigkeit bewegt), so ist es von *besonderem Vorteil*[24], die lebendige Kraft als das *halbe* Produkt der Masse in das Quadrat der Geschwindigkeit zu definieren."[25] Hier ist also bei den beiden ersten Mechanikern Schottlands nicht nur das Denken, sondern auch das Rechnen zum Stillstand gekommen. Der particular advantage [besondere Vorteil], die Handlichkeit der Formel, erledigt alles aufs schönste.

Für uns, die wir geschn haben, daß lebendige Kraft nichts andres ist als das Vermögen einer gegebnen mechanischen Bewegungsmenge, Arbeit zu leisten, für uns ist es selbstverständlich, daß der mechanische Maßausdruck dieses Arbeitsvermögens und der der von ihm wirklich geleisteten Arbeit einander gleich sein müssen; daß also, wenn $\frac{mv^2}{2}$ die Arbeit mißt, die lebendige Kraft ebenfalls $\frac{mv^2}{2}$ zum Maß haben muß. Aber so geht's in der Wissenschaft. Die theoretische Mechanik kommt auf den Begriff der lebendigen Kraft, die praktische der Ingenieurs auf den der Arbeit, und zwingt ihn den Theoretikern auf. Und so sehr hat man sich über dem Rechnen des Denkens entwöhnt, daß man jahrelang den Zusammenhang beider nicht erkennt, die eine nach mv^2, die andre nach $\frac{mv^2}{2}$ mißt, und endlich für beide $\frac{mv^2}{2}$ akzeptiert, nicht aus Einsicht, sondern der Einfachheit der Rechnung halber![1]

---

[1] Das Wort Arbeit wie die Vorstellung kommen von den englischen Ingenieuren her. Aber im Englischen heißt die praktische Arbeit work, die Arbeit im ökonomischen Sinn labour. Die physikalische Arbeit wird daher auch mit work bezeichnet, und alle Vermischung mit der Arbeit im ökonomischen Sinn ist ausgeschlossen. Dies ist im Deutschen nicht der Fall, und daher sind in der neueren pseudowissenschaftlichen Literatur verschiedne sonderbare Anwendungen der Arbeit im physikalischen Sinn auf ökonomische Arbeitsverhältnisse und umgekehrt möglich geworden. Wir haben aber auch das Wort *Werk*, das sich wie das englische work ganz vortrefflich zur Bezeichnung der physikalischen Arbeit eignet. Da aber die Ökonomie unsern Naturforschern viel zu weit abliegt, werden sie sich schwerlich entschließen, es statt des einmal eingebürgerten Worts Arbeit einzuführen – es sei denn, wenn es schon zu spät ist. Nur bei Clausius wird der Versuch gemacht, wenigstens neben dem Ausdruck Arbeit den Ausdruck Werk beizubehalten. [*Anmerkung von Engels.*]

Flutreibung. Kant und Thomson-Tait

Erdrotation und Mondanziehung [1]

Thomson and Tait, „Nat. Philos." I, S. 191 (§ 276)[2]:
„Bei allen Körpern, deren freie Oberflächen zum Teil aus einer Flüssigkeit bestehen, wie es bei der Erde der Fall ist, gibt es auch indirekte Widerstände[3], die aus der Reibung herrühren, welche 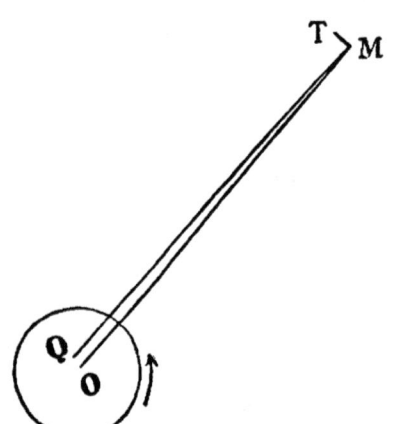 den Bewegungen der Ebbe und Flut hindernd entgegentritt. Diese Widerstände müssen, so lange solche Körper sich in Beziehung auf benachbarte Körper bewegen, ihren relativen Bewegungen beständig Energie entziehen. Wenn wir zunächst die Wirkung betrachten, welche der Mond allein auf die Erde mit ihren Meeren, Seen und Flüssen ausübt, so erkennen wir, daß diese Wirkung die Perioden der Rotation der Erde um ihre Achse und der Umdrehung beider Körper um ihren Trägheitsmittelpunkt gleichzumachen streben muß, da, so lange diese Perioden voneinander verschieden sind, die Wirkung der Ebbe und Flut der Erdoberfläche den Bewegungen beider beständig Energie entziehen muß. Um den Gegenstand etwas eingehender zu betrachten, und um zugleich unnötige Verwicklungen zu vermeiden, wollen wir annehmen, der Mond sei eine gleichförmige Kugel. Die wechselseitige Wirkung und Gegenwirkung zwischen seiner Masse und

derjenigen der Erde wird einer einzelnen Kraft äquivalent sein, die in irgendeiner durch seinen Mittelpunkt gehenden Linie wirkt *und so beschaffen ist, daß sie die Erdrotation zu hindern strebt, so lange diese in einer kürzeren Periode erfolgt als die Bewegung des Mondes um die Erde*[4]. Sie muß daher in einer Linie wie MQ wirken, also vom Mittelpunkt der Erde um OQ abweichen; diese Abweichung hat in der Figur bedeutend vergrößert werden müssen. Man kann sich nun die auf den Mond in der Richtung MQ wirklich wirkende Kraft als aus zwei Teilen bestehend vorstellen; die Größe des ersteren Teils, der in der nach dem Mittelpunkt der Erde zu gehenden Linie MO wirkt, weicht nicht merklich von der Größe der ganzen Kraft ab; die Richtung MT der vergleichsweise sehr kleinen zweiten Komponente ist senkrecht zu MO. Dieser letztere Teil ist für die Mondbahn ganz nahezu tangential und wirkt *im Sinne* der Bewegung des Mondes. Wenn eine solche Kraft plötzlich zu wirken anfinge, so würde sie zunächst die Geschwindigkeit des Mondes vergrößern; nach einer gewissen Zeit würde sich derselbe aber infolge dieser Beschleunigung um eine solche Strecke von der Erde weiter entfernt haben, daß er, da seine Bewegung gegen die Anziehung der Erde erfolgt, so viel Geschwindigkeit verloren hätte, als durch die tangentiale Beschleunigung gewonnen war. Die Wirkung einer ununterbrochen fortdauernden tangentialen Kraft, die im Sinne der Bewegung wirkt, aber von so kleinem Betrage ist, daß sie in jedem Augenblick nur eine kleine Abweichung von der kreisförmigen Form der Bahn zur Folge hat, besteht darin, daß sie allmählich den Abstand vom Zentralkörper vergrößert und bewirkt, daß von der kinetischen Energie der Bewegung wieder so viel verloren wird, als ihre eigene gegen die Anziehung des Zentralkörpers zu leistende Arbeit ausmacht. Man wird die Umstände leicht verstehen, wenn man diese Bewegung um den Zentralkörper in einer sich sehr langsam erweiternden **spiralförmigen** Bahn betrachtet. Vorausgesetzt, daß die Kraft **dem** Quadrat der Entfernung umgekehrt proportional ist, wird die tangentiale Komponente der Schwere gegen die Bewegung doppelt so groß wie die störende tangentiale Kraft sein, die im Sinne der Bewegung wirkt, und daher wird eine Hälfte der gegen die erstere geleisteten Arbeit durch die letztere und die andere Hälfte durch die der Bewegung entzogene kinetische Energie verrichtet. Die Gesamtwirkung, welche die jetzt betrachtete besondere störende Ursache auf die Bewegung des Mondes hat, erhält man sehr leicht, wenn man das Prinzip der Momente der Bewegungsgrößen in Anwendung bringt. So sehen wir, daß das Moment der Bewegungsgröße, welches in irgendeiner Zeit durch die Bewegungen der Trägheitsmittelpunkte des Mondes und der Erde in Beziehung auf ihren gemeinschaftlichen Trägheitsmittelpunkt gewonnen wird, demjenigen gleich ist, welches durch die Rotation der Erde um ihre Achse verloren wird. Die Summe der Momente der Bewegungsgröße der Trägheitsmittelpunkte des Mondes und der Erde, wie sie sich jetzt bewegen, ist ungefähr 4,45mal so groß wie das gegenwärtige Moment der Bewegungsgröße der Erdrotation. Die mittlere Ebene der ersteren ist die Ekliptik, und daher ist die mittlere Neigung der Achsen der beiden Momente gegeneinander gleich $23° 27^1/_2{}'$, welchen Winkel wir, da wir den Einfluß der Sonne auf die Ebene der Mondbewegung hier vernachlässigen, als die wirkliche gegenwärtige Neigung der beiden Achsen annehmen können. Die Resultante oder das ganze Moment der Bewegungsgröße ist daher 5,38mal so groß wie das der jetzigen Erdrotation, und ihre Achse hat gegen die Erdachse eine Neigung von $19° 13'$. Das letzte Streben der *Ebben und Fluten*[5] ist also, zu bewirken, daß die Erde und der Mond mit diesem resultierenden Moment um diese resultierende Achse gleichförmig rotieren, wie wenn sie zwei Teile *eines* starren Körpers wären: In diesem Zustande würde der Abstand des Mondes von der Erde (näherungsweise) in dem Verhältnis 1 : 1,46 vergrößert sein, d. i. in dem Verhältnis des Quadrats des gegenwärtigen Moments der Bewegungsgröße der Trägheitsmittelpunkte zum Quadrat des ganzen Moments der Bewegungsgröße; die Periode der Umdrehung würde im Verhältnis der Kuben derselben Größen, also im Verhältnis 1:1,77 vergrößert sein. Der Abstand würde also auf 347 100 englische Meilen und die Periode auf 48,36 Tage gestiegen sein. Gäbe es außer der Erde und dem Monde keine anderen Körper im Weltall, so könnten diese beiden Körper sich in dieser Weise ewig in kreisförmigen Bahnen um ihren gemeinschaftlichen Trägheitsmittelpunkt weiter bewegen, und während eines Umlaufs würde die Erde eine Rotation um ihre Achse vollenden, so daß sie stets dieselbe Seite dem Monde zukehrte, daß also alle flüssigen Teile ihrer Oberfläche in Beziehung auf die festen Teile in Ruhe blieben. Aber die Existenz der Sonne würde verhindern, daß ein solcher Zustand der Dinge von Dauer wäre. Es würde nämlich Sonnenfluten geben, zweimal hohen und zweimal niedrigen Wasserstand in der Periode der Rotation der Erde in Beziehung auf die Sonne (d. h. zweimal im Sonnentage oder, was dasselbe sein würde, im Monat). Dies könnte nicht vor sich gehen, ohne daß *durch die Reibung der Flüssigkeit Energie verloren würde*[6]. Es ist nicht leicht, den ganzen Verlauf der Störung in den Bewegungen der Erde und des Mondes zu skizzieren, welche diese Ursache erzeugen würde; aber schließlich würde sie zur Folge haben, daß Erde, Mond und Sonne um ihren gemeinschaftlichen Trägheitsmittelpunkt wie Teile *eines* starren Körpers rotierten."

Kant stellte 1754 zuerst die Ansicht auf, daß die Rotation der Erde durch die Flutreibung verzögert, und diese Wirkung erst vollendet sein werde, „wenn ihre (der Erde) Oberfläche in Ansehung des Mondes in respektiver Ruhe sein wird, d. i., wenn sie sich in derselben Zeit um die Achse drehen wird, darin der Mond um sie läuft, folglich ihm immer dieselbe Seite zukehren wird"[7]. Er war dabei der Ansicht, daß diese Verzögerung nur der Flutreibung, also dem Vorhandensein flüssiger Massen auf der Erde, ihren Ursprung verdanke. „Wenn die Erde eine ganz feste Masse ohne alle Flüssigkeiten wäre, so würde die Anziehung weder der

Sonne, noch des Mondes etwas tun, ihre freie Achsendrehung zu verändern; denn sie zieht die östlichen sowohl als die westlichen Teile der Erdkugel mit gleicher Kraft und verursacht dadurch keinen Hang weder nach der einen, noch nach der andern Seite; folglich läßt sie die Erde in völliger Freiheit, diese Umdrehung so wie ohne allen äußerlichen Einfluß ungehindert fortzusetzen."[8] Mit diesem Resultat durfte Kant sich begnügen. Tiefer in die Einwirkung des Mondes auf die Erdrotation einzudringen, dazu fehlten damals alle wissenschaftlichen Vorbedingungen. Hat es doch fast hundert Jahre bedurft, bis Kants Theorie zur allgemeinen Anerkennung kam, und noch länger, bis man entdeckte, daß Ebbe und Flut nur die *sichtbare* Seite einer die Erdrotation beeinflussenden Wirkung der Attraktion von Sonne und Mond sind.

Diese allgemeinere Auffassung der Sache ist eben von Thomson und Tait entwickelt. Nicht allein auf die Flüssigkeiten des Erdkörpers oder seiner Oberfläche, auf die ganze Erdmasse überhaupt wirkt die Anziehung von Mond und Sonne in einer die Erdrotation hemmenden Weise. Solange die Periode der Erdrotation nicht zusammenfällt mit der Periode des Mondumlaufs um die Erde, solange hat die Anziehung des Mondes – um zunächst bei dieser allein zu bleiben – die Wirkung, beide Perioden einander immer mehr anzunähern. Wäre die Rotationsperiode des (relativen) Zentralkörpers länger als die Umlaufszeit des Satelliten, so würde die erstere allmählich verkürzt; ist sie kürzer, wie bei der Erde der Fall, so wird sie verlangsamt. Aber weder wird im einen Fall kinetische Energie aus nichts erschaffen, noch wird sie im andern vernichtet. Im ersten Fall würde der Satellit näher an den Zentralkörper heranrücken und seine Umlaufszeit verkürzen, im zweiten würde er sich weiter von ihm entfernen und eine längere Umlaufszeit erhalten. Im ersten Fall verliert der Satellit durch Annäherung an den Zentralkörper ebensoviel potentielle Energie, als der Zentralkörper bei beschleunigter Rotation an kinetischer Energie gewinnt, im zweiten gewinnt der Satellit durch Vergrößerung seines Abstandes genau dasselbe an potentieller Energie, was der Zentralkörper an kinetischer Energie der Rotation einbüßt. Die Gesamtsumme der im System Erde-Mond vorhandnen dynamischen Energie, potentieller und kinetischer, bleibt dieselbe; das System ist durchaus konservativ.

Man sieht, diese Theorie ist vollständig unabhängig von der physikalisch-chemischen Beschaffenheit der betreffenden Körper. Sie leitet sich ab aus den allgemeinen Bewegungsgesetzen freier Weltkörper, deren Zusammenhang hergestellt wird durch Attraktion im Verhältnis der Massen und im umgekehrten Verhältnis des Quadrats der Abstände. Sie ist augenscheinlich entstanden als eine Verallgemeinerung der Kantschen Theorie von der Flutreibung, und wird uns hier von Thomson und Tait dargestellt sogar als deren Begründung auf mathematischem Weg. Aber in Wirklichkeit — und davon haben die Verfasser merkwürdigerweise schlechterdings keine Ahnung —, in Wirklichkeit schließt sie den Spezialfall der Flutreibung aus.

Reibung ist Hemmung von Massenbewegung, und galt jahrhundertelang als Vernichtung von Massenbewegung, also von kinetischer Energie. Wir wissen jetzt, daß Reibung und Stoß die beiden Formen sind, in denen kinetische Energie sich in Molekularenergie, in Wärme umsetzt. Bei jeder Reibung geht also kinetische Energie als solche verloren, um wiederzuerscheinen nicht als potentielle Energie im Sinne der Dynamik, sondern als Molekularbewegung in der bestimmten Form der Wärme. Die durch Reibung verlorengegangne kinetische Energie ist also zunächst für die dynamischen Beziehungen des betreffenden Systems *wirklich verloren*. Sie könnte nur dann wieder dynamisch wirksam werden, wenn sie aus der Form der Wärme *rückverwandelt* würde in kinetische Energie.

Wie stellt sich nun der Fall der Flutreibung? Es ist augenscheinlich, daß auch hier die ganze den Wassermassen an der Erdoberfläche durch die Mondanziehung mitgeteilte kinetische

Energie in Wärme verwandelt wird, sei es durch Reibung der Wasserteilchen aneinander vermöge der Viskosität des Wassers, sei es durch Reibung an der festen Erdoberfläche und Zerkleinerung der der Flutbewegung sich entgegenstemmenden Gesteine. Von dieser Wärme wird nur der verschwindend kleine Teil wieder in kinetische Energie rückverwandelt, der zur Verdunstung der Wasseroberflächen beiträgt. Aber auch diese verschwindend kleine Menge der vom Gesamtsystem Erde-Mond an einen Teil der Erdoberfläche abgetretenen kinetischen Energie bleibt zunächst an der Erdoberfläche unterworfen den dort geltenden Bedingungen, und diese bereiten aller dort tätigen Energie ein und dasselbe Endschicksal: schließliche Verwandlung in Wärme und Ausstrahlung in den Weltraum.

Insofern also die Flutreibung unbestreitbar auf die Erdrotation hemmend wirkt, insofern geht die hierzu verwendete kinetische Energie dem dynamischen System Erde-Mond absolut verloren. Sie kann also nicht innerhalb dieses Systems als dynamische potentielle Energie wiedererscheinen. Mit andern Worten: Von der vermittelst der Mondanziehung auf die Hemmung der Erdrotation verwendeten kinetischen Energie kann als dynamische potentielle Energie ganz wiedererscheinen, also durch entsprechende Vergrößerung des Mondabstands kompensiert werden nur derjenige Teil, der auf die *feste Masse* des Erdkörpers wirkt. Der Teil dagegen, der auf flüssige Massen der Erde wirkt, kann dies nur, insofern er nicht diese Massen selbst in eine der Erdrotation entgegengerichtete Bewegung versetzt, denn diese Bewegung verwandelt sich *ganz* in Wärme und geht schließlich durch Ausstrahlung dem System verloren.

Was von Flutreibung an der Oberfläche der Erde, gilt ebensosehr von der manchmal hypothetisch angenommenen Flutreibung eines supponierten flüssigen Erdkerns.

Das Eigentümliche an der Sache ist, daß Thomson und Tait nicht merken, wie sie zur Begründung der Theorie von der Flutreibung eine Theorie aufstellen, die von der stillschweigenden Voraussetzung ausgeht, daß die Erde ein *durchweg starrer* Körper ist und damit jede Möglichkeit einer Flut und also auch einer Flutreibung ausschließt.

Wärme[1]

Wie wir sahen, gibt es zweierlei Formen, in denen mechanische Bewegung, lebendige Kraft verschwindet. Die erste ist ihre Verwandlung in mechanische potentielle Energie, durch Hebung eines Gewichts zum Beispiel. Diese Form hat das Eigentümliche, daß sie nicht nur sich in mechanische Bewegung rückverwandeln kann, und zwar in mechanische Bewegung von derselben lebendigen Kraft wie die ursprüngliche, sondern auch, daß sie nur dieses einen Formwechsels fähig ist. Mechanische potentielle Energie kann nie Wärme oder Elektrizität erzeugen, es sei denn, sie gehe vorher in wirkliche mechanische Bewegung über. Es ist, um einen Clausiusschen Ausdruck zu gebrauchen, ein „umkehrbarer Prozeß".

Die zweite Form des Verschwindens mechanischer Bewegung findet statt bei Reibung und Stoß – die beide nur dem Grade nach unterschieden sind. Reibung kann gefaßt werden als eine Reihe nach- und nebeneinander vorgehender kleiner Stöße, Stoß als in einem Zeitmoment und auf einen Ort konzentrierte Reibung. Reibung ist chronischer Stoß, Stoß akute Reibung. Die mechanische Bewegung, die hier verschwindet, verschwindet *als solche*. Sie ist aus sich selbst zunächst nicht wieder herstellbar. Der Prozeß ist nicht unmittelbar umkehrbar. Sie hat sich verwandelt in qualitativ verschiedne Bewegungsformen, in Wärme, in Elektrizität – in Formen der Molekularbewegung.

Reibung und Stoß führen also hinüber von der Massenbewegung, dem Gegenstand der Mechanik, zur Molekularbewegung, dem Gegenstand der Physik.

Wenn wir die Physik als Mechanik der Molekularbewegung bezeichnet haben[2], so wurde dabei nicht übersehn, daß dieser Ausdruck keineswegs das Gebiet der heutigen Physik ganz umfaßt. Im Gegenteil. Die Ätherschwingungen, die die Erscheinungen des Lichts und der strahlenden Wärme vermitteln, sind sicher keine Molekularbewegungen im heutigen Sinn des Worts. Aber ihre irdischen Wirkungen treffen zunächst die Moleküle: Lichtbrechung, Lichtpolarisation usw. sind bedingt durch die Molekularkonstitution der betreffenden Körper. Ebenso wird jetzt von den bedeutendsten Forschern fast allgemein die Elektrizität als eine Bewegung von Ätherteilchen angesehn, und von der Wärme sogar sagt Clausius, daß an der „Bewegung der ponderablen Atome" (wofür wohl besser Moleküle zu setzen wäre) „... auch der im Körper befindliche Äther teilnehmen kann" („Mech. Wärmetheorie", I, S. 22)[3]. Aber bei den elektrischen und Wärmeerscheinungen kommen doch wieder in erster Linie Molekularbewegungen in Betracht, wie dies nicht anders sein kann, solange wir über den Äther so wenig wissen. Sind wir aber erst so weit, die Mechanik des Äthers darstellen zu können, so wird sie auch wohl manches umfassen, was heute notgedrungen zur Physik geschlagen wird.

Von den physikalischen Vorgängen, bei denen die Struktur der Moleküle verändert oder gar aufgehoben wird, soll später die Rede sein. Sie bilden den Übergang von der Physik zur Chemie.

Mit der Molekularbewegung erst erhält der Formwechsel der Bewegung seine volle Freiheit. Während, an der Grenze der Mechanik, die Massenbewegung nur einzelne andre Formen annehmen kann: Wärme oder Elektrizität, sehen wir hier eine ganz andre Lebendigkeit des Formwechsels: Wärme geht über in Elektrizität in der Thermosäule, wird identisch mit dem Licht auf gewisser Stufe der Strahlung, erzeugt ihrerseits wieder mechanische Bewegung; Elektrizität und Magnetismus, ein ähnliches Geschwisterpaar bildend wie Wärme und Licht, schlagen um nicht nur ineinander, sondern auch in Wärme und Licht und ebenfalls in mechanische Bewegung. Und das nach so bestimmten Maßverhältnissen, daß wir eine gegebne Menge einer jeden in jeder andern, in Meterkilogrammen, in Wärmeeinheiten, in Volts ausdrücken können[4], und ebenso jedes Maß in jedes andre übersetzen.

Die praktische Entdeckung der Verwandlung mechanischer Bewegung in Wärme ist so uralt, daß man von ihr den Anfang der Menschheitsgeschichte datieren könnte. Welche Erfindungen von Werkzeugen und Tierzähmung auch vorhergegangen sein mögen, es war das Reibfeuer, wodurch die Menschen zum erstenmal eine leblose Naturkraft in ihren Dienst preßten. Und wie sehr sich die fast unermeßliche Tragweite dieses Riesenfortschritts ihrem Gefühl einprägte, das zeigt noch der heutige Volksaberglaube. Die Erfindung des Steinmessers, des ersten Werkzeugs, wurde lange Zeit nach Einführung der Bronze und des Eisens noch gefeiert, indem alle religiösen Opferhandlungen mit Steinmessern vollzogen wurden. Nach der jüdischen Sage ließ Josua die in der Wüste gebornen Männer mit Steinmessern beschneiden; Kelten und Germanen gebrauchten nur Steinmesser bei ihren Menschenopfern. Das alles ist längst verschollen. Anders mit dem Reibfeuer. Lange nachdem man andre Arten der Feuererzeugung kannte, mußte alles heilige Feuer bei den meisten Völkern durch Reibung erzeugt sein. Aber bis auf den heutigen Tag besteht der Volksaberglaube in den meisten europäischen Ländern darauf, daß wunderkräftiges Feuer (z. B. unser deutsches Notfeuer) nur durch Reibung entzündet sein darf. So daß bis auf unsre Zeit das dankbare Gedächtnis des ersten großen Siegs des Menschen über die Natur im Volksaberglauben, in den Resten heidnisch-mythologischer Erinnerung der gebildetsten Völker der Welt noch – halb unbewußt – fortlebt.

Indes ist der Prozeß beim Reibfeuer noch einseitig. Es wird mechanische Bewegung in Wärme verwandelt. Um den Vorgang zu vervollständigen, muß er umgekehrt, muß Wärme in mechanische Bewegung verwandelt werden. Dann erst ist der Dialektik des Prozesses Genüge geleistet, der Prozeß im Kreislauf erschöpft – wenigstens zunächst. Aber die Geschichte hat ihren eignen Gang, und so dialektisch dieser schließlich auch verlaufen mag, so muß die Dialektik doch oft lange genug auf die Geschichte warten. Der Zeitraum muß nach Jahrtausenden zu messen sein, der seit der Entdeckung des Reibfeuers verfloß, bis Hero von Alexandrien (gegen – 120) eine Maschine erfand, die durch den von ihr ausströmenden Wasserdampf in rotierende Bewegung versetzt wurde. Und wieder verflossen fast zweitausend Jahre, bis die erste Dampfmaschine, die erste Vorrichtung zur Verwandlung von Wärme in wirklich nutzbare mechanische Bewegung, hergestellt wurde.

Die Dampfmaschine war die erste wirklich internationale Erfindung, und diese Tatsache bekundet wieder einen gewaltigen geschichtlichen Fortschritt. Der Franzose Papin erfand sie, und zwar in Deutschland. Der Deutsche Leibniz, wie immer geniale Ideen um sich streuend ohne Rücksicht darauf, ob ihm oder andern das Verdienst daran zugerechnet würde – Leibniz, wie wir jetzt aus Papins Briefwechsel (herausgegeben von Gerland)[5] wissen, gab ihm die Hauptidee dabei an: die Anwendung von Zylinder und Kolben. Die Engländer Savery und Newcomen erfanden bald darauf ähnliche Maschinen; ihr Landsmann Watt endlich brachte sie, durch Einführung des getrennten Kondensators, im Prinzip auf den heutigen Standpunkt. Der Kreislauf der Erfindungen war auf diesem Gebiet vollendet: Die Verwandlung von Wärme in mechanische Bewegung war durchgeführt. Was nachher kam, waren Einzelverbesserungen.

Die Praxis hatte also in ihrer Weise die Frage von den Beziehungen zwischen mechanischer Bewegung und Wärme gelöst. Sie hatte zuvörderst die erste in die zweite und dann die zweite in die erste verwandelt. Wie aber sah es mit der Theorie aus?

Kläglich genug. Obwohl grade im 17. und 18. Jahrhundert die zahllosen Reisebeschreibungen wimmelten von Schilderungen wilder Völker, die keine andre Art der Feuererzeugung kannten als das Reibfeuer, so blieben die Physiker doch davon fast unberührt; ebenso gleichgültig blieb ihnen im ganzen 18. Jahrhundert und in den ersten Jahrzehnten des 19. die Dampfmaschine. Sie begnügten sich meistens damit, die Tatsachen einfach zu registrieren.

Endlich, in den zwanziger Jahren [des 19. Jahrhunderts], nahm Sadi Carnot die Sache auf, und zwar in sehr geschickter Weise, so daß seine besten nachher von Clapeyron geometrisch dargestellten Rechnungen bis auf den heutigen Tag bei Clausius und Clerk Maxwell ihre Geltung haben, und er der Sache fast auf den Grund kam. Was ihn verhinderte, sie vollständig zu ergründen, war nicht der Mangel an tatsächlichem Material, es war einzig – eine vorgefaßte *falsche Theorie*. Und zwar eine falsche Theorie, die den Physikern nicht durch irgendeine bösartige Philosophie aufgenötigt war, sondern eine, die sie mit ihrer eignen, der metaphysisch-philosophierenden so sehr überlegnen, naturalistischen Denkweise herausgeklügelt hatten.

Im 17. Jahrhundert galt, wenigstens in England, die Wärme als eine Eigenschaft der Körper, als „eine *Bewegung* besondrer Art" (a motion of a particular kind, the nature of which has never been explained in a satisfactory manner [... deren Wesen nie auf eine befriedigende Weise erklärt worden ist]). So bezeichnet sie Th. Thomson zwei Jahre vor der Entdeckung der mechanischen Wärmetheorie („Outline of the Sciences of Heat and Electricity", 2nd edition, London 1840)[6]. Aber im 18. Jahrhundert trat mehr und mehr die Auffassung in den Vordergrund, die Wärme sei, wie auch das Licht, die Elektrizität, der Magnetismus, ein besondrer Stoff, und alle diese eigentümlichen Stoffe unterschieden sich von der alltäglichen Materie dadurch, daß sie kein Gewicht hätten, Imponderabilien seien.

Elektrizität[1]

Wie die Wärme, nur in andrer Art, besitzt auch die Elektrizität eine gewisse Allgegenwart. Fast keine Veränderung kann auf der Erde vorgehn, ohne daß elektrische Erscheinungen sich dabei nachweisen lassen. Verdunstet Wasser, brennt eine Flamme, berühren sich zwei verschiedne oder verschieden erwärmte Metalle oder Eisen und Kupfervitriollösung usw., so gehn dabei neben den augenfälligeren physikalischen oder chemischen Erscheinungen gleichzeitig elektrische Prozesse vor sich. Je genauer wir die verschiedensten Naturvorgänge untersuchen, desto mehr stoßen wir dabei auf Spuren von Elektrizität. Trotz dieser ihrer Allgegenwart, trotz der Tatsache, daß die Elektrizität seit einem halben Jahrhundert immer mehr in den industriellen Dienst des Menschen gepreßt wird, ist sie grade diejenige Bewegungsform, über deren Beschaffenheit noch das größte Dunkel schwebt. Die Entdeckung des galvanischen Stroms ist ungefähr 25 Jahre jünger als die des Sauerstoffs und bedeutet für die Lehre von der Elektrizität

---

[1] Für das Tatsächliche verlassen wir uns in diesem Kapitel vorwiegend auf Wiedemanns „Lehre vom Galvanismus und Elektromagnetismus", 2 Bde. in 3 Abt., 2. Auflage, Braunschweig 1872—1874.
In „Nature" 1882, Juni 15., wird auf diesen „admirable treatise" [„prächtige Abhandlung"] hingewiesen, „which in its forthcoming shape, with electrostatics added, will be the greatest experimental treatise on electricity in existence" [die in ihrer demnächstigen Gestalt, um Elektrostatik vermehrt, die trefflichste experimentelle Abhandlung über Elektrizität sein wird, die existiert].[1] [*Anmerkung von Engels.*]

mindestens ebensoviel wie jene für die Chemie. Und doch, welcher Unterschied noch heute auf beiden Gebieten! In der Chemie, dank namentlich der Daltonschen Entdeckung der Atomgewichte, Ordnung, relative Sicherheit des einmal Errungenen, systematischer, fast planmäßiger Angriff auf das noch uneroberte Gebiet, der regelmäßigen Belagerung einer Festung vergleichbar. In der Elektrizitätslehre ein wüster Ballast von alten, unsichern, weder endgültig bestätigten, noch endgültig umgestoßnen Experimenten; ein ungewisses Herumtappen im Dunkeln, ein zusammenhangloses Untersuchen und Experimentieren vieler einzelnen, die das unbekannte Gebiet zersplittert angreifen, wie ein nomadischer Reiterschwarm angreift. Aber freilich, eine Entdeckung wie die Daltonsche, die der gesamten Wissenschaft einen Mittelpunkt und der Untersuchung eine feste Basis verschafft, ist auf dem Gebiet der Elektrizität noch zu machen. Es ist wesentlich dieser die Feststellung einer umfassenden Theorie einstweilen unmöglich machende, zerfahrene Stand der Elektrizitätslehre, der es bedingt, daß auf diesem Gebiet die einseitige Empirie vorherrscht, jene Empirie, die sich das Denken möglichst selbst verbietet, und die eben deshalb nicht nur falsch denkt, sondern auch nicht imstande ist, den Tatsachen treu zu folgen oder nur sie treu zu berichten, die also in das Gegenteil von wirklicher Empirie umschlägt.

Wenn überhaupt denjenigen Herren Naturforschern, die den tollen aprioristischen Spekulationen der deutschen Naturphilosophie nicht Übles genug nachsagen können, die Lektüre zu empfehlen ist nicht nur gleichzeitiger, sondern selbst noch späterer theoretisch-physikalischer Schriften der empirischen Schule, so gilt dies ganz besonders von der Elektrizitätslehre. Nehmen wir eine Schrift aus dem Jahre 1840: „An Outline of the Sciences of Heat and Electricity" by Thomas Thomson[2]. Der alte Thomson war ja seinerzeit eine Autorität; er hatte zudem schon einen sehr bedeutenden Teil der Arbeiten des bisher größten Elektrikers

Faraday zur Verfügung. Und doch enthält sein Buch mindestens ebenso tolle Sachen wie der betreffende Abschnitt der viel älteren Hegelschen Naturphilosophie. Die Beschreibung des elektrischen Funkens z. B. könnte direkt aus der entsprechenden Stelle bei Hegel übersetzt sein. Beide zählen alle die Wunderlichkeiten auf, die man vor der Erkenntnis der wirklichen Beschaffenheit und vielfachen Verschiedenheit des Funkens in diesem entdecken wollte, und die jetzt meist als Spezialfälle oder Irrtümer nachgewiesen sind. Noch besser. Thomson erzählt S. 446 ganz ernsthaft die Räubergeschichten von Dessaignes, nach denen bei steigendem Barometer und fallendem Thermometer Glas, Harz, Seide etc. durch Eintauchen in Quecksilber negativ elektrisch werden, bei fallendem Barometer und steigender Temperatur dagegen positiv; daß Gold und mehrere andre Metalle im Sommer durch Erwärmen positiv, durch Abkühlen negativ werden, im Winter umgekehrt; daß sie bei hohem Barometer und nördlichem Wind stark elektrisch sind, positiv bei steigender, negativ bei fallender Temperatur usw. Soviel für die Behandlung des Tatsächlichen. Was aber die aprioristische Spekulation angeht, so gibt Thomson uns folgende Konstruktion des elektrischen Funkens zum besten, die von keinem Geringeren herrührt als von Faraday selbst: „Der Funke ist eine Entladung oder Abschwächung des polarisierten Induktionszustandes vieler dielektrischen Teilchen vermittelst einer eigentümlichen Aktion einiger wenigen dieser Teilchen, die einen sehr kleinen und begrenzten Raum einnehmen. Faraday nimmt an, daß die wenigen Teilchen, an denen die Entladung stattfindet, nicht nur auseinandergeschoben werden, sondern einen eigentümlichen, höchst aktiven (highly exalted) Zustand temporär annehmen; das heißt, daß alle sie umgebenden Kräfte nacheinander auf sie geworfen werden, und sie dadurch in eine entsprechende Intensität des Zustandes versetzt werden, die vielleicht derjenigen sich chemisch verbindender Atome gleichkommt; daß sie dann jene Kräfte entladen, ähnlich wie jene

Atome die ihrigen, auf eine uns bis jetzt unbekannte Weise, und so das Ende des Ganzen (and so the end of the whole). Die schließliche Wirkung ist genau, als ob ein metallisches Teilchen an die Stelle des entladenden Teilchens getreten wäre, und es scheint nicht unmöglich, daß die Aktionsprinzipien in beiden Fällen sich einst als identisch erweisen."[3] „Ich habe", setzt Thomson hinzu, „diese Erklärung Faradays in seinen eigenen Worten gegeben, weil ich sie nicht klar verstehe." Dies wird nun auch wohl andern Leuten ebenso gegangen sein, gerade so gut, wie wenn sie bei Hegel lesen, im elektrischen Funken gehe „die besondere Materiatur des gespannten Körpers noch nicht in den Prozeß ein, sondern ist darin nur elementarisch und seelenhaft bestimmt", und die Elektrizität sei „der eigene Zorn, das eigene Aufbrausen des Körpers", sein „zorniges Selbst", das „an jedem Körper hervortritt, wenn er gereizt wird" („Naturphilosophie", § 324, Zusatz)[4]. Und doch ist der Grundgedanke bei Hegel und Faraday derselbe. Beide sträuben sich gegen die Vorstellung, als sei die Elektrizität nicht ein Zustand der Materie, sondern eine eigne, aparte Materie. Und da im Funken anscheinend die Elektrizität selbständig, frei, von allem fremden materiellen Substrat abgesondert und dennoch sinnlich wahrnehmbar auftritt, kommen sie beim damaligen Stand der Wissenschaft in die Notwendigkeit, den Funken als die verschwindende Erscheinungsform einer von aller Materie momentan befreiten „Kraft" auffassen zu müssen. Für uns ist das Rätsel freilich gelöst, seitdem wir wissen, daß zwischen Metallelektroden bei der Funkenentladung wirklich „metallische Teilchen" überspringen, und also „die besondere Materiatur des gespannten Körpers" in der Tat „in den Prozeß eingeht".

Wie Wärme und Licht, so wurden bekanntlich auch Elektrizität und Magnetismus anfangs als besondre imponderable Materien aufgefaßt. Bei der Elektrizität kam man bekanntlich bald dahin, sich zwei entgegengesetzte Materien, zwei „Fluida" vorzustellen, ein positives und ein negatives, die sich in normalem Zustand gegenseitig neutralisierten, bis sie durch eine sogenannte „elektrische Scheidungskraft" voneinander getrennt würden. Man könne dann zwei Körper, den einen mit positiver, den andern mit negativer Elektrizität laden; bei Verbindung beider durch einen dritten, leitenden Körper finde dann die Ausgleichung statt, je nach Umständen entweder plötzlich oder vermittelst eines dauernden Stromes. Die plötzliche Ausgleichung erschien sehr einfach und einleuchtend, aber der Strom bot Schwierigkeiten. Der einfachsten Hypothese, als bewege sich im Strom jedesmal entweder bloß positive oder bloß negative Elektrizität, stellten Fechner und in ausführlicherer Entwicklung Weber die Ansicht gegenüber, daß im Schließungskreis jedesmal zwei gleiche, in entgegengesetzter Richtung fließende Ströme von positiver und negativer Elektrizität nebeneinander in Kanälen strömen, die zwischen den ponderablen Molekülen der Körper liegen. Bei der weitläufigen mathematischen Ausarbeitung dieser Theorie kommt Weber endlich auch dahin, eine hier gleichgültige Funktion mit einer Größe $\frac{1}{r}$ zu multiplizieren, welches $\frac{1}{r}$ „das *Verhältnis ... der Elektrizitätseinheit zum Milligramm*"[5] bedeutet (Wiedemann, „Lehre vom Galvanismus etc.", 2. Aufl., III, S. 569). Das Verhältnis zu einem Gewichtsmaß kann natürlich nur ein Gewichtsverhältnis sein. So sehr hatte die einseitige Empirie also schon über dem Rechnen das Denken verlernt, daß sie die imponderable Elektrizität hier bereits ponderabel werden läßt, und ihr Gewicht in die mathematische Rechnung einführt.

Die von Weber abgeleiteten Formeln genügten nur innerhalb gewisser Grenzen, und namentlich hat Helmholtz noch vor wenigen Jahren Resultate herausgerechnet, die mit dem Satz von der Erhaltung der Energie in Konflikt kommen. Der Weberschen Hypothese vom entgegengerichteten Doppelstrom stellte C. Neumann 1871 die andre gegenüber, daß nur die eine der beiden Elektrizitäten, beispielsweise die positive, sich im Strom bewege, die andre, negative, aber mit der Masse des Körpers fest verbunden sei. Hieran schließt sich bei Wiedemann die Bemerkung: „Diese Hypothese könnte man mit der Weberschen vereinen, wenn man zu dem von Weber supponierten Doppelstrom der entgegengesetzt fließenden elektrischen Massen $\pm \frac{1}{2} e$ noch einen nach außen unwirksamen *Strom neutraler Elektrizität*[6] hinzufügte, der in der Richtung des positiven Stromes die Elektrizitätsmengen $\pm \frac{1}{2} e$ mit sich führte." (III, S. 577.)

Dieser Satz ist wieder bezeichnend für die einseitige Empirie. Um die Elektrizität überhaupt zum Strömen zu bringen, wird sie in positive und negative zerlegt. Aber alle Versuche, mit diesen beiden Materien den Strom zu erklären, stoßen auf Schwierigkeiten; sowohl die Annahme, daß jedesmal nur die eine im Strom vorhanden sei, wie die, daß beide gleichzeitig gegeneinander strömen, und endlich auch die dritte, daß die eine ströme und die andre ruhe. Wenn wir bei dieser letzten Annahme stehnbleiben — wie erklären wir uns die unerklärliche Vorstellung, daß die negative Elektrizität, die in der Elektrisiermaschine und der Leidner Flasche doch beweglich genug ist, im Strom fest mit der Masse des Körpers verbunden sei? Ganz einfach. Wir lassen neben dem positiven Strom $+ e$, der nach rechts, und dem negativen Strom $- e$, der nach links den Draht durchfließt, noch einen dritten Strom neutraler Elektrizität $\pm \frac{1}{2} e$ nach rechts fließen. Erst nehmen wir an, daß die beiden Elektrizitäten, um überhaupt fließen zu können, voneinander getrennt sein müssen; und um die beim Fluß der getrennten Elektrizitäten auftretenden Erscheinungen zu erklären, nehmen wir an, daß sie auch ungetrennt fließen können. Erst machen wir eine Voraussetzung, um eine gewisse Erscheinung zu erklären, und bei der ersten Schwierigkeit, auf die wir stoßen, machen wir eine zweite Voraussetzung, die

die erste direkt aufhebt. Wie muß die Philosophie beschaffen sein, über die diese Herren ein Recht haben, sich zu beklagen?

Neben diese Ansicht von der Materialität der Elektrizität trat indes bald eine zweite, wonach sie als ein bloßer Zustand der Körper, eine „Kraft" oder, wie wir heute sagen würden, als eine besondre Form der Bewegung gefaßt wurde. Wir sahen oben, daß Hegel und später Faraday diese Auffassung teilten. Seitdem die Entdeckung des mechanischen Äquivalents der Wärme die Vorstellung eines besondern „Wärmestoffs" endgültig beseitigt und die Wärme als eine Molekularbewegung nachgewiesen hatte, war der nächste Schritt, die Elektrizität ebenfalls nach der neuen Methode zu behandeln und die Bestimmung ihres mechanischen Äquivalents zu versuchen. Dies gelang vollkommen. Namentlich durch die Versuche von Joule, Favre und Raoult wurde nicht nur das mechanische und thermische Äquivalent der sogenannten „elektromotorischen Kraft" des galvanischen Stroms festgestellt, sondern auch ihre vollständige Äquivalenz mit der durch chemische Prozesse in der Erregerzelle freigesetzten oder in der Zersetzungszelle verbrauchten Energie. Die Annahme, die Elektrizität sei ein besondres materielles Fluidum, wurde hierdurch immer unhaltbarer.

Indes war die Analogie zwischen Wärme und Elektrizität doch nicht vollkommen. Der galvanische Strom unterschied sich immer noch in sehr wesentlichen Stücken von der Wärmeleitung. Es war noch immer nicht zu sagen, *was* sich denn in den elektrisch affizierten Körpern bewege. Die Annahme einer bloßen Molekularschwingung wie bei der Wärme erschien ungenügend. Es blieb schwer, bei der ungeheuren, diejenige des Lichts noch übertreffenden Bewegungsgeschwindigkeit der Elektrizität[7] über die Vorstellung hinwegzukommen, daß zwischen den Körpermolekülen sich hier irgend etwas Stoffliches bewege. Hier treten nun die neuesten Theorien von Clerk Maxwell (1864), Hankel (1865), Reynard (1870) und Edlund (1872) einstimmig mit der schon

1846 zuerst von Faraday vermutungsweise ausgesprochnen Annahme auf, daß die Elektrizität eine Bewegung eines den ganzen Raum und somit auch alle Körper durchdringenden elastischen Mediums sei, dessen diskrete Teilchen sich nach dem Gesetz des umgekehrten Quadrats der Entfernung abstoßen, also mit andern Worten, eine Bewegung der Ätherteilchen, und daß die Körpermoleküle an dieser Bewegung teilnehmen. Über die Art dieser Bewegung weichen die verschiednen Theorien voneinander ab; diejenigen von Maxwell, Hankel und Reynard, sich an die neueren Untersuchungen über Wirbelbewegungen anlehnend, erklären sie in verschiedner Weise ebenfalls aus Wirbeln, so daß auch die Wirbel des alten Descartes auf stets neuen Gebieten wieder zu Ehren kommen. Wir enthalten uns, auf die Einzelheiten dieser Theorien näher einzugehn. Sie weichen stark untereinander ab und werden sicher noch viele Umwälzungen erfahren. Aber ein entschiedner Fortschritt scheint in ihrer gemeinsamen Grundanschauung zu liegen: daß die Elektrizität eine auf die Körpermoleküle rückwirkende Bewegung der Teilchen des alle ponderable Materie durchdringenden Lichtäthers ist. Diese Auffassung versöhnt die beiden früheren. Nach ihr bewegt sich allerdings bei den elektrischen Erscheinungen etwas Stoffliches, von der ponderablen Materie Verschiedenes. Aber dies Stoffliche ist nicht die Elektrizität selbst, die vielmehr in der Tat sich als eine Form der Bewegung erweist, wenn auch nicht als eine Form der unmittelbaren, direkten Bewegung der ponderablen Materie. Während die Äthertheorie einerseits einen Weg zeigt, über die primitiv plumpe Vorstellung von zwei entgegengesetzten elektrischen Fluiden hinauszukommen, gibt sie andrerseits Aussicht aufzuklären, *was* das eigentliche stoffliche Substrat der elektrischen Bewegung ist, *was* das für ein Ding ist, dessen Bewegung die elektrischen Erscheinungen hervorruft.

Einen entschiednen Erfolg hat die Äthertheorie bereits gehabt. Bekanntlich besteht wenigstens ein Punkt, wo die Elektrizität direkt die Bewegung des Lichtes ändert: Sie dreht seine Polarisationsebene. Clerk Maxwell, gestützt auf seine obige Theorie, berechnet, daß das elektrische spezifische Verteilungsvermögen eines Körpers gleich ist dem Quadrat seines Lichtbrechungsindexes. Boltzmann hat nun verschiedne Nichtleiter auf ihren Dielektrizitätskoeffizienten untersucht und gefunden, daß bei Schwefel, Kolophonium und Paraffin die Quadratwurzel aus diesem Koeffizienten gleich war ihrem Lichtbrechungsindex. Die höchste Abweichung – bei Schwefel – betrug nur $4^0/_0$. Somit ist speziell die Maxwellsche Äthertheorie also experimentell bestätigt worden.

Es wird indes noch eine geraume Zeit dauern und viel Arbeit kosten, bis neue Versuchsreihen aus diesen, ohnehin einander widersprechenden, Hypothesen einen festen Kern herausgeschält haben. Bis dahin oder bis auch die Äthertheorie etwa durch eine ganz neue verdrängt wird, befindet sich die Lehre von der Elektrizität in der unangenehmen Lage, sich einer Ausdrucksweise bedienen zu müssen, von der sie selbst zugibt, daß sie falsch ist. Ihre ganze Terminologie beruht noch auf der Vorstellung der beiden elektrischen Fluida. Sie spricht noch ganz ungeniert von „in den Körpern fließenden elektrischen Massen", von „einer Scheidung der Elektrizitäten in jedem Molekül" usw. Es ist dies ein Übelstand, der großenteils, wie gesagt, unvermeidlich aus dem gegenwärtigen Übergangszustand der Wissenschaft folgt, der aber auch, bei der grade in diesem Zweige der Forschung vorherrschenden einseitigen Empirie, nicht wenig zur Erhaltung der bisherigen Gedankenverwirrung beiträgt.

Der Gegensatz von sogenannter statischer oder Reibungselektrizität und dynamischer Elektrizität oder Galvanismus darf nun wohl als vermittelt angesehn werden, seitdem man gelernt hat, mit der Elektrisiermaschine dauernde Ströme zu erzeugen und, umgekehrt, durch den galvanischen Strom sogenannte statische Elektrizität zu produzieren, Leidner Flaschen zu laden usw. Wir lassen hier die Unterform der statischen Elektrizität unberührt und ebenso den jetzt ebenfalls als eine Unterform der Elektrizität erkannten Magnetismus. Die theoretische Erklärung der hierhergehörigen Erscheinungen wird unter allen Umständen in der Theorie des galvanischen Stromes zu suchen sein, und deshalb halten wir uns vorwiegend an diese.

Ein dauernder Strom kann auf mehrfachem Wege erzeugt werden. Mechanische Massenbewegung erzeugt *direkt*, durch Reibung, zunächst nur statische Elektrizität, einen dauernden Strom nur unter großer Energievergeudung; um wenigstens größtenteils in elektrische Bewegung umgesetzt zu werden, bedarf sie der Vermittlung des Magnetismus, wie in den bekannten magneto-elektrischen Maschinen von Gramme, Siemens und andern. Wärme kann sich direkt in strömende Elektrizität umsetzen, wie namentlich an der Lötstelle zweier verschiednen Metalle. Durch chemische Aktion freigesetzte Energie, die unter gewöhnlichen Umständen in der Form von Wärme zutage tritt, verwandelt sich unter bestimmten Bedingungen in elektrische Bewegung. Umgekehrt geht diese letztere, sobald die Bedingungen dafür gegeben, in jede andre Form der Bewegung über: in Massenbewegung, in geringem Maß direkt in den elektrodynamischen Anziehungen und Abstoßungen, im großen wiederum durch Vermittlung des Magnetismus in den elektromagnetischen Bewegungsmaschinen; in Wärme – überall im Schließungskreis des Stroms, falls nicht andre Verwandlungen eingeleitet sind; in chemische Energie – in den in den Schließungskreis eingeschalteten Zersetzungszellen und Voltametern, wo der Strom Verbindungen trennt, die auf anderm Wege vergeblich angegriffen werden.

In allen diesen Umsätzen gilt das Grundgesetz von der quantitativen Äquivalenz der Bewegung in allen ihren Wandlungen Oder, wie Wiedemann sich ausdrückt, „nach dem Gesetz der Erhaltung der Kraft muß die auf irgendeine Art zur Erzeugung de Stromes verwendete mechanische Arbeit äquivalent sein der zu Erzeugung aller Stromeswirkungen verwendeten Arbeit"[8]. Be der Umsetzung von Massenbewegung oder von Wärme in Elektri zität[1] bieten sich hier keine Schwierigkeiten; es ist erwiesenermaßen die sogenannte „elektromotorische Kraft" im ersten Falle gleich der zu jener Bewegung verwendeten Arbeit, im zweiten Fall „an jeder Lötstelle der Thermokette direkt proportional ihrer absoluten Temperatur" (Wiedemann, III, S. 482), d. h. wieder der an jeder Lötstelle vorhandenen absolut gemessenen Wärmemenge. Auch für die aus chemischer Energie entwickelte Elektrizität ist dasselbe Gesetz tatsächlich als gültig erwiesen. Aber hier stellt sich für die jetzt gangbare Theorie wenigstens die Sache nicht so einfach. Gehn wir also etwas näher darauf ein.

Eine der schönsten Versuchsreihen über die durch eine galvanische Säule zu bewirkenden Formverwandlungen der Bewegung ist die von Favre (1857-1858)[9]. In ein Kalorimeter setzte er eine Smeesche Säule von 5 Elementen; in ein zweites eine kleine elektromagnetische Bewegungsmaschine, deren Hauptachse und Riemenscheibe zu beliebiger Verbindung frei herausstand. Bei jedesmaliger Entwicklung von 1 g Wasserstoff respektive Lösung von 32,6 g Zink (dem alten chemischen Äquivalent des Zinks, gleich dem halben jetzt angenommenen Atomgewicht 65,2 und in Gramm ausgedrückt) in der Säule ergaben sich folgende Resultate:

A. Säule im Kalorimeter in sich geschlossen, mit Ausschluß der Bewegungsmaschine: Wärmeentwicklung 18 682 respektive 18 674 Wärmeeinheiten.

B. Säule und Maschine im Schließungskreis verbunden, die Maschine aber an der Bewegung gehindert: Wärme in der Säule 16 448, in der Maschine 2219, zusammen 18 667 Wärmeeinheiten.

---

[1] Ich gebrauche die Bezeichnung „Elektrizität" im Sinn von elektrischer Bewegung mit demselben Recht, wie auch die allgemeine Bezeichnung „Wärme" gebraucht wird, um diejenige Bewegungsform auszudrücken, die sich unsern Sinnen als Wärme kundgibt. Dies kann um so weniger Anstoß finden, als jede etwaige Verwechslung mit dem *Spannungs*zustand der Elektrizität hier im voraus ausdrücklich ausgeschlossen ist. [*Anmerkung von Engels.*]

C. Wie B, aber die Maschine bewegt sich, ohne jedoch ein Gewicht zu heben: Wärme in der Säule 13888, in der Maschine 4769, zusammen 18657 Wärmeeinheiten.

D. Wie C, aber die Maschine hebt ein Gewicht und tut dabei eine mechanische Arbeit = 131,24 Kilogrammeter: Wärme in der Säule 15427, in der Maschine 2947, zusammen 18374 Wärmeeinheiten; Verlust gegen obige 18682 = 308 Wärmeeinheiten. Aber die getane mechanische Arbeit von 131,24 Meterkilogramm, multipliziert durch 1000 (um die Gramm des chemischen Resultats auf Kilogramm zu bringen) und dividiert durch das mechanische Äquivalent der Wärme = 423,5 Kilogrammeter[10], ergibt 309 Wärmeeinheiten, also genau obigen Verlust, als Wärmeäquivalent der getanen mechanischen Arbeit.

Die Äquivalenz der Bewegung in allen ihren Wandlungen ist also auch für die elektrische Bewegung innerhalb der Grenze der unvermeidlichen Fehlerquellen schlagend erwiesen. Und ebenso erwiesen ist, daß die „elektromotorische Kraft" der galvanischen Kette nichts andres ist als in Elektrizität umgesetzte chemische Energie, und die Kette selbst nichts andres als eine Vorrichtung, ein Apparat, der freiwerdende chemische Energie in Elektrizität verwandelt wie eine Dampfmaschine ihr zugeführte Wärme in mechanische Bewegung, ohne daß in beiden Fällen der verwandelnde Apparat aus sich selbst noch weitere Energie zuführt.

Hier entsteht aber gegenüber der hergebrachten Vorstellungsweise eine Schwierigkeit. Diese Vorstellungsweise schreibt der Kette vermöge der in ihr statthabenden Kontaktverhältnisse zwischen den Flüssigkeiten und den Metallen eine *„elektrische Scheidungskraft"* zu, die der elektromotorischen Kraft proportional ist, also für eine gegebne Kette eine bestimmte Menge Energie repräsentiert. Wie verhält sich nun diese, nach der hergebrachten Vorstellungsweise der Kette als solcher auch ohne chemische Aktion inhärente Energiequelle, die elektrische Scheidungskraft, zu der durch die chemische Aktion freigesetzten Energie? Und, wenn sie eine von der letzteren unabhängige Energiequelle ist, woher stammt die von ihr gelieferte Energie?

Diese Frage in mehr oder weniger unklarer Form bildet den Streitpunkt zwischen der von Volta begründeten Kontakttheorie und der gleich darauf entstandenen chemischen Theorie des galvanischen Stroms.

Die Kontakttheorie erklärte den Strom aus den in der Kette beim Kontakt der Metalle mit einer oder mehreren Flüssigkeiten oder auch nur der Flüssigkeiten unter sich entstehenden elektrischen Spannungen und aus ihrer Ausgleichung, respektive derjenigen der so geschiedenen entgegengesetzten Elektrizitäten im Schließungskreis. Die dabei etwa auftretenden chemischen Veränderungen galten der reinen Kontakttheorie für durchaus sekundär. Dagegen behauptete Ritter schon 1805, ein Strom könne sich nur dann bilden, wenn die Erreger auch schon *vor* der Schließung chemisch aufeinander wirkten. Im allgemeinen wird diese ältere chemische Theorie von Wiedemann (I, S. 784) dahin zusammengefaßt, daß nach ihr die sogenannte Kontaktelektrizität „nur dann auftreten soll, wenn zugleich eine wirkliche chemische Einwirkung der einander berührenden Körper, oder doch eine, wenn auch nicht direkt mit chemischen Prozessen verbundene Störung des chemischen Gleichgewichtes, eine ‚Tendenz zur chemischen Wirkung' zwischen denselben in Tätigkeit kommt".

Man sieht, die Frage nach der Energiequelle des Stroms wird von beiden Teilen nur ganz indirekt gestellt, wie das damals auch kaum anders sein konnte. Volta und seine Nachfolger fanden es ganz in der Ordnung, daß bloße Berührung heterogener Körper einen dauernden Strom erzeugen, also eine bestimmte Arbeit ohne Gegenleistung ausführen könne. Ritter und seine Anhänger sind ebensowenig im klaren darüber, wie denn die chemische Aktion die Kette in den Stand setzt, den Strom und seine Arbeitsleistungen zu erzeugen. Wenn aber für die chemische Theorie durch Joule, Favre, Raoult und andre dieser Punkt längst aufgeklärt ist, so findet das

Gegenteil statt für die Kontakttheorie. Sie steht, soweit sie sich erhalten hat, noch immer wesentlich auf dem Punkt, von dem sie ausging. Vorstellungen, die einer längst überwundnen Zeit angehören, einer Zeit, wo man zufrieden sein mußte, für eine beliebige Wirkung die nächstbeste, auf der Oberfläche hervortretende scheinbare Ursache anzugeben, gleichviel, ob man dabei Bewegung aus nichts entstehen ließ – Vorstellungen, die dem Satz von der Erhaltung der Energie direkt widersprechen, leben so in der heutigen Elektrizitätslehre immer noch fort. Und wenn dann diese Vorstellungen, ihrer anstößigsten Seiten beraubt, abgeschwächt, verwässert, kastriert, beschönigt werden, so bessert das nichts an der Sache: Die Verwirrung muß nur um so schlimmer werden.

Wie wir sahen, erklärt selbst die ältere chemische Stromtheorie die Kontaktverhältnisse der Kette für durchaus notwendig zur Strombildung; sie behauptet nur, daß diese Kontakte nie einen dauernden Strom fertigbringen ohne gleichzeitige chemische Aktion. Und es ist auch heute noch selbstredend, daß die Kontakteinrichtungen der Kette grade den Apparat herstellen, vermittelst dessen freigesetzte chemische Energie in Elektrizität übergeführt wird, und daß es von diesen Kontakteinrichtungen wesentlich abhängt, ob und wieviel chemische Energie wirklich in elektrische Bewegung übergeht.

Wiedemann, als einseitiger Empiriker, sucht von der alten Kontakttheorie zu retten, was zu retten ist. Folgen wir ihm hierbei.

„Wenn auch die Wirkung des Kontaktes chemisch indifferenter Körper", – sagt Wiedemann (I, S. 799) –, „z. B. der Metalle, wie man wohl früher glaubte, *weder zur Theorie der Säule erforderlich* [11], noch auch dadurch bewiesen ist, daß *Ohm* sein Gesetz daraus ableitete, welches auch ohne diese Annahme abzuleiten ist, und *Fechner*, welcher dieses Gesetz experimentell bestätigte, gleichfalls die Kontakttheorie verteidigte, so dürfte doch die Elektrizitätserregung durch *Metall*kontakt [11], wenigstens nach den jetzt vorliegenden Versuchen, nicht zu leugnen sein, selbst wenn die in quantitativer Beziehung zu erzielenden Resultate in dieser Beziehung wegen der Unmöglichkeit, die Oberflächen der einander berührenden Körper absolut rein zu erhalten, immer mit einer unvermeidlichen Unsicherheit behaftet sein möchten."

Man sieht, die Kontakttheorie ist sehr bescheiden geworden. Sie gibt zu, daß sie zur Erklärung des Stroms durchaus nicht erforderlich, auch weder von Ohm theoretisch, noch von Fechner experimentell bewiesen ist. Sie gibt sogar zu, daß die sogenannten Fundamentalversuche, auf die sie sich dann allein noch stützen kann, in quantitativer Beziehung immer nur unsichre Resultate liefern können, und verlangt schließlich von uns nur noch die Anerkennung, daß überhaupt durch Kontakt – wenn auch nur von *Metallen!* – eine Elektrizitätsbewegung stattfinde.

Bliebe die Kontakttheorie hierbei stehn, so wäre kein Wort dagegen einzuwenden. Daß bei dem Kontakte zweier Metalle elektrische Erscheinungen auftreten, vermöge deren man einen präparierten Froschschenkel zucken machen, ein Elektroskop laden und andre Bewegungen hervorrufen kann, das wird wohl unbedingt zugegeben werden. Es fragt sich zunächst nur: Woher stammt die dazu erforderliche Energie?

Um diese Frage zu beantworten, werden wir, nach Wiedemann (I, S. 14), „*etwa folgende* Betrachtungen anstellen: Werden die heterogenen Metallplatten A und B bis auf eine geringe Entfernung einander genähert, so ziehen sie sich infolge der Adhäsionskräfte an. Bei ihrer gegenseitigen Berührung verlieren sie die ihnen durch diese Anziehung erteilte lebendige Kraft der Bewegung. (Nehmen wir an, daß die Moleküle der Metalle in permanenten Schwingungen sich befinden, so *könnte* auch, wenn bei dem Kontakt der heterogenen Metalle die ungleichzeitig schwingenden Moleküle einander berühren, hierbei eine Abänderung ihrer Schwingungen unter Verlust von lebendiger Kraft eintreten.) Die verlorene lebendige Kraft setzt sich *zum großen Teil* in Wärme um. Ein *kleiner Teil* derselben wird aber darauf verwendet, die vorher nicht getrennten Elektrizitäten anders zu verteilen. Wie wir schon oben erwähnt, laden sich, *etwa* infolge einer ungleichen Anziehung für die beiden Elektrizitäten, die aneinander gebrachten Körper mit gleichen Mengen positiver und negativer Elektrizität."[12]

Die Bescheidenheit der Kontakttheorie wird immer größer. Zuerst wird anerkannt, daß die gewaltige elektrische Scheidungskraft, die später solche Riesenarbeit zu leisten hat, in sich selbst keine eigne Energie besitzt, sondern daß sie nicht fungieren kann, solange ihr nicht Energie von außen zugeführt wird. Und dann wird ihr eine mehr als zwerghafte Energiequelle angewiesen, die lebendige Kraft der Adhäsion, die erst auf kaum meßbaren Entfernungen in Wirksamkeit tritt und die Körper einen kaum meßbaren Weg zurücklegen läßt. Doch einerlei: Sie besteht unleugbar und verschwindet beim Kontakt ebenso unleugbar. Aber auch diese Minimalquelle liefert noch zu viel Energie für unsern Zweck: Ein *großer* Teil setzt sich in Wärme um, und nur ein *kleiner* Teil dient dazu, die elektrische Scheidungskraft ins Leben zu rufen. Obwohl nun bekanntlich Fälle genug in der Natur vorkommen, wo äußerst geringe Anstöße äußerst gewaltige Wirkungen herbeiführen, so scheint doch Wiedemann selbst zu fühlen, daß hier seine kaum noch tropfende Energiequelle schwerlich ausreicht, und er sucht eine mögliche zweite Quelle in der Annahme einer Interferenz der Molekularschwingungen der beiden Metalle an den Berührungsflächen. Abgesehn von andern Schwierigkeiten, die uns hier entgegentreten, haben Grove und Gassiot nachgewiesen, daß zur Elektrizitätserregung wirklicher Kontakt gar nicht einmal erforderlich ist, wie uns Wiedemann eine Seite vorher selbst erzählt. Kurz, die Energiequelle für die elektrische Scheidungskraft versiegt mehr und mehr, je länger wir sie betrachten.

Und dennoch kennen wir bis jetzt für die Elektrizitätserregung beim Metallkontakt kaum eine andre. Nach Naumann („Allgemeine und physikalische Chemie", Heidelberg 1877, S. 675) „verwandeln die kontakt-elektromotorischen Kräfte Wärme in Elektrizität"; er findet „die Annahme natürlich, daß das Vermögen dieser Kräfte, elektrische Bewegung hervorzubringen, auf der vorhandenen Wärmemenge beruht oder, mit anderen Worten, eine Funktion der Temperatur ist", was auch durch Le Roux experimentell bewiesen sei. Auch hier bewegen wir uns ganz im unbestimmten. Auf die chemischen Vorgänge zurückzugreifen, die an den stets mit einer dünnen, für uns so gut wie untrennbaren Schicht von Luft und unreinem Wasser beschlagnen Kontaktflächen in geringem Maß unaufhörlich vorgehn, also die Elektrizitätserregung aus der Anwesenheit eines unsichtbaren aktiven Elektrolyten zwischen den Kontaktflächen zu erklären, verbietet uns das Gesetz der Spannungsreihe der Metalle. Ein Elektrolyt müßte im Schließungskreis einen dauernden Strom erzeugen; die Elektrizität des bloßen Metallkontakts verschwindet im Gegenteil, sobald der Kreis geschlossen wird. Und hier kommen wir auf den eigentlichen Punkt: ob und in welcher Weise diese von Wiedemann selbst zuerst auf die Metalle beschränkte, ohne fremde Energiezufuhr für arbeitsunfähig erklärte und dann auf eine wahrhaft mikroskopische Energiequelle ausschließlich angewiesene „elektrische Scheidungskraft" durch Kontakt chemisch indifferenter Körper die Bildung des dauernden Stroms möglich macht.

Die Spannungsreihe ordnet die Metalle derart, daß jedes gegen das vorhergehende elektronegativ und gegen das folgende elektropositiv sich verhält. Legen wir also in dieser Ordnung eine Reihe von Metallstücken, etwa Zink, Zinn, Eisen, Kupfer, Platin, aneinander, so werden wir an den beiden Enden elektrische Spannungen erhalten können. Ordnen wir aber die Metallreihe zu einem Schließungskreis, so daß auch das Zink und das Platin sich berühren, so gleicht sich die Spannung sofort aus und verschwindet. „In einem geschlossenen Kreise von Körpern, welche der Spannungsreihe angehören, ist also die Bildung einer dauernden Elektrizitätsströmung nicht möglich."[13] Diesen Satz unterstützt Wiedemann noch durch folgende theoretische Erwägung: „In der Tat würde, wenn ein dauernder Elektrizitätsstrom in dem Kreise aufträte, durch den-

9 Engels, Dialektik der Natur

selben in den metallischen Leitern selbst Wärme erzeugt, die höchstens durch eine Erkältung an den Kontaktstellen der Metalle aufgehoben würde. Es würde jedenfalls eine ungleiche Wärmeverteilung hervorgerufen; auch könnte durch den Strom ohne irgendeine Zufuhr von außen dauernd eine elektro-magnetische Bewegungsmaschine getrieben und so eine Arbeit geleistet werden, was unmöglich ist, da bei fester Verbindung der Metalle, etwa durch Lötung, auch an den Kontaktstellen keine Veränderungen mehr statthaben können, die diese Arbeit kompensieren."[14]

Und nicht genug mit dem theoretischen und experimentellen Beweis, daß die Kontaktelektrizität der Metalle allein keinen Strom erzeugen kann: Wir werden auch sehn, daß Wiedemann eine besondre Hypothese aufzustellen sich genötigt sieht, um ihre Wirksamkeit auch da zu beseitigen, wo sie sich im Strom etwa geltend machen könnte.

Versuchen wir also einen andern Weg, um von der Kontaktelektrizität zum Strom zu kommen. Denken wir uns mit Wiedemann [15] „zwei Metalle, wie einen Zink- und einen Kupferstab, mit ihren einen Enden verlötet, ihre freien Enden aber durch einen dritten Körper verbunden, der gegen beide Metalle *nicht* elektromotorisch wirkte, sondern nur die auf ihren Oberflächen angesammelten entgegengesetzten Elektrizitäten leitete, so daß sie sich in ihm ausglichen, so würde die elektrische Scheidungskraft dann stets die frühere Spannungsdifferenz wiederherstellen und so ein dauernder Elektrizitätsstrom in dem Kreise auftreten, der ohne jeden Ersatz eine Arbeit leisten könnte, was wiederum unmöglich ist. Demnach kann es keinen Körper geben, der ohne elektromotorische Tätigkeit gegen die andern Körper nur die Elektrizität leitet." Wir sind nicht weiter als vorher: Die Unmöglichkeit, Bewegung zu erschaffen, versperrt uns abermals den Weg. Mit dem Kontakt chemisch indifferenter Körper, also mit der eigentlichen Kontaktelektrizität, bringen wir nie und nimmer einen Strom zustande. Kehren wir also nochmals um, und versuchen wir einen dritten Weg, den Wiedemann uns zeigt.

„Senken wir endlich eine Zink- und eine Kupferplatte in eine Flüssigkeit ein, welche eine sogenannte *binäre* Verbindung enthält, welche also in zwei chemisch verschiedne Bestandteile zerfallen kann, die sich völlig sättigen, z. B. in verdünnte Chlorwasserstoffsäure (H + Cl) usf., so ladet sich nach § 27 das Zink negativ, das Kupfer positiv. Bei Verbindung der Metalle gleichen sich diese Elektrizitäten durch die Kontaktstelle hindurch aus, durch welche *also ein Strom positiver Elektrizität* vom Kupfer zum Zink fließt. Da auch die beim Kontakt letzterer Metalle auftretende elektrische Scheidungskraft die positive Elektrizität *in gleichem Sinne fortführt,* so heben sich die Wirkungen der elektrischen Scheidungskräfte *nicht auf* wie in einem geschlossenen Metallkreise. *Es entsteht also ein dauernder Strom von positiver Elektrizität,* der in dem geschlossenen Kreise vom Kupfer durch seine Kontaktstelle mit dem Zink zu letzterem und vom Zink durch die Flüssigkeit zum Kupfer fließt. Wir werden alsbald (§ 34 und folgende) darauf zurückkommen, inwiefern *wirklich* die einzelnen, in der Schließung vorhandenen elektrischen Scheidungskräfte an der Bildung dieses Stromes mitwirken. — Eine Kombination von Leitern, welche einen solchen ‚galvanischen Strom' liefert, nennen wir ein galvanisches Element, auch wohl eine galvanische Kette." (I, S. 45.) [16]

Das Wunder wäre also fertiggebracht. Durch die bloße elektrische Scheidungskraft des Kontakts, die nach Wiedemann selbst ohne Energiezufuhr von außen nicht wirken kann, ist hier ein dauernder Strom erzeugt. Und wenn uns zu seiner Erklärung weiter nichts geboten würde als obige Stelle aus Wiedemann, so bliebe das in der Tat ein vollständiges Wunder. Was lernen wir hier über den Vorgang?

1. Wenn Zink und Kupfer in eine Flüssigkeit getaucht werden, welche eine sogenannte *binäre* Verbindung enthält, so ladet sich nach § 27 das Zink negativ, das Kupfer positiv. — Nun steht im ganzen § 27 kein Wort von einer binären Verbindung. Er beschreibt nur ein einfaches Voltasches Element aus einer Zink- und einer

Kupferplatte, zwischen denen eine mit einer *sauren* Flüssigkeit befeuchtete Tuchscheibe liegt, und untersucht dann, ohne Erwähnung irgendwelcher chemischen Vorgänge, die dabei erfolgenden statisch-elektrischen Ladungen der beiden Metalle. Die sogenannte *binäre* Verbindung wird hier also durchs Hintertürchen hineingeschmuggelt.

2. Was diese binäre Verbindung hier soll, bleibt vollständig geheimnisvoll. Der Umstand, daß sie „in zwei chemische Bestandteile zerfallen *kann*, die sich völlig sättigen" (sich völlig sättigen, nachdem sie zerfallen sind?!), könnte uns doch höchstens etwas Neues lehren, wenn sie *wirklich zerfiele*. Davon wird uns aber kein Wort gesagt, wir müssen also einstweilen annehmen, daß sie *nicht* zerfällt, z. B. beim Paraffin.

3. Nachdem also das Zink in der Flüssigkeit negativ und das Kupfer positiv geladen, bringen wir sie (außerhalb der Flüssigkeit) in Berührung. Alsbald „gleichen sich diese Elektrizitäten durch die Kontaktstelle hindurch aus, durch welche *also* ein Strom *positiver* Elektrizität vom Kupfer zum Zink hinfließt". Wir erfahren wieder nicht, warum nur ein Strom „positiver" Elektrizität in der einen Richtung, und nicht auch ein Strom „negativer" Elektrizität in der entgegengesetzten Richtung fließt. Wir erfahren überhaupt nicht, was aus der negativen Elektrizität wird, die doch bisher ebenso notwendig war wie die positive; die Wirkung der elektrischen Scheidungskraft bestand ja grade darin, sie beide einander frei gegenüberzustellen. Jetzt wird sie plötzlich unterdrückt, gewissermaßen unterschlagen, und der Schein wird angenommen, als existiere bloß positive Elektrizität.

Dann aber wird auf S. 51 wieder das gerade Gegenteil gesagt denn hier „*vereinen sich die Elektrizitäten*[17] in einem Strom", es fließt darin also sowohl negative wie positive! Wer hilft uns aus dieser Verwirrung?

4. „*Da auch die beim Kontakt letzterer Metalle auftretende elektrische Scheidungskraft die positive Elektrizität in gleichem Sinn*

fortführt, so heben sich die Wirkungen der elektrischen Scheidungskräfte nicht auf wie in einem geschlossenen Metallkreise. Es entsteht *also* ein dauernder Strom" usw. – Dies ist etwas stark. Denn wie wir sehen werden, weist uns wenige Seiten später (S. 52) Wiedemann nach, daß bei der „Bildung des dauernden Stroms... die elektrische Scheidungskraft an der Kontaktstelle der Metalle ... *untätig sein muß*"[18], daß nicht nur ein Strom stattfindet, auch wenn sie, statt die positive Elektrizität in gleichem Sinn fortzuführen, der Stromesrichtung entgegenwirkt, sondern daß sie auch in diesem Fall nicht durch einen bestimmten Anteil der Scheidungskraft der Kette kompensiert wird, also wiederum untätig ist. Wie kann also Wiedemann auf S. 45 eine elektrische Scheidungskraft als notwendigen Faktor an der Strombildung mitwirken lassen, die er S. 52 für die Dauer des Stroms außer Tätigkeit setzt, und noch dazu durch eine eigens zu diesem Zweck aufgestellte Hypothese?

5. „Es entsteht also ein *dauernder Strom* von positiver Elektrizität, der in dem geschlossenen Kreise vom Kupfer durch seine Kontaktstelle mit dem Zink zu letzterem und vom Zink durch die Flüssigkeit zum Kupfer fließt." – Aber es würde bei einem solchen dauernden Elektrizitätsstrom „durch denselben in den Leitern selbst Wärme erzeugt", auch könnte durch ihn „eine elektromagnetische Bewegungsmaschine getrieben und so eine Arbeit geleistet werden", was aber ohne Zufuhr von Energie unmöglich ist. Da uns Wiedemann bisher nicht mit einer Silbe verraten hat, ob und woher eine solche Zufuhr von Energie stattfindet, so bleibt der dauernde Strom bis jetzt ebensosehr ein Ding der Unmöglichkeit wie in den vorher untersuchten beiden Fällen.

Niemand fühlt dies mehr als Wiedemann. Er findet es also angemessen, so rasch wie möglich über die vielen kitzligen Punkte dieser verwunderlichen Erklärung der Strombildung hinwegzueilen und den Leser dafür ein paar Seiten lang mit allerlei elementaren Histörchen über die thermischen, chemischen, magnetischen und physiologischen Wirkungen dieses noch immer geheimnisvollen

Stroms zu unterhalten, wobei er ausnahmsweise sogar in ganz populären Ton fällt. Dann fährt er auf einmal fort (S. 49):

„Wir haben jetzt zu untersuchen, in welcher Weise die elektrischen Scheidungskräfte in einem geschlossenen Kreise von zwei Metallen und einer Flüssigkeit, z. B. Zink, Kupfer, Chlorwasserstoffsäure, tätig sind."

„*Wir wissen*, daß die Bestandteile der in der Flüssigkeit enthaltenen binären Verbindung (HCl) bei dem Hindurchfließen des Stromes sich in der Weise trennen, daß der eine (H) am Kupfer und eine äquivalente Menge des andern (Cl) am Zink *frei* wird, *wobei* der letztere sich mit einer äquivalenten Menge Zink zu ZnCl verbindet."[19]

Wir wissen! Wenn wir dies wissen, so wissen wir es sicher nicht von Wiedemann, der uns von diesem Vorgang, wie wir sahen, bisher auch nicht eine Silbe verraten hatte. Und ferner, *wenn* wir etwas über diesen Vorgang wissen, so ist es dies, daß er nicht in der von Wiedemann geschilderten Weise vor sich gehn kann.

Bei der Bildung eines Moleküls HCl aus Wasserstoffgas und Chlorgas wird eine Energiemenge = 22 000 Wärmeeinheiten freigesetzt (Julius Thomsen). Um das Chlor aus seiner Verbindung mit dem Wasserstoff wieder loszureißen, muß also für jedes Molekül HCl die gleiche Energiemenge von außen zugeführt werden. Woher bezieht die Kette diese Energie? Die Wiedemannsche Darstellung sagt es uns nicht, sehen wir uns also selbst um.

Wenn sich Chlor mit Zink zu Zinkchlorid verbindet, so wird dabei eine bedeutend größere Energiemenge freigesetzt, als nötig ist, das Chlor vom Wasserstoff zu trennen. (Zn, Cl_2) entwickelt 97 210, 2(H, Cl) 44 000 Wärmeeinheiten (Julius Thomsen). Und hiermit wird der Vorgang in der Kette erklärlich. Es wird also nicht, wie Wiedemann erzählt, der Wasserstoff ohne weiteres am Kupfer und das Chlor am Zink frei, „wobei" dann nachträglicher- und zufälligerweise Zink und Chlor sich verbinden. Im Gegenteil: Die Verbindung des Zinks mit dem Chlor ist die wesentlichste Grundbedingung des ganzen Prozesses und, solange sich diese nicht vollzieht, wird man am Kupfer vergebens auf Wasserstoff warten.

Der Überschuß der Energie, welche bei der Bildung eines Moleküls $ZnCl_2$ frei wird, über die, welche zur Freisetzung zweier Atome H aus zwei Molekülen HCl verwendet wird, verwandelt sich in der Kette in elektrische Bewegung und liefert die gesamte „elektromotorische Kraft", die im Stromkreis zutage tritt. Es ist also nicht eine mysteriöse „elektrische Scheidungskraft", die ohne bisher nachgewiesene Energiequelle Wasserstoff und Chlor auseinanderreißt, es ist der in der Kette sich vollziehende chemische Gesamtprozeß, der die sämtlichen „elektrischen Scheidungskräfte" und „elektromotorischen Kräfte" des Schließungskreises mit der zu ihrer Existenz nötigen Energie versieht.

Konstatieren wir also einstweilen, daß Wiedemanns *zweite* Stromerklärung ebensowenig vom Fleck hilft wie seine erste, und gehn wir weiter im Text[20]:

„Dieser Vorgang beweist, daß das Verhalten des binären Körpers zwischen den Metallen nicht mehr allein in einer einfachen überwiegenden Anziehung seiner ganzen Masse gegen die eine oder andere Elektrizität, wie bei den Metallen, besteht, sondern hierbei noch eine besondere Wirkung seiner Bestandteile hinzutritt. Da der Bestandteil Cl sich da abscheidet, wo der Strom der positiven Elektrizität in die Flüssigkeit eintritt, der Bestandteil H da, wo die negative Elektrizität eintritt, *nehmen wir an*[21], daß je ein Äquivalent des Chlors in der Verbindung HCl mit einer bestimmten Menge negativer Elektrizität geladen sei, die seine Anziehung durch die eintretende positive Elektrizität bedingt. Es ist der *elektronegative Bestandteil* der Verbindung. Ebenso muß das Äquivalent H mit positiver Elektrizität geladen sein und so den elektropositiven Bestandteil der Verbindung darstellen. Diese Ladungen *könnten*[21] sich bei der Verbindung von H und Cl ganz ähnlich herstellen, wie beim Kontakt von Zink und Kupfer. Da die Verbindung HCl für sich unelektrisch ist, *müssen wir*[21] dementsprechend *annehmen*[21], daß in derselben die Atome des positiven und negativen Bestandteils gleiche Mengen positiver und negativer Elektrizität enthalten.

Wird nun in verdünnte Chlorwasserstoffsäure eine Zink- und eine Kupferplatte eingesenkt, so *können wir vermuten*[22], daß das Zink eine stärkere Anziehung gegen den elektronegativen Bestandteil (Cl) derselben habe, als gegen den elektropositiven (H). Infolgedessen *würden*[22] sich die das Zink berührenden Moleküle der Chlorwasserstoffsäure so lagern, daß sie ihre elektronegativen Bestandteile dem Zink, ihre elektropositiven dem Kupfer zukehrten. Indem die so geordneten Bestandteile durch ihre elektrische Anziehung auf die Bestandteile der folgenden Moleküle HCl einwirken, ordnet sich die ganze Reihe der Moleküle zwischen der Zink- und Kupferplatte wie in Fig. 10:

$$-\text{Zink} \left| \begin{array}{cccccccc} - & + & - & + & - & + & - & + \\ \text{Cl} & \text{H} & \text{Cl} & \text{H} & \text{Cl} & \text{H} & \text{Cl} & \text{H} \end{array} \right| \text{Kupfer} +$$

Wirkte das zweite Metall auf den positiven Wasserstoff, wie das Zink auf das negative Chlor, so würde hierdurch die Einstellung befördert. Wirkte es entgegengesetzt, nur schwächer, so bleibt wenigstens die Richtung derselben ungeändert.

Durch die influenzierende Wirkung der negativen Elektrizität des dem Zink anliegenden elektronegativen Bestandteils Cl *würde*[23] im Zink die Elektrizität so verteilt, daß diejenigen Stellen desselben, welche dem Cl des zunächstliegenden Säureatoms[24] nahe liegen, sich positiv, die ferner liegenden negativ lüden. Ebenso würde im Kupfer zunächst dem elektropositiven Bestandteil (H) des anliegenden Chlorwasserstoffatoms[24] die negative Elektrizität angehäuft, die positive zu den ferneren Teilen hingetrieben.

Darauf würde[25] sich die positive Elektrizität im Zink mit der negativen des zunächst liegenden Atoms Cl und letzteres selbst mit dem Zink [zu unelektrischem $ZnCl_2$][26] verbinden. Das elektropositive Atom H, welches vorher mit jenem Atom Cl verbunden war, *würde*[27] sich mit dem ihm zugekehrten Atom Cl des zweiten Atoms HCl unter gleichzeitiger Verbindung der in diesen Atomen enthaltenen Elektrizitäten vereinen; ebenso *verbände*[27] sich das H des zweiten Atoms HCl mit dem Cl des dritten Atoms und so fort, bis endlich an dem Kupfer ein Atom H frei *würde*[27], dessen positive Elektrizität sich mit der verteilten negativen des Kupfers vereinte, so daß es im unelektrischen Zustand entwiche." Dieser Prozeß würde „so lange sich wiederholen, bis die Abstoßung der in den Metallplatten angehäuften Elektrizitäten auf die Elektrizitäten der ihnen zugewandten Bestandteile des Chlorwasserstoffs grade die chemische Anziehung der letzteren durch die Metalle äquilibrierte. Werden aber die Metallplatten miteinander leitend verbunden, so vereinen sich die freien Elektrizitäten der Metallplatten miteinander, und es können von neuem die früher erwähnten Prozesse eintreten. *Auf diese Weise*[27] entstände eine dauernde Strömung von Elektrizität. – Es ist ersichtlich, daß hierbei ein beständiger Verlust an lebendiger Kraft stattfindet, indem die zu den Metallen hinwandernden Bestandteile der binären Verbindung sich mit einer gewissen Geschwindigkeit zu den Metallen hinbewegen und dann, entweder unter Bildung einer Verbindung ($ZnCl_2$), oder indem sie frei entweichen (H), zur Ruhe gelangen. (Anmerkung [von Wiedemann]: Da sich der Gewinn an lebendiger Kraft bei der Trennung der Bestandteile Cl und H ... durch die bei der Vereinigung derselben mit den Bestandteilen der nächstliegenden Atome verlorene lebendige Kraft wieder ausgleicht, so ist der Einfluß dieses Prozesses zu vernachlässigen.) Dieser Verlust an lebendiger Kraft ist der Wärmemenge äquivalent, welche bei dem sichtbar hervortretenden chemischen Prozeß, also im wesentlichen bei der Auflösung eines Äquivalentes Zink in der verdünnten Säure frei wird. Diesem Wert muß die auf die Verteilung der Elektrizitäten verwendete Arbeit gleichwertig sein. Vereinen sich daher die Elektrizitäten in einem Strom, so muß während der Auflösung eines Äquivalentes Zink und Abscheidung eines Äquivalentes Wasserstoff aus der Flüssigkeit in dem ganzen Schließungskreis eine Arbeit, sei es in Form von Wärme, sei es in Form von äußerer Arbeitsleistung hervortreten, die ebenfalls der jenem chemischen Prozeß entsprechenden Wärmeentwicklung äquivalent ist."

„Nehmen wir an – könnten – müssen wir annehmen – können wir vermuten – würde verteilt – lüden sich" – usw. usw. Lauter Mutmaßlichkeit und Konjunktivus, aus denen nur drei tatsächliche Indikative sich mit Bestimmtheit herausfischen lassen: erstens, daß die Verbindung des Zinks mit dem Chlor *jetzt* als Bedingung der Freisetzung des Wasserstoffs ausgesprochen wird; zweitens, wie wir jetzt ganz am Schluß und sozusagen nebenbei erfahren, daß die hierbei freigesetzte Energie die Quelle, und zwar die ausschließliche Quelle aller zur Strombildung erforderten Energie ist, und drittens, daß diese Erklärung der Strombildung den beiden vorher gegebnen ebenso direkt ins Gesicht schlägt wie diese beiden sich gegenseitig.

Weiter heißt es:

„Es kann also zur Bildung des dauernden Stroms *einzig und allein* die elektrische Scheidungskraft tätig sein, welche von der ungleichen Anziehung und Polarisierung der Atome der binären Verbindung in der Erregerflüssigkeit der Kette durch die Metallelektroden herrührt; die elektrische Scheidungskraft an der Kontaktstelle der Metalle, an welcher keine mechanischen Veränderungen mehr vorgehen können, *muß dagegen untätig sein*. Daß dieselbe, wenn sie etwa der elektromotorischen Erregung der Metalle durch die Flüssigkeit *entgegenwirkt* (wie bei Einsenken von Zinn und Blei in Zyankaliumlösung), nicht durch einen bestimmten Anteil der Scheidungskraft an letzteren kompensiert wird, beweist die erwähnte völlige Proportionalität der gesamten elektrischen Scheidungskraft (und elektromotorischen Kraft) im Schließungskreise mit dem erwähnten Wärmeäquivalent der chemischen Prozesse. Sie muß also auf eine andere Art neutralisiert werden. Dies würde am einfachsten unter der Annahme geschehen, daß beim Kontakt der Erregerflüssigkeit mit den Metallen die elektromotorische

Kraft in einer doppelten Weise erzeugt wird; einmal durch eine ungleich starke Anziehung der *Massen* der Flüssigkeit als Ganzes gegen die eine oder die andere Elektrizität; sodann durch die ungleiche Anziehung der Metalle gegen die mit entgegengesetzten Elektrizitäten geladenen *Bestandteile*[28] der Flüssigkeit... Infolge der ersteren ungleichen (Massen-)Anziehung gegen die Elektrizitäten würden sich die Flüssigkeiten ganz nach dem Gesetz der Spannungsreihe der Metalle verhalten und in einem geschlossenen Kreise... eine völlige Neutralisation der elektrischen Scheidungskräfte (und elektromotorischen Kräfte) zu Null eintreten; die zweite (*chemische*) Einwirkung... würde dagegen *allein* die zur Stromesbildung erforderliche elektrische Scheidungskraft und die derselben entsprechende elektromotorische Kraft liefern." (I, S. 52–53.)

Hiermit wäre nun der letzte Rest der Kontakttheorie glücklich aus der Strombildung entfernt und gleichzeitig auch der letzte Rest der ersten, S. 45 gegebnen Wiedemannschen Erklärung der Strombildung. Es wird endlich ohne Vorbehalt zugegeben, daß die galvanische Kette ein simpler Apparat ist zur Umsetzung von freiwerdender chemischer Energie in elektrische Bewegung, in sogenannte elektrische Scheidungskraft und elektromotorische Kraft, ganz wie die Dampfmaschine ein Apparat ist zur Umsetzung von Wärmeenergie in mechanische Bewegung. Im einen wie im andern Falle liefert der Apparat nur die Bedingungen zur Freisetzung und ferneren Wandlung der Energie, liefert aus sich selbst aber keine Energie. Dies einmal festgestellt, bleibt uns jetzt noch die nähere Untersuchung der dritten Version der Wiedemannschen Stromeserklärung: Wie werden hier die Energieumsätze im Schließungskreis der Kette dargestellt?

Es sei ersichtlich, sagt er, daß in der Kette „ein beständiger Verlust an lebendiger Kraft stattfindet, indem die zu den Metallen hinwandernden Bestandteile der binären Verbindung sich mit einer gewissen Geschwindigkeit zu den Metallen hinbewegen und dann, entweder unter Bildung einer Verbindung ($ZnCl_2$), oder indem sie frei entweichen (II), zur Ruhe gelangen. Dieser Verlust ist der Wärmemenge äquivalent, welche bei dem sichtbar hervortretenden chemischen Prozeß, also im wesentlichen bei der Auflösung eines Äquivalents Zink, in der verdünnten Säure frei wird."

Erstens wird, wenn der Prozeß *rein* vor sich geht, in der Kette bei Auflösung des Zinks gar keine Wärme frei; die freiwerdende Energie wird ja grade in Elektrizität verwandelt und erst aus dieser wieder durch den Widerstand des ganzen Schließungskreises in Wärme umgesetzt.

Zweitens ist lebendige Kraft das halbe Produkt der Masse in das Quadrat der Geschwindigkeit. Der obige Satz würde also lauten: Die bei Auflösung eines Äquivalents Zink in verdünnter Salzsäure freiwerdende Energie = soundso viel Kalorien ist ebenfalls gleichwertig dem halben Produkt der Masse der Ionen in das Quadrat der Geschwindigkeit, mit der sie zu den Metallen hinwandern. So ausgesprochen ist der Satz augenscheinlich falsch; die in der Wanderung der Ionen erscheinende lebendige Kraft ist weit entfernt davon, der durch den chemischen Prozeß freigesetzten Energie gleichwertig zu sein[1]. Wäre sie es aber, so wäre kein Strom möglich, da keine

---

[1] Neuerdings hat F. Kohlrausch („Wiedemanns Annalen", VI [Leipzig 1879], 206) berechnet, daß „immense Kräfte" dazu gehören, die Ionen durch das lösende Wasser zu schieben. Um 1 mg den Weg von 1 mm zurücklegen zu lassen, sei eine Zugkraft erforderlich, für H = 32 500 kg, für Cl = 5 200 kg, also für HCl = 37 700 kg. — Auch wenn diese Zahlen unbedingt richtig, berühren sie das oben Gesagte nicht. Die Rechnung enthält aber die auf dem Elektrizitätsgebiet bisher unvermeidlichen hypothetischen Faktoren und bedarf also der Kontrolle durch das Experiment. Diese scheint möglich. Erstens müssen diese „immensen Kräfte" da, wo sie verbraucht werden, also im obigen Fall in der Kette, wiedererscheinen als bestimmte Wärmemenge. Zweitens muß die von ihnen verbrauchte Energie geringer sein als die von den chemischen Prozessen der Kette gelieferte, und zwar um eine bestimmte Differenz. Drittens muß diese Differenz im übrigen Schließungskreis verbraucht werden und dort ebenfalls

Energie übrigbliebe für den Strom im Rest des Schließungskreises. Daher wird noch die Bemerkung untergebracht, daß die Ionen zur Ruhe gelangen „entweder unter Bildung einer Verbindung oder indem sie frei entweichen". Wenn aber der Verlust an lebendiger Kraft auch die bei diesen beiden Vorgängen sich vollziehenden Energieumsätze einschließen soll, so sind wir erst recht festgefahren. Denn diese beiden Vorgänge zusammengenommen sind es ja grade, denen wir die ganze freiwerdende Energie verdanken, so daß hier von einem *Verlust* an lebendiger Kraft absolut nicht die Rede sein kann, sondern höchstens von einem *Gewinn*.

Es ist also augenscheinlich, daß sich Wiedemann bei diesem Satze selbst nichts Bestimmtes gedacht hat, vielmehr der „Verlust an lebendiger Kraft" nur den deus ex machina[29] vorstellt, der ihm den fatalen Sprung aus der alten Kontakttheorie in die chemische Stromerklärung möglich machen soll. In der Tat hat der Verlust an lebendiger Kraft jetzt seine Schuldigkeit getan und wird verabschiedet; von nun an gilt der chemische Vorgang in der Kette unbestritten als einzige Energiequelle der Strombildung, und die einzige, noch übrige Sorge unsres Verfassers ist die, wie er den letzten Rest der Elektrizitätserregung beim Kontakt chemisch indifferenter Körper, nämlich die an der Kontaktstelle der beiden Metalle tätige Scheidungskraft, auch noch mit guter Manier aus dem Strom los wird.

Wenn man die obige Wiedemannsche Erklärung der Strombildung liest, so glaubt man ein Stück jener Apologetik vor sich zu haben, mit der die ganz- und halbgläubigen Theologen vor beinahe vierzig Jahren der philologisch-historischen Bibelkritik von Strauß, Wilke, Bruno Bauer und andern entgegentraten. Die Methode ist ganz dieselbe. Sie muß es sein. Denn in beiden Fällen handelt es

---

quantitativ nachweisbar sein. Erst nach Bestätigung durch diese Kontrolle können obige Zahlenbestimmungen definitiv gelten. Die Nachweisung in der Zersetzungszelle erscheint noch ausführbarer. [*Anmerkung von Engels.*]

sich um die Rettung der *überlieferten Tradition* vor der denkenden Wissenschaft. Die exklusive Empirie, die sich das Denken höchstens in der Form des mathematischen Rechnens erlaubt, bildet sich ein, nur mit unleugbaren Tatsachen zu hantieren. In Wirklichkeit aber hantiert sie vorzugsweise mit überkommenen Vorstellungen, mit größtenteils veralteten Produkten des Denkens ihrer Vorgänger, als da sind positive und negative Elektrizität, elektrische Scheidungskraft, Kontakttheorie. Diese dienen ihr zur Grundlage endloser mathematischer Rechnungen, in denen sich die hypothetische Natur der Voraussetzungen über der Strenge der mathematischen Formulierung angenehm vergessen läßt. So skeptisch diese Art Empirie sich verhält gegen die Resultate des gleichzeitigen Denkens, so gläubig steht sie da vor jenen des Denkens ihrer Vorgänger. Sogar die experimentell festgestellten Tatsachen sind ihr allgemach untrennbar geworden von den zugehörigen überlieferten Deutungen; die einfachste elektrische Erscheinung wird in der Darstellung verfälscht, z. B. durch Einschmuggelung der beiden Elektrizitäten; diese Empirie *kann* die Tatsachen nicht mehr richtig schildern, weil die überkommene Deutung mit in die Schilderung unterläuft. Mit einem Wort, wir haben hier auf dem Gebiet der Elektrizitätslehre eine ebenso entwickelte Tradition wie auf dem der Theologie. Und da auf beiden Gebieten die Resultate der neueren Forschung, die Feststellung bisher unbekannter oder bestrittener Tatsachen und die daraus notwendig sich ergebenden theoretischen Folgerungen der alten Überlieferung unbarmherzig ins Gesicht schlagen, so geraten die Verteidiger dieser Überlieferung in die ärgste Klemme. Sie müssen ihre Zuflucht nehmen zu allerhand Winkelzügen, unhaltbaren Ausreden, zu Vertuschungen unversöhnbarer Widersprüche und geraten damit schließlich selbst in ein Gewirr von Widersprüchen, aus dem für sie kein Ausweg ist. Es ist dieser Glaube an die ganze alte Elektrizitätstheorie, der Wiedemann hier in den rettungslosesten Widerspruch mit sich selbst verwickelt, einfach durch den hoffnungslosen Versuch, die alte Stromerklärung durch „Kontaktkraft" mit der neueren durch Freisetzung chemischer Energie rationalistisch zu vermitteln.

Man wird vielleicht einwenden, die obige Kritik der Wiedemannschen Stromerklärung beruhe auf Wortklauberei; wenn Wiedemann sich im Anfang auch etwas nachlässig und ungenau ausdrücke, so gebe er doch schließlich die richtige, mit dem Satz von der Erhaltung der Energie stimmende Darstellung und mache damit alles gut. Demgegenüber lassen wir hier ein andres Beispiel folgen, seine Schilderung des Hergangs in der Kette: Zink, verdünnte Schwefelsäure, Kupfer.

„Verbindet man aber die beiden Platten durch einen Draht, so entsteht ein galvanischer Strom ... Es scheidet sich *durch den elektrolytischen Prozeß*[30] aus dem *Wasser*[30] der verdünnten Schwefelsäure am Kupfer 1 Äq. Wasserstoff aus, welcher in Blasen entweicht. Am Zink bildet sich 1 Äq. Sauerstoff, der das Zink zu Zinkoxyd oxydiert, welches sich in der umgebenden Säure zu schwefelsaurem Zinkoxyd löst." (I, S. 593.)

Um Wasserstoffgas und Sauerstoffgas aus Wasser abzuscheiden, dazu ist für jedes Wassermolekül eine Energie von 68924 Wärmeeinheiten erforderlich. Woher kommt nun in obiger Kette die Energie? „Durch den elektrolytischen Prozeß." Und woher nimmt sie der elektrolytische Prozeß? Keine Antwort.

Nun aber erzählt uns ferner Wiedemann nicht einmal, sondern mindestens zweimal (I, S. 472 und 614), daß überhaupt „nach neueren Erfahrungen [bei der Elektrolyse] das Wasser selbst nicht zersetzt wird", sondern in unserm Fall die Schwefelsäure H_2SO_4. die einerseits zu H_2, andrerseits zu $SO_3 + O$ zerfällt, wobei H_2 und O unter Umständen gasförmig entweichen können. Dadurch aber ändert sich die ganze Natur des Prozesses. Das H_2 von H_2SO_4 wird direk ersetzt durch das zweiwertige Zink und bildet Zinksulfat $ZnSO_4$. Bleibt übrig auf der einen Seite H_2, auf der anderen $SO_3 + O$. Die beiden Gase entweichen in den Verhältnissen, in denen sie Wasser bilden, das SO_3 verbindet sich mit Lösungswasser H_2O wieder zu H_2SO_4, d. h. Schwefelsäure. Bei der Bildung von $ZnSO_4$ wird aber eine Energiemenge entwickelt, die nicht nur zur Verdrängung und Freisetzung des Wasserstoffs der Schwefelsäure hinreicht, sondern noch einen bedeutenden Überschuß läßt, der in unserm Fall zur Strombildung verwendet wird. Das Zink wartet also nicht, bis der elektrolytische Prozeß ihm den freien Sauerstoff zur Verfügung stellt, um sich damit erst zu oxydieren und dann in der Säure zu lösen. Im Gegenteil. Es tritt direkt in den Prozeß ein, der erst *durch diesen Eintritt des Zinks* überhaupt zustande kommt.

Wir sehen hier, wie den veralteten Kontaktvorstellungen veraltete chemische Vorstellungen zu Hilfe kommen. Nach der neueren Anschauung ist ein Salz eine Säure, worin der Wasserstoff durch ein Metall ersetzt ist. Der hier zu untersuchende Vorgang bestätigt diese Anschauung: Die direkte Verdrängung des Wasserstoffs der Säure durch das Zink erklärt den Energieumsatz vollkommen. Die ältere Anschauung, der Wiedemann folgt, hält ein Salz für eine Verbindung eines Metalloxyds mit einer Säure und spricht daher statt von Zinksulfat von schwefelsaurem Zinkoxyd. Um aber in unsrer Kette von Zink und Schwefelsäure zu schwefelsaurem Zinkoxyd zu kommen, muß das Zink erst oxydiert werden. Um das Zink schnell genug zu oxydieren, müssen wir freien Sauerstoff haben. Um zu freiem Sauerstoff zu kommen, müssen wir – da am Kupfer Wasserstoff erscheint – annehmen, daß das Wasser zersetzt wird. Um das Wasser zu zersetzen, brauchen wir eine gewaltige Energie. Wie zu dieser kommen? Einfach „durch den elektrolytischen Prozeß", der selbst wieder nicht in Gang kommen kann, solange nicht sein chemisches Schlußprodukt, das „schwefelsaure Zinkoxyd" angefangen, sich zu bilden. Das Kind gebiert die Mutter.

Auch hier also wird bei Wiedemann der ganze Verlauf total umgekehrt und auf den Kopf gestellt. Und zwar deswegen, weil Wiedemann aktive und passive Elektrolyse, zwei direkt entgegengesetzte Prozesse, ohne weiteres zusammenwirft als Elektrolyse schlechthin.

Bisher haben wir nur die Vorgänge in der Kette untersucht, d. h. denjenigen Prozeß, bei dem ein Überschuß von Energie durch chemische Aktion frei und durch die Einrichtungen der Kette in Elektrizität umgesetzt wird. Dieser Prozeß kann aber bekanntlich auch umgekehrt werden: Die in der Kette aus chemischer Energie dargestellte Elektrizität des dauernden Stroms kann ihrerseits wieder in chemische Energie rückverwandelt werden in der in den Schließungskreis eingesetzten Zersetzungszelle. Beide Prozesse sind augenscheinlich einander entgegengesetzt; fassen wir den ersten als chemisch-elektrisch, so ist der zweite elektro-chemisch. Beide können in demselben Schließungskreise an den gleichen Stoffen vorgehn. So kann die Säule aus Gaselementen, deren Strom durch Verbindung von Wasserstoff und Sauerstoff zu Wasser erzeugt wird, in einer eingeschalteten Zersetzungszelle Wasserstoffgas und Sauerstoffgas in den Verhältnissen liefern, in denen sie Wasser bilden. Die übliche Betrachtungsweise faßt diese beiden entgegengesetzten Prozesse zusammen unter den *einen* Ausdruck: Elektrolyse, und unterscheidet nicht einmal zwischen einer aktiven und einer passiven Elektrolyse, einer Erregerflüssigkeit und einem passiven Elektrolyten. So behandelt Wiedemann die Elektrolyse im allgemeinen auf 143 Seiten und fügt dann am Schluß einige Bemerkungen über „Elektrolyse in der Kette" hinzu, von denen die Vorgänge in wirklichen Ketten noch dazu nur den kleinsten Teil der 17 Seiten dieses Abschnitts einnehmen. Auch in der folgenden „Theorie der Elektrolyse" wird dieser Gegensatz von Kette und Zersetzungszelle nicht einmal erwähnt, und wer in dem sich anschließenden Kapitel „Einfluß der Elektrolyse auf den Leitungswiderstand und die elektromotorische Kraft im Schließungskreis" irgendwelche Berücksichtigung der Energieumsätze im Schließungskreise suchte, der würde bitter enttäuscht werden.

10 Engels, Dialektik der Natur

Betrachten wir nun den unwiderstehlichen „elektrolytischen Prozeß", der ohne sichtbare Energiezufuhr H_2 von O trennen kann, und der in den vorliegenden Abschnitten des Buchs dieselbe Rolle spielt wie vorhin die geheimnisvolle „elektrische Scheidungskraft".

„Neben dem *primären, rein elektrolytischen*[31] Prozeß der Trennung der Ionen treten nun noch eine Menge *sekundärer*, von demselben ganz unabhängiger, *rein chemischer* Prozesse durch Einwirkung der durch den Strom abgeschiedenen Ionen auf. Diese Einwirkung kann auf den Stoff der Elektroden und auf den zersetzten Körper, in Lösungen auch auf das Lösungsmittel stattfinden." (I, S. 481.) — Gehn wir zurück auf obige Kette: Zink und Kupfer in verdünnter Schwefelsäure. Hier sind nach Wiedemanns eigner Aussage die getrennten Ionen das H_2 und O des Wassers. Folglich ist ihm die Oxydation des Zinks und die Bildung von $ZnSO_4$ ein sekundärer, vom elektrolytischen Prozeß unabhängiger, rein chemischer Vorgang, trotzdem durch ihn der primäre erst möglich wird. Betrachten wir nun etwas im einzelnen die Verwirrung, die aus dieser Verkehrung des wirklichen Verlaufs notwendig entstehn muß.

Halten wir uns zunächst an die sogenannten sekundären Prozesse in der Zersetzungszelle, wovon uns Wiedemann einige Beispiele[1] vorführt (S. 481–482).

I. Elektrolyse von schwefelsaurem Natron (Na_2SO_4) in Wasser gelöst. Dies „zerfällt ... in 1 Äq. $SO_3 + O$ ... und 1 Äq. Na... Letzteres reagiert aber auf das Lösungswasser und scheidet aus demselben 1 Äq. H ab, während sich 1 Äq. Natron [NaOH] bildet und in dem umgebenden Wasser löst". Die Gleichung ist:

---

[1] Ein für allemal sei bemerkt, daß Wiedemann überall die alten chemischen Äquivalentwerte anwendet, HO, ZnCl usw. schreibt. In meinen Gleichungen sind überall die modernen Atomgewichte angewandt, es heißt also H_2O, $ZnCl_2$ usw. [*Anmerkung von Engels.*]

$$Na_2SO_4 + 2\,H_2O = O + SO_3 + 2\,NaOH + 2\,H.$$

In diesem Beispiel könnte in der Tat die Zersetzung

$$Na_2SO_4 = Na_2 + SO_3 + O$$

als primärer, elektrochemischer, und die weitere Umsetzung

$$Na_2 + 2\,H_2O = 2\,NaHO + 2\,H$$

als sekundärer, rein chemischer Vorgang gefaßt werden. Aber dieser sekundäre Vorgang wird unmittelbar an der Elektrode bewirkt, wo der Wasserstoff erscheint, die dabei freigesetzte, sehr bedeutende Energiemenge (111810 Wärmeeinheiten für Na, O, H, aq. nach Julius Thomsen) wird daher, wenigstens größtenteils, in Elektrizität umgesetzt, und nur ein Teil in der Zelle unmittelbar in Wärme verwandelt. Letzteres kann aber auch der in der *Kette* direkt oder primär freigesetzten chemischen Energie passieren. Die so verfügbar gewordene und in Elektrizität verwandelte Energiemenge subtrahiert sich aber von derjenigen, die der Strom zur fortdauernden Zersetzung des Na_2SO_4 liefern muß. Erschien die Verwandlung des Natriums in Oxydhydrat im *ersten* Moment des Gesamtvorgangs als sekundärer Prozeß, so wird sie vom zweiten Moment an wesentlicher Faktor des Gesamtvorgangs und hört damit auf, sekundär zu sein.

Nun findet aber noch ein dritter Prozeß in dieser Zersetzungszelle statt: SO_3 verbindet sich, falls es nicht mit dem Metall der positiven Elektrode eine Verbindung eingeht, wobei wieder Energie frei würde, mit H_2O zu H_2SO_4, Schwefelsäure. Diese Umsetzung geht aber nicht notwendig unmittelbar an der Elektrode vor sich, und die dabei freiwerdende Energiemenge (21320 Wärmeeinheiten, Julius Thomsen) verwandelt sich daher ganz oder zum allergrößten Teil in der Zelle selbst in Wärme und gibt höchstens einen sehr kleinen Teil als Elektrizität an den Strom ab. Der einzige wirklich sekundäre Prozeß, der in dieser Zelle vorgeht, wird also von Wiedemann gar nicht erwähnt.

II. „Elektrolysiert man eine Lösung von Kupfervitriol [$CuSO_4$ + 5 H_2O] zwischen einer positiven Elektrode von Kupfer und einer negativen von Platin, so scheidet sich, bei gleichzeitiger Zersetzung von schwefelsaurem Wasser in demselben Stromkreis, an der negativen Platinelektrode auf 1 Äq. zersetzten Wassers 1 Äq. Kupfer aus; an der positiven Elektrode sollte 1 Äq. SO_4 erscheinen; letzteres verbindet sich aber mit dem Kupfer der Elektrode zu 1 Äq. $CuSO_4$, welches sich in dem Wasser der elektrolysierten Lösung auflöst." [I, S. 481.]

Wir haben uns den Prozeß in der modernen chemischen Ausdrucksweise also so vorzustellen: Am Platin schlägt sich Cu nieder, das freiwerdende SO_4, das als solches für sich nicht bestehn kann, zerfällt in SO_3 + O, welches letztere frei entweicht; SO_3 nimmt aus dem Lösungswasser H_2O auf und bildet H_2SO_4, welches sich wieder unter Freisetzung von H_2 mit dem Kupfer der Elektrode zu $CuSO_4$ verbindet. Wir haben hier, genau gesprochen, drei Vorgänge: 1. Trennung von Cu und SO_4; 2. SO_3 + O + H_2O = H_2SO_4 + O; 3. H_2SO_4 + Cu = H_2 + $CuSO_4$. Es liegt nahe, den ersten als primär, die beiden andern als sekundär aufzufassen. Fragen wir aber nach den Energieumsätzen, so finden wir, daß der erste durch einen Teil des dritten Vorgangs vollständig kompensiert wird: die Trennung des Kupfers von SO_4 durch die Wiedervereinigung beider an der andern Elektrode. Wenn wir von der zur Fortschiebung des Kupfers von einer Elektrode zur andern erforderlichen Energie absehn und ebenso von unvermeidlichem, nicht genau bestimmbarem Energieverlust in der Kette durch Umsetzung in Wärme, so haben wir hier den Fall, daß der sogenannte primäre Vorgang dem Strom keine Energie entzieht. Der Strom liefert Energie ausschließlich zur Ermöglichung der noch dazu indirekten Trennung von H_2 und O, die als wirkliches chemisches Resultat des ganzen Prozesses sich erweist – also zur Durchführung eines *sekundären* oder gar tertiären Prozesses.

In beiden obigen Beispielen wie auch in andern Fällen hat die

Unterscheidung von primären und sekundären Prozessen indes eine unleugbare relative Berechtigung. So wird beide Male unter anderm anscheinend auch Wasser zersetzt und die Elemente des Wassers an den entgegengesetzten Elektroden abgeschieden. Da nach den neuesten Erfahrungen absolut reines Wasser dem Ideal eines Nichtleiters, also auch eines Nicht-Elektrolyts so nahe wie möglich kommt, ist es wichtig nachzuweisen, daß in diesen und ähnlichen Fällen nicht das Wasser direkt elektrochemisch zersetzt wird, sondern daß die Elemente des Wassers aus der Säure, zu deren Bildung hier das Lösungswasser allerdings mitwirken muß, abgeschieden werden.

III. „Elektrolysiert man gleichzeitig in zwei U-förmigen Röhren ... Chlorwasserstoffsäure [$HCl + 8 H_2O$]... und bedient sich in dem einen Rohre einer positiven Elektrode von Zink, in dem anderen einer solchen von Kupfer, so löst sich in dem ersten Rohre die Zinkmenge 32,53, in dem anderen die Kupfermenge $2 \times 31{,}7$."[32]

Lassen wir das Kupfer einstweilen beiseite, und halten wir uns ans Zink. Als primärer Prozeß gilt hier die Zersetzung von HCl, als sekundärer die Lösung von Zn.

Nach dieser Auffassung also führt der Strom von außen der Zersetzungszelle die zur Trennung von H und Cl nötige Energie zu, und nachdem diese Trennung vollzogen, vereinigt sich das Cl mit dem Zn, wobei eine Energiemenge frei wird, die sich von der zur Trennung von H und Cl erforderlichen subtrahiert; der Strom braucht also nur die Differenz zuzuführen. Soweit stimmt alles aufs schönste; betrachten wir uns aber die beiden Energiemengen näher, so finden wir, daß die bei Bildung von $ZnCl_2$ freigesetzte *größer* ist, als die bei Trennung von 2 HCl verbrauchte; daß also der Strom nicht nur keine Energie zuzuführen braucht, sondern im Gegenteil *Energie empfängt*. Wir haben gar kein passives Elektrolyt mehr vor uns, sondern eine Erregerflüssigkeit, keine Zersetzungszelle, sondern eine *Kette*, die die strombildende Säule um ein neues Element verstärkt; der Prozeß, den wir als sekundär auffassen sollen, wird absolut primär, wird die Energiequelle des ganzen Vorgangs und macht ihn unabhängig von dem zugeführten Strom der Säule.

Hier sehn wir deutlich, was die Quelle der ganzen in Wiedemanns theoretischer Darstellung herrschenden Verwirrung ist. Wiedemann geht aus von der Elektrolyse, ob diese aktiv oder passiv, Kette oder Zersetzungszelle, ist einerlei: Pflasterkasten ist Pflasterkasten, wie der alte Major zum „Einjährigen" Doktor der Philosophie sagte[33]. Und da die Elektrolyse in der Zersetzungszelle viel einfacher zu studieren ist als in der Kette, so geht er tatsächlich aus von der Zersetzungszelle, macht die in ihr sich vollziehenden Vorgänge, ihre teilweise berechtigte Einteilung in primäre und sekundäre, zum Maßstab der gradezu umgekehrten Vorgänge in der Kette und merkt dabei nicht einmal, wenn ihm unter der Hand die Zersetzungszelle sich in eine Kette verwandelt. Daher kann er den Satz aufstellen: „Die chemische Affinität der ausgeschiedenen Stoffe gegen die Elektroden ist ohne Einfluß auf den eigentlichen elektrolytischen Prozeß" (I, S. 471), ein Satz, der in dieser absoluten Form, wie wir sahen, total falsch ist. Daher dann die dreifache Theorie der Strombildung bei ihm: zuerst die altüberkommene, vermittelst des reinen Kontakts; zweitens die vermittelst der schon abstrakter gefaßten elektrischen Scheidungskraft, die auf unerklärliche Weise sich oder dem „elektrolytischen Prozeß" die Energie verschafft, das H und Cl in der Kette auseinanderzureißen und außerdem noch einen Strom zu bilden; endlich die moderne, chemisch-elektrische, die in der algebraischen Summe aller chemischen Aktionen in der Kette die Quelle dieser Energie nachweist. Wie er nicht merkt, daß die zweite Erklärung die erste umstößt, ebensowenig ahnt er, daß die dritte ihrerseits die zweite über den Haufen wirft. Im Gegenteil, der Satz von der Erhaltung der Energie wird ganz äußerlich an die alte, von der Routine überkommene Theorie angefügt, wie man einen neuen geometrischen Lehrsatz an die früheren anhängt. Keine Ahnung davon, daß dieser Satz eine Revision der ganzen traditionellen Anschauungsweise auf diesem wie auf allen andern Gebieten der Naturwissenschaft nötig macht. Dabei beschränkt sich Wiedemann darauf, ihn bei der Stromerklärung einfach zu konstatieren, und legt ihn dann ruhig beiseite, um ihn erst ganz am Schluß des Buchs, im Kapitel über die Arbeitsleistungen des Stroms, wieder hervorzusuchen. Selbst in der Theorie der Elektrizitätserregung durch Kontakt (I, S. 781 ff.) spielt die Erhaltung der Energie in Beziehung auf die Hauptsache gar keine Rolle und wird nur gelegentlich zur Aufhellung von Nebenpunkten herbeigezogen; sie ist und bleibt ein „sekundärer Vorgang".

Kehren wir zurück zu obigem Exempel III. Dort wurde durch denselben Strom in zwei U-förmigen Röhren Chlorwasserstoffsäure elektrolysiert, aber in der einen Zink, in der andern Kupfer als positive Elektrode verwandt. Nach dem Faradayschen elektrolytischen Grundgesetz zersetzt derselbe galvanische Strom in jeder Zelle äquivalente Mengen der Elektrolyte, und die Quantitäten der an beiden Elektroden abgeschiednen Stoffe stehn gleichfalls im Verhältnis ihrer Äquivalente (I, S. 470). Nun fand sich, daß in obigem Fall im ersten Rohr die Zinkmenge 32,53, im andern die Kupfermenge $2 \times 31{,}7$ gelöst wurde. „Es ist dies indes", fährt Wiedemann fort, „kein Beweis für die Äquivalenz dieser Werte. Dieselben werden nur bei sehr wenig dichten Strömen unter Bildung von Zinkchlorid ... einerseits, von Kupferchlorür ... andererseits beobachtet. Bei dichteren Strömen würde für dieselbe gelöste Zinkmenge die Menge des gelösten Kupfers unter Bildung steigender Mengen von Chlorid ... bis zu 31,7 sinken."

Zink bildet bekanntlich nur eine Chlorverbindung, Zinkchlorid $ZnCl_2$; Kupfer dagegen zwei, Cuprichlorid $CuCl_2$ und Cuprochlorid Cu_2Cl_2. Der Hergang ist also, daß der schwache Strom auf je zwei Chloratome von der Elektrode zwei Kupferatome losreißt, die mit *einer* ihrer beiden Verbindungseinheiten unter sich verbunden bleiben, während ihre beiden freien Verbindungseinheiten sich mit den zwei Chloratomen vereinigen:

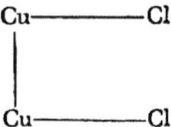

Wird der Strom dagegen stärker, so reißt er die Kupferatome ganz voneinander, und jedes für sich vereinigt sich mit zwei Chloratomen:

Bei Strömen mittlerer Stärke bilden sich beide Verbindungen, nebeneinander. Es ist also lediglich die Stromstärke, die die Bildung der einen oder der andern Verbindung bedingt, und der Vorgang ist daher wesentlich *elektro*chemisch, wenn anders dies Wort einen Sinn hat. Trotzdem erklärt ihn Wiedemann ausdrücklich für sekundär, also für nicht elektrochemisch, sondern rein chemisch. Der obige Versuch ist von Renault (1867) und gehört zu einer ganzen Reihe ähnlicher Versuche, bei denen derselbe Strom in einer U-Röhre durch Kochsalzlösung (positive Elektrode Zink), in einer andern Zelle durch wechselnde Elektrolyte mit verschiednen Metallen als positiven Elektroden geleitet wurde. Hierbei wichen die auf ein Äquivalent Zink gelösten Mengen der andern Metalle sehr ab, und Wiedemann gibt die Resultate der ganzen Versuchsreihe, die aber in der Tat meist chemisch sich von selbst verstehn und gar nicht anders sein können. So wurde auf 1 Äq. Zink nur $^2/_3$ Äq. Gold in Salzsäure gelöst. Dies kann nur dann verwunderlich erscheinen, wenn man sich wie Wiedemann an die alten Äquivalentgewichte hält und für Zinkchlorid ZnCl schreibt, wonach das Chlor sowohl wie das Zink nur mit *einer* Verbindungseinheit in dem Chlorid erscheint. In Wirklichkeit stecken darin auf ein Zinkatom zwei Chloratome ($ZnCl_2$) und, sowie wir diese Formel kennen, sehn wir sofort, daß in obiger Bestimmung der Äquivalente das Chloratom als Einheit anzunehmen ist und nicht das Zinkatom. Die Formel für Goldchlorid ist aber $AuCl_3$, wonach es auf der Hand liegt, daß 3 $ZnCl_2$ genausoviel Chlor enthalten wie 2 $AuCl_3$ und somit alle, primären, sekundären und tertiären Prozesse in der Kette oder Zelle genötigt sein werden, auf einen in Zinkchlorid verwandelten Gewichtsteil[34] Zink nicht mehr und nicht weniger als $2/3$ Gewichtsteile[34] Gold in Goldchlorid zu verwandeln. Dies gilt absolut, es sei denn, daß auch die Verbindung AuCl auf galvanischem Wege herstellbar wäre, in welchem Falle auf 1 Äq. Zink sogar 2 Äq. Gold gelöst werden müßten, und wo dann auch ähnliche Variationen je nach der Stromstärke eintreten könnten wie oben beim Kupfer und Chlor. Der Wert der Versuche von Renault besteht darin, daß sie aufzeigen, wie das Faradaysche Gesetz bestätigt wird durch Tatsachen, die ihm zu widersprechen scheinen. Was sie aber zur Beleuchtung von sekundären Vorgängen bei der Elektrolyse beitragen sollen, ist nicht abzusehn.

Das dritte Beispiel aus Wiedemann führte uns bereits wieder von der Zersetzungszelle zur Kette. Und in der Tat bietet die Kette bei weitem das größte Interesse dar, sobald man die elektrolytischen Vorgänge in Beziehung auf die dabei stattfindenden Umsetzungen von Energie untersucht. So stoßen wir nicht selten auf Ketten, in denen die chemisch-elektrischen Prozesse direkt im Widerspruch mit dem Gesetz der Erhaltung der Energie zu stehn und sich entgegen der chemischen Verwandtschaft zu vollziehen scheinen.

Nach Poggendorffs Messungen liefert die Kette: Zink, konzentrierte Kochsalzlösung, Platin, einen Strom von der Stärke 134,6. Wir haben hier also eine ganz respektable Elektrizitätsmenge, $1/3$ mehr als im Daniellschen Element. Woher stammt die hier als

Elektrizität erscheinende Energie? Der „primäre" Vorgang ist die Verdrängung des Natriums aus der Chlorverbindung durch das Zink. Aber in der gewöhnlichen Chemie verdrängt nicht das Zink das Natrium, sondern umgekehrt, das Natrium verdrängt das Zink aus Chlor- und andern Verbindungen. Der „primäre" Vorgang, weit entfernt davon, dem Strom obige Energiemenge abgeben zu können, bedarf im Gegenteil, um zustande zu kommen, selbst einer Energiezufuhr von außen. Mit dem bloßen „primären" Vorgang sitzen wir also wieder fest. Sehen wir uns also den wirklichen Vorgang an. Da finden wir, daß die Umsetzung ist, nicht

$$Zn + 2\,NaCl = ZnCl_2 + 2\,Na,$$

sondern

$$Zn + 2\,NaCl + 2\,H_2O = ZnCl_2 + 2\,NaOH + H_2.$$

Mit andern Worten, das Natrium wird nicht an der negativen Elektrode frei abgeschieden, sondern oxydratisiert, wie oben im Beispiel I (S. [146−147]).

Um die hierbei stattfindenden Energieumsätze zu berechnen, geben uns Julius Thomsens Bestimmungen wenigstens Anhaltspunkte. Danach haben wir freigesetzte Energie bei den Verbindungen:

$(ZnCl_2) = 97\,210$, $(ZnCl_2,\ aqua) = 15\,630$,

zusammen für gelöstes Zinkchlorid = 112 840 Wärmeeinheiten
2 (Na, O, H, aqua)   = 223 620   ,,   ,,
                                   ─────────
                                     336 460   ,,   ,,

Davon ab Energieverbrauch bei den Trennungen:

2 (Na, Cl, aq.) = 193 020 Wärmeeinheiten
2 (H$_2$, O)   = 136 720   ,,   ,,
                ─────────
                  329 740   ,,   ,,

Überschuß freigesetzter Energie =   6 720 Wärmeeinheiten.

Diese Summe ist offenbar gering für die erlangte Stromstärke, aber sie reicht hin, um einerseits die Trennung des Natriums vom Chlor und andrerseits die Strombildung überhaupt zu erklären.

Hier haben wir ein schlagendes Beispiel dafür, daß die Unterscheidung von primären und sekundären Vorgängen durchaus relativ ist und uns ad absurdum [ins Ungereimte] führt, sobald wir sie absolut nehmen. Der primäre elektrolytische Prozeß kann, allein genommen, nicht nur keinen Strom erzeugen, sondern nicht einmal sich selbst vollziehn. Der sekundäre, angeblich rein chemische Prozeß ist es, der den primären erst möglich macht und obendrein den ganzen Energieüberschuß für die Strombildung liefert. Er hat sich also in Wirklichkeit als der primäre, und dieser sich als sekundär erwiesen. Wenn Hegel den Metaphysikern und metaphysizierenden Naturforschern ihre eingebildeten festen Unterschiede und Gegensätze dialektisch in ihr Gegenteil verkehrte, so hieß es, er habe ihnen die Worte im Munde verdreht. Wenn aber die Natur damit ebenso verfährt wie der alte Hegel, so wird es doch wohl Zeit, die Sache etwas näher zu untersuchen.

Mit größerem Recht kann man Vorgänge als sekundär betrachten, die sich zwar *infolge* des chemisch-elektrischen Prozesses der Kette oder des elektrochemischen der Zersetzungszelle vollziehn, aber unabhängig und getrennt davon, die also in einiger Entfernung von den Elektroden stattfinden. Die bei solchen sekundären Prozessen vor sich gehenden Energieumsätze treten daher auch nicht in den elektrischen Prozeß ein; weder entziehn sie, noch liefern sie ihm direkt Energie. Solche Vorgänge kommen in der Zersetzungszelle sehr häufig vor; wir hatten oben unter Exempel I ein Beispiel an der Bildung von Schwefelsäure bei der Elektrolyse von Natriumsulfat. Sie haben hier jedoch weniger Interesse. Dagegen ist ihr Auftreten in der Kette von größerer praktischer Wichtigkeit. Denn wenn sie auch dem chemisch-elektrischen Prozeß nicht direkt Energie zufügen oder entziehn, so verändern sie doch die Summe der in der Kette überhaupt vorhandenen verfügbaren Energie und affizieren ihn dadurch indirekt.

Dahin gehören, außer nachträglichen chemischen Umsetzungen gewöhnlicher Art, die Erscheinungen, welche auftreten, wenn die Ionen an den Elektroden in einen andern Zustand abgeschieden werden als der, worin sie gewöhnlich frei auftreten, und wenn sie dann in diesen letzteren übergehn, erst nachdem sie sich von den Elektroden entfernt haben. Die Ionen können dabei eine andre Dichtigkeit oder einen andern Aggregatzustand annehmen. Sie können aber auch in Beziehung auf ihre Molekularkonstitution bedeutende Veränderungen erleiden, und dieser Fall ist der interessanteste. In allen diesen Fällen entspricht der sekundären, in einer gewissen Entfernung von den Elektroden vor sich gehenden chemischen oder physikalischen Veränderung der Ionen eine analoge Wärmeveränderung; meist wird Wärme freigesetzt, in einzelnen Fällen wird sie verbraucht. Diese Wärmeänderung beschränkt sich selbstredend zunächst auf den Ort, wo sie eintritt: Die Flüssigkeit in der Kette oder Zersetzungszelle erwärmt sich oder kühlt sich ab, der übrige Schließungskreis bleibt davon unberührt. Daher heißt diese Wärme die *lokale* Wärme. Um das Äquivalent dieser in der Kette erzeugten positiven oder negativen lokalen Wärme wird also die für die Umwandlung in Elektrizität disponible, freigesetzte chemische Energie vermindert, respektive vermehrt. In einer Kette mit Wasserstoffsuperoxyd und Salzsäure wurde nach Favre $^2/_3$ der ganzen freigesetzten Energie als lokale Wärme verbraucht; das Grovesche Element dagegen kühlte sich nach der Schließung bedeutend ab und führte also dem Stromkreis durch Wärmeabsorption noch Energie von außen zu. Wir sehen also, daß auch diese sekundären Prozesse auf den primären zurückwirken. Wir mögen uns anstellen, wie wir wollen, die Unterscheidung zwischen primären und sekundären Vorgängen bleibt eine bloß relative und hebt sich in der Wechselwirkung beider aufeinander regelmäßig wieder auf. Wenn man dies vergißt, wenn man solche relativen Gegensätze als absolute behandelt, so fährt man schließlich rettungslos in Widersprüchen fest, wie wir oben gesehn.

Bei der elektrolytischen Abscheidung von Gasen beschlagen sich bekanntlich die Metallelektroden mit einer dünnen Gasschicht; die Stromstärke nimmt infolgedessen ab, bis die Elektroden mit Gas gesättigt sind, worauf der geschwächte Strom wieder konstant wird. Favre und Silbermann haben nachgewiesen, daß in einer solchen Zersetzungszelle ebenfalls lokale Wärme entsteht, die nur daher rühren kann, daß die Gase an den Elektroden nicht in dem Zustand freigesetzt werden, in dem sie gewöhnlich auftreten, sondern daß sie nach ihrer Trennung von den Elektroden erst in diesen gewöhnlichen Zustand versetzt werden durch einen weiteren mit Wärmeentwicklung verbundenen Prozeß. Aber in welchem Zustand werden die Gase an den Elektroden abgeschieden? Man kann sich hierüber nicht vorsichtiger aussprechen, als Wiedemann dies tut. Er nennt ihn „einen gewissen", einen „allotropen", einen „aktiven", bei Sauerstoff endlich manchmal einen „ozonisierten" Zustand. Beim Wasserstoff wird noch viel geheimnisvoller gesprochen. Gelegentlich bricht die Ansicht durch, daß Ozon und Wasserstoffsuperoxyd die Formen sind, in denen dieser „aktive" Zustand sich realisiert. Dabei verfolgt das Ozon unsern Verfasser derart, daß er sogar die extrem elektronegativen Eigenschaften gewisser Superoxyde daraus erklärt, daß sie „einen Teil des Sauerstoffs möglicherweise *im ozonisierten Zustand*[35] enthalten"! (I, S. 57.) Sicher bildet sich bei der sogenannten Wasserzersetzung sowohl Ozon wie Wasserstoffsuperoxyd, aber nur in kleinen Mengen. Es fehlt aller Grund anzunehmen, daß die lokale Wärme im vorliegenden Fall durch erst Entstehung und dann Zersetzung größerer Mengen obiger beider Verbindungen vermittelt werde. Die Bildungswärme von Ozon (O_3) aus den *freien* Sauerstoffatomen kennen wir nicht. Diejenige des Wasserstoffsuperoxyds aus H_2O (flüssig) $+ O$ ist nach Berthelot $= -21480$; die

Entstehung dieser Verbindung in größeren Mengen würde also einen starken Energiezuschuß (etwa 30 Prozent der zur Trennung von H_2 und O erforderlichen Energie) bedingen, der doch auffällig und nachweisbar sein müßte. Endlich aber würden Ozon und Wasserstoffsuperoxyd nur vom Sauerstoff Rechenschaft geben (wenn wir von Stromumkehrungen absehn, wobei beide Gase an derselben Elektrode zusammenkämen), nicht aber vom Wasserstoff. Und doch entweicht auch dieser in einem „aktiven" Zustand, so zwar, daß er sich in der Kombination: Kaliumnitratlösung zwischen Platinelektroden, mit dem aus der Säure abgeschiednen Stickstoff direkt zu Ammoniak verbindet.

Alle diese Schwierigkeiten und Bedenklichkeiten existieren in der Tat nicht. Körper „in einem aktiven Zustand" abzuscheiden, ist kein Monopol des elektrolytischen Prozesses. Jede chemische Zersetzung tut dasselbe. Sie scheidet das freigesetzte chemische Element aus zunächst in der Form von freien Atomen O, H, N etc., die sich erst nach ihrer Freisetzung zu Molekülen O_2, H_2, N_2 etc. verbinden können und bei dieser Verbindung eine bestimmte, bisher indes noch nicht feststellbare Menge Energie abgeben, die als Wärme erscheint. Während des verschwindenden Augenblicks aber, wo die Atome frei sind, sind sie Träger der gesamten Energiemenge, die sie überhaupt auf sich nehmen können; im Besitz ihres Energiemaximums sind sie frei, jede sich ihnen darbietende Verbindung einzugehn. Sie sind also „in einem aktiven Zustand" gegenüber den Molekülen O_2, H_2, N_2, die bereits einen Teil jener Energie abgegeben haben und in eine Verbindung mit andern Elementen nicht eintreten können, ohne daß diese abgegebne Energiemenge von außen wieder zugeführt werde. Wir haben also gar nicht nötig, erst zu Ozon und Wasserstoffsuperoxyd, die selbst erst Produkte jenes aktiven Zustands sind, unsre Zuflucht zu nehmen. Wir können z. B. die eben erwähnte Ammoniakbildung bei Elektrolyse von Kaliumnitrat auch ohne Kette einfach chemisch vornehmen, indem wir Salpetersäure oder eine Nitratlösung einer

Flüssigkeit zusetzen, in der Wasserstoff durch chemische Prozesse frei wird. Der aktive Zustand des Wasserstoffs ist in beiden Fällen derselbe. Das Interessante am elektrolytischen Prozeß ist aber dies, daß hier das verschwindende Dasein freier Atome sozusagen faßbar wird. Der Vorgang teilt sich hier in zwei Phasen: Die Elektrolyse liefert die freien Atome an den Elektroden ab, aber ihre Verbindung zu Molekülen findet statt in einiger Entfernung von den Elektroden. So verschwindend klein diese Entfernung auch für Massenverhältnisse sein mag, sie reicht hin, um die Verwendung der bei der Molekülbildung freigesetzten Energie für den elektrischen Prozeß wenigstens größtenteils zu verhindern und damit ihre Verwandlung in Wärme — die lokale Wärme in der Kette — zu bedingen. Hierdurch aber ist konstatiert, daß die Elemente als freie Atome abgeschieden worden sind und einen Moment als freie Atome in der Kette bestanden haben. Diese Tatsache, die wir in der reinen Chemie nur durch theoretische Schlußfolgerungen feststellen können, wird uns hier experimentell bewiesen, soweit dies möglich ist ohne sinnliche Wahrnehmung der Atome und Moleküle selbst. Und darin liegt die hohe wissenschaftliche Bedeutung der sogenannten lokalen Wärme der Kette.

Die Verwandlung der chemischen Energie in Elektrizität vermittelst der Kette ist ein Vorgang, über dessen Verlauf wir so gut wie nichts wissen und auch wohl erst dann etwas Näheres erfahren werden, wenn der modus operandi [die Wirkungsweise] der elektrischen Bewegung selbst besser bekannt sein wird.

Der Kette wird eine „elektrische Scheidungskraft" zugeschrieben, die für jede bestimmte Kette bestimmt ist. Wie wir gleich am Anfang sahen, ist von Wiedemann zugegeben, daß diese elektrische Scheidungskraft nicht eine bestimmte Form der Energie ist. Sie ist im Gegenteil zunächst nichts als das Vermögen, die Eigenschaft einer Kette, in der Zeiteinheit eine bestimmte Menge freigesetzter chemischer Energie in Elektrizität umzuwandeln. Diese chemische Energie selbst nimmt in dem ganzen Verlauf nie die Form der „elektrischen Scheidungskraft" an, sondern im Gegenteil sogleich und unmittelbar die der sogenannten „elektromotorischen Kraft", d. h. der elektrischen Bewegung. Wenn man im gewöhnlichen Leben von der Kraft einer Dampfmaschine spricht in dem Sinn, daß sie imstande ist, in der Zeiteinheit eine bestimmte Menge Wärme in Massenbewegung umzusetzen, so liegt darin kein Grund, diese Begriffsverwirrung auch in die Wissenschaft einzuführen. Ebensogut könnten wir von der verschiedenen Kraft einer Pistole, eines Karabiners, eines glattläufigen Gewehrs und einer Langgeschoßbüchse sprechen, weil sie bei gleicher Pulverladung und gleichem Geschoßgewicht verschieden weit schießen. Hier tritt aber die Verkehrtheit des Ausdrucks deutlich vor Augen. Jedermann weiß, daß es die Entzündung der Pulverladung ist, die die Kugel forttreibt, und daß die verschiedne Tragweite der Waffe nur bedingt ist durch die größere oder geringere Energieverschwendung je nach der Rohrlänge, nach dem Spielraum des Geschosses[36] und nach seiner Form. Der Fall ist aber derselbe bei der Dampfkraft und bei der elektrischen Scheidungskraft. Zwei Dampfmaschinen – bei sonst gleichbleibenden Umständen, d. h. die in gleichen Zeiträumen in beiden freiwerdende Energiemenge gleichgesetzt – oder zwei galvanische Ketten, von denen dasselbe gilt, unterscheiden sich in ihren Arbeitsleistungen nur durch die in ihnen stattfindende größere oder geringere Energieverschwendung. Und wenn die Feuerwaffentechnik aller Armeen bisher fertig geworden ist ohne die Annahme einer besondern Schießkraft der Gewehre, so hat die Wissenschaft von der Elektrizität gar keine Entschuldigung für die Annahme einer, dieser Schießkraft analogen „elektrischen Scheidungskraft", einer Kraft, in der absolut keine Energie steckt, und die also auch aus sich selbst kein Milliontel Milligramm-Millimeter Arbeit leisten kann.

Dasselbe gilt von der zweiten Form dieser „Scheidungskraft", der von Helmholtz erwähnten „elektrischen Kontaktkraft der Metalle". Sie ist nichts andres, als die Eigenschaft der Metalle, bei ihrem Kontakt vorhandene Energie anderer Form in Elektrizität umzusetzen. Sie ist also ebenfalls eine Kraft, die kein Fünkchen Energie enthält. Nehmen wir mit Wiedemann an, die Energiequelle der Kontaktelektrizität liege in der lebendigen Kraft der Adhäsionsbewegung; so existiert diese Energie zuerst in der Form dieser Massenbewegung und setzt sich bei deren Verschwinden sofort um in elektrische Bewegung, ohne auch nur für einen Moment die Form der „elektrischen Kontaktkraft" anzunehmen.

Und nun wird uns noch dazu versichert, dieser „elektrischen Scheidungskraft", die nicht nur keine Energie in sich enthält, sondern nach ihrem Begriff gar keine enthalten *kann*, sei proportional die elektromotorische Kraft, d. h. die als Elektrizitätsbewegung wieder erscheinende chemische Energie! Diese Proportionalität zwischen Nicht-Energie und Energie gehört offenbar in dieselbe Mathematik, in der das „Verhältnis der Elektrizitätseinheit zum Milligramm" figuriert. Hinter der absurden Form aber, die nur der Auffassung einer simplen *Eigenschaft* als einer mystischen *Kraft* ihr Dasein verdankt, steckt eine ganz einfache Tautologie: Die Fähigkeit einer bestimmten Kette, freiwerdende chemische Energie in Elektrizität zu verwandeln, wird gemessen – durch was? Nun, durch die Menge der als Elektrizität im Schließungskreis wieder erscheinenden Energie im Verhältnis zu der in der Kette verbrauchten chemischen. Das ist alles.

Um zu einer elektrischen Scheidungskraft zu kommen, muß man den Notbehelf der beiden elektrischen Fluida ernsthaft nehmen. Um diese aus ihrer Neutralität heraus in ihre Polarität zu versetzen, um sie also auseinanderzureißen, dazu gehört ein gewisser Aufwand von Energie – die elektrische Scheidungskraft. Einmal voneinander getrennt, können die beiden Elektrizitäten bei ihrer Wiedervereinigung dieselbe Energiemenge wieder abgeben – elektromotorische Kraft. Da aber heutzutage kein Mensch mehr, nicht einmal Wiedemann, die beiden Elektrizitäten als wirkliche Wesenheiten betrachtet, so hieße es für ein verstorbenes Publikum schreiben, wollte man auf solche Vorstellungsweise des breiteren eingehn.

Der Grundirrtum der Kontakttheorie besteht darin, daß sie sich nicht von der Vorstellung trennen kann, die Kontaktkraft oder elektrische Scheidungskraft sei eine *Energiequelle*, was allerdings schwer war, nachdem man die bloße Eigenschaft eines Apparats, Energieverwandlung zu vermitteln, in eine *Kraft* verwandelt hatte; denn eine *Kraft* soll ja eben eine bestimmte Form der Energie sein. Weil Wiedemann diese unklare Kraftvorstellung nicht loswerden kann, obwohl sich ihm daneben die modernen Vorstellungen von unzerstörbarer und unerschaffbarer Energie aufgezwungen haben, deshalb verfällt er in jene sinnlose Stromerklärung Nr. I und in alle die später nachgewiesenen Widersprüche.

Wenn der Ausdruck: elektrische Scheidungskraft, direkt widersinnig, so ist der andere: elektromotorische Kraft, mindestens überflüssig. Wir hatten Thermomotoren lange, ehe wir Elektromotoren hatten, und dennoch wird die Wärmetheorie ganz gut fertig ohne eine besondre thermomotorische Kraft. Wie der einfache Ausdruck Wärme alle Bewegungserscheinungen in sich faßt, die dieser Form der Energie angehören, so kann es auch der Ausdruck Elektrizität auf seinem Gebiet. Dazu sind sehr viele Wirkungsformen der Elektrizität gar nicht direkt „motorisch", das Magnetisieren von Eisen, die chemische Zersetzung, die Umwandlung in Wärme. Und endlich ist es in jeder Naturwissenschaft, selbst in der Mechanik, jedesmal ein Fortschritt, wenn man das Wort *Kraft* irgendwo los wird.

Wir sahen, daß Wiedemann die chemische Erklärung der Vorgänge in der Kette nicht ohne ein gewisses Widerstreben annahm. Dies Widerstreben verfolgt ihn fortwährend; wo er der sogenannten chemischen Theorie etwas anhängen kann, geschieht's gewiß. So „ist es durchaus nicht begründet, daß die elektromotorische Kraft proportional der Intensität der chemischen Aktion ist" (I, S. 791). Ganz gewiß nicht in jedem Fall; wo aber diese Proportionalität nicht stattfindet, ist dies nur ein Beweis dafür, daß die Kette schlecht konstruiert ist, daß in ihr Energievergeudung stattfindet. Und deswegen hat derselbe Wiedemann ganz recht, wenn er in seinen theoretischen Ableitungen auf dergleichen Nebenumstände, die die Reinheit des Prozesses fälschen, durchaus keine Rücksicht nimmt, sondern schlankweg versichert, die elektromotorische Kraft eines Elements sei gleich dem mechanischen Äquivalent der in der Zeiteinheit in demselben, bei der Einheit der Stromintensität, stattfindenden chemischen Aktion.

An einer andern Stelle heißt es: „Daß ferner in der Säure-Alkali-Kette die Verbindung der Säure und des Alkalis nicht die Ursache der Strombildung ist, folgt aus den Versuchen § 61 (Becquerel und Fechner), § 260 (Dubois-Reymond) und § 261 (Worm-Müller), nach denen in gewissen Fällen, wenn sich dieselben in äquivalenten Mengen finden, kein Strom auftritt, und ebenso aus dem § 62 angeführten Versuche (Henrici), daß die elektromotorische Kraft bei Zwischenschaltung von Salpeterlösung zwischen die Kalilauge und Salpetersäure in gleicher Weise auftritt wie ohne dieselbe." (I, S. 791.)[37]

Die Frage, ob die Verbindung von Säure und Alkali eine Ursache der Strombildung sei, beschäftigt unsern Verfasser sehr ernstlich. Sie ist in dieser Form sehr einfach zu beantworten. Die Verbindung von Säure und Alkali ist zunächst die Ursache der Bildung von *Salz* unter Entbindung von Energie. Ob diese Energie ganz oder zum Teil die Form von Elektrizität annehmen soll, hängt von den Umständen ab, unter denen sie freigesetzt wird. In der Kette: Salpetersäure und Kalilösung zwischen Platinelektroden, z. B. wird dies wenigstens teilweise der Fall sein, wobei es für die Strom*bildung* gleichgültig ist, ob man eine Salpeterlösung zwischen Säure und Alkali schiebt oder nicht, da dies die Salzbildung höchstens verlangsamen, aber nicht verhindern kann. Macht man aber eine Kette wie die eine von Worm-Müller, auf die Wiedemann sich fortwährend beruft, wo Säure und Alkalilösung in der Mitte, an beiden Enden aber eine Lösung ihres Salzes sich befindet, und zwar in derselben Konzentration wie die sich in der Kette bildende Lösung, so kann selbstredend kein Strom entstehn, weil wegen der Endglieder – da sich überall identische Körper bilden – *keine Ionen entstehn können*. Man hat also die Umsetzung der freiwerdenden Energie in Elektrizität ebenso direkt verhindert, als hätte man den Kreis gar nicht geschlossen; man darf sich also nicht wundern, wenn man keinen Strom erhält. Daß aber Säure und Alkali überhaupt einen Strom erzeugen können, beweist die Kette: Kohle, Schwefelsäure (1 in 10 Wasser), Kali (1 in 10 Wasser), Kohle, die nach Raoult eine Stromstärke von 73[1] hat; und daß sie bei zweckmäßiger Einrichtung der Kette eine der bei ihrer Verbindung freigesetzten großen Energiemenge entsprechende Stromstärke liefern können, geht daraus hervor, daß die stärksten bekannten Ketten fast ausschließlich auf Bildung von Alkalisalzen beruhen, z. B. Wheatstone: Platin, Platinchlorid, Kaliumamalgam, Stromstärke 230; Bleisuperoxyd, verdünnte Schwefelsäure, Kaliumamalgam = 326; Mangansuperoxyd statt des Bleisuperoxyds = 280; wobei jedesmal, wenn statt Kaliumamalgam Zinkamalgam angewandt wurde, die Stromstärke fast genau um 100 abnahm. Ebenso erhielt Beetz in der Kette: fester Braunstein, Kaliumpermanganatlösung, Kalilauge, Kalium, die Stromstärke 302, ferner: Platin, verdünnte Schwefelsäure, Kalium = 293,8; Joule: Platin, Salpetersäure, Kalilauge, Kaliumamalgam = 302. Die „Ursache" dieser ausnahmsweise starken Strombildungen ist allerdings die Verbindung

---

[1] In allen folgenden Angaben über Stromstärke wird das Daniellsche Element = 100 gesetzt. [*Anmerkung von Engels.*]

von Säure und Alkali, respektive Alkalimetall, und die dabei freigesetzte große Energiemenge.

Ein paar Seiten weiter heißt es abermals: „Es ist indes wohl zu beachten, daß nicht direkt das Arbeitsäquivalent der ganzen, an der Kontaktstelle der heterogenen Körper auftretenden chemischen Aktion als Maß für die elektromotorische Kraft im geschlossenen Kreise anzusehen ist. Wenn z. B. in der Säure-Alkali-Kette" (iterum Crispinus!)[38] „von Becquerel diese beiden Stoffe sich verbinden, wenn in der Kette: Platin, geschmolzener Salpeter, Kohle, die Kohle verbrennt, wenn in einem gewöhnlichen Element Kupfer, unreines Zink, verdünnte Schwefelsäure sich das Zink unter Bildung von Lokalströmen schnell auflöst, so wird ein großer Teil der bei diesen chemischen Prozessen erzeugten Arbeit" (soll heißen: freigesetzten Energie) „... in Wärme verwandelt und geht so für den gesamten Stromkreis verloren." (I, S. 798.) Alle diese Vorgänge führen sich zurück auf Energieverlust in der Kette; sie berühren nicht die Tatsache, daß die elektrische Bewegung aus umgewandelter chemischer Energie entsteht, sondern nur die Menge der umgewandelten Energie.

Die Elektriker haben eine unendliche Zeit und Mühe darauf verwandt, die verschiedensten Ketten zu komponieren und ihre „elektromotorische Kraft" zu messen. Das hierdurch angehäufte experimentelle Material enthält sehr viel Wertvolles, aber sicher noch viel mehr Wertloses. Welchen wissenschaftlichen Wert haben z. B. Versuche, in denen „Wasser" als Elektrolyt angewandt wird, das, wie jetzt durch F. Kohlrausch erwiesen, der schlechteste Leiter, also auch das schlechteste Elektrolyt ist[1], wo also nicht das Wasser, sondern seine unbekannten Unreinigkeiten den Prozeß vermitteln? Und doch beruht z. B. fast die Hälfte aller Versuche Fechners auf solcher Anwendung von Wasser, sogar sein „experimentum crucis"[39],

---

[1] Eine Säule des reinsten von Kohlrausch dargestellten Wassers von 1 mm Länge offerierte denselben Widerstand wie eine Kupferleitung vom gleichen Durchmesser und von der Länge etwa der Mondbahn (Naumann, „Allgemeine Chemie", S. 729). [*Anmerkung von Engels.*]

wodurch er die Kontakttheorie unerschütterlich auf den Trümmern der chemischen Theorie etablieren wollte. Wie schon hieraus hervorgeht, sind überhaupt in fast allen Versuchen, einige wenige ausgenommen, die chemischen Vorgänge in der Kette, in denen doch die Quelle der sogenannten elektromotorischen Kraft liegt, so gut wie unberücksichtigt geblieben. Es gibt aber eine ganze Reihe Ketten, aus deren chemischer Formulierung durchaus kein sicherer Schluß auf die nach der Stromschließung in ihnen vor sich gehenden chemischen Umsätze zu ziehn ist. Im Gegenteil ist, wie Wiedemann (I, S. 797) sagt, „nicht zu leugnen, daß wir die chemischen Anziehungen in der Kette durchaus noch nicht in allen Fällen übersehen können". Alle solche Experimente sind also nach der immer wichtiger werdenden chemischen Seite hin solange wertlos, bis sie unter Kontrollierung jener Prozesse wiederholt werden.

Von einer Berücksichtigung der in der Kette sich vollziehenden Energieumsetzungen ist nun erst ganz ausnahmsweise bei diesen Versuchen die Rede. Viele sind gemacht, ehe das Gesetz von der Äquivalenz der Bewegung naturwissenschaftlich anerkannt war, schleppen sich aber gewohnheitsmäßig unkontrolliert und unabgeschlossen aus einem Handbuch ins andre fort. Wenn man gesagt hat: die Elektrizität hat keine Trägheit (was ungefähr soviel Sinn hat wie: die Geschwindigkeit hat kein spezifisches Gewicht), so kann man dies von der Elektrizitäts*lehre* keineswegs behaupten.

Wir haben bisher das galvanische Element als eine Vorrichtung betrachtet, worin, infolge der hergestellten Kontaktverhältnisse, auf eine einstweilen unbekannte Weise, chemische Energie freigesetzt und in Elektrizität verwandelt wird. Wir haben ebenso die Zersetzungszelle als einen Apparat dargestellt, in dem der umgekehrte Prozeß eingeleitet, elektrische Bewegung in chemische Energie umgesetzt und als solche verbraucht wird. Wir mußten dabei die von den Elektrikern so sehr vernachlässigte chemische Seite des Vorgangs in den Vordergrund stellen, weil dies der einzige Weg war, den Wust der aus der alten Kontaktlehre und der Theorie von den beiden elektrischen Fluiden überkommenen Vorstellungen loszuwerden. Dies einmal erledigt, handelt es sich darum, ob der chemische Prozeß in der Kette unter denselben Bedingungen vor sich geht wie außerhalb derselben, oder ob dabei besondre, von der elektrischen Erregung abhängige Erscheinungen auftreten.

Unrichtige Vorstellungen in jeder Wissenschaft sind schließlich, wenn wir von Beobachtungsfehlern absehn, unrichtige Vorstellungen von richtigen Tatsachen. Die letzteren bleiben, wenn wir auch die ersteren als falsch nachgewiesen. Haben wir die alte Kontakttheorie abgeschüttelt, so bestehn noch die festgestellten Tatsachen, denen sie zur Erklärung dienen sollte. Betrachten wir diese und damit die eigentlich elektrische Seite des Vorgangs in der Kette.

Daß beim Kontakt heterogener Körper mit oder ohne chemische Veränderungen Elektrizitätserregung stattfindet, die vermittelst des Elektroskops respektive des Galvanometers nachzuweisen ist, darüber wird nicht gestritten. Die Energiequelle dieser an sich äußerst minimalen Bewegungserscheinungen ist im einzelnen Fall, wie wir schon anfangs sahen, schwer festzustellen, genug, die Existenz einer solchen äußeren Quelle ist allgemein zugegeben.

Kohlrausch hat 1850–1853 eine Reihe von Versuchen veröffentlicht, worin er die einzelnen Bestandstücke einer Kette paarweise zusammenstellt und auf die jedesmal nachweisbaren statisch-elektrischen Spannungen prüft; aus der algebraischen Summe dieser Spannungen soll sich dann die elektromotorische Kraft des Elements zusammensetzen. So berechnet er, die Spannung $Zn|Cu = 100$ genommen, die relative Stärke des Daniellschen und Groveschen Elements wie folgt:

Daniell:
$Zn|Cu + $ amalg. $Zn|H_2SO_4 + Cu|SO_4Cu = 100 + 149 - 21 = 228$;

Grove:
$Zn|Pt + $ amalg. $Zn|H_2SO_4 + Pt|HNO_3 = 107 + 149 + 149 = 405$,

was mit der direkten Messung der Stromstärke dieser Elemente nahezu stimmt. Diese Ergebnisse sind aber keineswegs sicher. Erstens macht Wiedemann selbst darauf aufmerksam, daß Kohlrausch nur das Schlußresultat, aber „leider keine Zahlenangaben für die Ergebnisse der einzelnen Versuche angibt"[40]. Und zweitens erkennt Wiedemann selbst wiederholt an, daß alle Versuche, die elektrischen Erregungen beim Kontakt von Metallen, und mehr noch von Metall und Flüssigkeit, quantitativ zu bestimmen, wegen der zahlreichen unvermeidlichen Fehlerquellen mindestens sehr unsicher sind. Wenn er trotzdem mehrfach mit Kohlrauschs Zahlen rechnet, so tun wir besser, ihm hierin nicht zu folgen, um so mehr, als ein andres Bestimmungsmittel vorliegt, gegen das sich diese Einwände nicht machen lassen.

Senkt man die beiden Erregerplatten einer Kette in die Flüssigkeit und verbindet sie dann mit den Enden eines Galvanometers zum Schließungskreis, so ist nach Wiedemann „der anfängliche Ausschlag seiner Magnetnadel, ehe chemische Veränderungen die Stärke der elektrischen Erregung geändert haben, ein Maß für die Summe der elektromotorischen Kräfte im Schließungskreise"[41]. Verschieden starke Ketten geben also verschieden starke Anfangsausschläge, und die Größe dieser Anfangsausschläge ist proportional der Stromstärke der entsprechenden Ketten.

Dies sieht aus, als hätten wir hier die „elektrische Scheidungskraft", die „Kontaktkraft", die unabhängig von jeder chemischen Aktion eine Bewegung verursacht, handgreiflich vor Augen. So in der Tat meint die gesamte Kontakttheorie. Und wirklich liegt hier eine Beziehung vor zwischen elektrischer Erregung und chemischer Aktion, die wir im vorstehenden noch nicht untersucht haben. Um hierauf überzugehn, wollen wir zunächst das sogenannte elektromotorische Gesetz etwas näher betrachten; wir werden dabei finden, daß auch hier die überkommenen Kontaktvorstellungen nicht nur keine Erklärung bieten, sondern den Weg zur Erklärung wieder direkt versperren.

Wenn man in ein beliebiges Element aus zwei Metallen und einer Flüssigkeit, z. B. Zink, verdünnte Salzsäure, Kupfer, ein drittes Metall, z. B. eine Platinplatte, stellt, ohne sie mit dem äußern Schließungskreis durch einen Leitungsdraht zu verbinden, so ist der anfängliche Ausschlag des Galvanometers genau derselbe wie *ohne* die Platinplatte. Sie wirkt also nicht ein auf die Elektrizitätserregung. So einfach darf das aber in elektromotorischer Sprache nicht ausgedrückt werden. Es heißt da:

„An die Stelle der elektromotorischen Kraft von Zink und Kupfer in der Flüssigkeit ist nun aber die Summe der elektromotorischen Kräfte von Zink und Platin und Platin und Kupfer getreten. Da der Weg der Elektrizitäten durch die Einschiebung der Platinplatte nicht merklich geändert ist, so können wir aus der Gleichheit der Angaben des Galvanometers in beiden Fällen schließen, daß die elektromotorische Kraft von Zink und Kupfer in der Flüssigkeit gleich ist der von Zink und Platin plus der von Platin und Kupfer in derselben. Es entspräche dies der von Volta aufgestellten Theorie der Elektrizitätserregung zwischen den Metallen für sich. Man spricht das Resultat, welches für alle beliebigen Flüssigkeiten und Metalle gilt, aus, indem man sagt: Die Metalle folgen bei ihrer elektromotorischen Erregung mit Flüssigkeiten dem Gesetz der Spannungsreihe. Man bezeichnet dieses Gesetz auch mit dem Namen des *elektromotorischen Gesetzes.*" (Wiedemann, I, S. 62.)

Wenn man sagt, das Platin wirkt in dieser Kombination überhaupt nicht elektrizitätserregend, so spricht man die einfache Tatsache aus. Wenn man sagt, es wirkt doch elektrizitätserregend, aber in zwei entgegengesetzten Richtungen mit gleicher Stärke, so daß die Wirkung sich aufhebt, so verwandelt man die Tatsache in eine Hypothese, bloß um der „elektromotorischen Kraft" die Honneurs zu machen. In beiden Fällen spielt das Platin die Rolle des Strohmanns.

Während des ersten Ausschlags existiert noch kein Schließungskreis. Die Säure, unzersetzt, leitet nicht; sie kann nur leiten vermittelst der Ionen. Wirkt das dritte Metall nicht auf den ersten Ausschlag, so kommt dies einfach daher, daß es noch *isoliert* ist.

Wie verhält sich nun das dritte Metall *nach* Herstellung des dauernden Stroms und während seiner Dauer? Die Spannungsreihe der Metalle in den meisten Flüssigkeiten hat das Zink nach den Alkalimetallen so ziemlich am positiven und das Platin am negativen Ende, und Kupfer steht zwischen beiden. Wird also wie oben Platin zwischen Kupfer und Zink gestellt, so ist es gegen beide negativ. Der Strom in der Flüssigkeit, wenn das Platin überhaupt wirkte, müßte vom Zink und vom Kupfer zum Platin fließen, also von beiden Elektroden weg zum unverbundnen Platin; was eine contradictio in adjecto[42] ist. Die Grundbedingung der Wirksamkeit mehrerer Metalle in der Kette besteht grade darin, daß sie nach außen zum Schließungskreis unter sich verbunden sind. Ein unverbundnes, überzähliges Metall in der Kette figuriert als Nichtleiter; es kann Ionen weder bilden noch durchlassen, und ohne Ionen kennen wir in Elektrolyten keine Leitung. Es ist also nicht bloß Strohmann, es ist sogar im Wege, indem es die Ionen zwingt, sich seitwärts an ihm vorbeizudrücken.

Ebenso, wenn wir Zink und Platin verbinden und das Kupfer unverbunden in die Mitte stellen: Hier würde dieses, wenn es überhaupt wirkte, einen Strom vom Zink zum Kupfer und einen zweiten vom Kupfer zum Platin erzeugen, es müßte also als eine Art Zwischenelektrode dienen und an der dem Zink zugekehrten Seite Wasserstoffgas abscheiden, was wiederum unmöglich ist.

Schütteln wir die überkommene elektromotorische Redeweise ab, so stellt sich der Fall äußerst einfach. Die galvanische Kette, sahen wir, ist eine Vorrichtung, in der chemische Energie freigesetzt und in Elektrizität übergeführt wird. Sie besteht in der Regel aus einer oder mehreren Flüssigkeiten und zwei Metallen als Elektroden, die unter sich außerhalb der Flüssigkeiten leitend verbunden sein müssen. Damit ist der Apparat hergestellt. Was wir noch sonst in

Elektrizität

die Erregerflüssigkeit unverbunden eintunken, sei es Metall, Glas, Harz oder was sonst, kann an dem in der Kette vorgehenden chemisch-elektrischen Prozeß, an der Strombildung, nicht teilnehmen, solange es die Flüssigkeit nicht chemisch ändert, es kann den Prozeß höchstens *stören*. Was auch immer die elektrische Erregungsfähigkeit eines dritten, eingetauchten Metalls in Beziehung auf die Flüssigkeit und eine oder beide Elektroden der Kette sein möge, sie kann nicht wirken, solange dies Metall nicht außerhalb der Flüssigkeit mit dem Schließungskreis verbunden ist.

Hiernach ist also nicht nur die obige *Ableitung* des sogenannten elektromotorischen Gesetzes durch Wiedemann falsch; auch der Sinn, den er diesem Gesetz gibt, ist falsch. Weder kann gesprochen werden von einer sich kompensierenden elektromotorischen Tätigkeit des unverbundnen Metalls, da dieser Tätigkeit von vornherein die einzige Bedingung abgeschnitten ist, unter der sie in Wirksamkeit treten kann; noch kann das sogenannte elektromotorische Gesetz abgeleitet werden aus einer Tatsache, die außer seinen Bereich fällt.

Der alte Poggendorff veröffentlichte 1845 eine Reihe von Experimenten, in denen er die elektromotorische Kraft der verschiedensten Ketten, d. h. die von jeder in der Zeiteinheit gelieferte Elektrizitätsmenge maß. Darunter sind von besondrem Wert die ersten 27, in deren jedem drei bestimmte Metalle in derselben Erregerflüssigkeit nacheinander zu drei verschiednen Ketten verbunden und diese auf die gelieferte Elektrizitätsmenge untersucht und verglichen werden. Als guter Kontaktelektriker stellte Poggendorff jedesmal auch das dritte Metall unverbunden mit in die Kette und hatte so die Genugtuung, sich zu überzeugen, daß in allen 81 Ketten dieser „dritte im Bunde"[43] ein reiner Strohmann blieb. Die Bedeutung dieser Versuche besteht aber keineswegs hierin, sondern vielmehr in der Bestätigung und in der Feststellung des richtigen Sinns des sogenannten elektromotorischen Gesetzes.

Bleiben wir bei der obigen Reihe von Ketten, wo in verdünnter Salzsäure Zink, Kupfer und Platin je zu zweien unter sich verbunden werden. Hier fand Poggendorff die gelieferten Elektrizitätsmengen, wenn die eines Daniellschen Elements = 100 gesetzt wird, wie folgt:

$$\begin{array}{rl} \text{Zink-Kupfer} &= 78{,}8 \\ \text{Kupfer-Platin} &= 74{,}3 \\ \hline \text{Summe} & 153{,}1 \\[4pt] \text{Zink-Platin} &= 153{,}7^{[44]} \end{array}$$

Zink in direkter Verbindung mit Platin lieferte also fast genau dieselbe Elektrizitätsmenge wie Zink-Kupfer + Kupfer-Platin. Dasselbe fand statt in allen andern Ketten, welche Flüssigkeiten und Metalle auch angewandt wurden. Wenn aus einer Reihe Metalle in derselben Erregerflüssigkeit Ketten gebildet werden, derart, daß je nach der für diese Flüssigkeit geltenden Spannungsreihe das zweite, dritte, vierte usw. nacheinander als negative Elektrode für das vorhergehende und als positive für das nächstfolgende dient, so ist die Summe der durch alle diese Ketten gelieferten Elektrizitätsmengen gleich der Elektrizitätsmenge, geliefert durch eine direkte Kette zwischen den beiden Endgliedern der ganzen Metallreihe. Es würden demnach z. B. in verdünnter Salzsäure die von den Ketten Zink-Zinn, Zinn-Eisen, Eisen-Kupfer, Kupfer-Silber, Silber-Platin insgesamt gelieferten Elektrizitätsmengen gleich sein der von der Kette Zink-Platin gelieferten; eine Säule, gebildet aus allen Elementen der obigen Reihe, würde unter sonst gleichen Verhältnissen durch ein mit entgegengesetzter Stromesrichtung eingeschaltetes Zink-Platin-Element gerade neutralisiert.

In dieser Fassung erhält das sogenannte elektromotorische Gesetz eine wirkliche und große Bedeutung. Es enthüllt eine neue Seite des Zusammenhangs zwischen chemischer und elektrischer Aktion. Bisher, bei vorwiegender Untersuchung der Energie*quelle* des galvanischen Stroms, erschien diese Quelle, die chemische Umsetzung, als die aktive Seite des Prozesses; die Elektrizität wurde aus ihr erzeugt, erschien also zunächst als passiv. Jetzt kehrt sich dies um. Die, durch die Beschaffenheit der in der Kette in Berührung gesetzten heterogenen Körper bedingte, elektrische Erregung kann der chemischen Aktion Energie weder zusetzen, noch entziehn (anders als durch Umsetzung freiwerdender Energie in Elektrizität). Aber sie kann, je nach der Einrichtung der Kette, diese Aktion beschleunigen oder verlangsamen. Wenn die Kette Zink-verdünnte Salzsäure-Kupfer in der Zeiteinheit nur halb soviel Elektrizität für den Strom liefert, wie die Kette Zink-verdünnte Salzsäure-Platin, so heißt dies, chemisch ausgedrückt, daß die erste Kette in der Zeiteinheit nur halb soviel Zinkchlorid und Wasserstoff liefert wie die zweite. Die *chemische Aktion ist also verdoppelt worden, obwohl die rein chemischen Bedingungen dieselben geblieben sind.* Die elektrische Erregung ist zum Regulator der chemischen Aktion geworden; sie erscheint jetzt als die aktive Seite, die chemische Aktion als die passive.

So wird es denn verständlich, wenn eine ganze Reihe von früher als rein chemisch betrachteten Prozessen sich jetzt als elektrochemische darstellen. Chemisch reines Zink wird von verdünnter Säure, wenn überhaupt, nur sehr schwach angegriffen; gewöhnliches käufliches Zink dagegen löst sich rasch unter Salzbildung und Wasserstoffentwicklung; es enthält Beimischung von andern Metallen und Kohle, die an verschiednen Stellen der Oberfläche ungleich stark vertreten sind. Zwischen ihnen und dem Zink selbst bilden sich in der Säure Lokalströme, wobei die Zinkstellen die positiven, die andern Metalle die negativen Elektroden bilden, an denen die Wasserstoffbläschen sich ausscheiden. Ebenso wird die Erscheinung, daß in Kupfervitriollösung eingetauchtes Eisen sich mit einer Kupferschicht bedeckt, jetzt als eine elektrochemische angesehn: als bedingt durch Ströme, die zwischen den heterogenen Stellen der Eisenoberfläche entstehn.

Demgemäß finden wir auch, daß die Spannungsreihen der Metalle in Flüssigkeiten im ganzen und großen den Reihen entsprechen, in denen die Metalle einander aus ihren Verbindungen mit den Halogenen und Säureradikalen verdrängen. Am äußersten negativen Ende der Spannungsreihen finden wir regelmäßig die Metalle der Goldgruppe: Gold, Platin, Palladium, Rhodium, die schwer oxydierbar sind, von Säuren kaum oder gar nicht angegriffen und aus ihren Salzen durch andre Metalle leicht gefällt werden. Am äußersten positiven Ende stehn die Alkalimetalle, die das grade entgegengesetzte Verhalten zeigen: Sie sind aus ihren Oxyden unter dem größten Energieaufwand kaum abzuscheiden, kommen in der Natur fast nur in Form von Salzen vor und haben von allen Metallen bei weitem die größte Verwandtschaft zu Halogenen und Säureradikalen. Zwischen beiden stehn die übrigen Metalle in etwas wechselnden Reihenfolgen, doch so, daß im ganzen elektrisches und chemisches Verhalten miteinander stimmen. Die Reihenfolge der einzelnen darunter wechselt je nach den Flüssigkeiten und ist auch wohl kaum für eine einzige Flüssigkeit endgültig festgestellt. Es ist sogar erlaubt zu zweifeln, ob es für eine einzelne Flüssigkeit eine solche *absolute* Spannungsreihe der Metalle gibt. Zwei Stück desselben Metalls können in geeigneten Ketten und Zersetzungszellen je als positive und negative Elektrode dienen, dasselbe Metall also kann gegen sich selbst sowohl positiv wie negativ sein. In den Thermoelementen, die Wärme in Elektrizität umsetzen, schlägt bei starken Temperaturdifferenzen an den beiden Lötstellen die Stromesrichtung um: Das früher positive Metall wird negativ und umgekehrt. Ebenso gibt es keine absolute Reihe, nach der die Metalle einander aus ihren chemischen Verbindungen mit einem bestimmten Halogen oder Säureradikal verdrängen; durch Energiezufuhr in Form von Wärme können wir die für die gewöhnliche Temperatur geltende Reihe in vielen Fällen fast nach Belieben abändern und umkehren.

Wir finden hier also eine eigentümliche Wechselwirkung zwischen Chemismus und Elektrizität. Die chemische Aktion in der Kette, die der Elektrizität die gesamte Energie für die Strombildung liefert, wird ihrerseits in vielen Fällen erst in Gang gebracht und in allen Fällen quantitativ reguliert durch die in der Kette eingeleiteten elektrischen Spannungen. Wenn uns früher die Vorgänge in der Kette als chemisch-elektrische erschienen, so sehn wir hier, daß sie ebensosehr elektrochemisch sind. Vom Standpunkt der Bildung des *dauernden* Stroms erschien die chemische Aktion als das Primäre; vom Standpunkt der Strome*serregung* erscheint sie als sekundär, akzessorisch. Die Wechselwirkung schließt jedes absolut Primäre und absolut Sekundäre aus; aber ebensosehr ist sie ein doppelseitiger Prozeß, der seiner Natur nach von zwei verschiednen Standpunkten betrachtet werden kann; um als Gesamtheit verstanden zu werden, muß sie sogar nacheinander von beiden Standpunkten aus untersucht werden, ehe das Gesamtresultat zusammengefaßt werden kann. Halten wir aber den einen Standpunkt einseitig als den absoluten fest gegenüber dem andern, oder springen wir willkürlich, je nach dem momentanen Bedürfnis des Räsonnements, über von dem einen auf den andern, so bleiben wir befangen in der Einseitigkeit des metaphysischen Denkens; der Zusammenhang entgeht uns, und wir verwickeln uns in einen Widerspruch über den andern.

Wir sahen oben, daß nach Wiedemann der anfängliche Ausschlag des Galvanometers, unmittelbar nach der Eintauchung der Erregerplatten in die Flüssigkeit der Kette, und ehe noch chemische Veränderungen die Stärke der elektrischen Erregung geändert haben, „ein Maß ist für die Summe der elektromotorischen Kräfte im Schließungskreise".

Bisher lernten wir die sogenannte elektromotorische Kraft kennen als eine Form der Energie, die in unserm Fall aus chemischer Energie in äquivalenter Menge erzeugt war und sich im weitern Verlauf wieder in äquivalente Mengen von Wärme, Massenbewegung etc. umsetzte. Hier auf einmal erfahren wir, daß die „Summe der elektromotorischen Kräfte im Schließungskreise" bereits existiert, *ehe* chemische Veränderungen jene Energie freigesetzt haben; mit andern Worten, daß die elektromotorische Kraft nichts andres ist als die Kapazität einer bestimmten Kette, in der Zeiteinheit eine bestimmte Quantität chemischer Energie freizusetzen und in elektrische Bewegung zu verwandeln. Wie früher die elektrische Scheidungskraft, erscheint hier auch die elektromotorische Kraft als eine Kraft, die kein Fünkchen Energie enthält. Wiedemann versteht also unter „elektromotorischer Kraft" zwei total verschiedne Dinge: einerseits die Kapazität einer Kette, eine bestimmte Menge gegebner chemischer Energie freizusetzen und in elektrische Bewegung zu verwandeln, andrerseits die entwickelte Menge elektrischer Bewegung selbst. Daß beide einander proportional sind, daß die eine ein Maß für die andre ist, hebt ihre Verschiedenheit nicht auf. Die chemische Aktion in der Kette, die entwickelte Elektrizitätsmenge, und die im Schließungskreis, wenn sonst keine Arbeit geleistet wird, aus ihr entstandene Wärme sind noch mehr als proportional, sie sind sogar äquivalent; das tut aber ihrer Verschiedenheit keinen Abbruch. Die Kapazität einer Dampfmaschine von bestimmtem Zylinderdurchmesser und Kolbenhub, eine bestimmte Menge mechanischer Bewegung aus zugeführter Wärme zu erzeugen, ist sehr verschieden von dieser mechanischen Bewegung selbst, so proportional sie ihr auch ist. Und wenn solche Redeweise zu einer Zeit erträglich war, wo von Erhaltung der Energie in der Naturwissenschaft noch nicht gesprochen wurde, so liegt doch auf der Hand, daß seit Anerkennung dieses Grundgesetzes die wirkliche lebendige Energie unter irgendeiner Form nicht mehr verwechselt werden darf mit der Kapazität eines beliebigen Apparats, freiwerdender Energie diese Form zu erteilen. Es ist diese Verwechslung ein Korollar der Verwechslung von Kraft und Energie bei Gelegenheit der elektrischen Scheidungskraft; sie beide sind es, in denen die drei einander total widersprechenden Stromeserklärungen Wiedemanns sich harmonisch lösen, und die überhaupt allen seinen Irrungen und Wirrungen über die sogenannte „elektromotorische Kraft" schließlich zugrunde liegen.

Außer der bereits betrachteten eigentümlichen Wechselwirkung zwischen Chemismus und Elektrizität findet sich noch eine zweite Gemeinsamkeit, die ebenfalls eine engere Verwandtschaft dieser beiden Bewegungsformen andeutet. Beide können nur *verschwindend* bestehn. Der chemische Prozeß vollzieht sich für jede in ihn eintretende Gruppe von Atomen plötzlich. Nur durch die Gegenwart von neuem Material, das stets von neuem in ihn eintritt, kann er verlängert werden. Ebenso mit der elektrischen Bewegung. Kaum ist sie aus einer andern Bewegungsform erzeugt, so schlägt sie auch schon wieder um in eine dritte Bewegungsform; nur fortwährende Bereitschaft verfügbarer Energie kann den dauernden Strom herstellen, in dem in jedem Augenblick neue Bewegungsmengen die Form der Elektrizität annehmen und wieder verlieren.

Die Einsicht in diesen engen Zusammenhang der chemischen mit der elektrischen Aktion und umgekehrt wird auf beiden Untersuchungsgebieten zu großen Resultaten führen. Sie wird bereits immer allgemeiner. Unter den Chemikern hat Lothar Meyer und nach ihm Kekulé geradezu ausgesprochen, daß eine Wiederaufnahme der elektrochemischen Theorie in verjüngter Form bevorstehe. Auch unter den Elektrikern scheint, wie namentlich die jüngsten Arbeiten von F. Kohlrausch andeuten, die Überzeugung endlich durchdringen zu wollen, daß nur eine genaue Beachtung der chemischen Vorgänge in Kette und Zersetzungszelle ihrer Wissenschaft aus der Sackgasse der alten Traditionen heraushelfen kann.

Und in der Tat ist nicht abzusehn, wodurch anders der Lehre vom Galvanismus und damit in zweiter Linie derjenigen vom Magnetismus und von der Spannungselektrizität eine feste Grundlage gegeben werden kann als durch eine chemisch-exakte Generalrevision aller überkommenen, unkontrollierten, auf einem überwundnen wissenschaftlichen Standpunkt angestellten Versuche, unter genauer Beachtung und Feststellung der Energieumsätze und unter vorläufiger Beiseitesetzung aller traditionellen theoretischen Vorstellungen über die Elektrizität.

Anteil der Arbeit an der Menschwerdung des Affen[1]

Die Arbeit ist die Quelle alles Reichtums, sagen die politischen Ökonomen. Sie ist dies – neben der Natur, die ihr den Stoff liefert, den sie in Reichtum verwandelt. Aber sie ist noch unendlich mehr als dies. Sie ist die erste Grundbedingung alles menschlichen Lebens, und zwar in einem solchen Grade, daß wir in gewissem Sinn sagen müssen: Sie hat den Menschen selbst geschaffen.

Vor mehreren Hunderttausend Jahren, während eines noch nicht fest bestimmbaren Abschnitts jener Erdperiode, die die Geologen die tertiäre nennen, vermutlich gegen deren Ende, lebte irgendwo in der heißen Erdzone – wahrscheinlich auf einem großen, jetzt auf den Grund des Indischen Ozeans versunkenen Festlande – ein Geschlecht menschenähnlicher Affen von besonders hoher Entwicklung. Darwin hat uns eine annähernde Beschreibung dieser unsrer Vorfahren gegeben. Sie waren über und über behaart, hatten Bärte und spitze Ohren, und lebten in Rudeln auf Bäumen.

Wohl zunächst durch ihre Lebensweise veranlaßt, die beim Klettern den Händen andre Geschäfte zuweist als den Füßen, fingen diese Affen an, auf ebner Erde sich der Beihilfe der Hände beim Gehen zu entwöhnen und einen mehr und mehr aufrechten Gang anzunehmen. Damit war *der entscheidende Schritt getan für den Übergang vom Affen zum Menschen.*

Alle noch jetzt lebenden menschenähnlichen Affen können aufrecht stehn und sich auf den beiden Füßen allein fortbewegen. Aber nur zur Not und höchst unbehilflich. Ihr natürlicher Gang geschieht in halbaufgerichteter Stellung und schließt den Gebrauch der Hände ein. Die meisten stützen die Knöchel der Faust auf den Boden und schwingen den Körper mit eingezogenen Beinen zwischen den langen Armen durch, wie ein Lahmer, der auf Krücken geht. Überhaupt können wir bei den Affen alle Übergangsstufen vom Gehen auf allen vieren bis zum Gang auf den beiden Füßen noch jetzt beobachten. Aber bei keinem von ihnen ist der letztere mehr als ein Notbehelf geworden.

Wenn der aufrechte Gang bei unsern behaarten Vorfahren zuerst Regel und mit der Zeit eine Notwendigkeit werden sollte, so setzt dies voraus, daß den Händen inzwischen mehr und mehr anderweitige Tätigkeiten zufielen. Auch bei den Affen herrscht schon eine gewisse Teilung der Verwendung von Hand und Fuß. Die Hand wird, wie schon erwähnt, beim Klettern in andrer Weise gebraucht als der Fuß. Sie dient vorzugsweise zum Pflücken und Festhalten der Nahrung, wie dies schon bei niederen Säugetieren mit den Vorderpfoten geschieht. Mit ihr bauen sich manche Affen Nester in den Bäumen oder gar, wie der Schimpanse, Dächer zwischen den Zweigen zum Schutz gegen die Witterung. Mit ihr ergreifen sie Knüttel zur Verteidigung gegen Feinde oder bombardieren diese mit Früchten und Steinen. Mit ihr vollziehen sie in der Gefangenschaft eine Anzahl einfacher, den Menschen abgesehener Verrichtungen. Aber grade hier zeigt sich, wie groß der Abstand ist zwischen der unentwickelten Hand selbst der menschenähnlichsten Affen und der durch die Arbeit von Jahrhunderttausenden hoch ausgebildeten Menschenhand. Die Zahl und allgemeine Anordnung der Knochen und Muskel stimmen bei beiden; aber die Hand des niedrigsten Wilden kann Hunderte von Verrichtungen ausführen, die keine Affenhand ihr nachmacht. Keine Affenhand hat je das roheste Steinmesser verfertigt.

Die Verrichtungen, denen unsre Vorfahren im Übergang vom Affen zum Menschen im Lauf vieler Jahrtausende allmählich ihre Hand anpassen lernten, können daher anfangs nur sehr einfache gewesen sein. Die niedrigsten Wilden, selbst diejenigen, bei denen ein Rückfall in einen mehr tierähnlichen Zustand mit gleichzeitiger körperlicher Rückbildung anzunehmen ist, stehn immer noch weit höher als jene Übergangsgeschöpfe. Bis der erste Kiesel durch Menschenhand zum Messer verarbeitet wurde, darüber mögen Zeiträume verflossen sein, gegen die die uns bekannte geschichtliche Zeit unbedeutend erscheint. Aber der entscheidende Schritt war getan: *Die Hand war frei geworden* und konnte sich nun immer neue Geschicklichkeiten erwerben, und die damit erworbene größere Biegsamkeit vererbte und vermehrte sich von Geschlecht zu Geschlecht.

So ist die Hand nicht nur das Organ der Arbeit, *sie ist auch ihr Produkt*. Nur durch Arbeit, durch Anpassung an immer neue Verrichtungen, durch Vererbung der dadurch erworbenen besondern Ausbildung der Muskel, Bänder, und in längeren Zeiträumen auch der Knochen, und durch immer erneuerte Anwendung dieser vererbten Verfeinerung auf neue, stets verwickeltere Verrichtungen hat die Menschenhand jenen hohen Grad von Vollkommenheit erhalten, auf dem sie Raffaelsche Gemälde, Thorvaldsensche Statuen, Paganinische Musik hervorzaubern konnte.

Aber die Hand stand nicht allein. Sie war nur ein einzelnes Glied eines ganzen, höchst zusammengesetzten Organismus. Und was der Hand zugute kam, kam auch dem ganzen Körper zugute, in dessen Dienst sie arbeitete – und zwar in doppelter Weise.

Zuerst infolge des Gesetzes der Korrelation des Wachstums, wie Darwin es genannt hat. Nach diesem Gesetz sind bestimmte Formen einzelner Teile eines organischen Wesens stets an gewisse Formen andrer Teile geknüpft, die scheinbar gar keinen Zusammenhang mit jenen haben. So haben alle Tiere, welche rote Blutzellen ohne Zellenkern besitzen und deren Hinterkopf mit dem ersten Rückgratswirbel durch zwei Gelenkstellen (Kondylen) verbunden ist, ohne Ausnahme auch Milchdrüsen zum Säugen der Jungen. So sind bei Säugetieren gespaltene Klauen regelmäßig mit dem mehrfachen Magen zum Wiederkäuen verbunden. Änderungen bestimmter Formen ziehn Änderungen der Form andrer Körperteile nach sich, ohne daß wir den Zusammenhang erklären können. Ganz weiße Katzen mit blauen Augen sind immer, oder beinahe immer, taub. Die allmähliche Verfeinerung der Menschenhand und die mit ihr Schritt haltende Ausbildung des Fußes für den aufrechten Gang hat unzweifelhaft auch durch solche Korrelation auf andre Teile des Organismus rückgewirkt. Doch ist diese Einwirkung noch viel zu wenig untersucht, als daß wir hier mehr tun könnten, als sie allgemein konstatieren.

Weit wichtiger ist die direkte, nachweisbare Rückwirkung der Entwicklung der Hand auf den übrigen Organismus. Wie schon gesagt, waren unsre äffischen Vorfahren gesellig; es ist augenscheinlich unmöglich, den Menschen, das geselligste aller Tiere, von einem ungeselligen nächsten Vorfahren abzuleiten. Die mit der Ausbildung der Hand, mit der Arbeit, beginnende Herrschaft über die Natur erweiterte bei jedem neuen Fortschritt den Gesichtskreis des Menschen. An den Naturgegenständen entdeckte er fortwährend neue, bisher unbekannte Eigenschaften. Andrerseits trug die Ausbildung der Arbeit notwendig dazu bei, die Gesellschaftsglieder näher aneinanderzuschließen, indem sie die Fälle gegenseitiger Unterstützung, gemeinsamen Zusammenwirkens vermehrte und das Bewußtsein von der Nützlichkeit dieses Zusammenwirkens für jeden einzelnen klärte. Kurz, die werdenden Menschen kamen dahin, daß sie einander *etwas zu sagen hatten*. Das Bedürfnis schuf sich sein Organ: Der unentwickelte Kehlkopf des Affen bildete sich langsam aber sicher um, durch Modulation für stets gesteigerte Modulation, und die Organe des Mundes lernten allmählich einen artikulierten Buchstaben nach dem andern aussprechen.

Daß diese Erklärung der Entstehung der Sprache aus und mit der Arbeit die einzig richtige ist, beweist der Vergleich mit den Tieren. Das wenige, was diese, selbst die höchstentwickelten, einander mitzuteilen haben, können sie einander auch ohne artikulierte Sprache mitteilen. Im Naturzustand fühlt kein Tier es als einen Mangel, nicht sprechen oder menschliche Sprache nicht verstehn zu können. Ganz anders, wenn es durch Menschen gezähmt ist. Der Hund und das Pferd haben im Umgang mit Menschen ein so gutes Ohr für artikulierte Sprache erhalten, daß sie jede Sprache leicht soweit verstehn lernen, wie ihr Vorstellungskreis reicht. Sie haben sich ferner die Fähigkeit für Empfindungen wie Anhänglichkeit an Menschen, Dankbarkeit usw. erworben, die ihnen früher fremd waren; und wer viel mit solchen Tieren umgegangen ist, wird sich kaum der Überzeugung verschließen können, daß es Fälle genug gibt, wo sie *jetzt* die Unfähigkeit zu sprechen als einen Mangel empfinden, dem allerdings bei ihren allzusehr in bestimmter Richtung spezialisierten Stimmorganen leider nicht mehr abzuhelfen ist. Wo aber das Organ vorhanden ist, da fällt auch diese Unfähigkeit innerhalb gewisser Grenzen weg. Die Mundorgane der Vögel sind sicher so verschieden wie nur möglich von denen des Menschen, und doch sind Vögel die einzigen Tiere, die sprechen lernen; und der Vogel mit der abscheulichsten Stimme, der Papagei, spricht am besten. Man sage nicht, er verstehe nicht, was er spricht. Allerdings wird er aus reinem Vergnügen am Sprechen und an der Gesellschaft von Menschen stundenlang seinen ganzen Wortreichtum plappernd wiederholen. Aber soweit sein Vorstellungskreis reicht, soweit kann er auch verstehen lernen, was er sagt. Man lehre einen Papagei Schimpfwörter, so daß er eine Vorstellung von ihrer Bedeutung bekommt (ein Hauptvergnügen aus heißen Ländern zurücksegelnder Matrosen); man reize ihn, und man wird bald finden, daß er seine Schimpfwörter ebenso richtig zu verwerten weiß wie eine Berliner Gemüsehökerin. Ebenso beim Betteln um Leckereien.

Arbeit zuerst, nach und dann mit ihr die Sprache – das sind die beiden wesentlichsten Antriebe, unter deren Einfluß das Gehirn eines Affen in das bei aller Ähnlichkeit weit größere und vollkommnere eines Menschen allmählich übergegangen ist. Mit der Fortbildung des Gehirns aber ging Hand in Hand die Fortbildung seiner nächsten Werkzeuge, der Sinnesorgane. Wie schon die

Sprache in ihrer allmählichen Ausbildung notwendig begleitet wird von einer entsprechenden Verfeinerung des Gehörorgans, so die Ausbildung des Gehirns überhaupt von der der sämtlichen Sinne. Der Adler sieht viel weiter als der Mensch, aber des Menschen Auge sieht viel mehr an den Dingen als das des Adlers. Der Hund hat eine weit feinere Spürnase als der Mensch, aber er unterscheidet nicht den hundertsten Teil der Gerüche, die für diesen bestimmte Merkmale verschiedner Dinge sind. Und der Tastsinn, der beim Affen kaum in seinen rohsten Anfängen existiert, ist erst mit der Menschenhand selbst, durch die Arbeit, herausgebildet worden. –

Die Rückwirkung der Entwicklung des Gehirns und seiner dienstbaren Sinne, des sich mehr und mehr klärenden Bewußtseins, Abstraktions- und Schlußvermögens auf Arbeit und Sprache gab beiden immer neuen Anstoß zur Weiterbildung, einer Weiterbildung, die nicht etwa einen Abschluß fand, sobald der Mensch endgültig vom Affen geschieden war, sondern die seitdem bei verschiednen Völkern und zu verschiednen Zeiten verschieden nach Grad und Richtung, stellenweise selbst unterbrochen durch örtlichen und zeitlichen Rückgang, im ganzen und großen gewaltig vorangegangen ist; einerseits mächtig vorangetrieben, andrerseits in bestimmtere Richtungen gelenkt durch ein mit dem Auftreten des fertigen Menschen neu hinzutretendes Element – *die Gesellschaft.*

Hunderttausende von Jahren – in der Geschichte der Erde nicht mehr als eine Sekunde im Menschenleben[1] – sind sicher vergangen, ehe aus dem Rudel baumkletternder Affen eine Gesellschaft von Menschen hervorgegangen war. Aber schließlich war sie da. Und was finden wir wieder als den bezeichnenden Unterschied zwischen

---

[1] Eine Autorität ersten Rangs in dieser Beziehung, Sir W. Thomson, hat berechnet, daß *nicht viel mehr als hundert Millionen Jahre* verflossen sein können seit der Zeit, wo die Erde soweit abgekühlt war, daß Pflanzen und Tiere auf ihr leben konnten. [*Anmerkung von Engels.*]

Affenrudel und Menschengesellschaft? *Die Arbeit.* Das Affenrudel begnügte sich damit, seinen Futterbezirk abzuweiden, der ihm durch die geographische Lage oder durch den Widerstand benachbarter Rudel zugeteilt war; es unternahm Wanderungen und Kämpfe, um neues Futtergebiet zu gewinnen, aber es war unfähig, aus dem Futterbezirk mehr herauszuschlagen, als er von Natur bot, außer daß es ihn unbewußt mit seinen Abfällen düngte. Sobald alle möglichen Futterbezirke besetzt waren, konnte keine Vermehrung der Affenbevölkerung mehr stattfinden; die Zahl der Tiere konnte sich höchstens gleichbleiben. Aber bei allen Tieren findet Nahrungsverschwendung in hohem Grade statt, und daneben Ertötung des Nahrungsnachwuchses im Keime. Der Wolf schont nicht, wie der Jäger, die Rehgeiß, die ihm im nächsten Jahr die Böcklein liefern soll; die Ziegen in Griechenland, die das junge Gestrüpp abweiden, eh es heranwächst, haben alle Berge des Landes kahlgefressen. Dieser „Raubbau" der Tiere spielt bei der allmählichen Umwandlung der Arten eine wichtige Rolle, indem er sie zwingt, andrer als der gewohnten Nahrung sich anzubequemen, wodurch ihr Blut andre chemische Zusammensetzung bekommt und die ganze Körperkonstitution allmählich eine andre wird, während die einmal fixierten Arten absterben. Es ist nicht zu bezweifeln, daß dieser Raubbau mächtig zur Menschwerdung unsrer Vorfahren beigetragen hat. Bei einer Affenrasse, die an Intelligenz und Anpassungsfähigkeit allen andern weit voraus war, mußte er dahin führen, daß die Zahl der Nahrungspflanzen sich mehr und mehr ausdehnte, daß von den Nahrungspflanzen mehr und mehr eßbare Teile zur Verzehrung kamen, kurz, daß die Nahrung immer mannigfacher wurde und mit ihr die in den Körper eingehenden Stoffe, die chemischen Bedingungen der Menschwerdung. Das alles war aber noch keine eigentliche Arbeit. **Die Arbeit** fängt an mit der Verfertigung von Werkzeugen. Und was sind die ältesten Werkzeuge, die wir vorfinden? Die ältesten, nach den vorgefundenen Erbstücken vorgeschichtlicher Menschen und nach der Lebensweise der frühesten geschichtlichen Völker wie der rohesten jetzigen Wilden zu urteilen? Werkzeuge der Jagd und des Fischfangs, erstere zugleich Waffen. Jagd und Fischfang aber setzen den Übergang von der bloßen Pflanzennahrung zum Mitgenuß des Fleisches voraus, und hier haben wir wieder einen wesentlichen Schritt zur Menschwerdung. *Die Fleischkost* enthielt in fast fertigem Zustand die wesentlichsten Stoffe, deren der Körper zu seinem Stoffwechsel bedarf; sie kürzte mit der Verdauung die Zeitdauer der übrigen vegetativen, dem Pflanzenleben entsprechenden Vorgänge im Körper ab und gewann damit mehr Zeit, mehr Stoff und mehr Lust für die Betätigung des eigentlich tierischen (animalischen) Lebens. Und je mehr der werdende Mensch sich von der Pflanze entfernte, desto mehr erhob er sich auch über das Tier. Wie die Gewöhnung an Pflanzennahrung neben dem Fleisch die wilden Katzen und Hunde zu Dienern des Menschen gemacht, so hat die Angewöhnung an die Fleischnahrung neben der Pflanzenkost wesentlich dazu beigetragen, dem werdenden Menschen Körperkraft und Selbständigkeit zu geben. Am wesentlichsten aber war die Wirkung der Fleischnahrung auf das Gehirn, dem nun die zu seiner Ernährung und Entwicklung nötigen Stoffe weit reichlicher zuflossen als vorher, und das sich daher von Geschlecht zu Geschlecht rascher und vollkommener ausbilden konnte. Mit Verlaub der Herren Vegetarianer, der Mensch ist nicht ohne Fleischnahrung zustande gekommen, und wenn die Fleischnahrung auch bei allen uns bekannten Völkern zu irgendeiner Zeit einmal zur Menschenfresserei geführt hat (die Vorfahren der Berliner, die Weletaben oder Wilzen, aßen ihre Eltern noch im 10. Jahrhundert), so kann uns das heute nichts mehr ausmachen.

Die Fleischkost führte zu zwei neuen Fortschritten von entscheidender Bedeutung: zur Dienstbarmachung des Feuers und zur Zähmung von Tieren. Die erstere kürzte den Verdauungsprozeß noch mehr ab, indem sie die Kost schon sozusagen halbverdaut an den Mund brachte; die zweite machte die Fleischkost reichlicher, indem sie neben der Jagd eine neue regelmäßigere Bezugsquelle dafür eröffnete, und lieferte außerdem in der Milch und ihren Produkten ein neues, dem Fleisch an Stoffmischung mindestens gleichwertiges Nahrungsmittel. So wurden beide schon direkt neue Emanzipationsmittel für den Menschen; auf ihre indirekten Wirkungen im einzelnen einzugehn, würde uns hier zu weit führen, von so hoher Wichtigkeit sie auch für die Entwicklung des Menschen und der Gesellschaft gewesen sind.

Wie der Mensch alles Eßbare essen lernte, so lernte er auch in jedem Klima leben. Er verbreitete sich über die ganze bewohnbare Erde, er, das einzige Tier, das in sich selbst die Machtvollkommenheit dazu besaß. Die andren Tiere, die sich an alle Klimata gewöhnt haben, haben dies nicht aus sich selbst, nur im Gefolge des Menschen, gelernt: Haustiere und Ungeziefer. Und der Übergang aus dem gleichmäßig heißen Klima der Urheimat in kältere Gegenden, wo das Jahr sich in Winter und Sommer teilte, schuf neue Bedürfnisse: Wohnung und Kleidung zum Schutz gegen Kälte und Nässe, neue Arbeitsgebiete und damit neue Betätigungen, die den Menschen immer weiter vom Tier entfernten.

Durch das Zusammenwirken von Hand, Sprachorganen und Gehirn nicht allein bei jedem einzelnen, sondern auch in der Gesellschaft, wurden die Menschen befähigt, immer verwickeltere Verrichtungen auszuführen, immer höhere Ziele sich zu stellen und zu erreichen. Die Arbeit selbst wurde von Geschlecht zu Geschlecht eine andre, vollkommnere, vielseitigere. Zur Jagd und Viehzucht trat der Ackerbau, zu diesem Spinnen und Weben, Verarbeitung der Metalle, Töpferei, Schiffahrt. Neben Handel und Gewerbe trat endlich Kunst und Wissenschaft, aus Stämmen wurden Nationen und Staaten. Recht und Politik entwickelten sich, und mit ihnen das phantastische Spiegelbild der menschlichen Dinge im menschlichen Kopf: die Religion. Vor allen diesen Gebilden, die zunächst als Produkte des Kopfs sich darstellten und die die menschlichen Gesellschaften zu beherrschen schienen, traten die bescheidneren Erzeugnisse der arbeitenden Hand in den Hintergrund; und zwar um so mehr, als der die Arbeit planende Kopf schon auf einer sehr frühen Entwicklungsstufe der Gesellschaft (z. B. schon in der einfachen Familie) die geplante Arbeit durch andre Hände ausführen lassen konnte als die seinigen. Dem Kopf, der Entwicklung und Tätigkeit des Gehirns, wurde alles Verdienst an der rasch fortschreitenden Zivilisation zugeschrieben; die Menschen gewöhnten sich daran, ihr Tun aus ihrem Denken zu erklären statt aus ihren Bedürfnissen (die dabei allerdings im Kopf sich widerspiegeln, zum Bewußtsein kommen) – und so entstand mit der Zeit jene idealistische Weltanschauung, die namentlich seit Untergang der antiken Welt die Köpfe beherrscht hat. Sie herrscht noch so sehr, daß selbst die materialistischsten Naturforscher der Darwinschen Schule sich noch keine klare Vorstellung von der Entstehung des Menschen machen können, weil sie unter jenem ideologischen Einfluß die Rolle nicht erkennen, die die Arbeit dabei gespielt hat.

Die Tiere, wie schon angedeutet, verändern durch ihre Tätigkeit die äußere Natur ebensogut, wenn auch nicht in dem Maße wie der Mensch, und diese durch sie vollzogenen Änderungen ihrer Umgebung wirken, wie wir sahen, wieder verändernd auf ihre Urheber zurück. Denn in der Natur geschieht nichts vereinzelt. Jedes wirkt aufs andre und umgekehrt, und es ist meist das Vergessen dieser allseitigen Bewegung und Wechselwirkung, das unsre Naturforscher verhindert, in den einfachsten Dingen klar zu sehn. Wir sahen, wie die Ziegen die Wiederbewaldung von Griechenland verhindern; in Sankt Helena haben die von den ersten Anseglern ans Land gesetzten Ziegen und Schweine es fertiggebracht, die alte Vegetation der Insel fast ganz auszurotten, und so den Boden bereitet, auf dem die von spätern Schiffern und Kolonisten zugeführten Pflanzen sich ausbreiten konnten. Aber wenn die Tiere eine dauernde Einwirkung auf ihre Umgebung ausüben, so geschieht dies unabsichtlich, und ist, für diese Tiere selbst, etwas Zufälliges. Je mehr die Menschen sich aber vom Tier entfernen, desto mehr nimmt ihre Einwirkung auf die Natur den Charakter vorbedachter, planmäßiger, auf bestimmte, vorher bekannte Ziele gerichteter Handlung an. Das Tier vernichtet die Vegetation eines Landstrichs, ohne zu wissen, was es tut. Der Mensch vernichtet sie, um in den freigewordnen Boden Feldfrüchte zu säen oder Bäume und Reben zu pflanzen, von denen er weiß, daß sie ihm ein Vielfaches der Aussaat einbringen werden. Er versetzt Nutzpflanzen und Haustiere von einem Land ins andre, und ändert so die Vegetation und das Tierleben ganzer Weltteile. Noch mehr. Durch künstliche Züchtung werden Pflanzen wie Tiere unter der Hand des Menschen in einer Weise verändert, daß sie nicht wiederzuerkennen sind. Die wilden Pflanzen, von denen unsre Getreidearten abstammen, werden noch vergebens gesucht. Von welchem wilden Tier unsre Hunde, die selbst unter sich so verschieden sind, oder unsre ebenso zahlreichen Pferderassen abstammen, ist noch immer streitig.

Es versteht sich übrigens von selbst, daß es uns nicht einfällt, den Tieren die Fähigkeit planmäßiger, vorbedachter Handlungsweise abzustreiten. Im Gegenteil. Planmäßige Handlungsweise existiert im Keime schon überall, wo Protoplasma, lebendiges Eiweiß existiert und reagiert, d. h. bestimmte, wenn auch noch so einfache Bewegungen als Folge bestimmter Reize von außen vollzieht. Solche Reaktion findet statt, wo noch gar keine Zelle, geschweige eine Nervenzelle, besteht. Die Art, wie insektenfressende Pflanzen ihre Beute abfangen, erscheint ebenfalls in gewisser Beziehung als planmäßig, obwohl vollständig bewußtlos. Bei den Tieren entwickelt sich die Fähigkeit bewußter, planmäßiger Aktion im Verhältnis zur Entwicklung des Nervensystems und erreicht bei den Säugetieren eine schon hohe Stufe. Auf der englischen Fuchsparforcejagd kann man täglich beobachten, wie genau der Fuchs seine große Ortskenntnis zu verwenden weiß, um seinen Verfolgern zu entgehn, und wie gut er alle Bodenvorteile kennt und benutzt, die die Fährte unterbrechen. Bei unsern im Umgang mit Menschen höher entwickelten Haustieren kann man tagtäglich Streiche der Schlauheit beobachten, die mit denen menschlicher Kinder ganz auf derselben

Stufe stehn. Denn wie die Entwicklungsgeschichte des menschlichen Keims im Mutterleibe nur eine abgekürzte Wiederholung der millionenjährigen körperlichen Entwicklungsgeschichte unsrer tierischen Vorfahren, vom Wurm angefangen, darstellt, so die geistige Entwicklung des menschlichen Kindes eine, nur noch mehr abgekürzte, Wiederholung der intellektuellen Entwicklung derselben Vorfahren, wenigstens der späteren. Aber alle planmäßige Aktion aller Tiere hat es nicht fertiggebracht, der Erde den Stempel ihres Willens aufzudrücken. Dazu gehörte der Mensch.

Kurz, das Tier *benutzt* die äußere Natur bloß und bringt Änderungen in ihr einfach durch seine Anwesenheit zustande; der Mensch macht sie durch seine Änderungen seinen Zwecken dienstbar, *beherrscht* sie. Und das ist der letzte, wesentliche Unterschied des Menschen von den übrigen Tieren, und es ist wieder die Arbeit, die diesen Unterschied bewirkt[1].

Schmeicheln wir uns indes nicht zu sehr mit unsern menschlichen Siegen über die Natur. Für jeden solchen Sieg rächt sie sich an uns. Jeder hat in erster Linie zwar die Folgen, auf die wir gerechnet, aber in zweiter und dritter Linie hat er ganz andre, unvorhergesehene Wirkungen, die nur zu oft jene ersten Folgen wieder aufheben. Die Leute, die in Mesopotamien, Griechenland, Kleinasien und anderswo die Wälder ausrotteten, um urbares Land zu gewinnen, träumten nicht, daß sie damit den Grund zur jetzigen Verödung jener Länder legten, indem sie ihnen mit den Wäldern die Ansammlungszentren und Behälter der Feuchtigkeit entzogen. Die Italiener der Alpen, als sie die am Nordabhang des Gebirgs so sorgsam gehegten Tannenwälder am Südabhang vernutzten, ahnten nicht, daß sie damit der Sennwirtschaft auf ihrem Gebiet die Wurzel abgruben; sie ahnten noch weniger, daß sie dadurch ihren Bergquellen für den größten Teil des Jahrs das Wasser entzogen, damit

---

[1] *Am Rande des Manuskripts ist mit Bleistift vermerkt:* „Veredlung". – *Die Red.*

diese zur Regenzeit um so wütendere Flutströme über die Ebene ergießen könnten. Die Verbreiter der Kartoffel in Europa wußten nicht, daß sie mit den mehligen Knollen zugleich die Skrofelkrankheit verbreiteten. Und so werden wir bei jedem Schritt daran erinnert, daß wir keineswegs die Natur beherrschen, wie ein Eroberer ein fremdes Volk beherrscht, wie jemand, der außer der Natur steht – sondern daß wir mit Fleisch und Blut und Hirn ihr angehören und mitten in ihr stehn, und daß unsre ganze Herrschaft über sie darin besteht, im Vorzug vor allen andern Geschöpfen ihre Gesetze erkennen und richtig anwenden zu können.

Und in der Tat lernen wir mit jedem Tage ihre Gesetze richtiger verstehn und die näheren und entfernteren Nachwirkungen unsrer Eingriffe in den herkömmlichen Gang der Natur erkennen. Namentlich seit den gewaltigen Fortschritten der Naturwissenschaft in diesem Jahrhundert werden wir mehr und mehr in den Stand gesetzt, auch die entfernteren natürlichen Nachwirkungen wenigstens unsrer gewöhnlichsten Produktionshandlungen kennen und damit beherrschen zu lernen. Je mehr dies aber geschieht, desto mehr werden sich die Menschen wieder als eins mit der Natur nicht nur fühlen, sondern auch wissen, und je unmöglicher wird jene widersinnige und widernatürliche Vorstellung von einem Gegensatz zwischen Geist und Materie, Mensch und Natur, Seele und Leib, wie sie seit dem Verfall des klassischen Altertums in Europa aufgekommen und im Christentum ihre höchste Ausbildung erhalten hat.

Hat es aber schon die Arbeit von Jahrtausenden erfordert, bis wir einigermaßen lernten, die entferntern *natürlichen* Wirkungen unsrer auf die Produktion gerichteten Handlungen zu berechnen, so war dies noch weit schwieriger in bezug auf die entfernteren *gesellschaftlichen* Wirkungen dieser Handlungen. Wir erwähnten die Kartoffel und in ihrem Gefolge die Ausbreitung der Skrofeln. Aber was sind die Skrofeln gegen die Wirkungen, die die Reduktion der Arbeiter auf Kartoffelnahrung auf die Lebenslage der Volksmassen ganzer Länder hatte, gegen die Hungersnot, die 1847 im

Gefolge der Kartoffelkrankheit Irland betraf, eine Million kartoffel- und fast nur kartoffelessender Irländer unter die Erde und zwei Millionen über das Meer warf? Als die Araber den Alkohol destillieren lernten, ließen sie sich nicht im Traum einfallen, daß sie damit eins der Hauptwerkzeuge geschaffen, womit die Ureinwohner des damals noch gar nicht entdeckten Amerikas aus der Welt geschafft werden sollten. Und als dann Kolumbus dies Amerika entdeckte, wußte er nicht, daß er damit die in Europa längst überwundne Sklaverei zu neuem Leben erweckte und die Grundlage zum Negerhandel legte. Die Männer, die im siebzehnten und achtzehnten Jahrhundert an der Herstellung der Dampfmaschine arbeiteten, ahnten nicht, daß sie das Werkzeug fertigstellten, das mehr als jedes andre die Gesellschaftszustände der ganzen Welt revolutionieren und namentlich in Europa durch Konzentrierung des Reichtums auf Seite der Minderzahl, und der Besitzlosigkeit auf Seite der ungeheuren Mehrzahl, zuerst der Bourgeoisie die soziale und politische Herrschaft verschaffen, dann aber einen Klassenkampf zwischen Bourgeoisie und Proletariat erzeugen sollte, der nur mit dem Sturz der Bourgeoisie und der Abschaffung aller Klassengegensätze endigen kann. – Aber auch auf diesem Gebiet lernen wir allmählich, durch lange, oft harte Erfahrung und durch Zusammenstellung und Untersuchung des geschichtlichen Stoffs, uns über die mittelbaren, entfernteren gesellschaftlichen Wirkungen unsrer produktiven Tätigkeit Klarheit zu verschaffen, und damit wird uns die Möglichkeit gegeben, auch diese Wirkungen zu beherrschen und zu regeln.

Um diese Regelung aber durchzuführen, dazu gehört mehr als die bloße Erkenntnis. Dazu gehört eine vollständige Umwälzung unsrer bisherigen Produktionsweise und mit ihr unsrer jetzigen gesamten gesellschaftlichen Ordnung.

Alle bisherigen Produktionsweisen sind nur auf Erzielung des nächsten, unmittelbarsten Nutzeffekts der Arbeit ausgegangen. Die weiteren erst in späterer Zeit eintretenden, durch allmähliche Wiederholung und Anhäufung wirksam werdenden Folgen blieben gänzlich vernachlässigt. Das ursprüngliche gemeinsame Eigentum am Boden entsprach einerseits einem Entwicklungszustand der Menschen, der ihren Gesichtskreis überhaupt auf das Allernächste beschränkte, und setzte andrerseits einen gewissen Überfluß an verfügbarem Boden voraus, der gegenüber den etwaigen schlimmen Folgen dieser waldursprünglichen Wirtschaft einen gewissen Spielraum ließ. Wurde dieser Überschuß von Land erschöpft, so verfiel auch das Gemeineigentum. Alle höheren Formen der Produktion aber sind zur Trennung der Bevölkerung in verschiedne Klassen und damit zum Gegensatz von herrschenden und unterdrückten Klassen vorangegangen; damit aber wurde das Interesse der herrschenden Klasse das treibende Element der Produktion, soweit diese sich nicht auf den notdürftigsten Lebensunterhalt der Unterdrückten beschränkte. Am vollständigsten ist dies in der jetzt in Westeuropa herrschenden kapitalistischen Produktionsweise durchgeführt. Die einzelnen, Produktion und Austausch beherrschenden Kapitalisten können sich nur um den unmittelbarsten Nutzeffekt ihrer Handlungen kümmern. Ja selbst dieser Nutzeffekt – soweit es sich um den Nutzen des erzeugten oder ausgetauschten Artikels handelt – tritt vollständig in den Hintergrund; der beim Verkauf zu erzielende Profit wird die einzige Triebfeder.

Die Sozialwissenschaft der Bourgeoisie, die klassische politische Ökonomie, beschäftigt sich vorwiegend nur mit den unmittelbar beabsichtigten gesellschaftlichen Wirkungen der auf Produktion und Austausch gerichteten menschlichen Handlungen. Dies entspricht ganz der gesellschaftlichen Organisation, deren theoretischer Ausdruck sie ist. Wo einzelne Kapitalisten um des unmittelbaren Profits willen produzieren und austauschen, können in erster Linie nur die nächsten, unmittelbarsten Resultate in Betracht kommen. Wenn der einzelne Fabrikant oder Kaufmann die fabrizierte oder eingekaufte Ware nur mit dem üblichen Profitchen verkauft, so ist er zufrieden,

13 Engels, Dialektik der Natur

und es kümmert ihn nicht, was nachher aus der Ware und deren Käufer wird. Ebenso mit den natürlichen Wirkungen derselben Handlungen. Die spanischen Pflanzer in Kuba, die die Wälder an den Abhängen niederbrannten und in der Asche Dünger genug für *eine* Generation höchst rentabler Kaffeebäume vorfanden – was lag ihnen daran, daß nachher die tropischen Regengüsse die nun schutzlose Dammerde herabschwemmten und nur nackten Fels hinterließen? Gegenüber der Natur, wie der Gesellschaft, kommt bei der heutigen Produktionsweise vorwiegend nur der erste, handgreiflichste Erfolg in Betracht; und dann wundert man sich noch, daß die entfernteren Nachwirkungen der hierauf gerichteten Handlungen ganz andre, meist ganz entgegengesetzte sind, daß die Harmonie von Nachfrage und Angebot in deren polaren Gegensatz umschlägt, wie der Verlauf jedes zehnjährigen industriellen Zyklus ihn vorführt und wie auch Deutschland im „Krach"[2] ein kleines Vorspiel davon erlebt hat; daß das auf eigne Arbeit gegründete Privateigentum sich mit Notwendigkeit fortentwickelt zur Eigentumslosigkeit der Arbeiter, während aller Besitz sich mehr und mehr in den Händen von Nichtarbeitern konzentriert; daß [...][3]

[NOTIZEN UND FRAGMENTE]

[Aus der Geschichte der Wissenschaft]

*

Die sukzessive Entwicklung der einzelnen Zweige der Naturwissenschaft zu studieren. – Zuerst *Astronomie* – schon der Jahreszeiten halber für Hirten- wie Ackerbauvölker absolut nötig. Astronomie kann sich nur entwickeln mit Hilfe der *Mathematik*. Diese also ebenfalls in Angriff genommen. – Ferner auf einer gewissen Stufe des Ackerbaus und in gewissen Gegenden (Wasserhebung zur Bewässerung in Ägypten) und namentlich mit der Entstehung der Städte, der großen Bauwerke und der Entwicklung der Gewerbe die *Mechanik*. Bedürfnis bald auch für *Schiffahrt* und *Krieg*. – Auch sie braucht die Hilfe der Mathematik und treibt so zu deren Entwicklung. So schon von Anfang an die Entstehung und Entwicklung der Wissenschaften durch die Produktion bedingt.

Eigentliche wissenschaftliche Untersuchung bleibt während des ganzen Altertums auf diese drei Fächer beschränkt, und zwar als exakte und systematische Forschung auch erst in der nachklassischen Periode (die Alexandriner, Archimedes etc.). In Physik und Chemie, die in den Köpfen noch kaum getrennt (Elementartheorie, Abwesenheit der Vorstellung eines chemischen Elements), in Botanik, Zoologie, Anatomie des Menschen und der Tiere konnte man bis dahin nur Tatsachen sammeln und sie möglichst systematisch ordnen. Die Physiologie war ein bloßes Raten, sowie man sich von den handgreiflichsten Dingen – Verdauung und Exkretion z. B. – entfernte, wie das nicht anders sein konnte, solange selbst die Zirkulation nicht erkannt. – Am Ende der Periode erscheint die Chemie in der Urform der Alchemie.

Notizen und Fragmente

Wenn nach der finstern Nacht des Mittelalters auf einmal die Wissenschaften neu und in ungeahnter Kraft erstehn und mit der Schnelle des Mirakels emporwachsen, so verdankten wir dies Wunder wieder der Produktion. Erstens war seit den Kreuzzügen die Industrie enorm entwickelt und hatte eine Menge neuer mechanischer (Weberei, Uhrmacherei, Mühlen), chemischer (Färberei, Metallurgie, Alkohol) und physikalischer Tatsachen (Brillen) ans Licht gebracht, und diese gaben nicht nur ungeheures Material zur Beobachtung, sondern lieferten auch durch sich selbst schon ganz andre Mittel zum Experimentieren als bisher und erlaubten die Konstruktion *neuer* Instrumente; man kann sagen, daß eigentlich systematische Experimentalwissenschaft jetzt erst möglich geworden. Zweitens entwickelte sich jetzt ganz West- und Mitteleuropa inklusive Polen im Zusammenhang, wenn auch Italien kraft seiner altüberkommenen Zivilisation noch an der Spitze stand. Drittens eröffneten die geographischen Entdeckungen – rein im Dienst des Erwerbs, also in letzter Instanz der Produktion gemacht – ein endloses bis dahin unzugängliches Material in meteorologischer, zoologischer, botanischer und physiologischer (des Menschen) Beziehung. Viertens war die *Presse* da.[1]

Jetzt – von Mathematik, Astronomie und Mechanik abgesehn, die schon bestanden – scheidet sich die Physik definitiv von der Chemie (Torricelli, Galilei – ersterer in Abhängigkeit von industriellen Wasserbauten studiert zuerst die Bewegung der Flüssigkeiten, siehe Clerk Maxwell). Boyle stabiliert die Chemie als Wissenschaft, Harvey durch die Entdeckung der Zirkulation die Physiologie (des Menschen, respektive der Tiere). Zoologie und Botanik bleiben zunächst Sammelwissenschaften, bis die Paläontologie hinzutritt – Cuvier – und bald darauf die Entdeckung der Zelle und die Ent-

---

[1] *Am Rande des Manuskripts ist gegenüber diesem Absatz geschrieben*: „Bisher nur geprahlt, was die Produktion der Wissenschaft verdankt, aber die Wissenschaft verdankt der Produktion unendlich mehr". – *Die Red.*

wicklung der organischen Chemie. Damit vergleichende Morphologie und Physiologie möglich, und von da an beide wahre Wissenschaften. Ende vorigen [18.] Jahrhunderts die Geologie gegründet, neuerdings die schlecht sogenannte Anthropologie – Vermittlung des Übergangs von Morphologie und Physiologie des Menschen und seiner Rassen zur Geschichte. Weiter zu studieren im Detail und zu entwickeln.[1]

*

Naturanschauung der Alten

(Hegel, „Geschichte der Philosophie", Bd. I. – Griechische Philosophie)[2]

Von den ersten Philosophen sagt Aristoteles („Metaphysik", I, 3), sie behaupten, „woraus alles Seiende ist, und woraus es als aus dem Ersten entsteht, und worein als in das Letzte es zugrunde geht, das als die Substanz (οὐσία) immer dasselbe bleibt und nur in seinen Bestimmungen (πάθεσι) sich ändert, dies sei das Element (στοιχεῖον) und dies das Prinzip (ἀρχή) alles Seienden ... Deswegen halten sie dafür, daß kein Ding werde (οὔτε γίγνεσθαι οὐδέν) noch vergehe, weil dieselbe Natur sich immer erhält." (S. 198.)[3] Hier also schon ganz der ursprüngliche naturwüchsige Materialismus, der ganz natürlich in seinem Anfang die Einheit in der unendlichen Mannigfaltigkeit der Naturerscheinungen als selbstverständlich ansieht und in etwas Bestimmt-Körperlichem, einem Besonderen sucht, wie Thales im Wasser.

Cicero sagt: „*Thales*[4] aus Milet ... erklärte das Wasser für den Urstoff der Dinge, die Gottheit aber für einen Geist, der aus dem Wasser alles bilde" („De Natura Deorum" [Über die Natur der Götter], I, 10). Hegel erklärt dies ganz richtig für einen Zusatz des Cicero und fügt hinzu: „Allein diese Frage, ob Thales noch außerdem an Gott geglaubt, geht uns hier nichts an; es ist hier nicht von Annehmen, Glauben, Volksreligion die Rede... und ob er von Gott als dem Bildner aller Dinge aus jenem Wasser gesprochen, so wüßten wir damit nichts mehr von diesem Wesen... es ist leeres Wort ohne seinen Begriff", S. 209[5] (ca. 600 [v. u. Ztr.]).

Die ältesten griechischen Philosophen gleichzeitig Naturforscher: *Thales*, Geometer, bestimmte das Jahr auf 365 Tage, soll eine Sonnenfinsternis vorhergesagt haben. — *Anaximander* machte eine Sonnenuhr, eine Art Karte (περίμε.ρον) des Landes und Meeres und verschiedne astronomische Instrumente. — Pythagoras Mathematiker.

Anaximander aus Milet läßt, nach Plutarch (Quaestiones convivales" [Tischgespräche], VIII, 8), „*den Menschen aus einem Fisch werden, hervorgehen aus dem Wasser auf das Land*" (S. 213)[6]. Für ihn die ἀρχή καὶ στοιχεῖον τὸ ἄπειρον [Anfang und Urelement sei *das Unbegrenzte*[7]], ohne es als Luft oder Wasser oder etwas andres zu bestimmen (διορίζων) (Diogenes Laertius, II, § 1)[8]. Dies Unendliche von Hegel (S. 215)[9] als „die unbestimmte Materie" richtig wiedergegeben (ca. 580).

Anaximenes aus Milet setzt die *Luft* als Prinzip und Grundelement, die unendlich sei (Cicero, „De Natura Deorum", I, 10) und „aus ihr trete alles hervor und in sie löse alles sich wieder auf" (Plutarch, „De placitis philosophorum" [Über die Meinungen der Philosophen], I, 3). Dabei die Luft ἀήρ = πνεῦμα [Hauch, Geist]: „Wie unsere Seele, die Luft ist, uns zusammenhält, so hält auch die ganze Welt ein Geist (πνεῦμα) und Luft zusammen. Geist und Luft ist gleichbedeutend" (Plutarch)[10]. Seele und Luft als allgemeines Medium gefaßt (ca. 555).

Aristoteles schon sagt, daß diese älteren Philosophen das Urwesen in eine Weise der Materie setzen: Luft und Wasser (und vielleicht Anaximander in ein Mittelding zwischen beiden), später Heraklit ins Feuer, aber keiner in die Erde wegen ihrer vielfachen Zusammensetzung (διὰ τὴν μεγαλομέρειαν), „Metaphysik", I, 8 (S. 217)[11].

Von ihnen allen sagt Aristoteles richtig, daß sie den Ursprung der Bewegung unerklärt lassen (S. 218 ff.)[12].

Pythagoras aus Samos (ca. 540): Die *Zahl* ist das Grundprinzip: „daß die *Zahl* das Wesen aller Dinge, und die Organisation des Universums überhaupt in seinen Bestimmungen *ein harmonisches System von Zahlen und deren Verhältnissen* ist"[13] (Aristoteles, „Metaphysik", I, 5 passim [an verschiedenen Stellen]). Hegel macht mit Recht aufmerksam auf „die Kühnheit einer solchen Rede, die alles, was der Vorstellung als seiend oder als wesenhaft (für wahr) gilt, auf einmal so niederschlägt und das sinnliche Wesen vertilgt"[14] und das Wesen in eine, wenn auch noch so sehr beschränkte und einseitige Gedankenbestimmung setzt. Wie die Zahl bestimmten Gesetzen unterworfen, so auch das Universum; seine Gesetzmäßigkeit hiermit zuerst ausgesprochen. Pythagoras wird die Reduzierung der musikalischen Harmonien auf mathematische Verhältnisse zugeschrieben. Ebenso: „In die Mitte haben die Pythagoräer das Feuer gesetzt, die Erde aber als einen Stern, der sich um diesen Zentralkörper herumbewegt in einem Kreise" (Aristoteles, „De coelo" [Über den Himmel], II, 13). Dieses Feuer aber nicht die Sonne; immer die erste Ahnung, daß *die Erde sich bewegt*[15].

Hegel über das Planetensystem: „... das Harmonische, wodurch sich die Abstände [zwischen den Planeten] bestimmen – dafür hat alle Mathematik noch keinen Grund ... anzugeben vermocht. Die empirischen Zahlen kennt man genau; aber alles hat den Schein der Zufälligkeit, nicht der Notwendigkeit. Man kennt eine ungefähre Regelmäßigkeit der Abstände und hat so zwischen Mars und Jupiter mit Glück noch Planeten da geahnt, wo man später die Ceres, Vesta, Pallas usw. entdeckt hat; aber eine konsequente Reihe, worin Vernunft, Verstand ist, hat die Astronomie noch nicht darin gefunden. Sie sieht vielmehr mit Verachtung auf die regelmäßige Darstellung dieser Reihe; für sich ist es aber ein höchst wichtiger Punkt, der nicht aufzugeben ist." (S. 267 [–268].)[16]

Bei aller naiv-materialistischen Gesamtauffassung der Kern der spätern Spaltung bereits bei den ältesten Griechen. Die Seele ist schon bei Thales etwas Besondres, vom Körper Verschiednes (wie er auch dem Magnet eine Seele zuschreibt), bei Anaximenes ist sie Luft (wie in der Genesis), bei den Pythagoräern ist sie bereits unsterblich und wandernd, der Körper für sie rein zufällig. Auch bei den Pythagoräern ist die Seele „ein Splitter des Äthers" (ἀπόσπασμα αἰθέρος) (Diogenes Laertius, VIII, 26-28), wo der Äther – der kalte – die Luft, der dicke das Meer und die Feuchtigkeit ist[17].

Aristoteles wirft auch den Pythagoräern richtig vor: Mit ihren Zahlen „sagen sie nicht, wie die Bewegung wird, und wie, ohne Bewegung und Veränderung, Entstehen und Vergehen ist, oder die Zustände und Tätigkeiten der himmlischen Dinge" („Metaphysik", I, 8)[18].

Pythagoras soll erkannt haben die Identität des Morgen- und Abendsterns, daß der Mond sein Licht von der Sonne bekommt, endlich den pythagoräischen Lehrsatz. „Pythagoras soll eine Hekatombe geschlachtet haben bei Findung dieses Satzes[19] ... Und merkwürdig mag es wohl sein, daß seine Freude so weit gegangen, deshalb ein großes Fest anzuordnen, wo die Reichen und das ganze Volk eingeladen waren; der Mühe wert war es. Es ist Fröhlichkeit, Freude des Geistes (Erkenntnis) – auf Kosten der Ochsen." (S. 279.)[20]

Eleaten.

*

Leukipp und Demokrit[21]. „Leukippos aber und sein Schüler Demokritos setzen als Elemente das *Volle* und das *Leere*, womit sie das Seiende und das Nichtseiende meinen, indem sie hier unter dem *Vollen* und dem *Festen* (nämlich den Atomen) das Seiende, dagegen unter dem Leeren und dem *Hohlen* das Nichtseiende verstehen. Darum lassen sie auch das Seiende um nichts mehr existieren als das Nichtseiende ... Diese Elemente sind ihnen aber Seinsgründe in Weise der Materie. Und wie diejenigen, welche die zugrunde liegende Substanz (die Materie) als eins setzen, das andere durch ihre

Eigenschaften erzeugen..., ganz in gleicher Weise bezeichnen auch diese die *Unterschiede* (nämlich der Atome) als Ursache des übrigen. Solcher Unterschiede aber *nehmen sie drei an: Gestalt, Ordnung* und *Lage*... So unterscheidet sich A von N durch die *Gestalt*, AN von NA durch die *Ordnung* und Z von N durch die Lage." (Aristoteles, „Metaphysik", Buch I, Kapitel 4.)[22]

„Er (Leukippos) hat zuerst Atome als das Ursprüngliche hingestellt..., mit welchen Ausdrücken er die Elemente bezeichnet. Daraus entstehen unzählige Welten und lösen sich auch wieder in die Elemente auf. Die Welten aber entstehen auf folgende Weise: *Nach Maßgabe der Ablösung von dem Unendlichen* bewegen sich zahlreiche Körper von mannigfachster Getaltung in den großen leeren Raum hinein, die zusammengeballt einen *einzigen großen Wirbel ausmachen,* durch den sie, gegeneinander stoßend und mannigfach im Kreise sich umschwingend, in der Weise gesondert werden, daß sich das Gleiche zum Gleichen gesellt. Wenn sie nun *nach hergestelltem Gleichgewicht* sich wegen der Menge nicht mehr im Kreise umschwingen können, *entweichen die feineren* (leichteren) *in der Richtung nach dem äußeren Leeren,* als wären sie durchgesiebt, die übrigen bleiben beisammen, halten, sich miteinander verflechtend, die gleiche Bahn ein und bilden so die erste kugelförmige Massengestaltung." (Diogenes Laertius, Buch IX, Kapitel 6.)[23]

Folgendes über Epikur: „Die Atome *bewegen sich* aber unablässig. Weiter unten aber sagt er, daß sie sich auch *gleich schnell* bewegen, da der *leere Raum* die gleiche Nachgiebigkeit zeigt *sowohl gegen das leichteste wie gegen das schwerste Atom* ... Die Atome besäßen auch keine Qualitäten, sondern nur *Gestalt, Größe* und *Schwere ... Auch komme ihnen nicht jede beliebige Größe zu. Wenigstens wurde noch niemals ein Atom durch Sinneswahrnehmung erschaut."* (Diogenes Laertius, Buch X, § 43–44.)[24] „Ferner kommt den Atomen notwendig die gleiche Geschwindigkeit zu, wenn sie bei ihrer Bewegung durch den leeren Raum auf keinen Widerstand stoßen. Denn weder werden die schweren sich schneller bewegen als die kleinen und leichten, wenigstens wenn ihnen kein Hindernis entgegentritt, noch werden die kleinen den großen vorauseilen, *obschon sie überall bequemen Durchgang finden*; nur darf den großen kein Widerstand entgegentreten." (Ebenda, § 61.)[25]

„Daß also das *Eins* in jeder Gattung [der Dinge] eine bestimmte Natur ist, und bei keinem eben dies, das Eins, seine Natur ist, leuchtet ein" (Aristoteles, „Metaphysik", Buch IX, Kapitel 2)[26].

*

Aristarch von Samos 270 v. Chr. hatte schon die *Kopernikanische Theorie von Erde und Sonne* (Mädler[27], S. 44; Wolf[28], S. 35–37).
Demokrit hatte schon vermutet, die *Milchstraße* werfe uns das vereinigte Licht zahlloser kleiner Sterne zu (Wolf, S. 313).[29]

*

Unterschied der Lage bei Ende der Alten Welt ca. 300 – und Ende des Mittelalters – 1453[30]

1. Anstatt eines dünnen Kulturstreifens entlang der Küste des Mittelmeers, der seine Arme sporadisch ins Innere und bis an die Atlantische Küste von Spanien, Frankreich und England ausstreckte und so leicht von den Deutschen und Slawen von Norden und Arabern von Südosten durchbrochen und aufgerollt werden konnte – jetzt ein geschlossenes Kulturgebiet – ganz Westeuropa mit Skandinavien, Polen und Ungarn als Vorposten.

2. Anstatt des Gegensatzes von Griechen respektive Römern und Barbaren, jetzt sechs Kulturvölker mit Kultursprachen, die skandinavischen usw. nicht gezählt, die alle soweit entwickelt waren, daß sie den gewaltigen Literaturaufschwung des 14. Jahrhunderts mitmachen konnten und eine weite größere Vielseitigkeit der Bildung

garantierten als die Ende des Altertums bereits verfallende und absterbende griechische und lateinische Sprache.

3. Eine unendlich höhere Entwicklung der industriellen Produktion und des Handels, geschaffen durch das mittelalterliche Bürgertum; einerseits die Produktion vervollkommneter, mannigfacher und massenhafter, andrerseits der Handelsverkehr weit stärker, die Schiffahrt seit der Sachsen-, Friesen- und Normannenzeit unendlich kühner, und andrerseits die Menge Erfindungen und Import von orientalischen Erfindungen, die den Import und die Verbreitung der griechischen Literatur, die See-Entdeckungen und die bürgerliche religiöse Revolution nicht nur erst möglich machten, sondern ihnen auch ganz andre und raschere Tragweite gaben, und obendrein eine Masse wissenschaftlicher Tatsachen, wenn auch noch ungeordnet, lieferten, wie sie dem Altertum nie vorgelegen (Magnetnadel, Druck, Lettern, Leinenpapier – von Arabern und spanischen Juden seit dem 12. Jahrhundert gebraucht, Baumwollpapier seit dem 10. Jahrhundert allmählich aufkommend, im 13. und 14. Jahrhundert schon verbreiteter, Papyrus seit den Arabern in Ägypten ganz eingegangen) – Schießpulver, *Brillen, mechanische Uhren*, großer Fortschritt sowohl der *Zeitrechnung* wie auch der *Mechanik*.

(Erfindungen siehe Nr. 11.)[31]

Dazu der Reisestoff (Marco Polo ca. 1292 etc.).

Viel verbreitetere allgemeine Bildung, wenn auch noch schlechte, durch die Universitäten.

Mit der Erhebung von Konstantinopel und dem Fall Roms schließt die alte Zeit, mit dem Fall von Konstantinopel ist das Ende des Mittelalters unlösbar verknüpft. Die neue Zeit fängt an mit der Rückkehr zu den Griechen. – Negation der Negation!

*

Historisches. – Erfindungen[32]

Vor Chr.

Feuerspritze, Wasseruhr ca. 200 v. Chr., Straßenpflaster (Rom).
Pergament ca. 160.

Nach Chr.

Wassermühlen *an der Mosel,* ca. 340, in Deutschland zu Karls des Großen Zeit.

Erste Spur von Glasfenstern, Straßenbeleuchtung in Antiochia ca. 370.

Seidenwürmer aus China ca. 550 in Griechenland.

Schreibfedern im 6. Jahrhundert.

Baumwollpapier aus China zu den Arabern im 7. Jahrhundert, im 9. in Italien.

Wasserorgeln in Frankreich im 8. Jahrhundert.

Silbergruben am Harz bearbeitet seit 10. Jahrhundert.

Windmühlen gegen 1000.

Noten, Tonleiter des Guido von Arezzo gegen 1000.

Seidenzucht nach Italien gegen 1100.

Uhren mit Rädern – do.

Magnetnadel von den Arabern zu den Europäern ca. 1180.

Straßenpflaster in Paris 1184.

Brillen in Florenz. Glasspiegel. ⎫
Heringeinsalzen. Schleusen. ⎬ Zweite Hälfte des 13. Jahrhunderts.
Schlaguhren. Baumwollpapier in Frankreich. ⎭

Lumpenpapier – Anfang 14. Jahrhundert.

Wechsel – Mitte do.

Erste Papiermühle in Deutschland (Nürnberg) 1390.

Straßenbeleuchtung in London. Anfang 15. Jahrhundert.

Post in Venedig – do.

Holzschnitt und Druck – do.

Kupferstecherkunst – Mitte do.

Reitende Posten in Frankreich 1464.

Erzgebirgisch-sächsische Silbergruben 1471.
Pedalklavier erfunden 1472.
Taschenuhren. Windbüchsen. Flintenschloß – Ende 15. Jahrhundert.
Spinnrad 1530.
Taucherglocke 1538.

*

Historisches[33]

Die moderne Naturwissenschaft – die einzige, von der qua [als] Wissenschaft die Rede sein kann gegenüber den genialen Intuitionen der Griechen und den sporadisch zusammenhangslosen Untersuchungen der Araber – beginnt mit jener gewaltigen Epoche, die den Feudalismus durch das Bürgertum brach – im Hintergrund des Kampfs zwischen Städtebürgern und Feudaladel die rebellischen Bauern und hinter den Bauern die revolutionären Anfänge des modernen Proletariats, schon die rote Fahne in der Hand und den Kommunismus auf den Lippen, zeigte – die großen Monarchien in Europa schuf, die geistige Diktatur des Papstes brach, das griechische Altertum wieder heraufbeschwor und mit ihm die höchste Kunstentwicklung der neuen Zeit, die Grenzen des alten Orbis durchbrach und die Erde erst eigentlich entdeckte.

Es war die größte Revolution, die die Erde bis dahin erlebt hatte. Auch die Naturwissenschaft lebte und webte in dieser Revolution, war revolutionär durch und durch, ging Hand in Hand mit der erwachenden modernen Philosophie der großen Italiener, und lieferte ihre Märtyrer auf die Scheiterhaufen und in die Gefängnisse. Es ist bezeichnend, daß Protestanten wie Katholiken in ihrer Verfolgung wetteiferten. Die einen verbrannten Servet, die andern Giordano Bruno. Es war eine Zeit, die Riesen brauchte und Riesen hervorbrachte, Riesen an Gelehrsamkeit, Geist und Charakter, die Zeit, die die Franzosen richtig die Renaissance, das protestantische Europa einseitig borniert die der Reformation benannten.

Notizen und Fragmente

Auch die Naturwissenschaft hatte damals ihre Unabhängigkeitserklärung, die freilich nicht gleich im Anfang kam, ebensowenig wie Luther der erste Protestant gewesen. Was auf religiösem Gebiet die Bullenverbrennung Luthers, war auf naturwissenschaftlichem des Kopernikus großes Werk, worin er, schüchtern zwar, nach 36jährigem Zögern und sozusagen auf dem Totenbett, dem kirchlichen Aberglauben den Fehdehandschuh hinwarf. Von da an war die Naturforschung von der Religion wesentlich emanzipiert, obwohl die vollständige Auseinandersetzung aller Details sich noch bis heute hingezogen und in manchen Köpfen noch lange nicht fertig ist. Aber von da an ging auch die Entwicklung der Wissenschaft mit Riesenschritten, sie nahm zu sozusagen im quadratischen Verhältnis der zeitlichen Entfernung von ihrem Ausgangspunkt, gleichsam als ob sie der Welt zeigen wollte, daß für die Bewegung der höchsten Blüte der organischen Materie, den Menschengeist, das umgekehrte Gesetz gelte wie für die Bewegung unorganischer Materie.

Die erste Periode der neueren Naturwissenschaft schließt – auf dem Gebiet des Unorganischen – mit Newton ab. Es ist die Periode der Bewältigung des gegebnen Stoffs, sie hatte im Bereich des Mathematischen, der Mechanik und Astronomie, der Statik und Dynamik, Großes geleistet, besonders durch Kepler und Galilei, aus denen Newton die Schlußfolgerungen zog. Auf dem Gebiete des Organischen aber war man nicht über die ersten Anfänge hinaus. Die Untersuchung der historisch aufeinanderfolgenden und sich verdrängenden Lebensformen, sowie die der ihnen entsprechenden wechselnden Lebensbedingungen – Paläontologie und Geologie – existierten noch nicht. Die Natur galt überhaupt nicht für etwas, das sich historisch entwickelt, das seine Geschichte in der Zeit hat; bloß die Ausdehnung im Raum kam in Betracht; nicht nacheinander, nur nebeneinander waren die verschiedenen Formen gruppiert worden; die Naturgeschichte galt für alle Zeiten, wie die Ellipsenbahnen der Planeten. Es fehlten für alle nähere Untersuchung der organischen Gebilde die beiden ersten Grundlagen, die Chemie und die Kenntnis der wesentlichen organischen Struktur, der Zelle. Die anfangs revolutionäre Naturwissenschaft stand vor einer durch und durch konservativen Natur, in der alles noch heute so war wie von Anfang der Welt an, und in der bis zum Ende der Welt alles so bleiben werde, wie es von Anfang an gewesen.

Es ist bezeichnend, daß diese konservative Naturanschauung sowohl im Anorganischen wie im Organischen [...][34]

Astronomie	Physik	Geologie	Pflanzenphysiologie	Therapeutik
Mechanik	Chemie	Paläontologie	Tierphysiologie	Diagnostik
Mathematik		Mineralogie	Anatomie	

1te Bresche: Kant und Laplace. 2te: Geologie und Paläontologie (Lyell, langsame Entwicklung). 3te: organische Chemie, die organische Körper herstellt und die Gültigkeit der chemischen Gesetze für die lebenden Körper darstellt. 4te: 1842, mechanische [Theorie der] Wärme, Grove. 5te: Darwin, Lamarck, Zelle etc. (Kampf, Cuvier und Agassiz). 6te: das *vergleichende Element* in Anatomie, Klimatologie (Isothermen), Tier- und Pflanzengeographie (wissenschaftliche Reiseexpeditionen seit Mitte 18. Jahrhunderts), überhaupt physikalischer Geographie (Humboldt), das Zusammenbringen des Materials in Zusammenhang. Morphologie (Embryologie, Baer)[35].

Die alte Teleologie ist zum Teufel, aber fest steht jetzt die Gewißheit, daß die Materie in ihrem ewigen Kreislauf nach Gesetzen sich bewegt, die auf bestimmter Stufe – bald hier, bald da – in organischen Wesen den denkenden Geist mit Notwendigkeit produzieren.

Die normale Existenz der Tiere gegeben in den gleichzeitigen Verhältnissen, worin sie leben und denen sie sich adaptieren – die des Menschen, sobald er sich vom Tier im engern Sinn differenziert, sind noch nie dagewesen, erst durch künftige historische Entwicklung herauszuarbeiten. Der Mensch ist das einzige Tier, das sich aus dem bloß tierischen Zustand herausarbeiten kann –

sein Normalzustand ein seinem Bewußtsein angemessener, *von ihm selbst zu schaffender*.

*

Ausgelassenes aus „Feuerbach"[36]

[Die vulgarisierenden Hausierer, die in den fünfziger Jahren in Deutschland in Materialismus machten, kamen in keiner Weise über diese Schranken ihrer Lehrer[37] hinaus. Alle seitdem gemachten Fortschritte der Naturwissenschaft dienten ihnen] als neue Argumente gegen den Glauben an den Weltschöpfer; und in der Tat lag es ganz außerhalb ihres Geschäfts, die Theorie weiter zu entwickeln. Der Idealismus war durch 1848 schwer getroffen, aber der Materialismus in dieser seiner erneuten Gestalt war noch tiefer heruntergekommen. Daß Feuerbach die Verantwortlichkeit für *diesen* Materialismus ablehnte, darin hatte er entschieden recht; nur durfte er die Lehre der Reiseprediger nicht mit dem Materialismus überhaupt zusammenwerfen.

Um dieselbe Zeit aber nahm die empirische Naturwissenschaft einen solchen Aufschwung und erreichte so glänzende Resultate, daß dadurch nicht nur eine vollständige Überwindung der mechanischen Einseitigkeit des 18. Jahrhunderts möglich wurde, sondern auch die Naturwissenschaft selbst durch den Nachweis der in der Natur selbst vorhandenen Zusammenhänge der verschiednen Untersuchungsgebiete (der Mechanik, Physik, Chemie, Biologie etc.) aus einer empirischen in eine theoretische Wissenschaft, und bei der Zusammenfassung des Gewonnenen in ein System der materialistischen Naturerkenntnis sich verwandelte. Die Mechanik der Gase; die neugeschaffene organische Chemie, die einer sogenannten organischen Verbindung nach der andern den letzten Rest der Unbegreiflichkeit abstreifte, indem sie sie aus anorganischen Stoffen herstellte; die von 1818 datierende wissenschaftliche Embryologie; die Geologie und Paläontologie; die vergleichende Anatomie der Pflanzen und Tiere – sie alle lieferten neuen Stoff in bisher unerhörtem Maß. Von entscheidender Wichtigkeit aber waren drei große Entdeckungen.

Die erste war der von der Entdeckung des mechanischen Äquivalents der Wärme (durch Robert Mayer, Joule und Colding) sich herleitende Nachweis der Verwandlung der Energie. Alle die zahllosen wirkenden Ursachen in der Natur, die bisher als sogenannte Kräfte ein geheimnisvolles, unerklärtes Dasein führten – mechanische Kraft, Wärme, Strahlung (Licht und strahlende Wärme), Elektrizität, Magnetismus, chemische Kraft der Verbindung und Trennung –, sind jetzt nachgewiesen als besondre Formen, Daseinsweisen einer und derselben Energie, d. h. Bewegung; wir können nicht nur ihre in der Natur stets vorgehende Verwandlung aus einer Form in die andre nachweisen, sondern sie selbst im Laboratorium und in der Industrie vollführen, und zwar so, daß einer gegebnen Menge von Energie in der einen Form stets eine bestimmte Menge von Energie in dieser oder jener andern Form entspricht. Wir können so die Wärmeeinheit in Kilogramm-Metern, und die Einheiten der beliebigen Mengen von elektrischer oder chemischer Energie wieder in Wärmeeinheiten ausdrücken und umgekehrt; wir können ebenso den Energieverbrauch und die Energiezufuhr eines lebendigen Organismus messen und in einer beliebigen Einheit, z. B. in Wärmeeinheiten, ausdrücken. Die Einheit aller Bewegung in der Natur ist nicht mehr eine philosophische Behauptung, sondern eine naturwissenschaftliche Tatsache.

Die zweite – der Zeit nach frühere – ist die Entdeckung der organischen Zelle durch Schwann und Schleiden, der Zelle als der Einheit, aus deren Vervielfältigung und Differenzierung alle Organismen mit Ausnahme der niedrigsten entstehen und herauswachsen. Erst mit dieser Entdeckung erhielt die Untersuchung der organischen, lebendigen Naturprodukte – sowohl die vergleichende Anatomie und Physiologie wie die Embryologie –

einen festen Boden. Der Entstehung, dem Wachstum und der Struktur der Organismen war das Geheimnis abgestreift; das bisher unbegreifliche Wunder hatte sich aufgelöst in einen nach einem für alle vielzelligen Organismen wesentlich identischen Gesetz sich vollziehenden Prozeß.

Aber noch blieb eine wesentliche Lücke. Wenn alle vielzelligen Organismen – Pflanzen wie Tiere mit Einschluß des Menschen – aus je einer Zelle nach dem Gesetz der Zellspaltung herauswachsen, woher dann die unendliche Verschiedenheit dieser Organismen? Diese Frage wurde beantwortet durch die dritte große Entdeckung, die Entwicklungstheorie, die zuerst von Darwin im Zusammenhang dargestellt und begründet wurde. So manche Umwandlungen diese Theorie auch noch im einzelnen durchmachen wird, so löst sie im ganzen und großen schon jetzt das Problem in mehr als genügender Weise. Die Entwicklungsreihe der Organismen von wenigen einfachen zu stets mannigfacheren und komplizierteren, wie wir sie heute vor uns sehn, und bis zum Menschen herauf, ist in den großen Grundzügen nachgewiesen; es ist damit nicht nur die Erklärung ermöglicht für den vorgefundnen Bestand an organischen Naturprodukten, sondern auch die Grundlage gegeben für die Vorgeschichte des Menschengeistes, für die Verfolgung seiner verschiednen Entwicklungsstufen vom einfachen strukturlosen, aber Reize empfindenden Protoplasma der niedrigsten Organismen bis zum denkenden Menschenhirn. Ohne diese Vorgeschichte aber bleibt das Dasein des denkenden Menschenhirns ein Wunder.

Mit diesen drei großen Entdeckungen sind die Hauptvorgänge der Natur erklärt, auf natürliche Ursachen zurückgeführt. Nur eines bleibt hier noch zu tun: die Entstehung des Lebens aus der unorganischen Natur zu erklären. Das heißt auf der heutigen Stufe der Wissenschaft nichts andres als: Eiweißkörper aus unorganischen Stoffen herzustellen. Dieser Aufgabe rückt die Chemie immer näher. Sie ist noch weit von ihr entfernt. Wenn wir aber bedenken, daß erst 1828 der erste organische Körper, der Harnstoff, von Wöhler aus unorganischem Material dargestellt wurde, und wie unzählige sogenannte organische Zusammensetzungen jetzt künstlich ohne irgendwelche organische Stoffe dargestellt werden, werden wir der Chemie kein Halt! vor dem Eiweiß gebieten wollen. Bis jetzt kann sie jeden organischen Stoff darstellen, dessen Zusammensetzung sie genau kennt. Sobald die Zusammensetzung der Eiweißkörper einmal bekannt ist, wird sie an die Herstellung von lebendigem Eiweiß gehn können. Daß sie aber von heute auf morgen das leisten soll, was der Natur selbst unter sehr günstigen Umständen auf einzelnen Weltkörpern nach Millionen Jahren gelingt – das hieße ein Wunder verlangen.

Somit steht die materialistische Naturanschauung heute auf ganz anders festen Füßen als im vorigen Jahrhundert. Damals war nur die Bewegung der Himmelskörper und die von irdischen festen Körpern unter dem Einfluß der Schwere einigermaßen erschöpfend verstanden; fast das ganze Gebiet der Chemie und die ganze organische Natur blieben unverstandne Geheimnisse. Heute liegt die ganze Natur als ein wenigstens in den großen Grundzügen erklärtes und begriffenes System von Zusammenhängen und Vorgängen vor uns ausgebreitet. Allerdings heißt materialistische Naturanschauung weiter nichts als einfache Auffassung der Natur so, wie sie sich gibt, ohne fremde Zutat, und daher verstand sie sich bei den griechischen Philosophen ursprünglich von selbst. Aber zwischen jenen alten Griechen und uns liegen mehr als zwei Jahrtausende wesentlich idealistischer Weltanschauung, und da ist die Rückkehr auch zum Selbstverständlichen schwerer, als es auf den ersten Blick scheint. Denn es handelt sich keineswegs um einfache Verwerfung des ganzen Gedankeninhalts jener zwei Jahrtausende, sondern um seine Kritik, um die Losschälung der innerhalb der falschen, aber für ihre Zeit und den Entwicklungsgang selbst unvermeidlichen idealistischen Form gewonnenen Resultate aus dieser vergänglichen Form. Und wie schwer das ist, beweisen uns jene zahlreichen Naturforscher, die innerhalb ihrer Wissenschaft unerbittliche Materialisten sind, außerhalb derselben aber nicht nur Idealisten, sondern selbst fromme, ja orthodoxe Christen.

Alle diese epochemachenden Fortschritte der Naturwissenschaft gingen an Feuerbach vorüber, ohne ihn wesentlich zu berühren. Es war dies nicht so sehr seine Schuld als die der elenden deutschen Verhältnisse, kraft deren die Lehrstühle der Universitäten von hohlköpfigen, eklektischen Flohknackern in Beschlag genommen wurden, während Feuerbach, der sie turmhoch überragte, in einsamer Dorfabgeschiedenheit fast verbauern mußte. Daher kommt es, daß er über die Natur – bei einzelnen genialen Zusammenfassungen – soviel belletristisches Stroh dreschen muß. So sagt er: „Das Leben ist allerdings nicht Produkt eines chemischen Prozesses, nicht Produkt überhaupt einer vereinzelten Naturkraft oder Erscheinung, worauf der metaphysische Materialist das Leben reduziert; es ist ein Resultat der ganzen Natur"[38]. Daß das Leben ein Resultat der ganzen Natur ist, widerspricht keineswegs dem Umstand, daß das Eiweiß, welches der ausschließliche selbständige Träger des Lebens ist, unter bestimmten durch den ganzen Naturzusammenhang gegebnen Bedingungen entsteht, aber eben als Produkt eines chemischen Prozesses entsteht. ⟨Hätte Feuerbach unter Umständen gelebt, die ihm erlaubten, die Entwicklung der Naturwissenschaft auch nur oberflächlich zu verfolgen, so würde er nie in den Fall gekommen sein, von einem chemischen Prozeß zu sprechen als von der Wirkung einer vereinzelten Naturkraft.⟩[39] Derselben Vereinsamung ist es zuzuschreiben, wenn Feuerbach sich in eine Reihe unfruchtbarer und sich im Kreise drehender Spekulationen über das Verhältnis des Denkens zum denkenden Organ, dem Gehirn, verliert – ein Gebiet, worauf ihm Starcke mit Vorliebe folgt.

Genug, Feuerbach sträubt sich gegen den Namen Materialismus. Und nicht ganz mit Unrecht; denn er wird den Idealisten nie ganz los. Auf dem Gebiet der Natur ist er Materialist; aber auf dem Gebiet der menschlichen [...][40]

*

Gott wird nirgends schlechter behandelt als bei den Naturforschern, die an ihn glauben[41]. Die Materialisten explizieren einfach die *Sache*, ohne auf solche Phrasen einzugehn, sie tun dies erst, wenn zudringliche Gläubige ihnen den Gott aufdrängen wollen, und da antworten sie kurz, sei es wie Laplace: Sire, je n'avais etc.[42], sei es derber in der Art der holländischen Kaufleute, die deutsche Handelsreisende bei Aufdrängung ihrer Schundfabrikate mit den Worten abzuweisen pflegen: Ik kan die zaken niet gebruiken[43], und damit ist's abgetan. Aber was hat Gott von seinen Verteidigern erdulden müssen! In der Geschichte der modernen Naturwissenschaften wird Gott von seinen Verteidigern behandelt wie Friedrich Wilhelm III. in der Kampagne von Jena von seinen Generalen und Beamten. Ein Armeeteil nach dem andern streckt das Gewehr, eine Festung nach der andern kapituliert vor dem Anmarsch der Wissenschaft, bis zuletzt das ganze unendliche Gebiet der Natur von ihr erobert und keine Stätte mehr in ihr ist für den Schöpfer. Newton ließ ihm noch den „ersten Anstoß", verbat sich aber jede fernere Einmischung in sein Sonnensystem. Pater Secchi komplimentiert ihn, zwar mit allen kanonischen Honneurs, aber darum nicht weniger kategorisch, aus dem Sonnensystem ganz heraus und erlaubt ihm nur noch in Beziehung auf den Urnebel einen Schöpfungsakt. Und so auf allen Gebieten. In der Biologie mutet ihm sein letzter großer Don Quijote, Agassiz, sogar positiven Unsinn zu: Er soll nicht nur die wirklichen Tiere, sondern auch abstrakte Tiere, den Fisch als solchen schaffen! Und zuletzt verbietet ihm Tyndall gar den Zutritt zur Natur total und verweist ihn in die Welt der Gefühlsbewegungen und läßt ihn nur zu, weil es doch jemand geben muß, der von allen diesen Dingen (der Natur) mehr weiß als John Tyndall![44] Welch ein Abstand vom alten Gott – Schöpfer Himmels und der Erden, Erhalter aller Dinge, ohne den kein Haar vom Haupt fallen kann!

Das emotionale Bedürfnis Tyndalls beweist nichts. Der Chevalier des Grieux[45] hatte auch das emotionale Bedürfnis, die Manon Lescaut zu lieben und zu besitzen, die sich und ihn einmal über das andre Mal verkaufte; er wurde ihr zuliebe Falschspieler und Maquereau [Zuhälter], und wenn Tyndall ihm dann Vorwürfe machen will, so antwortet er mit seinem „emotionalen Bedürfnis"!

Gott = nescio [ich weiß es nicht]; aber ignorantia non est argumentum[46] (Spinoza).

[Naturwissenschaft und Philosophie]

*

Büchner[1]

Aufkommen der Richtung. Auflösung der deutschen Philosophie in Materialismus — die Kontrolle über die Wissenschaft beseitigt — Losplatzen der platt materialistischen Popularisation, deren Materialismus den Mangel an Wissenschaft ersetzen sollte. Flor zur Zeit der tiefsten Erniedrigung des bürgerlichen Deutschlands und der offiziellen deutschen Wissenschaft — 1850–1860. Vogt, Moleschott, Büchner. Gegenseitige Assekuranz. — Neubelebung durch Modewerden des Darwinismus, den diese Herrn gleich pachteten.

Man könnte sie laufen lassen und ihrem nicht unlöblichen, wenn auch engen Beruf überlassen, dem deutschen Philister Atheismus etc. beizubringen, aber 1. das Schimpfen auf die Philosophie (Stellen anzuführen)[1], die trotz alledem den Ruhm Deutschlands bildet, und 2. die Anmaßung, die Naturtheorien auf die Gesellschaft anzuwenden und den Sozialismus zu reformieren. So zwingen sie uns zur Notiznahme.

Zuerst, was leisten sie auf ihrem eignen Felde? Zitate.

· 2. Umschlag, S. 170–171. Woher plötzlich dies Hegelsche?[3] Übergang zur Dialektik.

---

[1] Büchner kennt die Philosophie nur als Dogmatiker, wie er selbst Dogmatiker des plattesten Abspülicht des deutschen Aufklärichts, dem der Geist und die Bewegung der großen französischen Materialisten abhanden gekommen (Hegel über diese) — wie dem Nicolai der [Geist] des Voltaire. Lessings „toter Hund Spinoza" ([Hegel,] „Enzyklopädie". Vorrede, [S.] 19)[2]. [*Anmerkung von Engels.*]

Zwei philosophische Richtungen, die metaphysische mit fixen Kategorien, die dialektische (Aristoteles und Hegel besonders) mit flüssigen; die Nachweise, daß diese fixen Gegensätze von Grund und Folge, Ursache und Wirkung, Identität und Unterschied, Schein und Wesen unhaltbar sind, daß die Analyse einen Pol schon als in nuce [„in der Nuß"] vorhanden im andern nachweist, daß an einem bestimmten Punkt der eine Pol in den andern umschlägt, und daß die ganze Logik sich erst aus diesen fortschreitenden Gegensätzen entwickelt. – Dies bei Hegel selbst mystisch, weil die Kategorien als präexistierend, und die Dialektik der realen Welt als ihr bloßer Abglanz erscheint. In Wirklichkeit umgekehrt: die Dialektik des Kopfs nur Widerschein der Bewegungsformen der realen Welt, der Natur wie der Geschichte. Die Naturforscher bis Ende vorigen Jahrhunderts, ja bis 1830 wurden mit der alten Metaphysik ziemlich fertig, weil die wirkliche Wissenschaft nicht über Mechanik – irdische und kosmische – hinausging. Trotzdem brachte schon die höhere Mathematik, die die ewige Wahrheit der niedern Mathematik als einen überwundnen Standpunkt betrachtet, oft das Gegenteil behauptet und Sätze aufstellt, die dem niedern Mathematiker als barer Unsinn erscheinen, Konfusion hinein. Die festen Kategorien lösten sich hier auf, die Mathematik war auf ein Terrain gekommen, wo selbst so einfache Verhältnisse, wie die der bloßen abstrakten Quantität, das schlechte Unendliche, eine vollkommen dialektische Gestalt annahmen und die Mathematiker zwangen, wider Willen und ohne es zu wissen, dialektisch zu werden. Nichts komischer als die Windungen, faulen Schliche, und Notbehelfe der Mathematiker, diesen Widerspruch zu lösen, die höhere und niedre Mathematik zu versöhnen, ihrem Verstand klarzumachen, daß das, was sich ihnen als unleugbares Resultat ergab, nicht reiner Blödsinn sei, und überhaupt Ausgangspunkt, Methode und Resultat der Mathematik des Unendlichen rationell zu erklären.

Jetzt aber ist das alles anders. Die Chemie, abstrakte Teilbarkeit des Physikalischen, schlechte Unendlichkeit – Atomistik. Die Physiologie – Zelle (der organische Entwicklungsprozeß sowohl des Individuums wie der Arten durch Differenzierung die schlagendste Probe auf die rationelle Dialektik) und endlich die Identität der Naturkräfte und ihre gegenseitige Verwandlung, die aller Fixität der Kategorien ein Ende machte. Trotzdem die Masse der Naturforscher noch immer fest in den alten metaphysischen Kategorien und hilflos, wenn diese modernen Tatsachen, die die Dialektik sozusagen in der Natur nachweisen, rationell erklärt und in Zusammenhang unter sich gebracht werden sollen. Und hier mußte *gedacht* werden: Atom und Molekül usw. kann man nicht mit dem Mikroskop beobachten, sondern nur mit Denken. Vergleiche die Chemiker (ausgenommen Schorlemmer, der Hegel kennt) und Virchows „Zellularpathologie", wo schließlich allgemeine Phrasen die Hilflosigkeit verdecken müssen. Die des Mystizismus entkleidete Dialektik wird eine absolute Notwendigkeit für die Naturwissenschaft, die das Gebiet verlassen hat, wo die festen Kategorien, gleichsam die niedre Mathematik der Logik, ihr Hausgebrauch, ausreichten. Die Philosophie rächt sich posthum an der Naturwissenschaft dafür, daß diese sie verlassen hat – und doch hätten die Naturforscher schon an den naturwissenschaftlichen Erfolgen der Philosophie sehn können, daß in all dieser Philosophie etwas stak, das auch auf ihrem eignen Gebiet ihnen überlegen war (Leibniz – Gründer der Mathematik des Unendlichen, gegen den der Induktionsesel Newton[4] als Plagiator und Verderber tritt[5]; Kant – kosmische Entstehungstheorie *vor* Laplace; Oken – der erste in Deutschland, der die Entwicklungstheorie annahm; Hegel – dessen [...][6] Zusammenfassung und rationelle Gruppierung der Naturwissenschaften eine größere Tat ist als all der materialistische Blödsinn zusammen).

Bei der Prätention des Büchner, über Sozialismus und Ökonomie aus Kampf ums Dasein abzuurteilen: Hegel („Enzyklopädie", I, S. 9) über das Schuhmachen[7].

Bei der Politik und [dem] Sozialismus: **Der Verstand, auf den die Welt gewartet hat** (S. 11)[8].

Außer-, Neben- und Nacheinander. Hegel, „Enzyklopädie", S. 35! als Bestimmung des Sinnlichen, der Vorstellung[9].

Hegel, „Enzyklopädie", S. 40. Naturerscheinungen[10] – aber bei Büchner wird nicht *gedacht*, bloß abgeschrieben, daher das nicht nötig.

S. 42. Solon hat seine Gesetze „aus seinem Kopf hervorgebracht"[11] – Büchner kann dasselbe für die moderne Gesellschaft.

S. 45. Metaphysik – Wissenschaft der *Dinge*[12] – nicht der Bewegungen.

S. 53. „Bei der Erfahrung kommt es darauf an, mit welchem Sinn man an die Wirklichkeit geht. Ein großer Sinn macht große Erfahrungen und erblickt in dem bunten Spiel der Erscheinung das, worauf es ankommt."[13]

S. 56. Parallelismus zwischen menschlichem Individuum und Geschichte[14] = Parallelismus zwischen Embryologie und Paläontologie.

*

Wie Fourier a mathematical poem [ein mathematisches Gedicht][15] und doch noch gebraucht, so Hegel a dialectical poem [ein dialektisches Gedicht].[16]

*

Die falsche *Porositätstheorie*[17] (worin die verschiednen falschen Materien, Wärmestoff etc., in ihren gegenseitigen Poren sitzen und sich doch nicht durchdringen) von Hegel als reine *Erdichtung des Verstandes* dargestellt („Enzyklopädie", I, S. 259[18]. Siehe auch „*Logik*"[19]).

*

Hegel, „Enzyklopädie", I, S. 205–206[20], prophetische Stelle über die Atomgewichte gegenüber den damaligen physikalischen Auffassungen und über Atom, Molekül als *Gedanken*bestimmungen, worüber das *Denken* zu entscheiden hat.[21]

*

Wenn Hegel die Natur als eine Manifestation der ewigen „Idee" in der Entäußerung ansieht, und dies ein so schweres Verbrechen ist, was sollen wir sagen zum Morphologen Richard Owen: „Die urbildliche Idee war lange vor der Existenz jener tierischen Arten, die sie jetzt verwirklichen, in verschiedenen solcher Formen auf diesem Planeten verkörpert" („Nature of Limbs", 1849)[22]. Wenn das ein mystischer Naturforscher sagt, der sich nichts dabei denkt, so geht's ruhig hin, wenn aber ein Philosoph dasselbe sagt, der sich etwas, und zwar au fond [im Grunde genommen] das Richtige, wenn auch in verkehrter Form, dabei denkt, so ist es Mystik und ein unerhörtes Verbrechen.[23]

*

Naturforscherliches Denken·[24]: Agassiz' Schöpfungsplan, wonach Gott vom Allgemeinen zum Besondern und Einzelnen fortschafft, zuerst ·das Wirbeltier als solches, dann das Säugetier als solches, das Raubtier als solches, die Katze als solche und endlich erst den Löwen etc. schafft! also erst abstrakte Begriffe in Gestalt von konkreten Dingen und dann konkrete Dinge! (Siehe Haeckel, S. 59.)[25]

*

Bei *Oken* (Haeckel, S. 85 ff.)[26] tritt der Unsinn hervor, der entstanden aus dem Dualismus zwischen Naturwissenschaft und Philosophie. Oken entdeckt auf dem Gedankenweg das Protoplasma und die Zelle, aber es fällt niemand ein, die Sache naturwissenschaftlich zu verfolgen – das *Denken* soll's leisten! Und als Protoplasma und Zelle entdeckt werden, ist Oken in allgemeinen Verschiß![27]

*

Hofmann („Ein Jahrhundert Chemie unter den Hohenzollern")[28] zitiert Naturphilosophie. Zitat aus Rosenkranz[29], dem Belletristen, den kein richtiger Hegelianer anerkennt. Die Naturphilosophie für Rosenkranz verantwortlich zu machen, ist ebenso albern, wie wenn Hofmann die Hohenzollern für die Marggrafsche Entdeckung des Rübenzuckers verantwortlich macht.[30]

*

Theorie und Empirie[31]. Die Abplattung theoretisch durch Newton festgestellt. Die Cassinis[32] und andere Franzosen behaupteten noch lange nachher, auf ihre empirischen Messungen gestützt, daß die Erde ellipsoidisch und die Polarachse die längste sei.

*

Die Verachtung der Empiriker für die Griechen erhält eine eigentümliche Illustration, wenn man z. B. Th. Thomson („On Electricity")[33] liest, wo Leute wie Davy und selbst noch Faraday im dunkeln herumtappen (elektrischer Funken etc.) und Experimente anstellen, die ganz an die Erzählungen von Aristoteles und Plinius über physikalisch-chemische Verhältnisse erinnern. Grade in dieser neuen Wissenschaft reproduzieren die Empiriker ganz das blinde Tasten der Alten. Und wo der geniale Faraday eine richtige Fährte hat, muß der Philister Thomson dagegen protestieren (S. 397).[34]

*

Haeckel, „Anthropogenie"[35], S. 707: „Nach der materialistischen Weltanschauung ist die *Materie oder der Stoff früher da als die Bewegung* oder die lebendige Kraft, der Stoff hat die Kraft geschaffen." Dies sei ebenso falsch, wie daß die Kraft den Stoff geschaffen, da Kraft und Stoff untrennbar.

Wo holt der sich seinen Materialismus?[36]

*

Causae finales und efficientes[37] von Haeckel (S. 89, 90)[38] in *zweckmäßig* wirkende und *mechanisch* wirkende Ursachen verwandelt, weil ihm causa finalis = Gott! Ebenso ist ihm „mechanisch" ohne weiteres nach Kant = monistisch, nicht = mechanisch im Sinn der Mechanik. Bei solcher Sprachkonfusion Unsinn unvermeidlich. Was Haeckel hier von Kants „Kritik der Urteilskraft" sagt, stimmt nicht mit Hegel („Geschichte der Philosophie", S. 603).[39]

*

Andres[40] Exempel der Polarität bei Haeckel: Mechanismus = Monismus, und Vitalismus oder Teleologie = Dualismus. Schon bei Kant und Hegel der *innere* Zweck Protest gegen Dualismus. Mechanismus aufs Leben angewandt eine hilflose Kategorie, wir können höchstens von Chemismus sprechen, wenn wir nicht allen Verstand der Namen aufgeben wollen. Zweck: Hegel, V, S. 205[41]: „Der Mechanismus zeigt sich selbst dadurch als ein Streben der Totalität, daß er die Natur für sich als ein Ganzes zu fassen sucht, das zu seinem Begriffe keines andern bedarf – eine Totalität, die sich *in dem Zwecke und dem damit zusammenhängenden außerweltlichen Verstande nicht findet*"[42]. Der Witz aber der, daß der Mechanismus (auch der Materialismus des 18. Jahrhunderts) nicht aus der abstrakten Notwendigkeit und daher auch nicht aus der Zufälligkeit herauskommt. Daß die Materie das denkende Menschenhirn aus sich entwickelt, ist ihm ein purer Zufall, obwohl, wo es geschieht, von Schritt zu Schritt notwendig bedingt. In Wahrheit aber ist es die Natur der Materie, zur Entwicklung denkender Wesen fortzuschreiten, und dies geschieht daher auch notwendig immer, wo die Bedingungen (nicht notwendig überall und immer dieselben) dazu vorhanden.

Weiter Hegel, V, S. 206[43]: „Dies Prinzip (des Mechanismus)[44] gibt daher in seinem Zusammenhange von äußerer Notwendigkeit das Bewußtsein unendlicher Freiheit gegen die Teleologie, welche die Geringfügigkeiten und selbst Verächtlichkeiten ihres Inhalts als etwas Absolutes aufstellt, in dem sich der allgemeinere Gedanke nur unendlich beengt und selbst ekelhaft affiziert finden kann."

Dabei wieder die kolossale Stoff- und Bewegungsvergeudung der Natur. Im Sonnensystem vielleicht nur drei Planeten höchstens, auf denen Leben und denkende Wesen existieren können – unter jetzigen Bedingungen. Und um ihretwillen der ganze ungeheure Apparat!

Der *innere Zweck* im Organismus setzt sich dann nach Hegel (V, S. 244)[45] durch den *Trieb* durch. Pas trop fort [nicht allzu überzeugend]. Der Trieb soll das einzelne Lebendige mit seinem Begriff mehr oder weniger in Harmonie bringen. Hieraus geht hervor, wie sehr der ganze *innere Zweck* selbst eine ideologische Bestimmung ist. Und doch liegt hierin Lamarck.[46]

*

Die Naturforscher glauben sich von der Philosophie zu befreien, indem sie sie ignorieren oder über sie schimpfen. Da sie aber ohne Denken nicht vorankommen, und zum Denken Denkbestimmungen nötig haben, diese Kategorien aber unbesehn aus dem von den Resten längst vergangner Philosophien beherrschten gemeinen Bewußtsein der sogenannten Gebildeten oder aus dem bißchen auf der Universität zwangsmäßig gehörter Philosophie (was nicht nur fragmentarisch, sondern auch ein Wirrwarr der Ansichten von Leuten der verschiedensten und meist schlechtesten Schulen ist), oder aus unkritischer und unsystematischer Lektüre philosophischer Schriften aller Art nehmen, so stehn sie nicht minder in der Knechtschaft der Philosophie, meist aber leider der schlechtesten, und die, die am meisten auf die Philosophie schimpfen, sind Sklaven grade der schlechtesten vulgarisierten Reste der schlechtesten Philosophien.[47]

*

Die Naturforscher mögen sich stellen, wie sie wollen, sie werden von der Philosophie beherrscht. Es fragt sich nur, ob sie von einer schlechten Modephilosophie beherrscht werden wollen oder von einer Form des theoretischen Denkens, die auf der Bekanntschaft mit der Geschichte des Denkens und mit deren Errungenschaften beruht.

Physik, hüte dich vor Metaphysik, ist ganz richtig, aber in einem andern Sinn[48].

Die Naturforscher fristen der Philosophie noch ein Scheinleben, indem sie sich mit den Abfällen der alten Metaphysik behelfen. Erst wenn Natur- und Geschichtswissenschaft die Dialektik in sich aufgenommen, wird all der philosophische Kram – außer der reinen Lehre vom Denken – überflüssig, verschwindet in der positiven Wissenschaft.[49]

[Dialektik]

*[a) Allgemeine Fragen der Dialektik.
Grundgesetze der Dialektik]*

*

Die Dialektik, die sogenannte *objektive*, herrscht in der ganzen Natur, und die sogenannte subjektive Dialektik, das dialektische Denken, ist nur Reflex der in der Natur sich überall geltend machenden Bewegung in Gegensätzen, die durch ihren fortwährenden Widerstreit und ihr schließliches Aufgehen ineinander, respektive in höhere Formen, eben das Leben der Natur bedingen. Attraktion und Repulsion. Beim Magnetismus fängt die Polarität an, sie zeigt sich an ein und demselben Körper; bei der Elektrizität verteilt sie sich auf zwei oder mehr, die in gegenseitige Spannung geraten. Alle chemischen Prozesse reduzieren sich auf Vorgänge der chemischen Attraktion und Repulsion. Endlich im organischen Leben ist die Bildung des Zellenkerns ebenfalls als eine Polarisierung des lebendigen Eiweißstoffs zu betrachten, und von der einfachen Zelle an weist die Entwicklungstheorie nach, wie jeder Fortschritt bis zur kompliziertesten Pflanze einerseits, bis zum Menschen andrerseits, durch den fortwährenden Widerstreit von Vererbung und Anpassung bewirkt wird. Es zeigt sich dabei, wie wenig Kategorien wie „positiv" und „negativ" auf solche Entwicklungsformen anwendbar sind. Man kann die Vererbung als die positive, erhaltende Seite, die Anpassung als die negative, das Ererbte fortwährend zerstörende Seite, aber ebensogut die Anpassung als die schöpferische, aktive, positive, die Vererbung als die widerstrebende, passive, negative Tätigkeit auffassen. Wie aber in der Geschichte der Fortschritt als Negation des Bestehenden auftritt, so wird auch hier – aus rein praktischen Gründen – die Anpassung besser als negative Tätigkeit gefaßt. In der Geschichte tritt die Bewegung in Gegensätzen erst recht hervor in allen kritischen Epochen der leitenden Völker. In solchen Momenten hat ein Volk nur die Wahl zwischen zwei Hörnern eines Dilemmas: entweder-oder!, und zwar ist die Frage immer ganz anders gestellt, als das politisierende Philisterium aller Zeiten sie gestellt wünscht. Selbst der liberale deutsche Philister von 1848 fand sich 1849 plötzlich und unerwartet und wider Willen vor die Frage gestellt: Rückkehr zur alten Reaktion in verschärfter Form, oder Fortgang der Revolution bis zur Republik, vielleicht gar der einen und unteilbaren mit sozialistischem Hintergrund. Er besann sich nicht lange und half die Manteuffelsche Reaktion als Blüte des deutschen Liberalismus schaffen. Ebenso 1851 der französische Bourgeois vor dem von ihm sicher nicht erwarteten Dilemma: Karikatur des Kaisertums, Prätorianertum und Ausbeutung Frankreichs durch eine Lumpenbande, oder sozialdemokratische Republik – und er duckte sich vor der Lumpenbande, um unter ihrem Schutz die Arbeiter fortausbeuten zu können.[1]

*

Hard and fast lines [*starre und feste Linien*] mit der Entwicklungstheorie unverträglich – sogar die Grenzlinie zwischen Wirbeltieren und Wirbellosen schon nicht mehr fest, ebensowenig die zwischen Fischen und Amphibien, und die zwischen Vögeln und Reptilien verschwindet täglich mehr und mehr. Zwischen Compsognathus und Archäopteryx[2] fehlen nur noch wenige Mittelglieder, und gezahnte Vogelschnäbel tauchen in beiden Hemisphären auf. Das Entweder dies – oder das! wird mehr und mehr ungenügend. Bei den niedern Tieren der Begriff des Individuums gar nicht scharf festzustellen. Nicht nur, ob dies Tier ein Individuum oder eine Kolonie ist, sondern auch, wo in der Entwicklung *ein* Individuum aufhört und das andre anfängt (Ammen)[3]. – Für eine solche Stufe der Naturanschauung, wo alle Unterschiede in Mittelstufen zusammenfließen, alle Gegensätze durch Zwischenglieder ineinander übergeführt werden, reicht die alte metaphysische Denkmethode nicht mehr aus. Die Dialektik, die ebenso keine hard and fast lines [starren und festen Linien], kein unbedingtes allgütiges Entweder-Oder! kennt, die die fixen metaphysischen Unterschiede ineinander überführt und neben dem Entweder-Oder! ebenfalls das Sowohl dies – wie jenes! an richtiger Stelle kennt und die Gegensätze vermittelt, ist die einzige ihr in höchster Instanz angemeßne Denkmethode. Für den Alltagsgebrauch, den wissenschaftlichen Kleinhandel, behalten die metaphysischen Kategorien ja ihre Gültigkeit.[4]

*

Umschlag von Quantität in Qualität = „mechanische" Weltanschauung, quantitative Veränderung ändert Qualität. Das haben die Herren nie gerochen![5]   *

Die Gegensätzlichkeit der verständigen Denkbestimmungen: die *Polarisation*. Wie Elektrizität, Magnetismus etc. sich polarisieren, im Gegensatz bewegen, so die Gedanken. Wie dort keine Einseitigkeit festzuhalten, woran kein Naturforscher denkt, so auch hier nicht.[6]   *

Die wahre Natur der „Wesens"bestimmungen von Hegel selbst ausgesprochen („Enzyklopädie", I, § 111, Zusatz): „Im Wesen ist alles *relativ*"[7]. (Z. B. positiv und negativ, die nur in ihrer Beziehung, nicht jedes für sich Sinn haben.)[8]

*

Teil und Ganzes z. B. sind schon Kategorien, die in der organischen Natur unzureichend werden. – Abstoßen des Samens – der Embryo und das geborne Tier sind nicht als „Teil" aufzufassen, der vom „Ganzen" getrennt wird, das gäbe schiefe Behandlung. Erst Teil im Kadaver („Enzyklopädie", I, S. 268).[9]

*

Einfach und zusammengesetzt[10]. Kategorien, die ebenfalls schon in der organischen Natur ihren Sinn verlieren, unanwendbar sind. Weder die mechanische Zusammensetzung aus Knochen, Blut, Knorpel, Muskeln, Geweben etc., noch die chemische aus den Elementen, drücken ein Tier aus. Hegel („Enzyklopädie", I, S. 256)[11]. Der Organismus ist *weder* einfach, *noch* zusammengesetzt, er mag noch so kompliziert sein.

*

Identität – abstrakte[12], $a = a$; und negativ, a nicht gleich und ungleich a gleichzeitig – ebenfalls in der organischen Natur unanwendbar. Die Pflanze, das Tier, jede Zelle in jedem Augenblick seines Lebens identisch mit sich und doch sich von sich selbst unterscheidend, durch Aufnahme und Ausscheidung von Stoffen, Atmung, durch Zellenbildung und Zellenabsterben, durch den vorgehenden Zirkulationsprozeß, kurz durch eine Summe unaufhörlicher molekularer Veränderungen, die das Leben ausmachen und deren summierte Resultate in den Lebensphasen – Embryonalleben, Jugend, Geschlechtsreife, Gattungsprozeß, Alter, Tod – augenscheinlich hervortreten. Je weiter die Physiologie sich entwickelt, desto wichtiger werden für sie diese unaufhörlichen, unendlich kleinen Veränderungen, desto wichtiger für sie also ebenso die Betrachtung des Unterschieds *innerhalb* der Identität, und der alte abstrakt formelle Identitätsstandpunkt, daß ein organisches Wesen als ein mit sich einfach Identisches, Konstantes zu behandeln, veraltet[1]. Trotzdem dauert die auf ihn gegründete Denkweise mit ihren Kategorien fort. Aber schon in der unorganischen Natur die Identität als solche in Wirklichkeit nicht existierend. Jeder Körper ist fortwährend mechanischen, physikalischen, chemischen Einwirkungen ausgesetzt, die stets an ihm ändern,

---

[1] *Am Rande des Manuskripts findet sich hier der von Engels unterstrichene Vermerk:* „Abgesehn obendrein von der Artenentwicklung." *– Die Red.*

seine Identität modifizieren. Nur in der Mathematik – einer abstrakten Wissenschaft, die sich mit Gedankendingen beschäftigt, gleichviel ob Abklatschen der Realität – ist die abstrakte Identität und ihr Gegensatz gegen den Unterschied am Platz und wird auch da fortwährend aufgehoben. Hegel, „Enzyklopädie", I, S. 235[13]. Die Tatsache, daß die Identität den Unterschied in sich enthält, ausgesprochen in *jedem Satz*, wo das Prädikat vom Subjekt notwendig verschieden: Die *Lilie* ist eine *Pflanze*, die *Rose* ist *rot*, wo entweder im Subjekt oder im Prädikat etwas, das vom Prädikat oder Subjekt nicht gedeckt wird. Hegel, S. 231[14]. – Daß die *Identität mit sich* von vornherein den *Unterschied von allem andern* zur Ergänzung nötig hat, ist selbstredend.

Die fortwährende Veränderung, d. h. Aufhebung der abstrakten Identität mit sich, auch im sogenannten Unorganischen. Die Geologie ist ihre Geschichte. Auf der Oberfläche mechanische Veränderungen (Auswaschung, Frost), chemische (Verwitterung), im Innern mechanische (Druck), Wärme (vulkanische), chemische (Wasser, Säuren, Bindemittel), im Großen Hebungen, Erdbeben usw. Der Schiefer von heute grundverschieden von dem Schlick, aus dem er gebildet, die Kreide von den losen mikroskopischen Schalen, die sie zusammensetzen, noch mehr der Kalkstein, der ja nach einigen ganz organischen Ursprungs sein soll, der Sandstein vom losen Meersand, der wieder aus zerriebenem Granit usw. herrührt, von Kohle nicht zu sprechen.

*

Der Satz der Identität im altmetaphysischen Sinn der Fundamentalsatz der alten Anschauung: $a = a$. Jedes Ding ist sich selbst gleich. Alles war permanent, Sonnensystem, Sterne, Organismen. Dieser Satz ist von der Naturforschung in jedem einzelnen Fall Stück für Stück widerlegt, theoretisch hält er aber noch vor und wird von den Anhängern des Alten immer noch dem Neuen entgegengehalten: Ein Ding kann nicht gleichzeitig es

Dialektik

ost und ein anderes sein. Und doch ist die Tatsache, daß die
ihre konkrete Identität den Unterschied, die Veränderung in sich
ließt, von der Naturforschung neuerdings im Detail nach-
viesen (siehe oben). – Die abstrakte Identität, wie alle meta-
ysischen Kategorien, reicht aus für den *Haus*gebrauch, wo
ine Verhältnisse oder kurze Zeiträume in Betracht kommen; die
enzen, innerhalb deren sie brauchbar, sind fast für jeden Fall
schieden und durch die Natur des Gegenstandes bedingt – in
em Planetensystem, wobei für die ordinäre astronomische Rech-
ng die Ellipse als Grundform angenommen werden kann, ohne
ktisch Fehler zu machen, viel weiter als bei einem Insekt, das
ie Metamorphose in einigen Wochen vollendet. (Andre Bei-
ele zu geben, z. B. Artenveränderungen, die nach einer Reihe
Jahrtausenden zählen.) Aber für die zusammenfassende Natur-
senschaft, selbst in jeder einzelnen Branche, ist die abstrakte
ntität total unzureichend, und obwohl im ganzen und großen
t praktisch beseitigt, beherrscht sie theoretisch noch immer die
ofe, und die meisten Naturforscher stellen sich vor, Identität
l Unterschied seien unversöhnliche Gegensätze, statt einseitige
e, die nur in ihrer Wechselwirkung, in der Einfassung des
terschieds *in* die Identität, Wahrheit haben.[15]

*

dentität und Unterschied – Notwendigkeit und Zufälligkeit –
ache und Wirkung – die beiden Hauptgegensätze[16], die, ge-
int behandelt, ineinander umschlagen.
Und dann müssen die „Gründe" helfen.[17]

*

Positiv und negativ[18]. Kann auch umgekehrt benannt werden:
Elektrizität etc.; Nord und Süd dito. Man kehre dies um, ändre
übrige Terminologie entsprechend, und alles bleibt richtig.
r nennen dann West – Ost und Ost – West. Die Sonne geht
Westen auf, die Planeten revolvieren von Ost nach West usw.,

Notizen und Fragmente

die Namen allein sind geändert. Ja, in der Physik nennen wir den eigentlichen Südpol des Magneten, den vom Nordpol des Erdmagnetismus angezognen, den *Nordpol*, und es macht gar nichts aus.

*

Daß Positiv und Negativ gleichgesetzt werden – einerlei, welche Seite positiv und welche negativ –, [das findet] nicht nur in der analytischen Geometrie [statt], noch mehr in der Physik (siehe Clausius, S. 87 und ff.).[19]

*

Polarität[20]. Magnet, durchschnitten, polarisiert die neutrale Mitte, doch so, daß die alten Pole bleiben. Dagegen ein Wurm, durchschnitten, behält am positiven Pol den aufnehmenden Mund und bildet am andern Ende einen neuen negativen Pol mit ausscheidendem After; aber der alte negative Pol (After) wird jetzt positiv, wird Mund, und ein neuer After oder negativer Pol am Wundende gebildet. Voilà [das ist] Umschlagen des Positiven ins Negative.

*

Polarisation[21]. Noch für J. Grimm stand der Satz fest, [daß] ein deutscher Dialekt entweder hochdeutsch oder niederdeutsch sein müsse. Dabei ging ihm der fränkische Dialekt total verloren. Weil das Schriftfränkische der spätern karolingischen Zeit hochdeutsch war (indem die hochdeutsche Lautverschiebung den fränkischen Südosten ergriffen), ging das Fränkische, nach seiner Vorstellung, hier im Althochdeutschen, dort im Französischen unter. Dabei blieb absolut unerklärlich, woher denn das Niederländische in die altsalischen Gebiete kam. Erst seit Grimms Tod ist das Fränkische wieder aufgefunden worden: das Salische in seiner Verjüngung als Niederländisch, das Ripuarische in den mittel- und niederrheinischen Dialekten, die teilweise in verschiedene Stufen hochdeutsch verschoben sind, teilweise niederdeutsch geblieben, so daß das Fränkische ein Dialekt ist, der *sowohl* hochdeutsch *wie* niederdeutsch ist.

*

Zufälligkeit und Notwendigkeit[22]

Ein andrer Gegensatz, in dem die Metaphysik befangen ist, ist der von Zufälligkeit und Notwendigkeit. Was kann sich schärfer widersprechen als diese beiden Denkbestimmungen? Wie ist es möglich, daß beide identisch seien, daß das Zufällige notwendig und das Notwendige ebenfalls zufällig sei? Der gemeine Menschenverstand und mit ihm die große Menge der Naturforscher behandelt Notwendigkeit und Zufälligkeit als Bestimmungen, die einander ein für allemal ausschließen. Ein Ding, ein Verhältnis, ein Vorgang ist entweder zufällig oder notwendig, aber nicht beides. Beide bestehn also nebeneinander in der Natur; diese enthält allerlei Gegenstände und Vorgänge, von denen die einen zufällig, die andern notwendig sind und wobei es nur darauf ankommt, die beiden Sorten nicht miteinander zu verwechseln. Man nimmt so z. B. die entscheidenden Artmerkmale als notwendig an und bezeichnet sonstige Verschiedenheiten der Individuen derselben Art als zufällig, und dies gilt von Kristallen wie von Pflanzen und Tieren. Dabei wird dann wieder die niedere Gruppe zufällig gegen die höhere, so daß man es für zufällig erklärt, wieviel verschiedne Spezies des Genus felis [Gattung Katze] oder equus [Pferd] oder wieviel Genera und Ordnungen in einer Klasse, und wieviel Individuen von jeder dieser Spezies existieren, oder wieviel verschiedne Arten von Tieren in einem bestimmten Gebiet vorkommen, oder wie überhaupt Fauna, Flora. Und dann erklärt man das Notwendige für das einzig wissenschaftlich Interessierende und das Zufällige für das der Wissenschaft Gleichgültige. Das heißt: Was man unter Gesetze bringen kann, was man also *kennt*, ist interessant, das, was man nicht unter Gesetze bringen kann, was man also nicht kennt, ist gleichgültig, kann vernachlässigt werden. Damit hört alle Wissenschaft auf, denn sie soll grade das erforschen, was wir *nicht* kennen. Das heißt: Was man unter allgemeine Gesetze bringen kann, gilt für notwendig, und was nicht, für zufällig. Jedermann sieht, daß dies dieselbe Art Wissenschaft ist, die das, was sie erklären kann, für natürlich ausgibt, und das ihr Unerklärliche auf übernatürliche Ursachen schiebt; ob ich die Ursache des Unerklärlichen Zufall nenne, oder Gott, bleibt für die Sache selbst vollständig gleichgültig. Beide sind nur ein Ausdruck für: Ich weiß es nicht, und gehören daher nicht in die Wissenschaft. Diese hört auf, wo der notwendige Zusammenhang versagt.

Demgegenüber tritt der Determinismus, der aus dem französischen Materialismus in die Naturwissenschaft übergegangen, und der mit der Zufälligkeit fertig zu werden sucht, indem er sie überhaupt ableugnet. Nach dieser Auffassung herrscht in der Natur nur die einfache direkte Notwendigkeit. Daß diese Erbsenschote fünf Erbsen enthält und nicht vier oder sechs, daß der Schwanz dieses Hundes fünf Zoll lang ist und nicht eine Linie länger oder kürzer, daß diese Kleeblüte dies Jahr durch eine Biene befruchtet wurde und jene nicht, und zwar durch diese bestimmte Biene und zu dieser bestimmten Zeit, daß dieser bestimmte verwehte Löwenzahnsamen aufgegangen ist und jener nicht, daß mich vorige Nacht ein Floh um vier Uhr morgens gebissen hat und nicht um drei oder fünf, und zwar auf die rechte Schulter, nicht aber auf die linke Wade, alles das sind Tatsachen, die durch eine unverrückbare Verkettung von Ursache und Wirkung, durch eine unerschütterliche Notwendigkeit hervorgebracht sind, so zwar, daß bereits der Gasball, aus dem das Sonnensystem hervorging, derart angelegt war, daß diese Ereignisse sich so und nicht anders zutragen mußten. Mit dieser Art Notwendigkeit kommen wir auch nicht aus der theologischen Naturauffassung heraus. Ob wir das den ewigen Ratschluß Gottes mit Augustin und Calvin, oder mit den Türken das Kismet, oder aber die Notwendigkeit nennen, bleibt sich ziemlich gleich für die Wissenschaft. Von einer Verfolgung der Ursachenkette ist in keinem dieser Fälle die Rede, wir sind also so klug im einen Falle wie im andern, die sogenannte Notwendigkeit bleibt eine leere Redensart, und damit – bleibt auch der

Zufall, was er war. Solange wir nicht nachweisen können, worauf die Zahl der Erbsen in der Schote beruht, bleibt sie eben zufällig, und mit der Behauptung, daß der Fall bereits in der ursprünglichen Konstitution des Sonnensystems vorgesehn sei, sind wir keinen Schritt weiter. Noch mehr. Die Wissenschaft, welche sich daransetzen sollte, den casus [Fall] dieser einzelnen Erbsenschote in seiner Kausalverkettung rückwärts zu verfolgen, wäre keine Wissenschaft mehr, sondern pure Spielerei; denn dieselbe Erbsenschote allein hat noch unzählige andre, individuelle, als zufällig erscheinende Eigenschaften, Nuance der Farbe, Dicke und Härte der Schale, Größe der Erbsen, von den durch das Mikroskop zu enthüllenden individuellen Besonderheiten gar nicht zu reden. Die *eine* Erbsenschote gäbe also schon mehr Kausalzusammenhänge zu verfolgen, als alle Botaniker der Welt lösen könnten.

Die Zufälligkeit ist also hier nicht aus der Notwendigkeit erklärt, die Notwendigkeit ist vielmehr heruntergebracht auf die Erzeugung von bloß Zufälligem. Wenn das Faktum, daß eine bestimmte Erbsenschote sechs Erbsen enthält und nicht fünf oder sieben, auf derselben Ordnung steht, wie das Bewegungsgesetz des Sonnensystems oder das Gesetz der Verwandlung der Energie, dann ist in der Tat nicht die Zufälligkeit in die Notwendigkeit erhoben, sondern die Notwendigkeit degradiert zur Zufälligkeit. Noch mehr. Die Mannigfaltigkeit der auf einem bestimmten Terrain nebeneinander bestehenden organischen und anorganischen Arten und Individuen mag noch so sehr als auf unverbrüchlicher Notwendigkeit begründet behauptet werden, für die einzelnen Arten und Individuen bleibt sie, was sie war, zufällig. Es ist für das einzelne Tier zufällig, wo es geboren ist, welches Medium es zum Leben vorfindet, welche und wie viele Feinde es bedrohen. Es ist für die Mutterpflanze zufällig, wohin der Wind ihren Samen verweht, für die Tochterpflanze, wo das Samenkorn Keimboden findet, dem sie entstammt, und die Versicherung, daß auch hier alles auf unverbrüchlicher Notwendigkeit beruhe, ist ein pauvrer

Notizen und Fragmente

[ärmlicher] Trost. Die Zusammenwürfelung der Naturgegenstände auf einem bestimmten Gebiet, noch mehr, auf der ganzen Erde, bleibt bei aller Urdetermination von Ewigkeit her doch, was sie war – zufällig.

Gegenüber beiden Auffassungen tritt Hegel mit den bisher ganz unerhörten Sätzen, daß das Zufällige einen Grund hat, weil es zufällig ist, und ebensosehr auch keinen Grund hat, weil es zufällig ist; daß das Zufällige notwendig ist, daß die Notwendigkeit sich selbst als Zufälligkeit bestimmt, und daß andrerseits diese Zufälligkeit vielmehr die absolute Notwendigkeit ist („Logik", II, Buch III, 2: „Die Wirklichkeit")[23]. Die Naturwissenschaft hat diese Sätze einfach als paradoxe Spielereien, als sich selbst widersprechenden Unsinn links liegenlassen und ist theoretisch verharrt einerseits in der Gedankenlosigkeit der Wolffschen Metaphysik, nach der etwas *entweder* zufällig ist *oder* notwendig, aber nicht beides zugleich; oder andrerseits im kaum weniger gedankenlosen mechanischen Determinismus, der den Zufall im allgemeinen in der Phrase wegleugnet, um ihn in der Praxis in jedem besondern Fall anzuerkennen.

Während die Naturforschung fortfuhr, so zu denken, was *tat* sie in der Person Darwins?

Darwin, in seinem epochemachenden Werk, geht aus von der breitesten vorgefundnen Grundlage der Zufälligkeit. Es sind grade die unendlichen zufälligen Verschiedenheiten der Individuen innerhalb der einzelnen Arten, Verschiedenheiten, die sich bis zur Durchbrechung des Artcharakters steigern und deren selbst nächste Ursachen nur in den wenigsten Fällen nachweisbar sind, die ihn zwingen, die bisherige Grundlage aller Gesetzmäßigkeit in der Biologie, den Artbegriff in seiner bisherigen metaphysischen Starrheit und Unveränderlichkeit, in Frage zu stellen. Aber ohne den Artbegriff war die ganze Wissenschaft nichts. Alle ihre Zweige hatten den Artbegriff als Grundlage nötig: Die Anatomie des Menschen und die vergleichende – die Embryologie, die Zoologie,

Paläontologie, Botanik etc., was waren sie ohne den Artbegriff? Alle ihre Resultate waren nicht nur in Frage gestellt, sondern direkt aufgehoben. Die Zufälligkeit wirft die Notwendigkeit, wie sie bisher aufgefaßt, über den Haufen¹. Die bisherige Vorstellung von der Notwendigkeit versagt. Sie beizubehalten heißt, die sich selbst und der Wirklichkeit widersprechende Willkürbestimmung des Menschen der Natur als Gesetz aufzudiktieren, heißt damit alle innere Notwendigkeit in der lebenden Natur leugnen, heißt das chaotische Reich des Zufalls allgemein als einziges Gesetz der lebenden Natur proklamieren.

„Gilt nichts mehr der Tausves Jontof!"[24] – schrien die Biologen aller Schulen ganz konsequent.

Darwin.

*

Hegel, „Logik", Band I[25]

„Das dem Etwas entgegengesetzte Nichts, das *Nichts von irgend Etwas, ist ein bestimmtes Nichts*" (S. 74)[26].

„In Rücksicht des wechselbestimmenden Zusammenhangs des (Welt-)[27] Ganzen konnte die Metaphysik die – *im Grunde tautologische* – Behauptung machen, daß, wenn ein Stäubchen zerstört würde, das ganze Universum zusammenstürze" (S. 78)[28].

Negation Hauptstelle. „Einleitung", S. 38: „daß das sich Widersprechende sich nicht in Null, in das abstrakte Nichts, auflöst, sondern *in die Negation seines bestimmten Inhalts*" etc.[29]

Negation der Negation. „Phänomenologie", Vorrede, S. 4: Knospe, Blüte, Frucht etc.[30]

---

¹ *Am Rande des Manuskripts steht etwas über dieser Stelle folgender Satz in Klammern:* „Das inzwischen angehäufte Material von Zufälligkeiten hat die alte Vorstellung der Notwendigkeit erdrückt und durchbrochen". – *Die Red.*

*[b) Dialektische Logik und Erkenntnistheorie.
Von den „Grenzen der Erkenntnis"]*

*

Einheit von Natur und Geist[1]. Den Griechen von selbst einleuchtend, daß die Natur nicht unvernünftig sein konnte, aber selbst heute noch die dümmsten Empiriker beweisen durch ihr Räsonnement (so falsch es auch sein mag), daß sie von vornherein überzeugt sind, die Natur könne nicht unvernünftig und die Vernunft nicht widernatürlich sein.

*

Die Entwicklung eines Begriffs oder Begriffsverhältnisses (Positiv und Negativ, Ursache und Wirkung, Substanz und Akzidenz) in der Geschichte des Denkens verhält sich zu seiner Entwicklung im Kopf des einzelnen Dialektikers wie die Entwicklung eines Organismus in der Paläontologie zu seiner Entwicklung in der Embryologie (oder vielmehr in der Geschichte und im einzelnen Keim). Daß dies so ist, zuerst von Hegel für die Begriffe entdeckt. In der geschichtlichen Entwicklung spielt die Zufälligkeit ihre Rolle, die im dialektischen Denken wie in der Entwicklung des Embryos *sich in Notwendigkeit zusammenfaßt.*[2]

*

Abstrakt und konkret. Das allgemeine Gesetz des Formwechsels der Bewegung ist viel konkreter als jedes einzelne „konkrete" Beispiel davon.[3]

*

Verstand und Vernunft[4]. Diese Hegelsche Unterscheidung, in der nur das dialektische Denken vernünftig, hat einen gewissen Sinn. Alle Verstandstätigkeit: *Induzieren, Deduzieren,* also auch *Abstrahieren* (Didos[5] Gattungsbegriffe: Vierfüßler und Zweifüßler), *Analysieren* unbekannter Gegenstände (schon das Zerbrechen einer Nuß ist Anfang der Analyse), *Synthesieren* (bei tierischen Schlauheitsstückchen) und, als Vereinigung beider, *Experimentieren* (bei neuen Hindernissen und in fremden Lagen) haben wir mit dem Tier gemein. Der Art nach sind diese sämtlichen Verfahrungsweisen – also alle Mittel der wissenschaftlichen Forschung, die die ordinäre Logik anerkennt – vollkommen gleich beim Menschen und den höheren Tieren. Nur dem Grade (der Entwicklung der jedesmaligen Methode) nach sind sie verschieden. Die Grundzüge der Methode sind gleich und führen zu gleichen Resultaten bei Mensch und Tier, solange beide bloß mit diesen elementaren Methoden arbeiten oder auskommen. – Dagegen das dialektische Denken – eben weil es die Untersuchung der Natur der Begriffe selbst zur Voraussetzung hat – ist nur dem Menschen möglich, und auch diesem erst auf einer verhältnismäßig hohen Entwicklungsstufe (Buddhisten und Griechen) und erreicht seine volle Entwicklung noch viel später durch die moderne Philosophie – und trotzdem schon die kolossalen Resultate bei den Griechen, die die Untersuchung weit antizipieren!

Die Chemie, in der die *Analyse* die vorherrschende Untersuchungsform ist, ist nichts ohne ihren Gegenpol, die *Synthese*[6].

*

[Über die Klassifikation des Urteils] [7]

Die dialektische Logik, im Gegensatz zur alten, bloß formellen, begnügt sich nicht wie diese, die Formen der Bewegung des Denkens, d. h. die verschiednen Urteils- und Schlußformen, aufzuzählen und zusammenhangslos nebeneinander zu stellen. Sie leitet im Gegenteil diese Formen die eine aus der andern ab, sie subordiniert sie einander statt sie zu koordinieren, sie entwickelt die höheren Formen aus den niederen. Getreu seiner Einteilung der ganzen Logik gruppiert Hegel die Urteile als[8]

1. Urteil des Daseins, die einfachste Form des Urteils, worin von einem einzelnen Ding eine allgemeine Eigenschaft bejahend oder verneinend ausgesagt wird (positives Urteil: Die Rose ist rot; negatives: Die Rose ist nicht blau; unendliches: Die Rose ist kein Kamel);

2. Urteil der Reflexion, worin vom Subjekt eine Verhältnisbestimmung, eine Relation ausgesagt wird (singuläres[9] Urteil: Dieser Mensch ist sterblich; partikuläres[10]: Einige, viele Menschen sind sterblich; universelles[11]: Alle Menschen sind, oder der Mensch ist sterblich);

3. Urteil der Notwendigkeit, worin vom Subjekt seine substantielle Bestimmtheit ausgesagt wird (kategorisches Urteil: Die Rose ist eine Pflanze; hypothetisches Urteil: Wenn die Sonne aufgeht, so ist es Tag; disjunktives: Der Lepidosiren [Schuppenmolch] ist entweder ein Fisch oder ein Amphibium);

4. Urteil des Begriffs, worin vom Subjekt ausgesagt wird, inwieweit es seiner allgemeinen Natur oder, wie Hegel sagt, seinem Begriff entspricht (assertorisches Urteil: Dies Haus ist schlecht; problematisches: Wenn ein Haus so und so beschaffen ist, so ist es gut; apodiktisches: Das Haus, so und so beschaffen, ist gut).

1. *Einzelnes Urteil*, 2. und 3. *besondres*, 4. *allgemeines*.

So trocken sich dies hier auch liest, und so willkürlich auch auf den ersten Blick diese Klassifikation der Urteile hie und da erscheinen mag, so wird doch die innere Wahrheit und Notwendigkeit dieser Gruppierung jedem einleuchtend werden, der die geniale Entwicklung in Hegels „Großer Logik" (Werke, V, S. 63–115)[12] durchstudiert. Wie sehr aber diese Gruppierung in den Denkgesetzen nicht nur, sondern auch in den Naturgesetzen begründet ist, dafür wollen wir hier ein außer diesem Zusammenhang sehr bekanntes Beispiel anführen.

Daß Reibung Wärme erzeugt, wußten schon die vorgeschichtlichen Menschen praktisch, als sie das Reibfeuer, vielleicht schon vor 100 000 Jahren, erfanden und noch früher kalte Körperteile durch Reibung erwärmten. Aber von da bis zur Entdeckung, daß Reibung überhaupt eine Wärmequelle ist, sind wer weiß wieviel Jahrtausende vergangen. Genug, die Zeit kam, wo das menschliche Gehirn sich hinreichend entwickelt hatte, um das Urteil fällen zu können: *Die Reibung ist eine Quelle von Wärme*, ein Urteil des Daseins, und zwar ein positives.

Wieder vergingen Jahrtausende, bis 1842 Mayer, Joule und Colding diesen Spezialvorgang nach seinen Beziehungen zu inzwischen entdeckten andern Vorgängen ähnlicher Art, d. h. nach seinen nächsten allgemeinen Bedingungen untersuchten und das Urteil dahin formulierten: *Alle mechanische Bewegung ist fähig, sich vermittelst der Reibung in Wärme umzusetzen.* So viel Zeit und eine enorme Menge empirischer Kenntnisse waren erforderlich, bis wir in der Erkenntnis des Gegenstands von obigem positiven Urteil des Daseins zu diesem universellen Urteil der Reflexion fortrücken konnten.

Jetzt aber ging's rasch. Schon drei Jahre später konnte Mayer, wenigstens der Sache nach, das Urteil der Reflexion auf die Stufe erheben, auf der es jetzt Geltung hat: *Jede Form der Bewegung ist ebenso befähigt wie genötigt, unter den für jeden Fall bestimmten Bedingungen, direkt oder indirekt, in jede andre Form der Bewegung umzuschlagen* – Urteil des Begriffs, und zwar apodiktisches, höchste Form des Urteils überhaupt.

Was also bei Hegel als eine Entwicklung der Denkform des Urteils als solchen erscheint, tritt uns hier entgegen als Entwicklung unsrer auf *empirischer* Grundlage beruhenden theoretischen Kenntnisse von der Natur der Bewegung überhaupt. Das zeigt denn doch, daß Denkgesetze und Naturgesetze notwendig miteinander stimmen, sobald sie nur richtig erkannt sind.

Wir können das erste Urteil fassen als das der Einzelheit: Das vereinzelte Faktum, daß Reibung Wärme erzeugt, wird registriert. Das zweite Urteil als das der Besonderheit: Eine besondre Form der Bewegung, die mechanische, hat die Eigenschaft gezeigt, unter besondern Umständen (durch Reibung) in eine andre besondre Bewegungsform, die Wärme, überzugehn. Das dritte Urteil ist das der Allgemeinheit: Jede Form der Bewegung hat sich erwiesen als befähigt und genötigt, in jede andre Form der Bewegung umzuschlagen. Mit dieser Form hat das Gesetz seinen letzten Ausdruck erlangt. Wir können durch neue Entdeckungen ihm neue Belege, neuen reicheren Inhalt geben. Aber dem Gesetz selbst, wie es da ausgesprochen, können wir nichts mehr hinzufügen. In seiner Allgemeinheit, in der Form und Inhalt beide gleich allgemein, ist es keiner Erweiterung fähig: Es ist absolutes Naturgesetz.

Leider hapert's bei der Bewegungsform des Eiweißes, alias [anders gesagt] Leben, solange wir kein Eiweiß machen können.

*

Oben[13] aber auch nachgewiesen, daß zum Urteilen nicht nur Kantsche „Urteilskraft" gehört, sondern eine [...][14]

*

Einzelheit, Besonderheit, Allgemeinheit, das sind die drei Bestimmungen, in denen sich die ganze „Lehre vom Begriff"[15] bewegt. Darunter wird dann nicht in einer, sondern vielen Modalitäten vom Einzelnen zum Besondern und von diesem zum Allgemeinen fortgeschritten, und dies oft genug von Hegel als Fortschritt: Individuum, Art, Gattung, exemplifiziert. Und nun kommen die Induktions-Haeckel und posaunen es als eine große Tat aus – gegen Hegel –, daß vom Einzelnen zum Besondern und dann zum Allgemeinen fortgeschritten werden solle! vom Individuum zur Art und dann zur Gattung – und erlauben dann *Deduktions*schlüsse, die weiterführen sollen. Die Leute haben sich so in den Gegensatz von Induktion und Deduktion festgeritten, daß sie alle logischen Schlußformen auf diese zwei reduzieren und dabei gar nicht merken, daß sie 1. unter jenen Namen ganz andre Schlußformen unbewußt anwenden, 2. den ganzen Reichtum der Schlußformen entbehren, soweit er sich nicht unter jene zwei zwängen läßt, und 3. damit die beiden Formen: Induktion und Deduktion, selbst in reinen Blödsinn verwandeln.[16]

*

Induktion und Deduktion[17]. Haeckel, S. 75ff.[18], wo Goethe den Induktionsschluß macht, daß der den Zwischenkiefer *normal nicht habende* Mensch ihn haben *muß*, also durch *falsche* Induktion[19] auf etwas Richtiges kommt!

*

Unsinn von Haeckel: Induktion gegen Deduktion. Als ob nicht Deduktion = Schließen, also auch die Induktion eine Deduktion. Das kommt vom Polarisieren. Haeckel, „Schöpfungsgeschichte", S. 76-77[20]. Der Schluß polarisiert in Induktion und Deduktion![21]

*

Durch Induktion gefunden vor 100 Jahren, daß Krebse und Spinnen Insekten und alle niedern Tiere Würmer waren. Durch Induktion jetzt gefunden, daß dies Unsinn, und x Klassen bestehn. Worin also der Vorzug des sogenannten Induktionsschlusses, der ebenso falsch sein kann, als der sogenannte Deduktionsschluß, dessen Grund doch die Klassifikation?

Induktion kann nie beweisen, daß es nicht einmal ein Säugetier geben wird ohne Milchdrüsen. Früher die Zitzen Zeichen des Säugetiers. Aber das Schnabeltier hat keine.

Der ganze Induktionsschwindel [geht aus] von den Engländern, Whewell, inductive sciences [induktive Wissenschaften][22], die bloß mathematisch[en Wissenschaften] umfassend[23], und so der Gegensatz gegen Deduktion erfunden. Davon weiß die Logik, alte und neue, nichts. Experimentell und auf Erfahrung beruhend sind alle Schlußformen, die vom Einzelnen anfangen, ja der induktive Schluß fängt sogar vom A-E-B[24] (allgemein) an.

Auch bezeichnend für die Denkkraft unsrer Naturforscher, daß Haeckel fanatisch für die Induktion auftritt grade im Moment, wo

16 Engels, Dialektik der Natur

die *Resultate* der Induktion – die Klassifikationen – überall in Frage gestellt (Limulus eine Spinne, Aszidia ein Wirbeltier oder *Chordatum*, die Dipnoi [Doppelatmer] entgegen aller ursprünglichen Definition der Amphibien dennoch Fische) und täglich neue Tatsachen entdeckt, die die *ganze* bisherige Induktionsklassifikation umwerfen. Wie schöne Bestätigung von Hegels Satz, daß der Induktionsschluß wesentlich ein problematischer![25] Ja, sogar die ganze Klassifikation der Organismen ist durch die Entwicklungstheorie der Induktion abgenommen und auf die „Deduktion", die Abstammung zurückgeführt – eine Art wörtlich von einer andern durch Abstammung *deduziert* – und die Entwicklungstheorie durch bloße Induktion nachzuweisen unmöglich, da sie ganz anti-induktiv. Die Begriffe, womit die Induktion hantiert: Art, Gattung, Klasse, durch die Entwicklungstheorie flüssig gemacht und damit *relativ* geworden: mit relativen Begriffen aber nicht zu induzieren.[26]

*

Den Allinduktionisten[27]: Mit aller Induktion in der Welt wären wir nie dahin gekommen, uns über den Induktions*prozeß* klarzuwerden. Das konnte nur die *Analyse* dieses Prozesses fertigbringen. – Induktion und Deduktion gehören so notwendig zusammen wie Synthese und Analyse. Statt die eine auf Kosten der andern einseitig in den Himmel zu erheben, soll man suchen, sie jede an ihrem Platz anzuwenden, und das kann man nur dann, wenn man ihre Zusammengehörigkeit, ihr wechselseitiges Sichergänzen im Auge behält. – Nach den Induktionisten wäre die Induktion eine unfehlbare Methode. Sie ist es so wenig, daß ihre scheinbar sichersten Resultate jeden Tag durch neue Entdeckungen umgeworfen [werden]. Die Lichtkörperchen, der Wärmestoff waren Resultate der Induktion. Wo sind sie? Die Induktion lehrte uns, daß alle Wirbeltiere ein in Hirn und Rückenmark differenziertes Zentralnervensystem haben, und daß das Rückenmark in knorplige oder knochige Wirbel – woher sogar der Name genommen − eingeschlossen. Da entpuppte sich der Amphioxus als ein Wirbeltier mit undifferenziertem Zentralnervenstrang und *ohne* Wirbel. Die Induktion stellte fest, daß Fische diejenigen Wirbeltiere sind, welche lebenslang ausschließlich durch Kiemen atmen. Da tauchen Tiere auf, deren Fischcharakter fast allgemein anerkannt, die aber neben den Kiemen gut entwickelte Lungen haben, und es stellt sich heraus, daß jeder Fisch in der Luftblase eine potentielle Lunge führt. Erst durch kühne Anwendung der Entwicklungslehre half Haeckel den in diesen Widersprüchen sich ganz behaglich fühlenden Induktionisten heraus. − Wäre die Induktion wirklich so unfehlbar, woher dann die sich überstürzenden Klassifikationsumwälzungen in der organischen Welt? Sie sind doch das eigenste Produkt der Induktion und schlagen doch einander tot.

*

Induktion und Analyse[28]. Ein schlagendes Exempel, wie wenig die Induktion den Anspruch hat, einzige oder doch vorherrschende Form der wissenschaftlichen Entdeckung zu sein, bei der Thermodynamik: Die Dampfmaschine gab den schlagendsten Beweis, daß man Wärme einsetzen und mechanische Bewegung erzielen kann. 100 000 Dampfmaschinen bewiesen das nicht mehr als *eine*, drängten nur mehr und mehr die Physiker zur Notwendigkeit, dies zu erklären. Sadi Carnot war der erste, der sich ernstlich dranmachte. Aber nicht per Induktion. Er studierte die Dampfmaschine, analysierte sie, fand, daß bei ihr der Prozeß, auf den es ankam, nicht *rein* erscheint, von allerhand Nebenprozessen verdeckt wird, beseitigte diese für den wesentlichen Prozeß gleichgültigen Nebenumstände und konstruierte eine ideale Dampfmaschine (oder Gasmaschine), die zwar ebensowenig herstellbar ist wie z. B. eine geometrische Linie oder Fläche, aber in ihrer Weise denselben Dienst tut wie diese mathematischen Abstraktionen: Sie stellt den Prozeß rein, unabhängig, unverfälscht dar. Und er stieß mit der Nase auf das mechanische Äquivalent der

Wärme (siehe die Bedeutung seiner Funktion C), das er nur nicht entdecken und sehn konnte, weil er an den Wärme*stoff* glaubte. Hier auch der Beweis vom Schaden falscher Theorien.

*

Die Empirie der Beobachtung allein kann nie die Notwendigkeit genügend beweisen. Post hoc, aber nicht propter hoc[29] („Enzyklopädie", I, S. 84.)[30]. Dies ist so sehr richtig, daß aus dem steten Aufgehn der Sonne des Morgens nicht folgt, sie werde morgen wieder aufgehn, und in der Tat wissen wir jetzt, daß ein Moment kommen wird, wo die Sonne eines Morgens *nicht aufgeht*. Aber der Beweis der Notwendigkeit liegt in der menschlichen Tätigkeit, im Experiment, in der Arbeit: Wenn ich das post hoc[31] *machen* kann, wird es identisch mit dem *propter hoc*.[32]

*

Kausalität[33]. Das erste, was uns bei der Betrachtung der sich bewegenden Materie auffällt, ist der Zusammenhang der Einzelbewegungen einzelner Körper unter sich, ihr *Bedingtsein* durch einander. Wir finden aber nicht nur, daß auf eine gewisse Bewegung eine andre folgt, sondern wir finden auch, daß wir eine bestimmte Bewegung hervorbringen können, indem wir die Bedingungen herstellen, unter denen sie in der Natur vorgeht, ja daß wir Bewegungen hervorbringen können, die in der Natur gar nicht vorkommen (Industrie), wenigstens nicht in dieser Weise, und daß wir diesen Bewegungen eine vorher bestimmte Richtung und Ausdehnung geben können. *Hierdurch*, durch die *Tätigkeit des Menschen*, begründet sich die Vorstellung von *Kausalität*, die Vorstellung, daß eine Bewegung die *Ursache* einer andern ist. Die regelmäßige Aufeinanderfolge gewisser Naturphänomene allein kann zwar die Vorstellung der Kausalität erzeugen: die Wärme und das Licht, die mit der Sonne kommen; aber hierin liegt kein Beweis, und sofern hätte der Humesche Skeptizismus recht, zu sagen, daß das regelmäßige post hoc [nach diesem] nie ein propter hoc [wegen diesem] begründen könne. Aber die Tätigkeit des Menschen *macht die Probe* auf die Kausalität. Wenn wir mit [einem] Brennspiegel die Sonnenstrahlen ebenso in einen Fokus konzentrieren und wirksam machen wie die des gewöhnlichen Feuers, so beweisen wir dadurch, daß die Wärme von der Sonne kommt. Wenn wir in eine Flinte Zündung, Sprengladung und Geschoß einbringen und dann abfeuern, so rechnen wir auf den erfahrungsmäßig im voraus bekannten Effekt[34], weil wir den ganzen Prozeß der Entzündung, Verbrennung, Explosion durch die plötzliche Verwandlung in Gas, Druck des Gases auf das Geschoß in allen seinen Einzelheiten verfolgen können. Und hier kann der Skeptiker nicht einmal sagen, daß aus der bisherigen Erfahrung nicht folge, es werde das nächste Mal ebenso sein. Denn es kommt in der Tat vor, daß es zuweilen *nicht* ebenso ist, daß die Zündung oder das Pulver versagt, daß der Flintenlauf springt etc. Aber grade dies *beweist* die Kausalität, statt sie umzustoßen, weil wir für jede solche Abweichung von der Regel bei gehörigem Nachforschen die Ursache auffinden können: chemische Zersetzung der Zündung, Nässe etc. des Pulvers, Schadhaftigkeit des Laufs etc., etc., so daß hier die Probe auf die Kausalität sozusagen *doppelt* gemacht ist.

Naturwissenschaft wie Philosophie haben den Einfluß der Tätigkeit des Menschen auf sein Denken bisher ganz vernachlässigt, sie kennen nur Natur einerseits, Gedanken andrerseits. Aber grade die *Veränderung der Natur durch den Menschen*, nicht die Natur als solche allein, ist die wesentlichste und nächste Grundlage des menschlichen Denkens, und im Verhältnis, wie der Mensch die Natur verändern lernte, in dem Verhältnis wuchs seine Intelligenz. Die naturalistische Auffassung der Geschichte, wie z. B. mehr oder weniger bei Draper und andern Naturforschern, als ob die Natur ausschließlich auf den Menschen wirke, die Naturbedingungen überall seine geschichtliche Entwicklung ausschließlich bedingten, ist daher einseitig und vergißt, daß der Mensch auch auf die Natur zurückwirkt, sie verändert, sich neue Existenzbedingungen schafft. Von der „Natur" Deutschlands zur Zeit, als die Germanen einwanderten, ist verdammt wenig übrig. Erdoberfläche, Klima, Vegetation, Fauna, die Menschen selbst haben sich unendlich verändert und alles durch menschliche Tätigkeit, während die Veränderungen, die ohne menschliches Zutun in dieser Zeit in der Natur Deutschlands, unberechenbar klein sind.

*

Wechselwirkung ist das erste, was uns entgegentritt, wenn wir die sich bewegende Materie im ganzen und großen, vom Standpunkt der heutigen Naturwissenschaft betrachten. Wir sehn eine Reihe von Bewegungsformen, mechanische Bewegung, Wärme, Licht, Elektrizität, Magnetismus, chemische Zusammensetzung und Zersetzung, Übergänge der Aggregatzustände, organisches Leben, die alle, wenn wir *jetzt noch* das organische Leben ausnehmen, ineinander übergehn, einander gegenseitig bedingen, hier Ursache, dort Wirkung sind, und wobei die Gesamtsumme der Bewegung in allen wechselnden Formen dieselbe bleibt (Spinoza: *Die Substanz ist causa sui* [Ursache ihrer selbst] – drückt die Wechselwirkung schlagend aus). Mechanische Bewegung schlägt um in Wärme, Elektrizität, Magnetismus, Licht etc., und vice versa [umgekehrt]. So wird von der Naturwissenschaft bestätigt, was Hegel sagt (wo?), daß die Wechselwirkung die wahre causa finalis [letzte Ursache] der Dinge ist. Weiter zurück als zur Erkenntnis dieser Wechselwirkung können wir nicht, weil eben dahinter nichts zu Erkennendes liegt. Haben wir die Bewegungsformen der Materie erkannt (woran allerdings noch immer sehr viel fehlt, vu [gesehen] die kurze Zeit, seit welcher Naturwissenschaft existiert), so haben wir die Materie selbst erkannt, und damit ist die Erkenntnis fertig. (Groves ganzes Mißverständnis über Kausalität beruht darauf, daß er die Kategorie der Wechselwirkung nicht fertigbringt; er hat die Sache, aber nicht den abstrakten Gedanken, und daher die Konfusion. S. 10–14[35].) Erst von dieser universellen Wechselwirkung kommen wir zum wirklichen Kausalitätsverhältnis. Um die einzelnen Erscheinungen zu verstehn, müssen wir sie aus dem allgemeinen Zusammenhang reißen, sie isoliert betrachten, und *da* erscheinen die wechselnden Bewegungen, die eine als Ursache, die andre als Wirkung.[36]

*

Wer Kausalität leugnet, dem ist jedes Naturgesetz eine Hypothese und unter anderm die chemische Analyse der Weltkörper durch das prismatische Spektrum ebenfalls. Welche Seichtigkeit des Denkens, dabei stehnzubleiben![37]

*

Über Nägelis Unfähigkeit, das Undenkliche zu erkennen[38]

Nägeli, S. 12, 13[39]

Nägeli sagt zuerst, daß wir wirklich qualitative Unterschiede nicht erkennen können, und sagt gleich darauf, daß solche „absolute Unterschiede" in der Natur nicht vorkommen! (S. 12.)

Erstens hat jede Qualität unendlich viele quantitative Gradationen, z. B. Farbennuancen, Härte und Weiche, Langlebigkeit etc., und diese sind, obwohl qualitativ unterschieden, meßbar und erkennbar.

Zweitens existieren keine Qualitäten, sondern nur Dinge *mit* Qualitäten, und zwar unendlich vielen Qualitäten. Bei zwei verschiednen Dingen sind stets gewisse Qualitäten (die Eigenschaften der Körperlichkeit zum mindesten) gemeinsam, andre graduell verschieden, noch andre können dem einen ganz fehlen. Halten wir diese beiden extrem verschiednen Dinge – z. B. einen Meteoriten und einen Menschen – separat zusammen, so kommt dabei wenig heraus, höchstens, daß beiden Schwere und andre allgemeine Körpereigenschaften gemeinsam. Aber zwischen beiden fügen sich eine unendliche Reihe andrer Naturdinge und Naturvorgänge ein, die uns erlauben, die Reihe vom Meteoriten bis zum Menschen zu vervollständigen und jedem seine Stelle im Naturzusammenhang anzuweisen, sie damit *zu erkennen*. Dies gibt Nägeli selbst zu.

Drittens könnten uns unsre verschiednen Sinne absolut qualitativ verschiedne Eindrücke geben. Die Eigenschaften, die wir vermittelst Gesicht, Gehör, Geruch, Geschmack und Tastsinn erfahren, wären hiernach absolut verschieden. Aber auch hier fallen die Unterschiede mit dem Fortschritt der Untersuchung. Geruch und Geschmack sind längst als verwandte, zusammengehörige Sinne erkannt, die zusammengehörige, wo nicht identische Eigenschaften wahrnehmen. Gesicht und Gehör nehmen beide Wellenschwingungen wahr. Tastsinn und Gesicht ergänzen sich wechselseitig so sehr, daß wir vom Ansehn eines Dings oft genug seine Tasteigenschaften vorhersagen können. Und endlich ist es immer dasselbe *Ich*, das alle diese verschiednen Sinneseindrücke in sich aufnimmt und verarbeitet, also in eins zusammenfaßt, und ebenso sind diese verschiednen Eindrücke geliefert durch dasselbe Ding, als dessen *gemeinsame* Eigenschaften sie erscheinen, das sie also erkennen helfen. Diese verschiednen, nur verschiednen Sinnen zugänglichen Eigenschaften zu erklären, in innern Zusammenhang unter sich zu bringen, ist eben Aufgabe der Wissenschaft, die sich bis jetzt nicht darüber beklagt hat, daß wir statt der fünf Spezialsinne nicht einen Generalsinn haben, oder daß wir die Geschmäcke und Gerüche nicht sehn oder hören können.

Wohin wir sehn, nirgendwo in der Natur gibt's solche „qualitativ oder absolut verschiedne Gebiete", die als unbegreiflich angegeben werden. Die ganze Konfusion entspringt aus der Konfusion über Qualität und Quantität. Nach der herrschenden mechanischen Ansicht gelten Nägeli alle qualitativen Unterschiede nur soweit für erklärt, als sie auf quantitative reduziert werden können (worüber anderswo das Nötige), respektive daraus, daß ihm Qualität und Quantität als absolut verschiedene Kategorien gelten. Metaphysik.

„Wir können *nur das Endliche* erkennen etc."[40] Dies ist soweit ganz richtig, als nur endliche Gegenstände in den Bereich unsres Erkennens fallen. Aber der Satz hat auch die Ergänzung nötig: „Wir können im Grunde *nur das Unendliche* erkennen". In der Tat besteht alles wirkliche, erschöpfende Erkennen nur darin, daß wir das Einzelne im Gedanken aus der Einzelheit in die Besonderheit und aus dieser in die Allgemeinheit erheben, daß wir das Unendliche im Endlichen, das Ewige im Vergänglichen auffinden und feststellen. Die Form der Allgemeinheit ist aber Form der Insichabgeschlossenheit, damit Unendlichkeit, sie ist die Zusammenfassung der vielen Endlichen zum Unendlichen. Wir wissen, daß Chlor und Wasserstoff innerhalb gewisser Druck- und Temperaturgrenzen und unter Einwirkung des Lichts sich unter Explosion zu Chlorwasserstoffgas verbinden, und sobald wir dies wissen, wissen wir auch, daß dies *überall* und *immer* geschieht, wo obige Bedingungen vorhanden, und es kann gleichgültig sein, ob sich dies einmal oder millionenmal wiederholt und auf wieviel Weltkörpern. Die Form der Allgemeinheit in der Natur ist *Gesetz*, und niemand mehr als die Naturforscher führen die *Ewigkeit der Naturgesetze* im Mund. Wenn also Nägeli sagt, man mache das Endliche unergründlich, wenn man nicht bloß dies Endliche erforschen wolle, sondern ihm Ewiges beimische, so leugnet er entweder die Erkennbarkeit der Naturgesetze oder ihre Ewigkeit. Alle wahre Naturerkenntnis ist Erkenntnis von Ewigem, Unendlichem und daher wesentlich absolut.

Aber diese absolute Erkenntnis hat einen bedeutenden Haken. Wie die Unendlichkeit des erkennbaren Stoffs aus lauter Endlichkeiten sich zusammensetzt, so setzt sich auch die Unendlichkeit des absolut erkennenden Denkens zusammen aus einer unendlichen Anzahl endlicher Menschenköpfe, die neben- und nacheinander an dieser unendlichen Erkenntnis arbeiten, praktische und theoretische Böcke schießen, von schiefen, einseitigen, falschen Voraussetzungen ausgehn, falsche, krumme, unsichere Bahnen verfolgen und oft nicht einmal das Richtige treffen, wenn sie mit der Nase drauf stoßen (Priestley)[41]. Das Erkennen des Unendlichen ist daher mit doppelten Schwierigkeiten umschanzt und kann sich, seiner Natur nach, nur vollziehn in einem unendlichen asymptotischen Progreß. Und das genügt uns vollständig, um sagen zu können: Das Unendliche ist ebenso erkennbar wie unerkennbar, und das ist alles, was wir brauchen.

Komischerweise sagt Nägeli dasselbe: „Wir können nur das Endliche, aber wir können auch *alles Endliche* erkennen, das in den Bereich unsrer sinnlichen Wahrnehmung fällt"[42]. Das Endliche, das in den Bereich usw. fällt, macht eben in Summa das Unendliche aus, denn *diese ist es grade, woraus Nägeli sich seine Vorstellung vom Unendlichen geholt!* Ohne dies Endliche usw. hätte er ja gar keine Vorstellung vom Unendlichen!

(Über das schlechte Unendliche als solches anderswo zu reden.)

Vor dieser Unendlichkeitsuntersuchung das Folgende:

1. Das „winzige Gebiet" nach Raum und Zeit.

2. Die „wahrscheinlich mangelnde Ausbildung von Sinnesorganen".

3. Daß wir „nur das Endliche, Wechselnde, Vergängliche, nur das gradweise Verschiedene und Relative erkennen, weil wir nur mathematische Begriffe auf die natürlichen Dinge übertragen und die letzteren nur nach den an ihnen selber gewonnenen Maßen beurteilen können. Für alles Endlose oder Ewige, für alles Beständige, für alle absoluten Verschiedenheiten haben wir keine Vorstellungen. Wir wissen genau, was eine Stunde, ein Meter, ein Kilogramm bedeutet, aber wir wissen nicht, was Zeit, Raum, Kraft und Stoff, Bewegung und Ruhe, Ursache und Wirkung ist."[43]

Es ist die alte Geschichte. Erst macht man Abstraktionen von den sinnlichen Dingen und dann will man sie sinnlich erkennen, die Zeit sehn und den Raum riechen. Der Empiriker vertieft sich so sehr in die Gewohnheit des empirischen Erfahrens, daß er sich noch auf dem Gebiet des sinnlichen Erfahrens glaubt, wenn er mit Abstraktionen hantiert. Wir wissen, was eine Stunde, ein Meter ist, aber nicht, was Zeit und Raum! Als ob die Zeit etwas andres als lauter Stunden, und der Raum etwas andres als lauter Kubikmeter! Die beiden Existenzformen der Materie sind natürlich ohne die Materie nichts, leere Vorstellungen, Abstraktionen, die nur in unserm Kopf existieren. Aber wir sollen ja auch nicht wissen, was Materie und Bewegung sind! Natürlich nicht, denn die Materie als solche und die Bewegung als solche hat noch niemand gesehn oder sonst erfahren, sondern nur die verschiednen, wirklich existierenden Stoffe und Bewegungsformen. Der Stoff, die Materie ist nichts andres als die Gesamtheit der Stoffe, aus der dieser Begriff abstrahiert, die Bewegung als solche nichts als die Gesamtheit aller sinnlich wahrnehmbaren Bewegungsformen; Worte wie Materie und Bewegung sind nichts als *Abkürzungen*, in die wir viele verschiedne sinnlich wahrnehmbare Dinge zusammenfassen nach ihren gemeinsamen Eigenschaften. Die Materie und Bewegung *kann* also gar nicht anders erkannt werden als durch Untersuchung der einzelnen Stoffe und Bewegungsformen, und indem wir diese erkennen, erkennen wir pro tanto [insofern] auch die Materie und Bewegung *als solche*. Indem Nägeli also sagt, daß wir nicht wissen, was Zeit, Raum, Materie, Bewegung, Ursache und Wirkung ist, sagt er bloß, daß wir uns erst mit unserm Kopf Abstraktionen von der wirklichen Welt machen und dann diese selbstgemachten Abstraktionen nicht erkennen können, weil sie Gedankendinge und keine sinnlichen Dinge sind, alles Erkennen aber *sinnliches Messen* ist![44] Grade wie die Schwierigkeit bei Hegel, wir können wohl Kirschen und Pflaumen essen, aber kein *Obst*, weil noch niemand Obst als solches gegessen hat[45].

Wenn Nägeli behauptet, es gebe wahrscheinlich eine ganze Menge von Bewegungsformen in der Natur, die wir mit unsern Sinnen nicht wahrnehmen können, so ist das eine pauvre [ärmliche] Entschuldigung, gleichbedeutend mit Aufhebung, *wenigstens für unsre Erkenntnis*, des Gesetzes von der Unerschaffbarkeit von Bewegung. Denn sie können sich ja in *für uns wahrnehmbare Bewegung verwandeln*! Da wäre z. B. die Kontaktelektrizität leicht erklärt!

*

Ad vocem [anläßlich] Nägeli[46]: Unfaßbarkeit des Unendlichen. Sobald wir sagen, Materie und Bewegung sind nicht erschafft und unzerstörbar, sagen wir, daß die Welt als unendlicher Progreß, d. h. in der Form der schlechten Unendlichkeit, existiert, und haben damit an diesem Prozeß alles begriffen, was zu begreifen ist. Höchstens fragt sich noch, ob dieser Prozeß eine – in großen Kreisläufen – ewige Wiederholung desselben ist, oder ob die Kreisläufe ab- und aufsteigende Äste haben.

*

Schlechte Unendlichkeit[47]. Die wahre schon von Hegel richtig in den *erfüllten* Raum und Zeit gelegt, in den Naturprozeß und die Geschichte. Jetzt auch die ganze Natur in Geschichte aufgelöst, und die Geschichte nur als Entwicklungsprozeß *selbstbewußter* Organismen von der Geschichte der Natur verschieden. Diese unendliche Mannigfaltigkeit von Natur und Geschichte hat die Unendlichkeit des Raums und der Zeit – die schlechte – nur als aufgehobnes, zwar wesentliches, aber nicht vorwiegendes Moment in sich. Die äußerste Grenze unsrer Naturwissenschaft ist bis jetzt *unser* Universum, und die unendlich vielen Universen da draußen brauchen wir nicht, um die Natur zu erkennen. Ja, selbst nur *eine* Sonne von den Millionen Sonnen und ihr System bildet den wesentlichen Boden unsrer astronomischen Forschung. Für irdische Mechanik, Physik, Chemie sind wir mehr oder weniger, für organische Wissenschaft ganz auf die kleine Erde beschränkt. Und doch tut dies der praktisch unendlichen Mannigfaltigkeit der Phänomene und der Naturerkenntnis keinen wesentlichen Eintrag, ebensowenig wie bei der Geschichte die gleiche, noch größere Beschränkung auf eine verhältnismäßig kurze Zeit und kleinen Teil der Erde.

*

1. Der unendliche Progreß ist bei Hegel die leere Öde, weil er nur als *ewige Wiederholung desselben* erscheint: $1 + 1 + 1$ etc.

2. Aber in Wirklichkeit ist er keine Wiederholung, sondern Entwicklung, Fortschritt oder Rückschritt, und damit wird er notwendige Bewegungsform. Abgesehn davon, daß er nicht unendlich ist: Das Ende der Lebensperiode der Erde ist schon jetzt abzusehn. Dafür ist denn auch die Erde nicht die ganze Welt. Im Hegelschen System war für die zeitliche Geschichte der Natur jede Entwicklung ausgeschlossen, sonst wäre die Natur nicht das Außersichsein des Geistes. Aber in der Menschengeschichte ist der unendliche Progreß von Hegel als die einzig wahre Daseinsform des „Geistes" anerkannt, nur daß phantastischerweise ein Ende dieser Entwicklung angenommen wird – in der Herstellung der Hegelschen Philosophie.

3. Es gibt auch unendliches Erkennen[1]: Questa infinità che le cose non hanno in progresso, la hanno in giro [Jene Unendlichkeit, die die Dinge nicht im Progreß haben, haben sie im Kreislauf][49]. So ist das Gesetz von dem Formwechsel der Bewegung ein unendliches, sich in sich zusammenschließendes. Aber solche Unendlichkeiten sind wieder mit der Endlichkeit behaftet, kommen nur stückweise vor. So auch $\frac{1}{r^2}$.[50]

*

Die ewigen Naturgesetze verwandeln sich auch immer mehr in historische. Daß Wasser von 0–100° C flüssig ist, ist ein ewiges

---

[1] *Im Manuskript findet sich hier der nachträgliche Zusatz von Engels:* „(Quantität, S. 259. Astronomie)"[48]. – *Die Red.*

Naturgesetz, aber damit es Geltung haben kann, muß 1. Wasser, 2. die gegebne Temperatur und 3. Normaldruck da sein. Auf dem Mond ist kein Wasser, auf der Sonne nur seine Elemente, und für diese Weltkörper existiert das Gesetz nicht. – Die Gesetze der Meteorologie sind auch ewig, aber nur für die Erde oder für einen Körper von der Größe, Dichtigkeit, Achsenneigung und Temperatur der Erde, und vorausgesetzt, daß er eine Atmosphäre von gleicher Mischung Sauerstoff und Stickstoff und gleiche Mengen aufsteigenden und sich niederschlagenden Wasserdampfs hat. Der Mond hat keine Atmosphäre, die Sonne eine von glühenden Metalldämpfen; der erstere hat keine Meteorologie, die zweite eine ganz andre als die unsre. – Unsre ganze offizielle Physik, Chemie und Biologie ist exklusiv *geozentrisch*, nur für die Erde berechnet. Die Verhältnisse elektrischer und magnetischer Spannung auf der Sonne, den Fixsternen und Nebelflecken, ja auf Planeten von andrer Dichtigkeit, kennen wir noch gar nicht. Die Gesetze der chemischen Verbindungen der Elemente sind auf der Sonne durch die hohe Temperatur suspendiert respektive nur momentan an den Grenzen der Sonnenatmosphäre wirksam, und die Verbindungen lösen sich bei Annäherung an die Sonne wieder. Die Chemie der Sonne ist eben im Werden begriffen und notwendig eine ganz andre als die der Erde, sie stößt diese nicht um, aber sie steht außer ihr. Auf den Nebelflecken existieren vielleicht nicht einmal diejenigen der 65 Elemente, die möglicherweise selbst zusammengesetzt sind. Wenn wir also von allgemeinen Naturgesetzen sprechen wollen, die auf *alle* Körper – vom Nebelfleck bis zum Menschen – gleichmäßig passen, so bleibt uns nur die Schwere und etwa die allgemeinste Fassung der Theorie von der Umwandlung der Energie vulgo [oder, gewöhnlich ausgedrückt,] mechanische Wärmetheorie. Aber diese Theorie selbst verwandelt sich mit ihrer allgemeinen konsequenten Durchführung auf alle Naturerscheinungen in eine geschichtliche Darstellung der in einem Weltsystem von seiner Entstehung bis zu seinem Untergang nacheinander vorgehenden Veränderungen, also in eine Geschichte, in der auf jeder Stufe andre Gesetze, d. h. andre Erscheinungsformen derselben universalen Bewegung herrschen, und somit als durchgehend Allgemeingültiges nichts bleibt als – die *Bewegung*.[51]

*

Der *geozentrische* Standpunkt in der Astronomie borniert und mit Recht beseitigt. Aber sowie wir weitergehn in der Forschung, tritt er mehr und mehr in sein Recht. Sonne etc. dienen der Erde (Hegel, „Naturphilosophie", S. 155)[52]. (Die ganze dicke Sonne bloß der kleinen Planeten wegen da.) Etwas anderes als geozentrische Physik, Chemie, Biologie, Meteorologie etc. für uns unmöglich, und sie verliert nichts durch die Phrase, daß dies nur für die Erde gelte und daher nur relativ sei. Nimmt man das ernsthaft und verlangt eine zentrumslose Wissenschaft, so stoppt man *alle* Wissenschaft. [Es genügt] uns zu wissen, daß unter gleichen Umständen überall das Gleiche [stattfindet...][53]

*

Erkennen[54]. Die Ameisen haben andre Augen als wir, sie sehen die chemischen (?) Lichtstrahlen („Nature", 8. Juni 1882, Lubbock)[55] aber wir haben es in der Erkenntnis derselben, für uns unsichtbaren Strahlen bedeutend weiter gebracht als die Ameisen, und schon daß wir nachweisen können, *daß* die Ameisen Dinge sehn, die für uns unsichtbar sind, und daß dieser Beweis auf lauter Wahrnehmungen beruht, die mit *unsern* Augen gemacht sind, zeigt, daß die spezielle Konstruktion des menschlichen Auges keine absolute Schranke des menschlichen Erkennens ist.

Zu unserm Auge kommen nicht nur noch die andern Sinne hinzu, sondern unsre Denktätigkeit. Mit dieser verhält sich's wieder grade wie mit dem Auge. Um zu wissen, was unser Denken ergründen kann, nützt es nichts, 100 Jahre nach Kant die Tragweite des Denkens aus der Kritik der Vernunft, der Untersuchung des Erkenntnis-Instruments, entdecken zu wollen; ebensowenig wie wenn Helmholtz die Mangelhaftigkeit unsres Sehens (die ja notwendig ist, ein Auge, das *alle* Strahlen sähe, sähe ebendeshalb *gar nichts*) und die auf bestimmte Grenzen das Sehen beschränkende, auch dies nicht ganz richtig reproduzierende Konstruktion unsres Auges als einen Beweis dafür behandelt, daß wir durch das Auge von der Beschaffenheit des Gesehenen falsch oder unsicher unterrichtet werden. Was unser Denken ergründen kann, sehen wir vielmehr aus dem, was es bereits ergründet hat und noch täglich ergründet. Und das ist schon genug nach Quantität und Qualität. Dagegen ist die Untersuchung der Denk*formen,* Denkbestimmungen, sehr lohnend und notwendig, und diese hat, nach Aristoteles, nur Hegel systematisch unternommen.

Allerdings werden wir nie dahinter kommen, *wie* den Ameisen die chemischen Strahlen erscheinen. Wen das grämt, dem ist nun einmal nicht zu helfen.

*

Die Entwicklungsform der Naturwissenschaft, soweit sie denkt, ist die *Hypothese.* Eine neue Tatsache wird beobachtet, die die bisherige Erklärungsweise der zu derselben Gruppe gehörenden Tatsachen unmöglich macht. Von diesem Augenblick an werden neue Erklärungsweisen Bedürfnis – zunächst gegründet auf nur beschränkte Anzahl von Tatsachen und Beobachtungen. Ferneres Beobachtungsmaterial epuriert diese Hypothesen, beseitigt die einen, korrigiert die andren, bis endlich das Gesetz rein hergestellt. Wollte man warten, bis das Material fürs Gesetz *rein* sei, so hieße das, die denkende Forschung bis dahin suspendieren, und das Gesetz käme schon deswegen nie zustande.

Die Anzahl und der Wechsel der sich verdrängenden Hypothesen – bei mangelnder logischer und dialektischer Vorbildung der Naturforscher – bringt dann leicht die Vorstellung hervor, daß wir das *Wesen* der Dinge nicht erkennen können (Haller und Goethe)[56]. Dies ist der Naturwissenschaft nicht eigentümlich, da alle menschliche Erkenntnis in einer vielfach verschlungnen

Kurve sich entwickelt, und die Theorien auch in den geschichtlichen Disziplinen inklusive Philosophie sich ebenso verdrängen, woraus aber zum Beispiel niemand schließt, daß die formelle Logik Unsinn ist. – Letzte Form dieser Anschauung – das „Ding an sich". Dieser Ausspruch, daß wir das Ding an sich nicht erkennen können (Hegel, „Enzyklopädie", § 44)[57], tritt erstens aus der Wissenschaft hinaus in die Phantasie. Er fügt zweitens unsrer wissenschaftlichen Kenntnis kein Wort hinzu, denn wenn wir uns nicht mit den Dingen beschäftigen können, so existieren sie für uns nicht. Und drittens ist er reine Phrase und wird nie angewandt. Abstrakt genommen klingt er ganz verständig. Aber man wende ihn an. Was denken von dem Zoologen, der sagte: „Ein Hund *scheint* 4 Beine zu haben, wir wissen aber nicht, ob er in Wirklichkeit 4 Millionen Beine hat oder gar keine"? Vom Mathematiker, der erst ein Dreieck als 3 Seiten habend definiert und dann erklärt, er wisse nicht, ob es nicht 25 habe? 2×2 *scheine* 4 zu sein? Aber die Naturforscher hüten sich wohl, die Phrase vom Ding an sich in der Naturwissenschaft anzuwenden, bloß im Hinausgehn in die Philosophie erlauben sie sich das. Dies bester Beweis, wie wenig sie ihnen ernst, und wie wenig sie selbst wert ist. Wäre sie ihnen ernst, à quoi bon [wozu] überhaupt etwas untersuchen?

Historisch gefaßt hätte die Sache einen gewissen Sinn: Wir können nur unter den Bedingungen unsrer Epoche erkennen und *soweit diese reichen.*[58]

*

Ding an sich[59]: Hegel, „Logik", II, S. 10, auch später ein ganzer Abschnitt darüber[60]: „*Es ist*, erlaubte sich der Skeptizismus nicht zu sagen; der neuere Idealismus" (i. e. [d. i.] Kant und Fichte) „erlaubte sich nicht, die Erkenntnisse als ein Wissen vom Ding an sich anzusehn[1]... Zugleich ließ aber der Skeptizismus mannig-

---

[1] *Am Rande des Manuskripts findet sich hier noch der Vermerk:* „Vgl.„Enzyklopädie", I, S. 252"[61]. – *Die Red.*

faltige Bestimmungen seines Scheins zu, oder vielmehr sein Schein hatte den ganzen mannigfaltigen Reichtum der Welt zum Inhalte. Ebenso begreift die *Erscheinung*[62] des Idealismus" (i. e. what Idealism calls Erscheinung [d. h. was der Idealismus Erscheinung nennt]) „den ganzen Umfang dieser mannigfaltigen Bestimmtheiten in sich... Diesem Inhalte mag also wohl kein Sein, kein Ding, oder Ding an sich zugrunde liegen; *er für sich bleibt, wie er ist; er ist nur aus dem Sein in den Schein übersetzt worden*[62]." Hegel ist also hier ein viel entschiednerer Materialist als die modernen Naturforscher.

*

Kostbare Selbstkritik des Kantschen *Dings an sich*, [die zeigt,] daß Kant auch am denkenden Ich scheitert und darin ebenfalls ein unerkennbares Ding an sich ausfindet (Hegel, V, S. 256 f.).[63]

[Bewegungsformen der Materie. Klassifizierung der Wissenschaften]

*

Causa finalis [letzte Ursache] – die Materie und ihre inhärente Bewegung. Diese Materie *keine Abstraktion*. Schon in der Sonne die einzelnen Stoffe dissoziiert und in ihrer Wirkung unterschiedslos. Aber im *Gasball des Nebelflecks* alle Stoffe, obwohl separat vorhanden, *in reine Materie als solche verschwimmend*, nur als Materie, nicht mit ihren spezifischen Eigenschaften wirkend.

(Sonst schon bei Hegel der Gegensatz von causa efficiens [wirkende Ursache] und causa finalis in der Wechselwirkung aufgehoben.)[1]

*

Urmaterie[2]. „Die Auffassung der Materie als ursprünglich vorhanden und an sich formlos ist sehr alt und begegnet uns schon bei den Griechen, zunächst in der mythischen Gestalt des Chaos, welches als die formlose Grundlage der existierenden Welt vorgestellt wird." (Hegel, „Enzyklopädie", I, S. 258.)[3] Dies Chaos finden wir wieder bei Laplace, und annähernd im Nebelfleck, der auch nur noch einen *Anfang* von Form hat. Nachher kommt die Differenzierung.

*

Die *Schwere* als *allgemeinste Bestimmung der Materialität* landläufig angenommen. D. h. die Attraktion ist notwendige Eigenschaft der Materie, aber nicht die Repulsion. Aber Attraktion und Repulsion so untrennbar wie Positiv und Negativ, und daher aus der Dialektik selbst schon vorherzusagen, daß die wahre Theorie der Materie der Repulsion eine ebenso wichtige Stelle anweisen muß wie der Attraktion, daß eine auf bloße Attraktion gegründete Theorie der Materie falsch, ungenügend, halb ist. In der Tat treten Erscheinungen genug auf, die dies voraus anzeigen. Der Äther ist schon des Lichts wegen nicht zu entbehren. Ist der Äther materiell? Wenn er überhaupt *ist*, muß er materiell sein, unter den Begriff der Materie fallen. Aber er hat keine Schwere. Die Kometenschweife sind zugegeben als materiell. Sie zeigen eine gewaltige Repulsion. Die Wärme im Gas erzeugt Repulsion usw.[4]

*

Attraktion und Gravitation[5]. Die ganze Gravitationslehre beruht darauf, zu sagen, die Attraktion ist das Wesen der Materie. Dies notwendig falsch. Wo Attraktion, muß sie durch Repulsion ergänzt werden. Ganz richtig daher schon Hegel, das Wesen der Materie sei Attraktion *und* Repulsion[6]. Und in der Tat drängt sich die Notwendigkeit mehr und mehr auf, daß die Zerstreuung der Materie eine Grenze hat, wo Attraktion in Repulsion umschlägt, und umgekehrt die Verdichtung der repulsierten Materie eine Grenze, wo sie Attraktion wird[7].

*

Umschlag der Attraktion in Repulsion und umgekehrt bei Hegel mystisch, aber der Sache nach hat er darin die spätere naturwissenschaftliche Entdeckung antizipiert. Schon im Gas Repulsion der Moleküle, noch mehr [in] feiner zerteilter Materie, zum Beispiel im Kometenschweif, wo sie sogar mit ungeheurer Kraft wirkt. Selbst darin Hegel genial, daß er die Attraktion als Zweites aus der Repulsion als Vorhergehendem ableitet: Ein Sonnensystem wird nur gebildet durch allmähliches Vorwiegen der Attraktion über ursprünglich vorherrschende Repulsion. – Ausdehnung durch Wärme = Repulsion. Kinetische Gastheorie.[8]

*

Teilbarkeit der Materie[9]. Die Frage für die Wissenschaft praktisch gleichgültig. Wir wissen, daß in der Chemie eine bestimmte Grenze der Teilbarkeit besteht, jenseits der die Körper nicht mehr chemisch wirken können – Atom, und daß mehrere Atome stets in Verbindung sind – Molekül. Dito in der Physik werden wir zur Annahme gewisser – für die physikalische Betrachtung – kleinster Teilchen genötigt, deren Lagerung Form und Kohäsion der Körper bedingt, deren Schwingungen sich in der Wärme etc. kundgeben. Ob aber das physikalische und das chemische Molekül identisch oder verschieden, davon wissen wir bis jetzt nichts. – Hegel hilft sich sehr leicht über diese Frage der Teilbarkeit, indem er sagt, die Materie ist beides, teilbar und kontinuierlich, und zugleich keins von beiden[10], was keine Antwort ist, aber jetzt fast erwiesen (siehe Bogen 5, 3 unten: Clausius)[11].

*

Teilbarkeit. Säugetiere unteilbar, dem Reptil wächst noch ein Fuß nach. – Die Ätherwellen teilbar und meßbar ins unendlich Kleine. – Jeder Körper teilbar, praktisch, innerhalb gewisser Grenzen, bei der Chemie z. B.[12]

*

„Ihr (der Bewegung) Wesen ist, die unmittelbare Einheit des Raums und der Zeit zu sein, ... zur Bewegung gehört Raum und Zeit; die Geschwindigkeit, das Quantum von Bewegung ist Raum in Verhältnis zu bestimmter Zeit, die verflossen ist." ([Hegel,] „Naturphilosophie", S. 65.)[13] „... Raum und Zeit sind mit Materie erfüllt ... Wie es keine Bewegung ohne Materie gibt, so auch keine Materie ohne Bewegung." (S. 67.)[14]

*

Die Unzerstörbarkeit der Bewegung im Satz des *Descartes*, daß *sich im Universum stets dasselbe Quantum Bewegung erhalte*. Die Naturforscher drücken dies als „Unzerstörbarkeit der Kraft" unvollkommen aus. Der bloß quantitative Ausdruck des Descartes ebenfalls unzureichend: Die Bewegung als solche, als wesentliche Betätigung, Existenzform der Materie, unzerstörbar wie diese selbst, darin ist das Quantitative eingeschlossen. Auch hier also der Philosoph nach 200 Jahren vom Naturforscher bestätigt.[15]

*

Unzerstörbarkeit der Bewegung[16]. Hübsche Stelle bei Grove – S. 20 ff.[17]

*

Bewegung und Gleichgewicht[18]. Das Gleichgewicht untrennbar von der Bewegung¹. In der Bewegung der Weltkörper ist *Bewegung im Gleichgewicht* und *Gleichgewicht in der Bewegung* (relativ). Aber alle speziell relative Bewegung, d. h. hier alle Einzelbewegung einzelner Körper auf einem sich bewegenden Weltkörper, ist Streben nach Herstellung der relativen Ruhe, des Gleichgewichts. Die Möglichkeit der relativen Ruhe der Körper, die Möglichkeit temporärer Gleichgewichtszustände ist wesentliche Bedingung der Differenzierung der Materie und damit des Lebens. Auf der Sonne kein Gleichgewicht der einzelnen Stoffe, nur der ganzen Masse, oder doch nur ein sehr geringes, durch bedeutende Dichtigkeitsunterschiede bedingtes; auf der Oberfläche ewige Bewegung und Unruhe, Dissoziation. Auf dem Mond scheint ausschließliches Gleichgewicht zu herrschen, ohne alle relative Bewegung – Tod (Mond = Negativität). Auf der Erde hat sich die Bewegung differenziert in Wechsel von Bewegung und Gleichgewicht: Die einzelne Bewegung strebt dem Gleichgewicht zu, die Masse der Bewegung hebt das einzelne Gleichgewicht wieder auf. Der Fels ist zur Ruhe gekommen, die Verwitterung, die Aktion der Seebrandung, der Flüsse, des Gletscher-

---

¹ *Über dieser Zeile ist ganz oben auf dem Blatt des Manuskripts mit Bleistift geschrieben:* „Gleichgewicht = Vorherrschen der Attraktion über die Repulsion". – *Die Red.*

Bewegungsformen der Materie. Klassifizierung der Wissenschaften

eises heben das Gleichgewicht fortwährend auf. Verdunstung und Regen, Wind, Wärme, elektrische und magnetische Erscheinungen bieten dasselbe Schauspiel dar. Im lebenden Organismus endlich sehn wir die fortwährende Bewegung aller kleinsten Teilchen wie größrer Organe, die während der normalen Lebensperiode das fortwährende Gleichgewicht des Gesamtorganismus zum Resultat hat und doch stets in Bewegung bleibt, die lebendige Einheit von Bewegung und Gleichgewicht.

Alles Gleichgewicht nur *relativ* und *temporär*.

*

1. Bewegung der Weltkörper. Annäherndes Gleichgewicht von Attraktion und Repulsion in der Bewegung.

2. Bewegung auf einem Weltkörper. Masse. Soweit diese aus rein mechanischen Ursachen, auch Gleichgewicht. Die Massen ruhn auf ihrer Grundlage. Dies auf dem Mond anscheinend komplett. Die mechanische Attraktion hat die mechanische Repulsion überwunden. Vom Standpunkt der reinen Mechanik wissen wir nicht, was aus der Repulsion geworden, und die reine Mechanik erklärt ebensowenig, woher die „Kräfte" kommen, mit denen dennoch z. B. auf der Erde Massen *gegen* die Schwere bewegt werden. Sie nimmt das Faktum als gegeben. Hier also einfache Mitteilung repulsierender, entfernender Ortsbewegung von Masse zu Masse, wobei Attraktion und Repulsion gleich sind.

3. Die enorme Masse aller Bewegung auf der Erde aber Verwandlung einer Bewegungsform in die andre – mechanischer in Wärme, Elektrizität, chemische Bewegung – und jeder in die andre; also entweder[19] Umschlag von Attraktion in Repulsion – mechanischer Bewegung in Wärme, Elektrizität, chemische Zersetzung (der Umschlag ist die Verwandlung der ursprünglich *hebenden* mechanischen Bewegung in Wärme, nicht der *fallenden*, dies nur Schein) [– oder Umschlag von Repulsion in Attraktion].

4. Alle Energie, die jetzt auf der Erde tätig, verwandelte Sonnenwärme.[20]   *

Mechanische Bewegung[21]. Bei den Naturforschern ist Bewegung stets selbstredend als gleich mechanischer Bewegung, Ortsveränderung, genommen. Dies aus dem vorchemischen 18. Jahrhundert überkommen und erschwert sehr die klare Auffassung der Vorgänge. Bewegung, auf die Materie anwendbar, ist *Veränderung überhaupt*. Aus dem gleichen Mißverständnis auch die Wut, alles auf mechanische Bewegung zu reduzieren – schon Grove „ist sehr stark geneigt zu glauben, daß die anderen Kundgebungen der Materie ... als Arten der Bewegung anerkannt sind oder doch zuletzt werden erkannt werden" (S. 16)[22] –, wodurch der spezifische Charakter der andern Bewegungsformen verwischt wird. Womit nicht gesagt sein soll, daß nicht jede der höheren Bewegungsformen stets notwendig mit einer wirklichen mechanischen (äußerlichen oder molekularen) Bewegung verknüpft sein mag; grade wie die höheren Bewegungsformen gleichzeitig auch andre produzieren, chemische Aktion nicht ohne Temperatur- und Elektrizitätsänderung, organisches Leben nicht ohne mechanische, molekulare, chemische, thermische, elektrische etc. Änderung möglich. Aber die Anwesenheit dieser Nebenformen erschöpft nicht das Wesen der jedesmaligen Hauptform. Wir werden sicher das Denken einmal experimentell auf molekulare und chemische Bewegungen im Gehirn „reduzieren"; ist aber damit das Wesen des Denkens erschöpft?

*

Dialektik der Naturwissenschaft[23]: Gegenstand der sich bewegende Stoff. Die verschiednen Formen und Arten des Stoffs selbst wieder nur durch die Bewegung zu erkennen, nur in ihr zeigen sich die Eigenschaften der Körper; von einem Körper, der sich nicht bewegt, ist nichts zu sagen. Aus den Formen der Bewegung also ergibt sich die Beschaffenheit der sich bewegenden Körper.

1. Die erste, einfachste Bewegungsform ist die mechanische, rein ortsverändernde.

a) Bewegung eines einzelnen Körpers existiert nicht – nur relativ [gesprochen][24] – Fall.

b) Bewegung getrennter Körper: Flugbahn, Astronomie – scheinbares Gleichgewicht – Ende immer *Kontakt*.

c) Bewegung sich berührender Körper in Beziehung aufeinander – Druck. Statik. Hydrostatik und Gase. Hebel und andre Formen der eigentlichen Mechanik, die alle in ihrer einfachsten Form des Kontakts auf die nur graduell verschiedne Reibung und Stoß herauskommen. Aber Reibung und Stoß, in fact [in der Tat] Kontakt, haben auch andre hier von den Naturforschern nie angeführte Folgen: Sie produzieren, unter Umständen, Schall, Wärme, Licht, Elektrizität, Magnetismus.

2. Diese verschiednen Kräfte gehn (mit Ausnahme des Schalls) – Physik der Himmelskörper –

a) ineinander über und ersetzen sich gegenseitig, und

b) bei gewisser quantitativer Kraftentwicklung einer jeden, für jeden Körper verschieden, angewandt auf die Körper, seien es chemisch zusammengesetzte, seien es mehrere chemisch einfache, treten *chemische* Veränderungen ein, und wir in die Chemie. Chemie der Himmelskörper. Kristallographie Teil der Chemie.

3. Die Physik mußte oder konnte den lebendigen organischen Körper unberücksichtigt lassen, die Chemie findet erst in der Untersuchung der organischen Zusammensetzungen den eigentlichen Aufschluß über die wahre Natur der wichtigsten Körper, und setzt andrerseits Körper zusammen, die nur in der organischen Natur vorkommen. Hier führt die Chemie auf das organische Leben, und sie ist weit genug, um uns zu versichern, daß *sie allein* uns den dialektischen Übergang in den Organismus erklären wird.

4. Der *wirkliche* Übergang aber in der *Geschichte* – des Sonnensystems, der Erde; *reale* Voraussetzung der Organik.

5. Organik.   *

Klassifizierung der Wissenschaften, von denen jede eine einzelne Bewegungsform oder eine Reihe zusammengehöriger und ineinander übergehender Bewegungsformen analysiert, ist damit Klassifikation, Anordnung, nach ihrer inhärenten Reihenfolge, dieser Bewegungsformen selbst, und darin liegt ihre Wichtigkeit.

Ende des vorigen [18.] Jahrhunderts, nach den französischen Materialisten, die vorwiegend mechanisch sind, trat das Bedürfnis hervor, die ganze Naturwissenschaft der *alten* Newton-Linnéschen Schule *enzyklopädisch zusammenzufassen,* und zwei der genialsten Leute gaben sich daran, *St. Simon* (nicht vollendet) und *Hegel.* Jetzt, wo die neue Naturanschauung in ihren Grundzügen fertig, dasselbe Bedürfnis sich fühlbar machend, und Versuche in dieser Richtung. Aber wo der allgemeine Entwicklungszusammenhang in der Natur jetzt nachgewiesen, reicht äußerliches Aneinanderreihen ebensowenig aus wie Hegels kunststücklich gemachte dialektische Übergänge. Die Übergänge müssen sich selbst machen, müssen natürlich sein. Wie eine Bewegungsform sich aus der andern entwickelt, so müssen auch ihre Spiegelbilder, die verschiednen Wissenschaften, eine aus der andern mit Notwendigkeit hervorgehn.[25]

*

Wie wenig Comte der Verfasser seiner von St. Simon abgeschriebenen enzyklopädischen Anordnung der Naturwissenschaft sein kann, schon daraus zu sehn, daß sie [bei] ihm nur den Zweck der *Anordnung der Lehrmittel* und des *Lehrgangs* hat und damit zum verrückten enseignement intégral [integralen Unterricht] führt, **wo je eine Wissenschaft erschöpft wird, ehe die andre nur angebrochen, wo ein im Grunde richtiger Gedanke ins Absurde mathematisch outriert.**[26]

*

Hegels Einteilung (die ursprüngliche): Mechanismus, Chemismus, Organismus[27], für die Zeit vollständig. Mechanismus: die

Massenbewegung; Chemismus: die Molekular- (denn auch die Physik darunter begriffen, und beide – sowohl die Physik als auch die Chemie – gehören ja zur selben Ordnung) und Atombewegung; Organismus: die Bewegung der Körper, an denen beides untrennbar. Denn der Organismus ist allerdings *die höhere Einheit, die Mechanik, Physik und Chemie zu einem Ganzen in sich bezieht,* wo die Dreiheit nicht mehr zu trennen. Im Organismus die mechanische Bewegung direkt durch physikalische und chemische Veränderung bewirkt, und zwar Ernährung, Atmung, Sekretion usw. ebensogut wie die reine Muskelbewegung.

Jede Gruppe wieder doppelt. Mechanik: 1. himmlisch, 2. irdisch. Molekularbewegung: 1. Physik, 2. Chemie.
Organismus: 1. Pflanze, 2. Tier.

*

Physiographie[28]. Nachdem der Übergang von Chemie zum Leben gemacht, sind nun zuerst die Bedingungen zu entwickeln, innerhalb deren das Leben sich erzeugt hat und besteht, also zuerst Geologie, Meteorologie und der Rest. Dann die verschiednen Lebensformen selbst, die ja auch ohne dies unverständlich.

*

Über die „mechanische" Naturauffassung[29]

Zu S.46[30]: Die verschiedenen Formen der Bewegung und die sie behandelnden Wissenschaften.

Seit obiger Artikel erschien („Vorwärts", 9. Februar 1877)[31], hat Kekulé („Die wissenschaftlichen Ziele und Leistungen der Chemie")[32] Mechanik, Physik und Chemie ganz ähnlich bestimmt: „Wenn diese Vorstellung über das Wesen der Materie zugrunde gelegt wird, so wird man die Chemie als die *Wissenschaft der Atome* und die Physik als die *Wissenschaft der Molekeln* definieren dürfen, und es liegt dann nahe, denjenigen Teil der heutigen Physik, der von den *Massen* handelt, als besondre Disziplin loszulösen und für ihn den Namen *Mechanik* zu reservieren. Die Mechanik erscheint so als Grundwissenschaft der Physik und Chemie, insofern beide ihre Molekeln respektive Atome bei gewissen Betrachtungen und namentlich Rechnungen als Massen zu behandeln haben."[33] Diese Fassung unterscheidet sich, wie man sieht, von der im Text[34] und der vorigen Note[35] gegebnen nur durch etwas geringere Bestimmtheit. Wenn aber eine englische Zeitschrift („Nature") Kekulés obigen Satz dahin übertrug, daß die Mechanik die Statik und Dynamik der Massen, die Physik die Statik und Dynamik der Moleküle, die Chemie die Statik und Dynamik der Atome sei[36], so scheint mir diese unbedingte Reduktion sogar der chemischen Vorgänge auf bloß mechanische das Feld, wenigstens der Chemie, ungebührlich zu verengern. Und doch ist sie so sehr Mode, daß z. B. bei Haeckel „mechanisch" und „monistisch" fortwährend als gleichbedeutend gebraucht werden, und nach ihm „die heutige Physiologie ... auf ihrem Gebiet nur physikalisch-chemische – oder *im weiteren Sinn* mechanische – Kräfte wirken ... läßt" (Perigenesis)[37].

Wenn ich die Physik die Mechanik der Moleküle, die Chemie die Physik der Atome und dann weiterhin die Biologie die Chemie der Eiweiße nenne, so will ich damit den Übergang der einen dieser Wissenschaften in die andre, also sowohl den Zusammenhang, die Kontinuität, wie den Unterschied, die Diskretion, beider ausdrücken. Weiter zu gehn, die Chemie als ebenfalls eine Art Mechanik auszudrücken, erscheint mir unstatthaft. Die Mechanik – weitere oder engere – kennt nur Quantitäten, sie rechnet mit Geschwindigkeiten und Massen und höchstens Volumen. Wo ihr die Qualität der Körper in den Weg kommt, wie in der Hydrostatik und Aerostatik, kann sie ohne Eingehn auf Molekularzustände und Molekularbewegungen nicht fertig werden, ist sie selbst nur noch Hilfswissenschaft, Voraussetzung der Physik. In der Physik, und noch mehr in der Chemie, findet aber nicht nur fortwährende qualitative

Änderung statt infolge quantitativer Änderungen, Umschlag von Quantität in Qualität, sondern auch sind eine Menge qualitativer Änderungen zu betrachten, deren Bedingtheit durch quantitative Veränderung keineswegs erwiesen ist. Daß die gegenwärtige Strömung der Wissenschaft in dieser Richtung sich bewegt, kann gern zugegeben werden, beweist aber nicht, daß sie die ausschließlich richtige ist, daß die Verfolgung dieser Strömung die Physik und Chemie *erschöpfen* wird. Alle Bewegung schließt mechanische Bewegung, Ortsveränderung größter oder kleinster Teile der Materie in sich, und *erste* Aufgabe, aber auch nur *erste*, der Wissenschaft ist, diese zu erkennen. Aber diese mechanische Bewegung erschöpft die Bewegung überhaupt nicht. Bewegung ist nicht bloß Ortsveränderung, sie ist auf den übermechanischen Gebieten auch Qualitätsänderung. Die Entdeckung, daß Wärme eine Molekularbewegung, war epochemachend. Aber wenn ich von der Wärme weiter nichts zu sagen weiß, als daß sie eine gewisse Ortsveränderung der Moleküle ist, so schweige ich am besten still. Die Chemie scheint auf dem besten Wege, aus dem Verhältnis der Atomvolume zu den Atomgewichten eine ganze Reihe der chemischen und physikalischen Eigenschaften der Elemente zu erklären. Kein Chemiker aber wird behaupten, daß die sämtlichen Eigenschaften eines Elements durch seine Stellung in der Kurve Lothar Meyers[38] erschöpfend ausgedrückt, daß allein damit z. B. die eigentümliche Beschaffenheit des Kohlenstoffs, die ihn zum wesentlichen Träger des organischen Lebens macht, oder die Notwendigkeit des Phosphors im Gehirn je zu erklären sein werde. Und doch läuft die „mechanische" Auffassung auf nichts andres hinaus. Sie erklärt alle Veränderung aus Ortsveränderung, alle qualitativen Unterschiede aus quantitativen, und übersieht, daß das Verhältnis von Qualität und Quantität reziprok ist, daß Qualität ebensogut in Quantität umschlägt, wie Quantität in Qualität, daß eben Wechselwirkung stattfindet. Wenn alle Unterschiede und Änderungen der Qualität auf quantitative Unterschiede und Änderungen, auf mechanische Ortsveränderung zu reduzieren sind, dann kommen wir mit Notwendigkeit zu dem Satz, daß alle Materie aus *identischen* kleinsten Teilchen besteht, und alle qualitativen Unterschiede der chemischen Elemente der Materie verursacht sind durch quantitative, Unterschiede in der Zahl und örtlichen Gruppierung dieser kleinsten Teilchen zu Atomen. So weit sind wir aber noch nicht.

Es ist die Unbekanntschaft unsrer heutigen Naturforscher mit andrer Philosophie als der ordinärsten Vulgärphilosophie, wie sie heute an den deutschen Universitäten grassiert, die es ihnen erlaubt, in dieser Weise mit Ausdrücken wie „mechanisch" zu hantieren, ohne daß sie sich Rechenschaft geben oder nur ahnen, welche Schlußfolgerungen sie sich damit notwendig aufladen. Die Theorie von der absoluten qualitativen Identität der Materie hat ja ihre Anhänger – sie ist empirisch ebensowenig widerlegbar wie beweisbar. Wenn man aber die Leute fragt, die alles „mechanisch" erklären wollen, ob sie sich dieser Schlußfolgerung bewußt sind und die Identität der Materie akzeptieren, wieviel verschiedene Antworten wird man hören!

Das komischste ist, daß die Gleichsetzung von „materialistisch" und „mechanisch" von *Hegel* herrührt, der den Materialismus durch den Zusatz „mechanisch" verächtlich machen will. Nun war der von Hegel kritisierte Materialismus – der französische des 18. Jahrhunderts – in der Tat ausschließlich *mechanisch*, und zwar aus dem sehr natürlichen Grund, weil damals Physik, Chemie und Biologie noch in den Windeln lagen und weit entfernt davon waren, die Basis einer allgemeinen Naturanschauung bieten zu können. Ebenfalls entlehnt Haeckel die Übersetzung causae efficientes = „mechanisch wirkende Ursachen" und causae finales = „zweckmäßig wirkende Ursachen" von Hegel, wo Hegel also „mechanisch" gleich blindwirkend, unbewußt wirkend, setzt, nicht gleich mechanisch im Haeckelschen Sinn. Dabei ist dieser ganze Gegensatz für Hegel selbst so sehr überwundner Standpunkt, daß er ihn in keiner seiner beiden Darstellungen der Kausalität in der „Logik" *auch nur erwähnt-*

sondern nur in der „Geschichte der Philosophie", da, wo er historisch vorkommt (also reines Mißverständnis Haeckels aus Oberflächlichkeit!), und ganz gelegentlich bei der Teleologie („Logik", III, II, 3)[39] als Form erwähnt, in der die *alte Metaphysik* den Gegensatz von Mechanismus und Teleologie gefaßt, sonst aber als längst überwundnen Standpunkt behandelt. Haeckel hat also falsch abgeschrieben in seiner Freude, eine Bestätigung seiner „mechanischen" Auffassung zu finden, und kommt damit zu dem schönen Resultat, daß, wenn an einem Tier oder einer Pflanze durch Naturzüchtung eine bestimmte Veränderung hervorgerufen, dies durch causa efficiens, wenn dieselbe Veränderung durch *künstliche* Züchtung, dies durch causa finalis bewirkt! Der Züchter causa finalis! Ein Dialektiker vom Kaliber Hegels konnte sich freilich nicht in dem engen Gegensatz von causa efficiens und causa finalis im Kreise herumtreiben. Und für den heutigen Standpunkt ist dem ganzen ausweglosen Gekohl über diesen Gegensatz damit ein Ende gemacht, daß wir aus Erfahrung und Theorie *wissen*, daß die Materie wie ihre Daseinsweise, die Bewegung, unerschaffbar und also ihre eigne Endursache sind; während den in der Wechselwirkung der Bewegung des Universums sich momentan und lokal isolierenden oder von unsrer Reflexion isolierten Einzelursachen durchaus keine neue Bestimmung, sondern nur ein verwirrendes Element hinzugefügt wird, wenn wir sie *wirkende* Ursachen nennen. Eine Ursache, die nicht wirkt, ist keine.

NB. Die Materie als solche ist eine reine Gedankenschöpfung und Abstraktion. Wir sehen von den qualitativen Verschiedenheiten der Dinge ab, indem wir sie als körperlich existierende unter dem Begriff Materie zusammenfassen. Materie als solche, im Unterschied von den bestimmten, existierenden Materien, ist also nichts Sinnlich-Existierendes. Wenn die Naturwissenschaft darauf ausgeht, die einheitliche Materie als solche aufzusuchen, die qualitativen Unterschiede auf bloß quantitative Verschiedenheiten der Zusammensetzung identischer kleinster Teilchen zu reduzieren, so tut sie dasselbe, wie wenn sie statt Kirschen, Birnen, Äpfel das Obst als solches[40], statt Katzen, Hunde, Schafe etc. das Säugetier als solches zu sehen verlangt, das Gas als solches, das Metall als solches, den Stein als solchen, die chemische Zusammensetzung als solche, die Bewegung als solche. Die Darwinsche Theorie fordert ein solches Ursäugetier, Promammale Haeckel, muß aber gleichzeitig zugeben, daß, wenn es im *Keim* alle künftigen und jetzigen Säugetiere in sich enthielt, es in Wirklichkeit allen jetzigen Säugetieren untergeordnet und urroh war, daher vergänglicher als sie alle. Wie schon Hegel („Enzyklopädie", I, S. 199)[41] nachgewiesen, ist diese Anschauung, dieser „einseitig mathematische Standpunkt", auf dem die Materie als nur quantitativ bestimmbar, aber qualitativ ursprünglich gleich angesehn wird, „kein andrer Standpunkt als der des" französischen Materialismus des 18. Jahrhunderts. Es ist sogar Rückschritt zu Pythagoras, der schon die Zahl, die quantitative Bestimmtheit, als das Wesen der Dinge auffaßte.

*

Erstens Kekulé[42]. Dann: Die Systematisierung der Naturwissenschaft, die jetzt mehr und mehr nötig wird, kann nicht anders gefunden werden als in den Zusammenhängen der Erscheinungen selbst. So die mechanische Bewegung von kleinen Massen auf einem Weltkörper endigt im Kontakt zweier Körper, der die beiden nur graduell unterschiednen Formen von Reibung und Stoß hat. Wir untersuchen also zuerst die mechanische Wirkung von Reibung und Stoß. Aber wir finden, daß sie damit nicht erschöpft: Reibung produziert Wärme, Licht und Elektrizität, Stoß – Wärme und Licht, wo nicht auch Elektrizität – also Verwandlung von Massenbewegung in Molekularbewegung. Wir treten ein ins Gebiet der Molekularbewegung, die Physik, und untersuchen weiter. Aber auch hier finden wir, daß die Molekularbewegung nicht den Abschluß der Untersuchung bildet. Elektrizität geht über in und geht hervor aus chemischem Umsatz. Wärme und Licht dito. Molekularbewegung schlägt über in Atombewegung – Chemie. Die Untersuchung der chemischen Vorgänge findet die organische Welt als Untersuchungsgebiet vor, also eine Welt, in der die chemischen Vorgänge nach denselben Gesetzen, aber unter andern Bedingungen vorgehn als in der unorganischen Welt, für deren Erklärung die Chemie ausreicht. Alle chemischen Untersuchungen der organischen Welt führen dagegen zurück in letzter Instanz auf einen Körper, der, Resultat gewöhnlicher chemischer Vorgänge, sich von allen andern dadurch unterscheidet, daß er sich selbst vollziehender, permanenter chemischer Prozeß ist – das Eiweiß. Gelingt es der Chemie, dies Eiweiß in der Bestimmtheit darzustellen, in der es offenbar entstanden, ein sogenanntes Protoplasma, der Bestimmtheit, oder vielmehr Unbestimmtheit, worin es alle andern Formen des Eiweißes potentiell in sich enthält (wobei nicht nötig anzunehmen, daß es nur einerlei Protoplasma gibt), so ist der dialektische Übergang auch real dargetan, also vollständig. Bis dahin bleibt's beim Denken, alias [anders gesagt] der Hypothese. Indem die Chemie das Eiweiß erzeugt, greift der chemische Prozeß über sich selbst hinaus wie oben der mechanische, d. h. er gelangt in ein umfassenderes Gebiet, das des Organismus. Die Physiologie ist allerdings die Physik und besonders die Chemie des lebenden Körpers, aber damit hört sie auch auf, speziell Chemie zu sein, beschränkt einerseits ihren Umkreis, aber erhebt sich auch darin zu einer höheren Potenz.

[Mathematik]

*

Die mathematischen sogenannten Axiome sind die wenigen Denkbestimmungen, deren die Mathematik zu ihrem Ausgang bedarf. Die Mathematik ist die Wissenschaft der Größen; sie geht vom Begriff der Größe aus. Sie definiert diese in lahmer Weise und fügt dann die andern Elementarbestimmtheiten der Größe, die in der Definition nicht enthalten, äußerlich als Axiome hinzu, wo sie dann als unbewiesen und natürlich auch *mathematisch* unbeweisbar erscheinen. Die Analyse der Größe würde alle diese Axiombestimmungen als notwendige Bestimmungen der Größe ergeben. Spencer hat insofern recht, als die uns so vorkommende *Selbstverständlichkeit* dieser Axiome *angeerbt* ist. Beweisbar sind sie dialektisch, soweit sie nicht reine Tautologien.[1]

*

Mathematisches[2]. Nichts scheint auf unerschütterlicherer Basis zu ruhn als der Unterschied der vier Spezies, der Elemente aller Mathematik. Und doch zeigt sich schon von vornherein die Multiplikation als eine abgekürzte Addition, die Division als abgekürzte Subtraktion einer bestimmten Anzahl gleicher Zahlengrößen, und die Division wird schon in einem Fall – wenn der Divisor ein Bruch – durch Multiplikation mit dem umgekehrten Bruch vollzogen. Beim algebraischen Rechnen aber wird viel weiter gegangen. Jede Subtraktion $(a-b)$ kann als Addition $(-b+a)$, jede Division $\frac{a}{b}$ als Multiplikation $a \cdot \frac{1}{b}$ dargestellt werden. Bei der Rechnung mit potenzierten Größen wird noch viel weiter gegangen. Alle festen Unterschiede der Rechnungsarten verschwinden, alles läßt sich in entgegengesetzter Form darstellen. Eine Potenz als Wurzel ($x^2 = \sqrt{x^4}$), eine Wurzel als Potenz ($\sqrt{x} = x^{\frac{1}{2}}$). Eins dividiert durch eine Potenz oder Wurzel als Potenz des Nenners $\left(\dfrac{1}{\sqrt{x}} = x^{-\frac{1}{2}} ; \dfrac{1}{x^3} = x^{-3}\right)$. Die Multiplikation oder Division der Potenzen einer Größe verwandelt sich in die Addition oder Subtraktion ihrer Exponenten. Jede Zahl kann als Potenz jeder andern Zahl aufgefaßt und dargestellt werden (Logarithmen, $y = a^x$). Und diese Verwandlung aus einer Form in die gegenteilige ist keine müßige Spielerei, sie ist einer der mächtigsten Hebel der mathematischen Wissenschaft, ohne den kaum eine schwierigere Rechnung heute mehr ausgeführt wird. Man streiche aus der Mathematik nur die negativen und Bruchpotenzen, und wie weit wird man kommen?

($-\,.\,- = +, \div = +, \sqrt{-1}$ etc. früher zu entwickeln.)

Der Wendepunkt in der Mathematik war Descartes' *variable Größe*. Damit die *Bewegung* und *damit die Dialektik* in der Mathematik, und *damit auch sofort mit Notwendigkeit die Differential- und Integralrechnung*, die auch sofort anfängt und durch Newton und Leibniz im ganzen und großen vollendet, nicht erfunden.

*

Quantität und Qualität[3]. Die Zahl ist die reinste quantitative Bestimmung, die wir kennen. Aber sie steckt voll qualitativer Unterschiede. 1. Hegel, Anzahl und Einheit, Multiplizieren, Dividieren, Potenzieren, Wurzelausziehn. Dadurch werden bereits, was bei Hegel nicht hervorgehoben, qualitative Unterschiede: Primzahlen und Produkte, einfache Wurzeln und Potenzen, hervorgebracht. 16 ist nicht bloß die Summierung von 16 Eins, es ist auch

Notizen und Fragmente

Quadrat von 4, Biquadrat von 2. Noch mehr. Die Primzahlen teilen den von ihnen durch Multiplikation mit andern Zahlen abgeleiteten Zahlen neue, festbestimmte Qualitäten mit: nur grade Zahlen durch 2 teilbar, ähnliche Bestimmung für 4 und 8. Bei 3 tritt die Quersumme ein, ebenso bei 9 und bei 6, wo sie mit der graden Zahl verquickt. – Bei 7 ein besondres Gesetz. Darauf dann basiert Zahlenkunststücke, die den Ungelernten unbegreiflich erscheinen. Was Hegel also („Quantität", S. 237)[4] über die Gedankenlosigkeit der Arithmetik sagt, unrichtig. Vgl. jedoch: „Maß"[5].

Sowie die Mathematik von unendlich Großem und unendlich Kleinem spricht, führt sie einen qualitativen Unterschied ein, der sogar sich als unüberbrückbarer qualitativer Gegensatz darstellt: Quantitäten, die so enorm weit voneinander verschieden sind, daß jedes rationelle Verhältnis, jede Vergleichung zwischen ihnen aufhört, daß sie quantitativ inkommensurabel werden. Die gewöhnliche Inkommensurabilität z. B. von Kreis und grader Linie ist nun auch ein dialektischer qualitativer Unterschied; aber hier[6] ist es die *Quantitäts*differenz *gleichartiger* Größen, die den *Qualitäts*unterschied bis zur Inkommensurabilität steigert.

*

Zahl[7]. Die einzelne Zahl bekommt eine Qualität schon im Zahlensystem und je nachdem dies. 9 ist nicht nur 1, neunmal addiert, sondern Basis für 90, 99, 900000 etc. Alle Zahlengesetze hängen ab und sind bestimmt durch das angenommene System. Im dyadischen und triadischen System 2×2 nicht $= 4$, sondern $= 100$ oder $= 11$. In jedem System mit ungrader Grundzahl hört der Unterschied von graden und ungraden Zahlen auf, z. B. in der Pentas ist $5 = 10, 10 = 20, 15 = 30$. Ebenso im selben System die Querzahlen $3n$ von Produkten von 3 respektive 9 ($6 = 11, 9 = 14$). Die Grundzahl bestimmt also die Qualität nicht allein ihrer selbst, sondern auch aller andern Zahlen.

Mit dem Potenzverhältnis die Sache noch weiter: Jede Zahl ist als Potenz jeder andern Zahl aufzufassen – soviel Logarithmensysteme, als es ganze und gebrochene Zahlen gibt.

*

Eins[8]. Nichts sieht einfacher aus als die quantitative Einheit, und nichts ist mannigfaltiger als diese, sobald wir sie im Zusammenhang mit der entsprechenden Vielheit und nach ihren verschiednen Entstehungsweisen aus dieser untersuchen. Eins ist zuerst die Grundzahl des ganzen positiven und negativen Zahlensystems, durch deren sukzessive Hinzufügung zu sich selbst alle andern Zahlen entstehn. – Eins ist der Ausdruck aller positiven, negativen und gebrochnen Potenzen von Eins: 1^2, $\sqrt{1}$, 1^{-2} sind alle gleich Eins. – Es ist der Gehalt aller Brüche, deren Zähler und Nenner sich als gleich erweisen. – Es ist der Ausdruck jeder Zahl, die auf die Potenz Null erhoben wird, und damit die einzige Zahl, deren Logarithmus in allen Systemen derselbe, nämlich $= 0$ ist. Eins ist damit die Grenze, die alle möglichen Logarithmensysteme in zwei Teile scheidet: Ist die Basis größer als Eins, so sind die Logarithmen aller Zahlen über Eins positiv, alle Zahlen unter Eins negativ; ist sie kleiner als Eins, findet das Umgekehrte statt. – Wenn also jede Zahl die Einheit in sich enthält, insofern sie sich aus lauter addierten Eins zusammensetzt, so enthält das Eins ebenfalls alle andern Zahlen in sich. Nicht nur der Möglichkeit nach, insofern wir jede Zahl aus lauter Eins konstruieren können, sondern der Wirklichkeit nach, insofern Eins eine bestimmte Potenz jeder andern Zahl ist. Dieselben Mathematiker aber, die, ohne eine Miene zu verziehen, $x^0 = 1$ oder einen Bruch, dessen Nenner und Zähler gleich sind, und der also ebenfalls Eins repräsentiert, in ihre Rechnung interpolieren, wo es ihnen paßt, die also die in der Einheit enthaltene Vielheit mathematisch verwenden, sie rümpfen die Nase und verzerren das Gesicht, wenn man ihnen in allgemeinem Ausdruck sagt, daß Einheit und Vielheit untrennbare, einander durchdringende Begriffe sind, und daß die Vielheit nicht minder in der Einheit enthalten ist als die Einheit in der Vielheit. Wie sehr dies aber der Fall, sehn wir, sobald wir das Gebiet der reinen Zahlen verlassen. Schon in der Messung von Linien, Flächen und Körperinhalten zeigt sich, daß wir jede beliebige Größe der entsprechenden Ordnung als Einheit annehmen können, und ebenso bei Messung von Zeit, von Gewicht, von Bewegung etc. Für die Messung von Zellen sind noch Millimeter und Milligramm zu groß, für die Messung von Sternabständen oder Lichtgeschwindigkeit wird das Kilometer schon unbequem klein wie das Kilogramm für die von planetarischen oder gar Sonnenmassen. Hier zeigt sich augenscheinlich, welche Mannigfaltigkeit und Vielheit in dem auf den ersten Blick so simplen Begriff der Einheit enthalten ist.

*

Null ist darum nicht inhaltslos, weil sie die Negation jedes bestimmten Quantums ist. Im Gegenteil hat Null einen sehr bestimmten Inhalt. Als Grenze zwischen allen positiven und negativen Größen, als einzige wirklich neutrale Zahl, die weder $+$ noch $-$ sein kann, ist sie nicht nur eine sehr bestimmte Zahl, sondern auch an sich wichtiger als alle andern von ihr begrenzten Zahlen. Null ist in der Tat inhaltsvoller als jede andre Zahl. Rechts von jeder andern gesetzt, gibt sie ihr in unserm Zahlensystem den zehnfachen Wert. Man könnte statt Null jedes andre Zeichen hierzu verwenden, aber doch nur unter der Bedingung, daß dies Zeichen, allein genommen, Null bedeutet, $= 0$ ist. Es liegt also in der Natur der Null selbst, daß sie diese Verwendung findet, und daß sie allein so verwandt werden *kann*. Null vernichtet jede andre Zahl, mit der sie multipliziert wird; als Divisor oder Dividend mit jeder andern Zahl vereinigt, macht sie diese im ersten Fall unendlich groß, im andern unendlich klein; sie ist die einzige Zahl, die zu jeder andern in einem unendlichen Verhältnis steht. $\frac{0}{0}$ kann jede Zahl zwischen $-\infty$ und $+\infty$ ausdrücken, und repräsentiert in jedem Fall eine wirkliche Größe. – Der wirkliche Inhalt einer Gleichung tritt erst dann klar hervor, wenn alle Glieder derselben auf *eine* Seite gebracht, und die Gleichung damit auf den Wert von Null reduziert wird, wie dies bereits bei quadratischen Gleichungen geschieht und in der höheren Algebra fast allgemein Regel ist. Eine Funktion $F(x, y) = 0$ kann dann ebenfalls gleich z gesetzt und dieses z, obgleich es $= 0$ ist, wie eine gewöhnliche abhängige Variable differenziert, sein partieller Differentialquotient bestimmt werden.

Das Nichts eines jeden Quantums ist aber selbst noch quantitativ bestimmt, und nur deshalb ist es möglich, mit Null zu rechnen. Dieselben Mathematiker, die in obiger Weise ganz ungeniert mit Null rechnen, d. h. mit ihr als einer bestimmten quantitativen Vorstellung operieren, sie in quantitative Verhältnisse zu andren quantitativen Vorstellungen bringen, schlagen die Hände über dem Kopf zusammen, wenn sie bei Hegel dies verallgemeinert so lesen: Das Nichts eines Etwas ist ein *bestimmtes* Nichts[9].

Nun aber in der (analytischen) Geometrie. Hier ist Null ein bestimmter Punkt, von dem ab auf einer Linie nach einer Richtung positiv, nach der andern negativ abgemessen wird. Hier hat der Nullpunkt also nicht nur eine ebenso große Bedeutung wie jeder mit einer positiven oder negativen Größenangabe bezeichneter Punkt, sondern eine weit größere als sie alle: Er ist der Punkt, von dem sie alle abhängen, auf den sie sich alle beziehn, durch den sie alle bestimmt werden. Er kann sogar in vielen Fällen ganz willkürlich angenommen werden. Aber einmal angenommen, bleibt er der Mittelpunkt der ganzen Operation, bestimmt sogar oft die Richtung der Linie, auf der die andern Punkte – die Endpunkte der Abszissen – einzutragen sind. Wenn wir z. B., um zur Gleichung des Kreises zu kommen, einen beliebigen Punkt der Peripherie zum Nullpunkt wählen, so muß die Linie der Abszissen durch den Mittelpunkt des Kreises gehn. Alles dies findet ebensosehr seine Anwendung auf die Mechanik, wo ebenfalls bei Berechnung von Bewegungen der jedesmal angenommene Nullpunkt den Haupt- und Angelpunkt der gesamten Operation bildet. Der Nullpunkt des

Thermometers ist die sehr bestimmte untere Grenze des Temperaturabschnitts, der in eine beliebige Zahl von Graden abgeteilt wird und damit zum Maß dient, sowohl der Temperaturabstufungen innerhalb seiner selbst wie höherer oder niederer Temperaturen. Er ist also auch hier ein sehr wesentlicher Punkt. Und selbst der absolute Nullpunkt des Thermometers repräsentiert keineswegs eine pure, abstrakte Negation, sondern einen sehr bestimmten Zustand der Materie: die Grenze, an der die letzte Spur selbständiger Bewegung der Moleküle verschwindet und die Materie nur noch als Masse agiert. Wo auch immer wir auf die Null stoßen, da repräsentiert sie etwas sehr Bestimmtes, und ihre praktische Anwendung in Geometrie, Mechanik etc. beweist, daß sie – als Grenze – wichtiger ist als alle wirklichen von ihr begrenzten Größen.[10]

*

Potenzen hoch Null[11]. Von Wichtigkeit in der Logarithmenreihe: $\begin{smallmatrix} 0 & 1 & 2 & 3 \\ 10^0 & 10^1 & 10^2 & 10^3 \end{smallmatrix}$ log. Alle Variablen gehen irgendwo durch Eins durch; also auch die Konstante in variabler Potenz, $a^x = 1$, wenn $x = 0$. $a^0 = 1$ heißt weiter nichts als das Eins in seinem Zusammenhang mit den andern Gliedern der Potenzenreihe von a auffassen, nur da hat es Sinn und kann zu Resultaten führen $\left(\sum x^0 = \dfrac{x}{\omega}\right)$[12], sonst aber nicht. Hieraus folgt, daß auch die Einheit, so sehr sie mit sich identisch scheint, eine unendliche Mannigfaltigkeit in sich schließt, indem sie die 0-te Potenz jeder andern möglichen Zahl sein kann, und daß diese Mannigfaltigkeit keine bloß imaginäre ist, beweist sich jedesmal, wo das Eins als bestimmtes Eins, als eins der variablen Resultate eines Prozesses (als momentane Größe oder Form einer Variablen) im Zusammenhang mit diesem Prozesse gefaßt wird.

*

$\sqrt{-1}$. – Die negativen Größen der Algebra sind reell nur, insoweit sie sich auf positive beziehen, nur innerhalb des Verhältnisses zu diesen; außer diesem Verhältnis, für sich genommen, sind sie rein imaginär. In der Trigonometrie und analytischen Geometrie nebst den darauf gebauten Zweigen der höheren Mathematik drücken sie eine bestimmte Bewegungsrichtung aus, die der positiven entgegengesetzt ist; aber man kann die Sinus und Tangenten des Kreises vom rechten oberen so gut wie rechten unteren Quadranten an zählen, und also Plus und Minus direkt umkehren. Ebenso in der analytischen Geometrie, die Abszissen können in dem Kreis von der Peripherie oder vom Zentrum, ja bei allen Kurven aus der Kurve heraus in der gewöhnlich als Minus bezeichneten [oder] in jeder beliebigen Richtung gerechnet werden und geben doch eine richtige rationelle Gleichung der Kurve. Hier besteht Plus nur als Komplement von Minus und umgekehrt. Die Abstraktion der Algebra behandelt sie [die negativen Größen] aber als wirkliche, selbständige, auch außerhalb des Verhältnisses zu einer *größeren*, positiven Größe.[13]

*

Mathematik[14]. Dem gewöhnlichen Menschenverstand erscheint es als Blödsinn, eine bestimmte Größe, ein Binom z. B., in eine unendliche Reihe, also in etwas Unbestimmtes aufzulösen. Aber wo wären wir ohne die unendlichen Reihen und den binomischen Lehrsatz?

*

Asymptoten[15]. Die Geometrie fängt an mit der Entdeckung, daß Grad und Krumm absolute Gegensätze sind, daß Grades in Krummem, Krummes in Gradem total unausdrückbar, inkommensurabel. Und doch geht schon die Berechnung des Kreises nicht an, als dadurch, daß man seine Peripherie in graden Linien ausdrückt. Bei den Kurven mit Asymptoten aber verschwimmt Grades in Krummes und Krummes in Grades vollständig; ebensosehr wie die Vorstellung des Parallelismus: Die Linien sind nicht parallel, nähern sich einander stets und fallen doch nie zusammen; der Kurvenarm wird immer grader, ohne es je ganz zu werden, wie in der analytischen Geometrie die grade Linie als die Kurve ersten Grades mit unendlich geringer Krümmung angesehn wird. Das — x der logarithmischen Kurve mag noch so groß werden, y kann nie $= 0$ werden.

*

Grad und Krumm[16] in der Differentialrechnung in letzter Instanz gleichgesetzt: In dem differentialen Dreieck, dessen Hypotenuse die Differentiale des Bogens bildet (bei der Tangentenmethode), kann diese Hypotenuse angesehn werden „als eine kleine grade Linie, die gleichzeitig Element des Bogens und Element der Tangente ist" – sehe man nun die Kurve als aus unendlich vielen graden Linien zusammengesetzt, oder aber auch „sehe man sie als starre Kurve; da die Krümmung in jedem Punkt M unendlich klein ist, ist das letzte Verhältnis des Elements der Kurve zu dem der Tangente *offensichtlich ein Verhältnis der Gleichheit*"[17]. Hier also, obwohl sich das Verhältnis stets dem der Gleichheit *nähert*, der Natur der Kurve nach aber *asymptotisch*, da die Berührung sich auf einen *Punkt* beschränkt, der keine Länge hat, wird doch schließlich angenommen, daß die Gleichheit des Graden und Krummen erreicht sei (Bossut, „Calcul diff. et intégr.", Paris, An VI, I, S. 149)[18]. Bei polaren Kurven[19] wird die differentiale imaginäre Abszisse sogar der wirklichen als parallel angenommen und daraufhin operiert, obwohl sich beide im Pol treffen; ja man schließt daraus auf die Ähnlichkeit zweier Dreiecke, von denen eins einen Winkel grade am Schneidungspunkt der beiden Linien hat, auf deren Parallelismus die ganze Ähnlichkeit begründet ist! (Figur 17)[20].

Als die Mathematik des Graden und des Krummen so ziemlich erschöpft, wird eine neue fast endlose Bahn eröffnet durch die Mathematik, die das *Krumme als Grades auffaßt* (Differentialdreieck) und das *Grade als Krummes* (Kurve des ersten Grades, mit unendlich kleiner Krümmung). O Metaphysik!

*

Trigonometrie[21]. Nachdem die synthetische Geometrie die Eigenschaften eines Dreiecks, an sich betrachtet, erschöpft und nichts Neues mehr zu sagen hat, eröffnet sich ein erweiterter Horizont durch ein sehr einfaches, durchaus dialektisches Verfahren. Das Dreieck wird nicht mehr an sich und für sich betrachtet, sondern im Zusammenhang mit einer andern Figur, dem Kreis. Jedes rechtwinklige Dreieck kann als Zubehör eines Kreises betrachtet werden: Ist die Hypotenuse $= r$, dann die Katheten sin und cos, ist eine Kathete $= r$, dann die andre $=$ tg, die Hypotenuse $=$ sec. Hierdurch bekommen Seiten und Winkel ganz andre, bestimmte Verhältnisse zueinander, die ohne diese Beziehung des Dreiecks auf den Kreis unmöglich zu entdecken und zu benutzen, und eine ganz neue, die alte weit überreichende Dreieckstheorie entwickelt sich, die überall anwendbar, weil jedes Dreieck in zwei rechtwinklige aufgelöst werden kann. Diese Entwicklung der Trigonometrie aus der synthetischen Geometrie ist ein gutes Exempel für die Dialektik, wie sie die Dinge in ihrem Zusammenhange faßt statt in ihrer Isolierung.

*

Identität und Unterschied – das dialektische Verhältnis schon in der Differentialrechnung, wo dx unendlich klein, aber doch wirksam und alles macht.[22]

*

Molekül und Differential[23]. Wiedemann (III, S. 636)[24] setzt *endliche* Entfernung und *molekulare* direkt einander entgegen.

*

Über die Urbilder des Mathematisch-Unendlichen
in der wirklichen Welt[25]

Zu S. 17-18[26]: Einstimmung von Denken und Sein. – Das Unendliche der Mathematik

Die Tatsache, daß unser subjektives Denken und die objektive Welt denselben Gesetzen unterworfen sind und daher auch beide in ihren Resultaten sich schließlich nicht widersprechen können, sondern übereinstimmen müssen, beherrscht absolut unser gesamtes theoretisches Denken. Sie ist seine unbewußte und unbedingte Voraussetzung. Der Materialismus des 18. Jahrhunderts infolge seines wesentlich metaphysischen Charakters hat diese Voraussetzung nur ihrem Inhalt nach untersucht. Er beschränkte sich auf den Nachweis, daß der Inhalt alles Denkens und Wissens aus der sinnlichen Erfahrung stammen müsse, und stellte den Satz wieder her: Nihil est in intellectu, quod non fuerit in sensu [Nichts ist im Verstande, was nicht vorher in den Sinnen war]. Erst die moderne idealistische, aber gleichzeitig dialektische Philosophie und namentlich Hegel untersuchte sie auch der *Form* nach. Trotz der zahllosen willkürlichen Konstruktionen und Phantastereien, die uns hier entgegentreten, trotz der idealistisch auf den Kopf gestellten Form ihres Resultats, der Einheit von Denken und Sein, ist unleugbar, daß diese Philosophie die Analogie der Denkprozesse mit den Natur- und Geschichtsprozessen und umgekehrt, und die Gültigkeit gleicher Gesetze für alle diese Prozesse an einer Menge von Fällen und auf den verschiedensten Gebieten nachgewiesen hat. Andrerseits hat die moderne Naturwissenschaft den Satz vom erfahrungsmäßigen Ursprung alles Denkinhalts in einer Weise erweitert, die seine alte metaphysische Begrenzung und Formulierung über den Haufen wirft. Indem sie die Vererbung erworbener Eigenschaften anerkennt, erweitert sie das Subjekt der Erfahrung vom Individuum auf die Gattung; es ist nicht mehr notwendig das einzelne Individuum, das erfahren haben muß, seine Einzelerfahrung kann bis auf einen gewissen Grad ersetzt werden durch die Resultate der Erfahrungen einer Reihe seiner Vorfahren. Wenn bei uns z. B. die mathematischen Axiome jedem Kinde von acht Jahren als selbstverständlich, keines Erfahrungsbeweises bedürftig erscheinen, so ist das lediglich Resultat „gehäufter Vererbung". Einem Buschmann oder Australneger würden sie schwerlich durch Beweis beizubringen sein.

In der vorstehenden Schrift[27] ist die Dialektik als die Wissenschaft von den allgemeinsten Gesetzen *aller* Bewegung gefaßt worden. Es ist hierin eingeschlossen, daß ihre Gesetze Gültigkeit haben müssen für die Bewegung ebensosehr in der Natur und der Menschengeschichte, wie für die Bewegung des Denkens. Ein solches Gesetz kann erkannt werden in zweien dieser drei Sphären, ja selbst in allen dreien, ohne daß der metaphysische Schlendrian sich darüber klar wird, daß es ein und dasselbe Gesetz ist, das er erkannt hat.

Nehmen wir ein Beispiel. Von allen theoretischen Fortschritten gilt wohl keiner als ein so hoher Triumph des menschlichen Geistes wie die Erfindung der Infinitesimalrechnung in der letzten Hälfte des 17. Jahrhunderts. Wenn irgendwo, so haben wir hier eine reine und ausschließliche Tat des menschlichen Geistes. Das Mysterium, das die bei der Infinitesimalrechnung angewandten Größen – die Differentiale und Unendlichen verschiedener Grade – noch heute umgibt, ist der beste Beweis dafür, daß man sich noch immer einbildet, man habe es hier mit reinen „freien Schöpfungen und Imaginationen"[28] des Menschengeistes zu tun, wofür die objektive Welt kein Entsprechendes biete. Und doch ist das Gegenteil der Fall. Für alle diese imaginären Größen bietet die Natur die Vorbilder.

Unsre Geometrie geht aus von Raumverhältnissen, unsre Arithmetik und Algebra von Zahlengrößen, die unsren irdischen Verhältnissen entsprechen, die also den Körpergrößen entsprechen, die die Mechanik Massen nennt – Massen, wie sie auf der Erde vorkommen und von Menschen bewegt werden. Gegenüber diesen Massen erscheint die Masse der Erde unendlich groß und wird von der irdischen Mechanik auch als unendlich groß behandelt. Erdradius $= \infty$, Grundsatz aller Mechanik im Fallgesetz. Aber nicht nur die Erde, sondern das ganze Sonnensystem und die in ihm vorkommenden Entfernungen erscheinen ihrerseits wieder als unendlich klein, sobald wir uns mit den nach Lichtjahren zu schätzenden

Entfernungen in dem für uns teleskopisch sichtbaren Sternensystem beschäftigen. Wir haben hier also schon ein Unendliches nicht nur des ersten, sondern auch des zweiten Grades, und können es der Phantasie unsrer Leser überlassen, sich noch weitere Unendliche höherer Grade im unendlichen Raum zurechtzukonstruieren, falls sie dazu Lust verspüren.

Die irdischen Massen, die Körper, mit denen die Mechanik operiert, bestehn aber nach der heute in der Physik und Chemie herrschenden Ansicht aus Molekülen, kleinsten Teilchen, die nicht weiter geteilt werden können, ohne die physikalische und chemische Identität des betreffenden Körpers aufzuheben. Nach W. Thomsons Berechnungen kann der Durchmesser des kleinsten dieser Moleküle nicht kleiner sein als ein Fünfzigmilliontel eines Millimeters[29]. Nehmen wir aber auch an, daß das größte Molekül selbst einen Durchmesser von einem Fünfundzwanzigmilliontel Millimeter erreiche; so bleibt es immer noch eine verschwindend kleine Größe gegen die kleinste Masse, mit der die Mechanik, die Physik und selbst die Chemie operieren. Trotzdem ist es mit allen der betreffenden Masse eigentümlichen Eigenschaften begabt, es kann die Masse physikalisch und chemisch vertreten und vertritt sie wirklich in allen chemischen Gleichungen. Kurzum, es hat ganz dieselben Eigenschaften gegenüber der entsprechenden Masse wie das mathematische Differential gegenüber seiner Veränderlichen. Nur daß, was uns beim Differential, in der mathematischen Abstraktion, geheimnisvoll und unerklärlich erscheint, hier selbstverständlich und sozusagen augenscheinlich wird.

Mit diesen Differentialen, den Molekülen, operiert nun die Natur ganz in derselben Weise und ganz nach denselben Gesetzen wie die Mathematik mit ihren abstrakten Differentialen. So ist z. B. das Differential von $x^3 = 3\,x^2\,dx$, wobei $3x\,dx^2$ und dx^3 vernachlässigt werden. Konstruieren wir uns dies geometrisch, so haben wir einen Kubus mit der Seitenlänge x, welche Seitenlänge um die unendlich kleine Größe dx vergrößert wird. Nehmen wir an, dieser Kubus

Mathematik

bestehe aus einem sublimierteren Element, sage Schwefel; die, eine Ecke umgebenden drei Seitenflächen seien geschützt, die andern drei seien frei. Setzen wir nun diesen Schwefelkubus einer Atmosphäre von Schwefelgas aus und erniedrigen deren Temperatur hinreichend, so schlägt sich Schwefelgas auf den drei freien Seiten des Würfels nieder. Wir bleiben ganz innerhalb der der Physik und Chemie geläufigen Verfahrensweise, wenn wir annehmen, um uns den Vorgang in seiner Reinheit vorzustellen, daß auf jeder dieser drei Seiten sich zunächst eine Schicht von der Dicke eines Moleküls niederschlägt. Die Seitenlänge x des Kubus hat sich um den Durchmesser eines Moleküls, dx, vergrößert. Der Inhalt des Kubus x^3 ist gewachsen um die Differenz von x^3 und $x^3 + 3x^2dx + 3xdx^2 + dx^3$, wobei wir dx^3, ein Molekül, und $3xdx^2$, drei Reihen einfach linear aneinander gelagerter Moleküle von der Länge $x + dx$, mit demselben Recht vernachlässigen können wie die Mathematik. Das Resultat ist dasselbe: Der Massenzuwachs des Kubus ist $3x^2dx$.

Genau genommen, kommen bei dem Schwefelkubus dx^3 und $3xdx^2$ nicht vor, weil nicht zwei oder drei Moleküle in demselben Raum sein können, und seine Massenzunahme ist daher genau $3x^2dx + 3xdx + dx$. Dies erklärt sich daher, daß in der Mathematik dx eine lineare Größe ist, dergleichen Linien ohne Dicke und Breite aber in der Natur bekanntlich nicht selbständig vorkommen, die mathematischen Abstraktionen also auch nur in der reinen Mathematik unbedingte Gültigkeit haben. Und da auch diese $3xdx^2 + dx^3$ vernachlässigt, so macht's keinen Unterschied.

Ebenso bei der Verdunstung. Wenn in einem Glase Wasser die oberste Molekularschicht verdunstet, so ist die Höhe der Wasserschicht x um dx vermindert worden, und die fortdauernde Verflüchtigung einer Molekularschicht nach der andern ist tatsächlich eine fortgesetzte Differentiation. Und wenn der heiße Dampf durch Druck und Abkühlung in einem Gefäß wieder zu Wasser verdichtet wird, und eine Molekularschicht sich auf die andre lagert (wobei wir von den den Vorgang unrein machenden Nebenumständen absehn dürfen), bis das Gefäß voll ist, so hat hier buchstäblich eine Integration stattgefunden, die sich von der mathematischen nur dadurch unterscheidet, daß die eine vom menschlichen Kopf bewußt vollzogen wird und die andre unbewußt von der Natur.

Aber nicht nur beim Übergang aus dem flüssigen in den Gaszustand und umgekehrt finden Vorgänge statt, die denen der Infinitesimalrechnung vollkommen analog sind. Wenn Massenbewegung – durch Stoß – als solche aufgehoben und in Wärme, Molekularbewegung umgewandelt worden, was ist anders geschehn, als daß die Massenbewegung differenziert worden? Und wenn die Molekularbewegungen des Dampfs im Zylinder der Dampfmaschine sich dahin summieren, daß sie den Kolben um ein Bestimmtes heben, daß sie in Massenbewegung umschlagen, sind sie nicht integriert worden? Die Chemie löst die Moleküle auf in Atome, Größen von geringerer Masse und Raumausdehnung, aber Größen derselben Ordnung, so daß beide in bestimmten, endlichen Verhältnissen zueinander stehn. Die sämtlichen chemischen Gleichungen, die die Molekularzusammensetzung der Körper ausdrücken, sind also der Form nach Differentialgleichungen. Aber sie sind in Wirklichkeit bereits integriert durch die Atomgewichte, die in ihnen figurieren. Die Chemie rechnet eben mit Differentialen, deren gegenseitiges Größenverhältnis bekannt ist.

Nun aber gelten die Atome keineswegs für einfach oder überhaupt für die kleinsten bekannten Stoffteilchen. Abgesehn von der Chemie selbst, die mehr und mehr sich der Ansicht zuneigt, daß die Atome zusammengesetzt sind, behauptet die Mehrzahl der Physiker, daß der Weltäther, der Licht- und Wärmestrahlung vermittelt, ebenfalls aus diskreten Teilchen bestehe, die aber so klein sind, daß sie sich zu den chemischen Atomen und physikalischen Molekülen verhalten wie diese zu den mechanischen Massen, also wie d^2x zu dx. Hier haben wir also in der jetzt landläufigen Vorstellung von der Konstitution der Materie ebenfalls das Differential des zweiten Grades, und es liegt durchaus kein Grund vor, warum nicht jeder, dem dies Vergnügen macht, sich vorstellen sollte, daß auch noch Analoga von d^3x, d^4x usw. in der Natur vorhanden sein sollten.

Welcher Ansicht man also auch über die Konstitution der Materie sein möge, soviel ist sicher, daß sie in eine Reihe von großen, gut abgegrenzten Gruppen relativer Massenhaftigkeit gegliedert ist, so daß die Glieder jeder einzelnen Gruppe zueinander in bestimmten, endlichen Massenverhältnissen stehn, gegenüber denen der nächsten Gruppen aber im Verhältnis der unendlichen Größe oder Kleinheit im Sinne der Mathematik stehn. Das sichtbare Sternensystem, das Sonnensystem, die irdischen Massen, die Moleküle und Atome, endlich die Ätherteilchen bilden jedes eine solche Gruppe. Es ändert nichts daran, daß wir zwischen einzelnen Gruppen Mittelglieder finden. So zwischen den Massen des Sonnensystems und den irdischen die Asteroiden, von denen einige keinen größeren Durchmesser haben als etwa das Fürstentum Reuß jüngere Linie[30], die Meteore usw. So zwischen irdischen Massen und Molekülen in der organischen Welt die Zelle. Diese Mittelglieder beweisen nur, daß es in der Natur keinen Sprung gibt, *eben weil* die Natur sich aus lauter Sprüngen zusammensetzt.

Sowie die Mathematik mit wirklichen Größen rechnet, wendet sie diese Anschauungsweise auch ohne weiteres an. Der irdischen Mechanik gilt bereits die Erdmasse als unendlich groß, wie in der Astronomie die irdischen Massen und die ihnen entsprechenden Meteore als unendlich klein, ebenso verschwinden ihr die Entfernungen und Massen der Planeten des Sonnensystems, sobald sie über die nächsten Fixsterne hinaus die Konstitution unsres Sternensystems untersucht. Sobald aber die Mathematiker sich in ihre uneinnehmbare Festung der Abstraktion, die sogenannte reine Mathematik zurückziehn, werden alle jene Analogien vergessen, das Unendliche wird etwas total Mysteriöses, und die Art und

Weise, wie damit in der Analysis operiert wird, erscheint als etwas rein Unbegreifliches, aller Erfahrung und allem Verstand Widersprechendes. Die Torheiten und Absurditäten, mit denen die Mathematiker diese ihre Verfahrungsweise, die sonderbarerweise immer zu richtigen Resultaten führt, mehr entschuldigt als erklärt haben, übertreffen die ärgsten scheinbaren und wirklichen Phantastereien z. B. der Hegelschen Naturphilosophie, vor denen Mathematiker und Naturforscher nicht Horror genug aussprechen können. Was sie Hegel vorwerfen, daß er Abstraktionen auf die Spitze treibe, tun sie selbst in weit größerem Maßstab. Sie vergessen, daß die ganze sogenannte reine Mathematik sich mit Abstraktionen beschäftigt, daß *alle* ihre Größen, streng genommen, imaginäre Größen sind, und daß alle Abstraktionen, auf die Spitze getrieben, umschlagen in Widersinn oder in ihr Gegenteil. Das mathematische Unendliche ist aus der Wirklichkeit entlehnt, wenn auch unbewußt, und kann daher auch nur aus der Wirklichkeit und nicht aus sich selbst, aus der mathematischen Abstraktion erklärt werden. Und wenn wir die Wirklichkeit darauf untersuchen, so finden wir, wie wir sahen, auch die wirklichen Verhältnisse vor, von denen das mathematische Unendlichkeitsverhältnis entlehnt ist, und sogar die natürlichen Analoga der mathematischen Art, dies Verhältnis wirken zu lassen. Und damit ist die Sache erklärt.

(Schlechte Reproduktion bei Haeckel von Denken und Sein-Identität[31]. Aber auch *der Widerspruch von kontinuierlicher und diskreter Materie*[32]; siehe Hegel.)[33]

*

Die Differentialrechnung macht es der Naturwissenschaft erst möglich, *Prozesse*, nicht nur *Zustände* mathematisch darzustellen: Bewegung.[34]

*

Anwendung der Mathematik: in der Mechanik der festen Körper absolut, der Gase annähernd, der Flüssigkeiten schon schwieriger – in der Physik mehr tentativ und relativ – in der Chemie einfache Gleichungen ersten Grades simpelster Natur – in der Biologie = 0.[35]

[Mechanik und Astronomie]

*

Beispiel der Notwendigkeit des dialektischen Denkens und der nicht fixen Kategorien und Verhältnisse in der Natur: das Fallgesetz, das schon bei mehreren Minuten Fallzeit unrichtig wird, weil der Erdhalbmesser dann nicht mehr ohne Fehler = ∞ gesetzt werden kann und die Attraktion der Erde zunimmt, statt sich gleich zu bleiben, wie Galileis Fallgesetz voraussetzt. Trotzdem wird dies Gesetz noch fortwährend gelehrt, die Reserve aber weggelassen![1]

*

Newtonsche Attraktion und Zentrifugalkraft – Beispiel metaphysischen Denkens: das Problem nicht gelöst, sondern erst *gestellt*, und dies als Lösung doziert. – Dito Clausius' Wärmeabnahme.[2]

*

Newtonsche Gravitation[3]. Das beste, was man von ihr sagen kann, ist, daß sie den gegenwärtigen Zustand der Planetenbewegung nicht erklärt, sondern *veranschaulicht*. Die Bewegung ist gegeben. Dito die Anziehungskraft der Sonne. Wie ist die Bewegung unter diesen Daten zu erklären? Durch das Parallelogramm der Kräfte, durch eine Tangentialkraft, die jetzt ein notwendiges Postulat wird, die wir annehmen *müssen*. Das heißt, die *Ewigkeit* des bestehenden Zustands vorausgesetzt, brauchen wir einen *ersten Anstoß*, Gott. Nun ist aber weder der bestehende Planetenzustand ewig, noch die Bewegung ursprünglich zusammengesetzt, sondern *einfache Rotation*, und das Parallelogramm der Kräfte hier angewandt falsch, insofern es nicht bloß die noch zu findende unbekannte Größe, das x, klarlegte, d. h. insofern Newton beanspruchte, die Frage nicht erst zu stellen, sondern zu lösen.

*

Newtons Parallelogramm der Kräfte im Sonnensystem ist wahr allenfalls *in dem Moment, wo die Ringkörper sich trennen,* weil da die Rotationsbewegung mit sich in Widerspruch gerät, als Attraktion einerseits, als Tangentialkraft andrerseits erscheint. Sowie die Trennung vollendet, ist die Bewegung aber wieder *eine*. Beweis für den dialektischen Prozeß, daß diese Scheidung eintreten muß.[4]

*

Laplaces Theorie setzt nur sich bewegende Materie voraus – Rotation notwendig bei allen im Weltraum schwebenden Körpern.[5]

*

Mädler, Fixsterne[6]

Halley Anfang 18. Jahrhunderts aus Differenz zwischen den Angaben Hipparchs und Flamsteeds über drei Sterne zuerst die Idee der Eigenbewegung (S. 410). – Flamsteeds British Catalogue [Britischer Katalog der Fixsterne], der erste einigermaßen genaue und umfassende (S. 420), dann ca. 1750 Bradley, Maskelyne und Lalande.

Tolle *Theorie von der Schußweite der Lichtstrahlen bei enormen Körpern* und darauf basierte Berechnungen von Mädler – so toll wie irgend etwas in Hegels Naturphilosophie (S. 424–425).

Stärkste Eigenbewegung (scheinbare) eines Sternes $701''$ im Jahrhundert $= 11'41'' = 1/3$ Sonnendurchmesser; geringste durchschnittliche von 921 teleskopischen Sternen $8'',65$, einzelne $4''$.

Milchstraße eine Reihe von Ringen, die alle einen gemeinsamen Schwerpunkt haben (S. 434).

Die Plejadengruppe und in ihr Alcyone, η Tauri, Zentrum der Bewegung für unsre Weltinsel „bis zu den entferntesten Regionen der Milchstraße hin" (S. 448). Umlaufszeiten innerhalb der Plejadengruppe durchschnittlich ca. 2 Millionen Jahre (S. 449). Um die Plejaden abwechselnd ringförmige sternarme und sternreiche Gruppen. — Secchi bestreitet die Möglichkeit, jetzt schon ein Zentrum zu fixieren.

Sirius und *Prokyon* beschreiben nach Bessel eine Bahn um einen *dunklen* Körper neben der allgemeinen Bewegung (S. 450).

Algolverfinsterung alle drei Tage, acht Stunden Dauer, *bestätigt durch Spektralanalyse* (Secchi[7], S. 786).

In der Gegend der *Milchstraße*, aber weit *innerhalb* ihrer, ein dichter Ring von Sternen 7.–11. Größe; weit außerhalb dieses Rings die konzentrischen Milchstraßenringe, von denen wir zwei sehn. In der Milchstraße nach Herschel ca. 18 Millionen für sein Teleskop sichtbare Sterne, die *innerhalb* des Rings liegenden ca. 2 Millionen oder mehr, also über 20 Millionen in allem. Dazu immer noch ein nicht auflösbarer Schimmer in der Milchstraße selbst hinter den aufgelösten Sternen, also vielleicht noch weitere perspektivisch verdeckte Ringe? (S. 451–452.)

Alcyone von der Sonne entfernt 573 Jahre Lichtzeit. *Durchmesser des Milchstraßenrings* einzeln sichtbarer Sterne wenigstens 8000 Jahre Lichtzeit (S. 462–463).

Masse der innerhalb des Sonnen-Alcyone-Radius von 573 Jahren Lichtzeit sich bewegenden Körper berechnet auf 118 Millionen Sonnenmassen, (S. 462), stimmt gar nicht zu den höchstens zwei Millionen darin sich bewegenden Sternen. Dunkle Körper? Jedenfalls something wrong [ist hier etwas falsch]. Beweis, wie unvollkommen noch unsre Beobachtungsprämissen.

Für den äußersten Milchstraßenring nimmt Mädler eine Entfernung von Jahrtausenden, vielleicht Hunderttausenden Lichtjahren an (S. 464).

Schöne Motivierung gegen die sogenannte Lichtverschluckung: „Allerdings gibt es eine solche Entfernung, aus der gar kein Licht mehr zu uns gelangt, aber der Grund ist ein ganz andrer. Die Geschwindigkeit des Lichts ist eine *endliche;* vom Beginn der Schöpfung bis zu unsern Tagen ist eine *endliche* Zeit verflossen, und wir können also die Himmelskörper nur wahrnehmen bis zu der Entfernung, welche das Licht in jener endlichen Zeit durchläuft!" (S. 466.) Daß das Licht, im Quadrat der Entfernung sich schwächend, einen Punkt erreichen muß, wo es unsern selbst noch so verschärften und bewaffneten Augen nicht mehr sichtbar, ist doch selbstredend, reicht zur Widerlegung der Olbersschen Ansicht hin, daß nur Lichtverschluckung die Dunkelheit des doch nach allen Seiten in unendliche Entfernung mit leuchtenden Sternen erfüllten Himmelsraums zu erklären imstande sei. Wobei nicht gesagt werden soll, daß es nicht eine Entfernung gibt, wo der Äther *kein Licht mehr durchläßt.*

*

Nebelflecke.[8] Alle Formen, scharf kreisförmig, elliptisch oder unregelmäßig und gezackt. Alle Grade der Auflösbarkeit, verschwimmend in totale Unauflösbarkeit, wo nur Verdichtung nach dem Zentrum zu unterscheiden. In einigen der auflösbaren bis zu 10000 Sterne wahrnehmbar, die Mitte meist dichter, sehr selten ein Zentralstern von hellerem Glanz. Rosses Riesenteleskop hat wieder viele aufgelöst. Herschel I zählt 197 Sternhaufen und 2300 Nebelflecke, wozu noch die am südlichen Himmel durch Herschel II katalogisierten kommen. – Die unregelmäßigen *müssen ferne Weltinseln* sein, da Dunstmassen nur in Kugel- oder Ellipsoidform bestehn können im Gleichgewicht. Die meisten auch bloß in den stärksten Fernrohren noch eben sichtbar. Die rundlichen *können* allenfalls Dunstmassen sein, ihrer sind 78 unter den obigen 2500. Herschel nimmt 2 Millionen, Mädler – bei Annahme eines wirklichen Durchmessers = 8000 Lichtjahre – 30 Millionen

Lichtjahre Entfernung von uns an. Da die Entfernung eines jeden astronomischen Körpersystems vom nächsten mindestens um das Hundertfache ihres Systemdurchmessers beträgt, so würde die Entfernung unsrer Weltinsel von der nächsten *mindestens* das Fünfzigfache von 8000 Lichtjahren = 400 000 Lichtjahre betragen, wobei wir bei den mehreren Tausenden Nebelflecken schon weit über Herschels I zwei Millionen hinauskommen ([Mädler, a. a. O.], S. 492).

Secchi[9]: Die auflösbaren Nebelflecke geben ein kontinuierliches und ein gewöhnliches Sternspektrum. Die eigentlichen Nebelflecke aber „geben teils ein kontinuierliches Spektrum wie der Nebelfleck in der Andromeda, meist aber ein aus einer oder nur sehr wenigen hellen Linien bestehendes Spektrum wie die Nebelflecke im Orion, im Schützen, in der Leier und die große Zahl derer, die unter dem Namen der *planetarischen* (rundlichen)[10] Nebel bekannt sind" (S. 787). (Andromedanebel nach Mädler, S. 495, nicht auflösbar. – Orionnebel unregelmäßig, flockig und wie Arme ausstreckend, S. 495. – Leier und Kreuz nur wenig elliptisch, S. 498.) – Huggins fand im Spektrum des Nebels Herschel Nr. 4374 drei helle Linien, „es folgte hieraus sofort, daß dieser Nebelfleck nicht aus einem Haufen einzelner Sterne besteht, sondern ein *wirklicher*[11] *Nebel*, eine glühende Substanz im gasförmigen Zustand ist". Die Linien gehören dem Stickstoff (1) und Wasserstoff (1) an, die dritte unbekannt. Ebenso bei Orionnebel. Selbst Nebel, die leuchtende Punkte enthalten (Wasserschlange, Schütze), haben diese hellen Linien, so daß also die sich sammelnden Sternmassen noch nicht fest oder flüssig sind (S. 789). Leiernebel bloß eine Stickstofflinie (S. 789). – Orionnebel 1° dichteste Stelle, ganze Ausdehnung 4° [S. 790–791].

*

Secchi[12]: *Sirius*: „Elf Jahre später" (nach Bessels Berechnung, Mädler, S. 450)[13] „wurde ... nicht bloß der Satellit des Sirius als ein selbstleuchtender Stern 6. Größe aufgefunden, sondern auch nachgewiesen, daß seine Bahn mit der von Bessel berechneten übereinstimmt. Auch für Prokyon und seinen Begleiter ist nunmehr die Bahn durch Auwers bestimmt, der Satellit selbst jedoch noch nicht gesehen worden" (S. 793).

Secchi: Fixsterne. „Da die Fixsterne mit Ausnahme von zweien oder dreien keine wahrnehmbare Parallaxe haben, so sind sie wenigstens" einige 30 Lichtjahre von uns entfernt (S. 799). – Nach Secchi die Sterne 16. Größe (noch in Herschels großem Teleskop unterscheidbar) 7560 Lichtjahre, die in Rosses Teleskop unterscheidbaren mindestens 20900 Lichtjahre entfernt (S. 802).

Secchi (S. 810) fragt selbst: Wenn die Sonne und das ganze System erstorben, „sind Kräfte in der Natur vorhanden, welche das tote System in den anfänglichen Zustand des glühenden Nebels zurückversetzen und es zu neuem Leben wieder aufwecken können? Wir wissen es nicht"[14].

*

Secchi und der Papst.[15]

*

Descartes entdeckte, daß Ebbe und Flut durch Attraktion des Mondes verursacht. Dito gleichzeitig mit Snellius das Grundgesetz der Lichtbrechung[1] und zwar in einer ihm eigentümlichen von der Snelliusschen verschiednen Form.[17]

*

Mayer, „Mechanische Theorie der Wärme"[18], S. 328: *Kant hat schon ausgesprochen*, daß durch die Ebbe und Flut ein verzögernder Druck auf die rotierende Erde ausgeübt wird. (Adams' Rechnung[19], daß die Dauer des Sterntages jetzt in 1000 Jahren $1/100$ Sekunde zunimmt.)[20]

---

[1] *Zu dieser Stelle des Textes ist am Rande des Manuskripts folgender Zusatz gemacht:* „Bestritten Wolf, S. 325"[16]. – *Die Red.*

[Physik]

*

Stoß und Reibung[1]. Die Mechanik betrachtet die Wirkung des Stoßes als *rein vorgehend*. Aber in der Wirklichkeit geht's anders zu. Bei jedem Stoß wird ein Teil der mechanischen Bewegung in Wärme umgesetzt, und Reibung ist gar weiter nichts als eine Form des Stoßes, die fortdauernd mechanische Bewegung in Wärme umsetzt (Reibfeuer urbekannt).

*

Verbrauch kinetischer Energie als solcher innerhalb der Dynamik ist stets doppelter Art und hat doppeltes Resultat: 1. Die getane kinetische Arbeit, Erzeugung einer entsprechenden Menge potentieller Energie, die aber stets kleiner als die aufgewandte kinetische Energie; 2. Überwindung – außer der Schwere – von Reibungs- usw. Widerständen, die den Rest der verbrauchten kinetischen Energie in *Wärme* verwandeln. – Ebenso bei Rückverwandlung: Je nach der Art und Weise, ein Teil Verlust durch Reibung etc. wird als Wärme dissipiert – und das ist alles uralt![2]

*

Die erste, naive Anschauung in der Regel richtiger als die spätere, metaphysische. So schon *Bacon* (nach ihm Boyle, Newton und fast alle Engländer), die Wärme sei Bewegung (Boyle schon Molekularbewegung). Erst im 18. Jahrhundert in Frankreich das Calorique [der Wärmestoff] aufgekommen und auf dem Kontinent mehr oder weniger akzeptiert.[3]

*

Erhaltung der Energie[4]. Die *quantitative* Konstanz der Bewegung bereits von Descartes ausgesprochen, und zwar fast in denselben Worten wie jetzt von ? (Clausius, Robert Mayer?). Dagegen die *Form*verwandlung der Bewegung erst seit 1842 entdeckt, und dies, nicht das Gesetz der quantitativen Konstanz, das Neue.

*

Kraft und Erhaltung der Kraft[5]. Die Stellen von J. R. Mayer in seinen ersten beiden Abhandlungen gegenüber Helmholtz anzuführen[6].

*

Kraft[7]. Hegel („Geschichte der Philosophie", I, S. 208) sagt: „Es ist besser zu sagen, der Magnet habe eine *Seele*" (wie Thales sich ausdrückt), „als er habe die *Kraft* anzuziehen; Kraft ist eine Art von Eigenschaft, die, *von der Materie trennbar*, als ein Prädikat vorgestellt wird − Seele hingegen *dies Bewegen seiner, mit der Natur der Materie dasselbe*"[8].

*

Wenn Hegel Kraft und Äußerung, Ursache und Wirkung als identisch auffaßt, so ist dies bewiesen im Formwechsel der Materie, wo die Gleichwertigkeit mathematisch bewiesen. Im Maß vorher schon anerkannt: Kraft gemessen an Äußerung, Ursache an Wirkung[9].

*

Kraft[10]. Wenn irgendwelche Bewegung sich von einem Körper auf einen andern überträgt, so kann man die Bewegung, *soweit sie sich überträgt*, aktiv ist, als Ursache der Bewegung, *soweit sie übertragen wird*, passiv ist, fassen, und es erscheint dann diese Ursache, die aktive Bewegung, als *Kraft*, die passive als *Äußerung*. Nach dem Gesetz der Unzerstörbarkeit der Bewegung folgt daraus von selbst, daß die Kraft genau ebenso groß ist wie ihre Äußerung, da es ja in der einen wie in der andern *dieselbe Bewegung* ist. Sich übertragende Bewegung ist aber mehr oder weniger quantitativ bestimmbar, weil sie in zwei Körpern erscheint, von denen der eine als Maßeinheit dienen kann, um am andern die Bewegung zu messen. Die Meßbarkeit der Bewegung gibt der Kategorie *Kraft* ihren Wert, sonst hat sie keinen. Je mehr dies also der Fall, desto verwendbarer für die Betrachtung sind die Kategorien von der Kraft und Äußerung. Daher namentlich in der Mechanik, wo man die Kräfte noch weiter zerlegt, sie als zusammengesetzt ansieht und damit manchmal neue Resultate erreicht, wobei man aber nicht vergessen darf, daß dies bloß eine Operation des Kopfs ist; indem man die Analogie wirklich zusammengesetzter Kräfte, wie im Parallelogramm der Kräfte ausgedrückt, auf wirklich einfache Kräfte anwendet, so werden sie dadurch noch nicht wirklich zusammengesetzt. Ebenso in der Statik. Dann im Umschlag andrer Bewegungsformen in mechanische (Wärme, Elektrizität, Magnetismus im Eisenanziehen), wo die ursprüngliche Bewegung an der hervorgebrachten mechanischen Wirkung gemessen werden kann. Aber schon hier, wo verschiedne Bewegungsformen gleichzeitig betrachtet werden, zeigt sich die Beschränkung der Kategorie oder Abkürzung *Kraft*. Kein ordentlicher Physiker wird Elektrizität, Magnetismus, Wärme als bloße *Kräfte* mehr bezeichnen, ebensowenig wie als *Materien* oder Imponderabilien. Wenn wir wissen, in wieviel mechanische Bewegung sich ein bestimmtes Quantum Wärmebewegung umsetzt, so wissen wir von der Natur der Wärme noch gar nichts, so sehr auch die Untersuchung dieser Umsätze notwendig sein mag zur Erforschung dieser Natur der Wärme. Sie als eine Bewegungsform zu fassen ist der letzte Fortschritt der Physik, und damit ist die Kategorie Kraft in ihr aufgehoben: In gewissen Beziehungen – denen des Übergangs – können sie[11] als Kräfte erscheinen, und so gemessen werden. So die Wärme durch die Ausdehnung eines erwärmten Körpers. Ginge hier die Wärme nicht von einem Körper zum andern – dem Maßstab – über, d. h.

veränderte sich die Wärme des Maßstabkörpers nicht, so wäre eben von Messung, von Größenveränderung keine Rede. Man sagt einfach: Wärme dehnt die Körper aus, wohingegen zu sagen: Wärme hat die Kraft, die Körper auszudehnen, eine bloße Tautologie wäre, und zu sagen: Wärme ist die Kraft, die die Körper ausdehnt – nicht zuträfe, da 1. Ausdehnung, z. B. bei Gasen, auch sonst noch herbeigeführt wird, und 2. die Wärme damit nicht erschöpfend ausgedrückt wird.

Einige Chemiker sprechen auch von chemischer Kraft, als die, die Verbindungen macht und zusammenhält. Hier aber ist kein eigentliches Übergehn, sondern ein Zusammengehn der Bewegungen verschiedner Körper in eins, und die „Kraft" kommt hier damit an ihrer Grenze an. Ist aber noch meßbar durch die Wärmeerzeugung, bis jetzt aber ohne viel Resultat. [Sie] wird hier reine Phrase, wie überall, wo man, statt nicht untersuchte Bewegungsformen zu untersuchen, zu ihrer Erklärung eine sogenannte Kraft *erfindet*[12] (etwa z. B. das Schwimmen des Holzes auf Wasser aus einer Schwimmkraft erklärt – Refraktionskraft beim Licht usw.), wo man dann soviel Kräfte erhält wie unerklärte Erscheinungen, und wo man eben nur die äußerliche Erscheinung in eine innerliche Phrase übersetzt hat[13]. (Attraktion und Repulsion schon eher zu entschuldigen; hier werden eine Menge dem Physiker unerklärliche Phänomene unter einem gemeinsamen Namen zusammengefaßt, der die Ahnung eines inneren Zusammenhangs andeutet.)

Endlich in der organischen Natur die Kategorie Kraft vollständig unzureichend, und doch stets angewandt. Man kann zwar die Aktion der Muskel nach ihrer mechanischen Wirkung als Muskelkraft bezeichnen und auch messen, man kann sogar andre meßbare Funktionen als Kräfte auffassen, z. B. die Verdauungskapazität verschiedner Mägen, kommt aber bald ad absurdum [ins Ungereimte] (z. B. Nervenkraft), und jedenfalls kann hier von Kräften nur in sehr beschränktem und figürlichem Sinn die Rede sein (die gewöhnliche Redensart, zu Kräften kommen). Dies Unwesen hat aber dahin geführt, von einer Lebenskraft zu sprechen. Soll damit gesagt sein, daß die Bewegungsform im organischen Körper verschieden ist von der mechanischen, physikalischen, chemischen, sie alle aufgehoben in sich enthält, so ist die Ausdrucksweise faul, und besonders auch deswegen, weil die Kraft – Übertragung der Bewegung voraussetzend – hier als etwas dem Organismus von außen Eingeblasenes, nicht ihm Inhärentes, von ihm Untrennbares erscheint, und daher die Lebenskraft letztes Refugium aller Supernaturalisten war.

Defekt: 1. Die Kraft gewöhnlich als selbständige Existenz behandelt. (Hegel, „Naturphilosophie", S. 79.)[14]

2. Die *latente, ruhende* Kraft – dies zu erklären aus dem Verhältnis von Bewegung und Ruhe (Inertia, Gleichgewicht), wo auch die Sollizitation zu erledigen.

*

Kraft (s. oben)[15]. Die Übertragung der Bewegung vollzieht sich natürlich nur, wenn *alle* verschiednen Bedingungen, die oft sehr vielfach und kompliziert, besonders in Maschinen (Dampfmaschine, Flinte mit Schloß, Drücker, Zünder und Pulver) dazu vorhanden. Fehlt *eine*, so findet die Übertragung nicht statt, bis diese Bedingung hergestellt. Man kann dann sich dies so vorstellen, als müsse die Kraft durch die Herbeinahme dieser letzten Bedingung erst *sollizitiert* werden, als liege sie *latent* in einem Körper, sogenanntem Kraftträger (Pulver, Kohle), wo doch in Wirklichkeit nicht nur dieser Körper, sondern alle andern Bedingungen vorhanden sein müssen, um grade diese spezielle Übertragung hervorzurufen. –

Die Vorstellung von Kraft kommt uns ganz von selbst dadurch, daß wir am eignen Körper Mittel besitzen, Bewegung zu übertragen, die innerhalb gewisser Grenzen durch unsern Willen in Tätigkeit gesetzt werden können, besonders die Muskeln der Arme, mit denen wir mechanische Ortsveränderung, Bewegung andrer

Körper hervorbringen, heben, tragen, werfen, schlagen etc., und damit bestimmte Nutzeffekte. Die Bewegung hier scheinbar *erzeugt*, nicht übertragen, und dies veranlaßt die Vorstellung, als ob Kraft überhaupt *Bewegung erzeuge*. Daß Muskelkraft auch nur Übertragung, jetzt erst physiologisch bewiesen.

*

Kraft[16]. Auch die negative Seite zu analysieren: der Widerstand, der dem Übertragen der Bewegung entgegengesetzt wird.

*

Wärmestrahlung in den Weltraum[17]. Alle bei Lawrow angeführten Hypothesen der Erneuerung abgestorbner Weltkörper (S. 109)[18] schließen *Bewegungsverlust* ein. Die einmal ausgestrahlte Wärme, d. h. der unendlich größere Teil der ursprünglichen Bewegung, ist und bleibt verloren. Helmholtz bis jetzt $^{453}/_{454}$. Man kommt also doch schließlich bei der Erschöpfung und dem Aufhören der Bewegung an. Die Frage ist nur dann endgültig gelöst, wenn nachgewiesen, wie die in den Weltraum ausgestrahlte Wärme wieder *verwertbar* wird. Die Lehre von der Verwandlung der Bewegung stellt diese Frage absolut, und daran ist nicht vorbeizukommen durch faule Wechselprolongation und Sichvorbeidrücken. Daß aber damit auch gleichzeitig schon die Bedingungen ihrer Lösung gegeben sind – c'est autre chose [das ist eine andere Sache]. Die Verwandlung der Bewegung und ihre Unzerstörbarkeit sind erst vor kaum 30 Jahren entdeckt, erst ganz neuerdings weiter in ihre Konsequenzen entwickelt und ausgeführt. Die Frage, was aus der scheinbar verlornen Wärme wird, ist sozusagen erst seit 1867 (Clausius)[19] nettement posée [deutlich gestellt]. Kein Wunder, daß sie noch nicht gelöst; das mag noch lange dauern, bis wir dahin kommen mit unsern kleinen Mitteln. Aber gelöst wird sie werden, ebenso gewiß, wie feststeht, daß in der Natur keine Wunder vorgehn, und daß die ursprüngliche Wärme des Nebelballs nicht durch ein Wunder ihm von außerhalb der Welt mit-

304   Notizen und Fragmente

geteilt ist. Ebensowenig hilft die allgemeine Behauptung, daß die *Masse der Bewegung unendlich,* also unerschöpflich sei, über die Schwierigkeiten jedes einzelnen Falls; auch sie bringt es nicht zur Wiederbelebung erstorbner Welten außer in den in obigen Hypothesen vorgesehnen, stets mit Kraftverlust verknüpften, also nur temporären Fällen. Der Kreislauf ist nicht hergestellt und wird es nicht, bis die Wiederverwertbarkeit der ausgestrahlten Wärme entdeckt werden wird[20]. /

*

Clausius – if correct [wenn ich ihn recht verstehe] – beweist, daß die Welt erschaffen, ergo, daß die Materie erschaffbar, ergo, daß sie zerstörbar, ergo, daß auch die Kraft respektive Bewegung erschaffbar und zerstörbar, ergo, daß die ganze Lehre von der „Erhaltung der Kraft" Unsinn, ergo, daß alle seine Folgerungen daraus auch Unsinn sind.[21]

*

Clausius, II. *Satz* etc., mag sich stellen, wie er will. Es geht ihm Energie verloren, qualitativ wenn nicht quantitativ. *Entropie kann nicht auf natürlichem Wege zerstört, aber wohl gemacht werden.* Die Weltuhr muß aufgezogen werden, dann läuft sie ab, bis sie ins Gleichgewicht gerät, aus dem nur ein Wunder sie wieder in Gang bringen kann. Die zum Aufziehn verwendete Energie ist verschwunden, wenigstens qualitativ, und kann nur durch einen *Anstoß von außen* hergestellt werden. Also war der Anstoß von außen auch im Anfang nötig, also ist das Quantum der im Universum befindlichen Bewegung respektive Energie nicht immer gleich, also muß Energie erschaffen worden, also erschaffbar, also zerstörbar sein. Ad absurdum![22]

*

Schluß für Thomson, Clausius, Loschmidt: *Die Umkehr besteht darin, daß die Repulsion sich selbst repelliert und damit in die toten*

Weltkörper aus dem Medium zurückkehrt. Darin aber auch der Beweis, daß die Repulsion die eigentlich *aktive* Seite der Bewegung, die Attraktion die *passive* ist.[23]

*

In der Bewegung der Gase – im Verdunstungsprozeß – geht Massenbewegung direkt über in Molekularbewegung. Hier also der Übergang zu machen.[24]

*

Aggregatzustände – Knotenpunkte, wo quantitative Veränderung in qualitative umschlägt.[25]

*

Kohäsion – schon bei Gasen negativ – Umschlag der Attraktion in *Repulsion,* diese nur in Gas und Äther (?) reell.[26]

*

Bei absolut 0° kein Gas möglich, alle Bewegung der Moleküle gestoppt, der geringste Druck, also ihre eigene Attraktion, drängt sie zusammen. *Daher ein permanentes Gas ein Unding.*[27]

*

mv^2 auch bewiesen für Gasmoleküle durch die kinetische Gastheorie. Also das gleiche Gesetz für Molekularbewegung wie für Massenbewegung; der Unterschied beider hier aufgehoben.[28]

*

Kinetische Theorie hat zu erweisen, wie Moleküle, die nach oben streben, gleichzeitig einen Druck nach unten ausüben können und – die Atmosphäre als dem Weltraum gegenüber mehr oder weniger permanent angenommen – trotz der Schwerkraft sich vom Zentrum der Erde entfernen können, dennoch aber, auf einer gewissen Entfernung, nachdem die Schwerkraft nach dem *Quadrat* der Entfernungen abgenommen, von dieser zum Stillstand oder zur Umkehr gezwungen werden.[29]

*

Kinetische Gastheorie: „Bei einem vollkommenen Gase ... sind die Moleküle bereits so weit voneinander entfernt, daß ihre gegenseitige Einwirkung vernachlässigt werden kann." (Clausius[30], S. 6.) *Was füllt die Zwischenräume aus?* Dito Äther[31]. Hier also *Postulat einer Materie, die nicht in Molekular- oder Atomzellen gegliedert ist.*[32]

*

Gegensätzlichkeit der theoretischen Entwicklung: Vom horror vacui[33] wird sofort übergegangen zum absolut leeren Weltraum, erst nachher der *Äther.*[34]

*

Äther[35]. Wenn der Äther überhaupt Widerstand leistet, so muß er auch dem *Licht* Widerstand leisten und damit auf eine gewisse Entfernung dem Licht undurchdringlich sein. Daß aber der Äther das Licht *fortpflanzt*, sein *Medium* ist, schließt notwendig ein, daß er auch dem Licht Widerstand leistet, sonst könnte das Licht ihn nicht in Schwingungen versetzen. – Dies Lösung der bei Mädler[36] angeregten und bei Лавров [Lawrow][37] erwähnten Streitfragen.

*

Licht und Finsternis sicher der schreiendste, entschiedenste Gegensatz in der Natur, der vom vierten Evangelium bis auf die lumières [Aufklärung] des 18. Jahrhunderts der Religion und Philosophie stets als rhetorische Phrase gedient hat. Fick[38], S. 9: „der schon längst in der Physik streng erwiesene Satz ..., daß die, strahlende Wärme genannte, Bewegungsform in allen wesentlichen Stücken identisch ist mit derjenigen Bewegungsform, welche wir *Licht*[39] nennen". Clerk Maxwell[40], S. 14: „Diese Strahlen (der Strahlungswärme) haben alle physikalischen Eigenschaften von Lichtstrahlen und sind imstande zu reflektieren usw. ... einige der Wärmestrahlen sind mit den Lichtstrahlen identisch, während andere Arten von Wärmestrahlen keinen Eindruck auf unsere Augen machen." — Also es gibt *dunkle* Lichtstrahlen, und der berühmte Gegensatz von Licht und Finsternis verschwindet als absoluter Gegensatz aus der Naturwissenschaft. Beiläufig bringen dunkelste Finsternis wie hellstes, grellstes Licht auf unsre Augen dieselbe Wirkung der *Blendung* hervor, und sind auch so *für uns* identisch. — Die Sache [ist] die: Je nach Länge der Schwingung haben die Sonnenstrahlen verschiedne Wirkung; die mit größter Wellenlänge übertragen Wärme, die mit mittlerer Licht, die mit geringster chemische Aktion (Secchi[41], S. 632 ff.), wobei die Maxima der drei Aktionen nahe zusammengerückt, die *inneren* Minima der äußern Strahlengruppen ihrer Aktion nach in der Lichtgruppe sich decken[42]. Was Licht und Nicht-Licht ist, hängt von der Augenstruktur ab. Nachttiere mögen selbst noch einen Teil nicht der Wärme-, aber doch der chemischen Strahlen sehn können, da ihre Augen für geringere Wellenlänge adaptiert sind als unsre. Die Schwierigkeit fällt, wenn man statt drei Arten Strahlen nur eine annimmt (und wissenschaftlich kennen wir nur *eine*, alles andre ist voreiliger Schluß), die je nach der Wellenlänge verschiedne, aber innerhalb enger Grenzen kompatible Wirkung haben.[43]

*

Hegel konstruiert die Licht- und Farbentheorie aus dem reinen Gedanken und fällt dabei in *die plumpste Empirie* der hausbackenen Philistererfahrung (wenn auch mit einem gewissen Recht, da dieser Punkt damals nicht aufgeklärt), z. B. wenn er gegen Newton die Farbenmischungen der Maler aufführt (S. 314 unten).[44]

*

Elektrizität[45]. Zu den Räubergeschichten von Thomson vgl. Hegel[46], S. 346–347, wo ganz dasselbe. — Dagegen faßt Hegel die Reibungselektrizität schon ganz klar als *Spannung* gegenüber der Fluidums- und elektrischen Materielehre (S. 347)[47].

*

Wenn Coulomb von „elektrischen *Partikeln*" spricht, „die einander im umgekehrten Verhältnis zum Quadrat ihrer Entfernung abstoßen", so nimmt Thomson das ruhig hin als bewiesen (S. 358) [48]. Dito (S. 366) die Hypothese, daß Elektrizität aus „zwei Fluida, einem positiven und einem negativen", bestehe, „deren Partikel einander abstoßen". Daß die Elektrizität in einem geladenen Körper zurückgehalten werde bloß durch den Druck der Atmosphäre (S. 360). Faraday legte die Elektrizität in die entgegengesetzten Pole der Atome (oder Moleküle, was noch sehr durcheinander) und drückte so zum ersten Male aus, daß die Elektrizität kein Fluidum, sondern eine Bewegungsform, „Kraft" sei (S. 378). Was dem alten Thomson gar nicht in den Kopf will, gerade der Funke sei ja was *Materielles*!

Faraday hatte schon 1822 entdeckt, daß der momentane induzierte Strom – erster wie zweiter, rückläufiger – „mehr an dem Strom teilhat, der durch die Entladung der Leidener Flasche erzeugt wird, als jener, der durch die Voltasche Batterie erzeugt wird", worin das ganze Geheimnis lag (S. 385).

Über den *Funken* allerhand Räubergeschichten, die jetzt als Spezialfälle oder Täuschungen bekannt sind: Der Funke aus einem positiven Körper sei ein „Büschel, Pinsel oder Kegel von Strahlen", dessen Spitze ein Entladungspunkt, dagegen der negative Funke sei ein „*Stern*" (S. 396). Ein kurzer Funke sei immer weiß, ein langer meist rötlich oder violettlich. (Schöner Blödsinn von Faraday über den Funken, S. 400.)[49] Der mit einer Metallkugel aus dem Primärkonduktor [der elektrischen Maschine] entlockte Funke sei weiß, mit der Hand purpurn, mit Wasserfeuchtigkeit rot (S. 405). Der Funke, d. h. das Licht, sei „nicht der Elektrizität eigen, sondern nur das Ergebnis der Kompression der Luft. Daß Luft heftig und plötzlich *komprimiert* wird, wenn ein elektrischer Funke durch sie hindurchgeht", beweist das Experiment von Kinnersley in Philadelphia, wonach der Funke eine „*plötzliche feine Spaltung der Luft in der Röhre*"[50] erzeugt und das Wasser in die

Röhre treibt (S. 407). In Deutschland vor 50 Jahren Winterl und andere geglaubt, der Funke oder das elektrische Licht sei „von derselben Natur wie *Feuer*"[51] und entstehe durch Vereinigung der zwei Elektrizitäten. Wogegen Thomson ernsthaft beweist, die Stelle, wo die beiden Elektrizitäten zusammentreffen, sei grade die lichtärmste, und das sei $^2/_3$ vom positiven und $^1/_3$ vom negativen Ende! (S. 409-410.) Daß hier Feuer noch ganz etwas *Mythisches*, ist augenscheinlich.

Mit demselben Ernst [führt Thomson] die Experimente von Dessaignes [an], wonach bei steigendem Barometer und fallender Temperatur Glas, Harz, Seide etc. durch Eintauchen in Quecksilber negativ elektrisch werden, bei fallendem Barometer und steigender Temperatur aber positiv und im Sommer in unreinem Quecksilber stets positiv, in reinem stets negativ werden; daß Gold und diverse andre Metalle im Sommer durch Erwärmen positiv und beim Abkühlen negativ werden, im Winter umgekehrt; daß sie bei hohem Barometer und nördlichem Wind „überaus elektrisch" sind, positiv bei steigender, negativ bei fallender Temperatur usw. (S. 416).

Wie es mit der *Wärme* aussah: „Um wärmeelektrische Effekte zu erzeugen, ist es nicht notwendig, Wärme anzuwenden. Alles, *das die Temperatur* in einem Glied der Kette *ändert*[52] ... verursacht eine Abweichung in der Deklination des Magneten." So Abkühlung eines Metalls durch Eis oder Ätherverdunstung! (S. 419.)

Die elektrochemische Theorie (S. 438) als „wenigstens sehr geistreich und plausibel" akzeptiert.

Fabroni und Wollaston hatten schon lange und neuerdings Faraday die Voltasche Elektrizität als einfache Folge der chemischen Prozesse behauptet, und Faraday sogar schon die richtige Erklärung der in der Flüssigkeit vorgehenden Atomverschiebung gegeben und aufgestellt, daß das Quantum der Elektrizität gemessen werde durch das Quantum des elektrolytischen Produkts.

Mit Hilfe von Faraday bringt er das Gesetz fertig: „daß jedes

Atom natürlicherweise von derselben Menge Elektrizität umgeben sein muß, *so daß in dieser Hinsicht Wärme und Elektrizität einander ähnlich sind!*"[53]

*

Statische und dynamische Elektrizität.[54] Die statische oder Reibungselektrizität ist die Versetzung der in der Natur in *Form* von Elektrizität, aber im gleichgewichtlichen, neutralen Zustand befindlichen *fertigen* Elektrizität in Spannung. Die Aufhebung dieser Spannung geschieht daher auch – wenn und soweit die Elektrizität sich fortpflanzend geleitet werden kann – mit *einem* Schlag, dem Funken, der den neutralen Zustand wiederherstellt.

Die dynamische oder Voltasche Elektrizität ist dagegen die aus Verwandlung chemischer Bewegung in Elektrizität hervorgehende Elektrizität. Lösung von Zink, Kupfer etc. erzeugt sie unter gewissen bestimmten Umständen. Hier ist die Spannung nicht akut, sondern chronisch. In jedem Moment wird neue + und — Elektrizität aus einer andern Bewegungsform erzeugt, nicht vorhandne ± in + und — getrennt. Der Vorgang ist ein fließender und so auch sein Resultat, die Elektrizität, nicht eine momentane Spannung und Entladung, sondern ein fortwährender Strom, der sich an den Polen wieder in die chemische Bewegung verwandeln kann, aus der er hervorging, was man Elektrolyse nennt. Bei diesem Vorgang sowie bei der Erzeugung der Elektrizität aus chemischer Zusammensetzung (wobei Elektrizität statt Wärme, und zwar soviel Elektrizität wie unter andern Umständen Wärme frei wird, Guthrie, S. 210)[55], kann man den Strom in der Flüssigkeit verfolgen (Atomwechsel in den benachbarten Molekülen – das ist der Strom).

Diese Elektrizität, die ihrer Natur nach Strom ist, kann eben deswegen nicht direkt in Spannungselektrizität verwandelt werden. Aber vermittelst der Induktion kann bereits als solche vorhandne neutrale Elektrizität deneutralisiert werden. Der Natur der Sache nach wird die induzierte der induzierenden zu folgen haben, also auch strömend sein. Dagegen liegt hier offenbar die Möglichkeit vor, den Strom zu kondensieren und in Spannungselektrizität oder vielmehr in eine höhere Form zu verwandeln, die die Eigenschaft des Stroms mit der der Spannung vereinigt. Dies ist in Ruhmkorffs Maschine gelöst. Sie liefert eine Induktionselektrizität, die das leistet.

*

Hübsches Stück Naturdialektik, wie nach der jetzigen Theorie die *Abstoßung gleicher* magnetischer Pole erklärt wird aus der *Anziehung gleicher* elektrischer Ströme (Guthrie, S. 264).[56]

*

Elektrochemie[57]. Bei Darstellung der Wirkung des elektrischen Funkens auf chemische Zersetzung und Neubildung erklärt Wiedemann, das gehe mehr die Chemie an[58]. So erklären im selben Falle die Chemiker, das gehe schon mehr die Physik an. So erklären sich an dem Berührungspunkte der Molekular- und der Atomwissenschaft beide inkompetent, während gerade *da die größten Resultate zu erwarten sind.*

*

Reibung und Stoß erzeugen eine *innere* Bewegung der betreffenden Körper, Molekularbewegung, je nachdem als Wärme, Elektrizität usw. differenziert. *Diese Bewegung indes nur temporär*: Cessante causa cessat effectus [Mit dem Aufhören der Ursache hört auch ihre Wirkung auf]. Auf bestimmter Stufe schlagen sie alle um in eine *permanente Molekularveränderung, die chemische.*[59]

[Chemie]

*

Die Vorstellung von der faktischen *chemisch einheitlichen Materie* – uralt wie sie ist – entspricht ganz der noch bis Lavoisier stark verbreiteten kindlichen Ansicht, die chemische Verwandtschaft zweier Körper beruhe darauf, daß sie jeder einen gemeinsamen dritten Körper enthielten (Kopp, „Entwicklung", S. 105).[1]

*

Wie alte, bequeme, auf die bisher übliche Praxis angepaßte Methoden sich auf andre Zweige übertragen und da hemmen: in der Chemie die Prozentberechnung der Zusammensetzungen, die von allen die geeignetste Methode war, die konstante Proportion der Verbindungen und multiple Proportion unfindbar zu machen, und sie auch lange genug unfindbar gemacht hat.[2]

*

Neue Epoche beginnt in der Chemie mit der Atomistik (Dalton, nicht Lavoisier, also der Vater der neueren Chemie) und entsprechend in der Physik mit der Molekulartheorie (in andrer Form, aber wesentlich nur die andre Seite dieses Prozesses darstellend, mit der Entdeckung der Umwandlung der Bewegungsformen). Die neue Atomistik unterscheidet sich von allen früheren dadurch, daß sie nicht behauptet (abgesehn von Eseln), daß die Materie *bloß* diskret, sondern daß die diskreten Teile verschiedener Stufen (Ätheratome, chemische Atome, Massen, Weltkörper) verschiedene *Knotenpunkte* sind, die verschiedene *qualitative* Daseinsweisen der allgemeinen Materie bedingen — bis herab zum Nichtschwersein und der Repulsion.[3]

*

Umschlag von Quantität in Qualität: einfachstes Exempel *Sauerstoff und Ozon,* wo 2:3 ganz andre Eigenschaften bis auf den Geruch hervorbringt. Die andern allotropischen Körper ebenfalls von der Chemie nur durch dies erklärt, daß verschiedne Anzahl Atome in den Molekülen.[4]

*

Bedeutung der *Namen*[5]. In der organischen Chemie [ist] die Bedeutung eines Körpers und also auch sein Name nicht mehr bedingt durch seine bloße Zusammensetzung, sondern vielmehr durch seine Stellung in der *Reihe,* der er angehört. Finden wir also, daß ein Körper einer solchen Reihe angehört, so wird sein alter Name ein Hindernis des Verständnisses und muß durch einen *Reihennamen* ersetzt werden (Paraffine etc.).

[Biologie]

*

Reaktion[1]. Die mechanische, physikalische (alias [anders] Wärme etc.) erschöpft sich mit jedem Reaktionsakt. Die chemische verändert die Zusammensetzung des reagierenden Körpers und erneuert sich nur, wenn neues Quantum desselben zugesetzt wird. Nur der *organische* Körper reagiert *selbständig* – natürlich innerhalb seiner Kraftsphäre (Schlaf) und unter Voraussetzung des Nahrungszusatzes –, aber dieser Nahrungszusatz wirkt erst, nachdem er assimiliert ist, nicht wie auf niedrigen Stufen unmittelbar, so daß hier der organische Körper eine *selbständige* Reaktionskraft hat, die neue Reaktion durch ihn *vermittelt* werden muß.

*

Leben und Tod[2]. Schon jetzt gilt keine Physiologie für wissenschaftlich, die nicht den Tod als wesentliches Moment des Lebens auffaßt (Note: Hegel, „Enzyklopädie", I, S. 152–153)[3], die *Negation* des Lebens als wesentlich im Leben selbst enthalten, so daß Leben stets gedacht wird mit Beziehung auf sein notwendiges Resultat, das stets im Keim in ihm liegt, den Tod. Weiter ist die dialektische Auffassung des Lebens nichts. Aber wer dies einmal verstanden, für den ist alles Gerede von Unsterblichkeit der Seele beseitigt. Der Tod ist entweder Auflösung des organischen Körpers, der nichts zurückläßt als die chemischen Bestandteile, die seine Substanz bildeten, oder er hinterläßt ein Lebensprinzip, mehr oder weniger Seele, das *alle* lebenden Organismen überdauert, nicht bloß den Menschen. Hier also einfaches Sichklarwerden vermittelst der

Dialektik über die Natur von Leben und Tod hinreichend, einen uralten Aberglauben zu beseitigen. Leben heißt Sterben.

*

Generatio aequivoca [*spontane Zeugung*][4]. Alle bisherigen Untersuchungen diese: In Flüssigkeiten, die organische Stoffe in Zersetzung enthalten und der Luft zugänglich sind, entstehen Organismen niederer Gattung, Protisten, Pilze, Infusorien. Woher kommen sie? Sind sie durch generatio aequivoca entstanden oder aus Keimen, die die Atmosphäre herbeigetragen? Die Untersuchung also auf ein ganz enges Gebiet beschränkt, auf die Frage von der Plasmogonie[5].

Die Annahme, daß neue lebendige Organismen aus der Zersetzung anderer entstehn können, gehört wesentlich der Epoche der unveränderlichen Arten an. Damals sah man sich in der Notwendigkeit, die Entstehung aller, auch der kompliziertesten Organismen durch Urzeugung aus nicht lebendigen Stoffen anzunehmen, und wenn man sich nicht mit einem Schöpfungsakt helfen wollte, kam man leicht auf die Ansicht, daß dieser Vorgang leichter erklärlich sei bei einem bereits aus der organischen Welt herrührenden Bildungsstoff; ein Säugetier direkt aus anorganischer Materie auf chemischem Wege hervorzubringen, daran dachte man schon nicht mehr.

Aber eine solche Annahme schlägt dem heutigen Stand der Wissenschaft gradezu ins Gesicht. Die Chemie liefert durch die Analyse des Zersetzungsprozesses toter organischer Körper den Beweis, daß dieser Prozeß notwendig bei jedem weiteren Schritt totere, der anorganischen Welt näherstehende Produkte liefert, Produkte, die zur Verwertung in der organischen Welt immer untauglicher werden, und daß diesem Prozeß eine andre Richtung gegeben werden, eine solche Verwertung stattfinden kann nur dann, wenn diese Zersetzungsprodukte rechtzeitig in einem dazu geeigneten, bereits existierenden Organismus aufgenommen werden. Grade das wesentlichste Vehikel der Zellenbildung, das Eiweiß, zersetzt sich zuallererst und ist bis jetzt nicht wieder zusammengebracht worden.

Noch mehr. Die Organismen, um deren Urzeugung aus organischen Flüssigkeiten es sich bei diesen Untersuchungen handelt, sind zwar verhältnismäßig niedrige, aber doch schon wesentlich differenzierte, Bakterien, Hefepilze etc., mit einem aus verschiednen Phasen zusammengesetzten Lebensprozeß und teilweise, wie die Infusorien, mit ziemlich ausgebildeten Organen versehn. Sie sind alle mindestens einzellig. Seitdem wir aber die strukturlosen Moneren kennen, wird es Torheit, die Entstehung auch nur einer einzigen Zelle direkt aus toter Materie statt aus dem strukturlosen lebenden Eiweiß erklären zu wollen, zu glauben, vermittelst etwas stinkendem Wasser die Natur zwingen zu können, das in 24 Stunden zu tun, was ihr Tausende von Jahren gekostet hat.

Pasteurs Versuche[6] in dieser Richtung nutzlos: Denen, die an diese Möglichkeit glauben, wird er die Unmöglichkeit durch diese Versuche allein nie beweisen, aber wichtig, weil viel Aufklärung über diese Organismen, ihr Leben, ihre Keime etc.

*

Moriz Wagner,

„Naturwissenschaftliche Streitfragen", I

(Augsburger „Allgemeine Zeitung", Beilage, 6., 7., 8. Okt. 1874)[7]

Äußerung Liebigs an Wagner, in seinen letzten Jahren (1868): „Wir dürfen nur annehmen, daß das Leben ebenso alt, ebenso ewig sei, als die Materie selber, und der ganze Streitpunkt des Lebensursprungs scheint mir mit dieser einfachen Annahme erledigt. In der Tat, warum sollte das organische Leben nicht ebensogut als uranfänglich zu denken sein wie der Kohlenstoff und *seine Verbindungen* (!)[8], oder wie überhaupt die ganze unerschaffbare und unzerstörbare Materie, und wie die Kräfte, die mit der Bewegung des Stoffes im Weltraum ewig verbunden sind?"

Ferner sagte Liebig (Wagner glaubt, November 1868): Auch er halte die Hypothese, daß das organische Leben auf unserm Planeten aus dem Weltraum „importiert" werden könne, für „annehmbar".

Helmholtz (Vorrede zu „Handbuch der theoretischen Physik" von Thomson, deutsche Ausg., II. Teil)[9]: „Es erscheint mir ein vollkommen richtiges Verfahren zu sein, *wenn alle unsre Bemühungen scheitern, Organismen aus lebloser Substanz sich erzeugen zu lassen,* daß wir fragen: ob überhaupt das Leben je entstanden, ob es nicht ebenso alt wie die Materie sei, und ob nicht seine Keime, von einem Weltkörper zum andern herübergetragen, sich überall entwickelt hätten, wo sie günstigen Boden gefunden?"

Wagner: „Die Tatsache, daß die Materie unzerstörbar und unvergänglich ist, daß sie ... durch keine Kraft in ein Nichts aufgelöst werden kann, *genügt dem Chemiker, sie auch für ‚unerschaffbar' zu halten* ... Das Leben aber wird nach der jetzt vorherrschenden Anschauung (?) nur als eine gewissen einfachen Elementen, aus denen die niedrigsten Organismen bestehen, innewohnende ‚Eigenschaft' betrachtet, welche selbstverständlich so alt, d. h. ebenso uranfänglich sein muß, wie diese Grundstoffe *und ihre Verbindungen* (!!) selber." In diesem Sinne könne man auch von Lebenskraft sprechen, wie Liebig („Chemische Briefe", 4. Aufl.), „nämlich als ‚ein formbildendes Prinzip in und mit den physischen Kräften'[10], also nicht außerhalb der Materie wirkend. Diese Lebenskraft als eine ‚Eigenschaft der Materie' manifestiert sich jedoch ... nur unter entsprechenden Bedingungen, welche seit Ewigkeit im unendlichen Weltraum an zahllosen Punkten existierten, aber im Laufe der verschiedenen Zeitperioden räumlich oft genug gewechselt haben müssen." Also auf der flüssigen alten Erde oder der jetzigen Sonne kein Leben möglich, aber die glühenden Körper haben enorm ausgedehnte Atmosphären, nach der neueren Ansicht aus denselben Stoffen bestehend, die in äußerster Verdünnung den Weltraum erfüllen und von den Körpern attrahiert werden. Die rotierende Nebelmasse, aus der das Sonnensystem sich entwickelt, über die Neptunbahn hinaus-

Notizen und Fragmente

reichend, enthielt „auch alles Wasser (!) dampfartig in einer mit Kohlensäure (!) reich geschwängerten Atmosphäre bis zu unermeßlichen Höhen aufgelöst und damit auch die Grundstoffe zur Existenz (?) der niedersten organischen Keime", es herrschten in ihr „in den verschiedensten Regionen die verschiedensten Temperaturgrade, und es ist daher die Annahme *wohlberechtigt,* daß sich auch immer irgendwo die für das organische Leben notwendigen Bedingungen gefunden haben. Die Atmosphären der Weltkörper wie der rotierenden kosmischen Nebelmassen würden demnach als die dauernden Bewahrungskammern der belebten Form, als die ewigen Pflanzstätten organischer Keime zu betrachten sein." – Die kleinsten lebenden Protisten mit ihren unsichtbaren Keimen erfüllen die Atmosphäre unter dem Äquator in den Kordilleren bis zu 16000 Fuß noch massenhaft. Perty sagt, sie seien „fast allgegenwärtig". Sie fehlen nur da, wo die Glühhitze sie tötet. Für sie (Vibrioniden etc.) „ist daher auch im Dunstkreis *aller* Weltkörper" ihre Existenz denkbar, „wo immer die entsprechenden Bedingungen sich finden".

„Nach Cohn sind die Bakterien ... so winzig klein, daß auf einem Kubikmillimeter 633 Millionen Platz finden und 636 Milliarden nur ein Gramm wiegen. Die Mikrokokken sind sogar noch kleiner" und vielleicht noch nicht die kleinsten. Aber schon sehr verschieden geformt, „die Vibrioniden... bald kugelig, bald eiförmig, bald stäbchen- oder schraubenförmig" (haben also schon einen bedeutenden Formwert). „Es ist bis jetzt kein gültiger Einwurf erhoben worden gegen die wohlberechtigte Hypothese: daß aus solchen *oder ähnlichen,* einfachsten (!!) neutralen Urwesen, zwischen Tier und Pflanze schwankend ..., auf Grund der individuellen Variabilität und der Fähigkeit der Vererbung neuerworbener Merkmale auf die Nachkommen, bei veränderten physischen Bedingungen der Weltkörper und bei räumlicher Sonderung der entstehenden individuellen Varietäten, all die mannigfaltigen höher organisierten Lebewesen der beiden Naturreiche im Laufe sehr langer Zeiträume sich entwickeln *konnten* und entwickeln *mußten.*

Bemerkenswert der Nachweis, wie sehr Liebig in der doch an die Chemie angrenzenden Wissenschaft, der Biologie, Dilettant war. Darwin las er erst 1861, viel später erst die auf Darwin folgenden wichtigen biologischen und paläontologisch-geologischen Schriften. Lamarck hatte er „nie gelesen". „Ebenso waren ihm die schon vor 1859 erschienenen wichtigen paläontologischen Spezialuntersuchungen von L. v. Buch, d'Orbigny, Münster, Klipstein, Hauer, Quenstedt über die fossilen Zephalopoden, welche ein so merkwürdiges Licht auf den genetischen Zusammenhang der verschiedenen Schöpfungen werfen, gänzlich unbekannt geblieben. All die genannten Forscher waren ... durch die Macht der Tatsachen, fast wider ihren Willen, zur Lamarckschen Abstammungshypothese hingedrängt worden", und zwar *vor* Darwins Buch. „Die Deszendenztheorie hatte demnach in den Ansichten derjenigen Forscher, welche sich eingehender mit einer vergleichenden Untersuchung der fossilen Organismen beschäftigten, bereits in aller Stille Wurzeln geschlagen... L.v. Buch hatte schon 1832 in ‚Über die Ammoniten und ihre Sonderung in Familien' und 1848 in einer vor der Berliner Akademie gelesenen Abhandlung ‚die Lamarcksche Idee von der typischen Verwandtschaft der organischen Formen als Zeichen ihrer gemeinsamen Abstammung' mit aller Bestimmtheit in die Petrefaktenkunde (!) eingeführt", und auf seine Ammonitenuntersuchung stützte er 1848 den Ausspruch: „daß das Verschwinden alter und das Erscheinen neuer Formen keine Folge einer gänzlichen Vernichtung der organischen Schöpfungen, sondern *daß die Bildung neuer Arten aus älteren Formen höchstwahrscheinlich nur durch veränderte Lebensbedingungen erfolgt sei*"[11].

Glossen. Die obige Hypothese des „ewigen Lebens" und des Imports setzt voraus:

1. Die Ewigkeit des Eiweißes.
2. Die Ewigkeit der Urformen, aus denen sich alles Organische entwickeln kann. Beides unzulässig.

Notizen und Fragmente

Ad 1. – Liebigs Behauptung, die Kohlenstoffverbindungen seien ebenso ewig wie der Kohlenstoff selbst, ist schief, wo nicht falsch.

a) Ist der Kohlenstoff einfach? Wo nicht, ist er als solcher nicht ewig.

b) Die Verbindungen des Kohlenstoffs sind ewig in dem Sinn, daß unter gleichen Verhältnissen von Mischung, Temperatur, Druck, elektrischer Spannung etc. sie sich stets reproduzieren. Daß aber z. B. nur die einfachsten Kohlenstoffverbindungen, CO_2 oder CH_4, derart ewig sein sollen, daß sie zu allen Zeiten und mehr oder weniger allerorts bestehen, sich nicht vielmehr fortwährend neu erzeugen und wieder vergehen – und zwar aus den Elementen und in die Elemente –, ist bisher noch nicht behauptet worden. Wenn das lebendige Eiweiß in dem Sinn ewig ist, wie die übrigen Kohlenstoffverbindungen, so muß es nicht nur fortwährend sich in seine Elemente auflösen, wie dies notorisch geschieht, sondern auch sich fortwährend aus den Elementen neu und ohne Mitwirkung vorher fertigen Eiweißes erzeugen – und das ist das grade Gegenteil des Resultats, bei dem Liebig ankommt.

c) Das Eiweiß ist die unbeständigste Kohlenstoffverbindung, die wir kennen. Es zerfällt, sobald es die Fähigkeit verliert, die ihm eigentümlichen Funktionen, die wir Leben nennen, zu vollziehen, und es liegt in seiner Natur, daß diese Unfähigkeit früher oder später eintritt. Und grade diese Verbindung soll ewig sein, soll alle Veränderungen der Temperatur, des Drucks, des Nahrungs- und Luftmangels etc. im Weltraum überdauern können, wo doch schon seine obere Temperaturgrenze so niedrig – unter 100° C – ist? Die Daseinsbedingungen des Eiweißes sind unendlich viel komplizierter als die jeder andern bekannten Kohlenstoffverbindung, weil nicht nur physikalische und chemische, sondern auch Ernährungs- und Atmungsfunktionen hinzutreten, die ein physikalisch und chemisch eng begrenztes Medium erfordern – und das soll sich von Ewigkeit unter allen möglichen Wechseln erhalten haben? Liebig „zieht von zwei Hypothesen, ceteris paribus [unter sonst gleichen Bedingungen], die einfachste vor", aber etwas kann sehr einfach aussehn und doch sehr verwickelt sein. – Die Annahme zahlloser kontinuierlicher Reihen von Ewigkeit voneinander abstammender lebendiger Eiweißkörper, die unter allen Umständen immer soviel übriglassen, daß der Stock gut assortiert bleibt, ist das Komplizierteste, was es gibt. – Die Weltkörperatmosphären und besonders Nebelatmosphären waren ursprünglich auch glühendheiß, also kein Platz für Eiweißkörper; der Weltraum muß also doch schließlich das große Reservoir sein – ein Reservoir, wo weder Luft noch Nahrung und eine Temperatur ist, bei der sicher kein Eiweiß fungieren oder sich halten kann!

Ad 2. – Die Vibrionen, Mikrokokken etc., von denen hier die Rede, sind schon ziemlich differenzierte Wesen – Eiweißklümpchen, die eine Haut ausgeschwitzt, aber *ohne Kern*. Die entwicklungsfähige Reihe der Eiweißkörper bildet aber *zuerst den Kern* und wird Zelle – die Zellhaut ist dann ein weiterer Fortschritt (Amoeba sphaerococcus). Die hier in Betracht kommenden Organismen gehören also einer Reihe an, die nach aller bisherigen Analogie sich in eine Sackgasse unfruchtbar verläuft und nicht zu den Stammvätern der höheren Organismen gehören kann.

Was Helmholtz von der Unfruchtbarkeit der Versuche, Leben künstlich zu erzeugen, sagt, ist rein kindisch. Leben ist die Daseinsweise der Eiweißkörper, deren wesentliches Moment im *fortwährenden Stoffwechsel mit der äußeren sie umgebenden Natur besteht* und die mit dem Aufhören dieses Stoffwechsels auch aufhört und die Zersetzung des Eiweißes herbeiführt[1]. Wenn es je gelingt, Eiweißkörper chemisch darzustellen, so werden sie unbedingt Lebenserscheinungen zeigen, Stoffwechsel vollziehn, wenn auch noch so

---

[1] Auch bei unorganischen Körpern kann ein solcher Stoffwechsel stattfinden und findet auf die Dauer überall statt, da überall chemische Wirkungen, wenn auch noch so langsam, stattfinden. Der Unterschied aber der, daß bei unorganischen Körpern der Stoffwechsel sie zerstört, bei organischen aber notwendige Existenzbedingung ist. [*Anmerkung von Engels.*]

schwach und kurzlebig. Aber sicher können solche Körper *höchstens* die Form der rohesten Moneren, wahrscheinlich noch weit tiefere Formen haben, keineswegs aber die Form von Organismen, die sich schon durch jahrtausendlange Entwicklung differenziert haben, Haut von Inhalt geschieden und bestimmte erbliche Formgestalt angenommen. Solange wir aber von der chemischen Zusammensetzung des Eiweißes nicht mehr wissen als jetzt, also an künstliche Darstellung wahrscheinlich auf 100 Jahre noch nicht denken können, ist es lächerlich, zu klagen, daß alle unsere Bemühungen etc. gescheitert sind!

Gegen die obige Behauptung, daß der Stoffwechsel charakteristische Tätigkeit der Eiweißkörper, einzuwenden das Wachstum der Traubeschen „künstlichen Zellen". Aber hier bloß unveränderte Aufnahme einer Flüssigkeit durch Endosmose, während der Stoffwechsel in der Aufnahme von Stoffen besteht, deren chemische Zusammensetzung verändert, die dem Organismus assimiliert werden, und deren Residua zugleich mit den durch den Lebensprozeß erzeugten Zersetzungsprodukten des Organismus selbst ausgeschieden werden[1]. Die Bedeutung der Traubeschen „Zellen" darin, daß sie Endosmose und Wachstum als zwei Dinge nachweisen, die auch in der unorganischen Natur und ohne allen Kohlenstoff darzustellen sind.

Die erstentstandenen Eiweißklümpchen müssen die Fähigkeit gehabt haben, sich von Sauerstoff, Kohlensäure, Ammoniak und einigen der im sie umgebenden Wasser gelösten Salze zu ernähren. Organische Nahrungsmittel waren nicht da, da sie sich doch nicht untereinander auffressen konnten. Dies beweist, wie hoch schon die heutigen Moneren, selbst kernlose, über ihnen stehen, die von Diato-

---

[1] NB: Wie wir von wirbellosen Wirbeltieren sprechen müssen, so auch hier das unorganisierte, formlose, undifferenzierte Eiweißklümpchen als Organismus bezeichnet – *dialektisch* geht das an, weil wie im Rückenstrang die Wirbelsäule, so liegt im erstentstandnen Eiweißklümpchen die ganze unendliche Reihe höherer Organismen wie im Keim eingeschlossen „*an sich*". [*Anmerkung von Engels.*]

meen etc. leben, also eine ganze Reihe von differenzierten Organismen voraussetzen.

*

Naturdialektik – references [Verweise][12].

„Nature" No. 294 ff. Allman on Infusoria [Allman über Infusorien][13]. Einzelligkeit, wichtig.

Croll on Ice Periods and Geological Time [Croll über Eisperioden und geologische Zeit][14].

„Nature" No. 326, Tyndall über Generatio [Zeugung][15]. Spezifische Fäulnis und Gärungsexperimente.

*

Protisten[16]. 1. Zellenlose, fangen an mit dem einfachen Eiweißklümpchen, das Pseudopodien ausstreckt und einzieht in dieser oder jener Form, mit dem Moner. Die heutigen Moneren sicher sehr verschieden von den ursprünglichen, da sie größtenteils von organischer Materie leben, Diatomaceen und Infusorien verschlucken (d. h. Körper, die höher als sie selbst und erst später entstanden) und, wie Tafel I bei Haeckel[17] [zeigt], eine Entwicklungsgeschichte haben und durch die Form zellenloser Geißelschwärmer hindurchgehn. – Schon hier der Formtrieb, der allen Eiweißkörpern eigen. Dieser Formtrieb tritt weiter hervor bei den zellenlosen Foraminiferen, die höchst künstliche Schalen ausschwitzen (Kolonien antizipieren? Korallen usw.) und die höheren Mollusken in der Form antizipieren wie die Schlauchalgen (Siphoneen), die den Stamm, Stengel, Wurzel und Blattform der höheren Pflanzen vorbilden und doch bloßes strukturloses Eiweiß sind. Protamoeba daher von der Amoeba zu trennen¹.

---

¹ *Am Rande des Manuskripts fügte Engels in Höhe dieses Absatzes nachträglich hinzu:* „Individualisierung gering, sie teilen sich und ebenso verschmelzen sie". – *Die Red.*

2. Einerseits bildet sich der Unterschied von Haut (Ektosark) und Markschicht (Endosark) bei dem Sonnentierchen Actinophrys sol (Nicholson[18], S. 49). Die Hautschicht gibt Pseudopodien ab (bei Protomyxa aurantiaca ist diese Stufe schon als Durchgangsstufe, siehe Haeckel, Tafel I). Auf diesem Wege der Entwicklung scheint das Eiweiß nicht weit gekommen zu sein.

3. Andrerseits differenziert sich im Eiweiß der *Kern* und *Nucleolus* – nackte Amöben. Von jetzt an geht's rasch mit der Formbildung. Ähnlich die Entwicklung der jungen Zelle im Organismus, vgl. *Wundt* hierüber (im Anfang)[19]. Bei Amoeba sphaerococcus ist wie [bei] Protomyxa die Bildung der Zellhaut nur Durchgangsphase, aber selbst hier schon Anfang der Zirkulation der kontraktilen Blase[20]. Bald finden wir entweder eine zusammengeklebte Sandschale (Difflugia, Nicholson[21], S. 47), wie bei Würmern und Insektenlarven, bald eine wirklich ausgeschwitzte Schale. Endlich

4. Die *Zelle mit permanenter Zellhaut*. Je nach der Härte der Zellhaut soll nach Haeckel[22] (S. 382) daraus entweder Pflanze, oder bei weicher Haut Tier hervorgegangen sein (? so allgemein sicher nicht zu fassen). Mit der Zellhaut tritt die bestimmte und zugleich plastische Form ein. Hier wieder Unterschied zwischen einfacher Zellhaut und ausgeschwitzter Schale. Aber (im Unterschied von Nr. 3.) hört mit dieser Zellhaut und dieser Schale die *Aussendung von Pseudopodien* auf. Wiederholung früherer Formen (Geißelschwärmer) und Formmannigfaltigkeit. Den Übergang bilden die Labyrinthuleen (Haeckel, S. 385), die ihre Pseudopodien außen deponieren und in diesem Netz unter in gewissen Schranken gehaltner Veränderung der normalen Spindelgestalt herumkriechen[1]. – Gregarinen antizipieren die Lebensweise höherer *Parasiten* – einige schon nicht mehr einzelne Zellen, sondern Zellen*ketten* (Haeckel, S. 451), aber nur 2–3 Zellen enthaltend – ein lahmer Anlauf. Höchste

---

[1] *Am Rande des Manuskripts fügte Engels in Höhe dieser Stelle nachträglich hinzu:* „Anlauf zu höherer Differenzierung". – *Die Red.*

Entwicklung der einzelligen Organismen in den Infusorien, soweit diese *wirklich* einzellig. Hier eine bedeutende Differenzierung (siehe Nicholson). Wieder Kolonien und Pflanzentiere[23] (Epistylis). Ebenso bei den einzelligen Pflanzen hohe Formentwicklung (Desmidiaceen, Haeckel, S. 410).

5. Der weitere Fortschritt ist die Verbindung mehrerer Zellen zu *einem* Körper, nicht mehr einer Kolonie. Zunächst die Katallakten Haeckels, Magosphaera planula (Haeckel, S. 384), wo die Zellenverbindung nur Entwicklungsphase. Aber auch hier schon keine Pseudopodien mehr (ob nicht als Durchgangsstufe, sagt Haeckel nicht genau). Andrerseits die Radiolarien, auch nicht differenzierte Zellenhaufen, haben dagegen die Pseudopodien beibehalten und die geometrische Regelmäßigkeit der Schale, die schon bei den echt zellenlosen Rhizopodien eine Rolle spielt, aufs höchste entwickelt – das Eiweiß umgibt sich sozusagen mit seiner kristallinischen Form.

6. Die Magosphaera planula bildet den Übergang zur richtigen Planula und Gastrula etc. Weiteres bei Haeckel (S. 452 ff.)[24].

*

Bathybius[25]. Die Steine in seinem Fleisch Beweis, daß schon die Urform des Eiweißes, noch ohne alle Formdifferenzierung, den Keim und die Fähigkeit der Skelettbildung in sich trägt.[26]

*

Individuum[27]. Auch dieser Begriff hat sich in lauter Relatives aufgelöst. Kormus[28], Kolonie Bandwurm – andrerseits Zelle und Metamer[29] als Individuen in gewissem Sinn (Anthropogenie[30] und Morphologie[31]).

*

Die ganze organische Natur ein ununterbrochener Beweis der Identität oder Untrennbarkeit von Form und Inhalt. Morphologische und physiologische Erscheinungen, Form und Funktion bedingen einander wechselseitig. Differenzierung der Form (Zelle) bedingt

Differenzierung des Stoffs in Muskel, Haut, Knochen, Epithel etc., und Differenzierung des Stoffs bedingt wieder differente Form.[32]

*

Wiederholung der morphologischen Formen auf allen Entwicklungsstufen: Zellenformen (die beiden wesentlichen schon in der Gastrula[33]) – Metamerenbildung bei gewisser Stufe: Annulosa, Arthropoda, Vertebrata. In den Kaulquappen der Amphibien die Urform der Aszidienlarve wiederholt. – Verschiedene Formen von Marsupialien, die bei Plazentalien wiederkehren (selbst nur die noch lebenden Marsupialia gezählt).[34]

*

Auf die ganze Entwicklung der Organismen das Gesetz der Beschleunigung nach dem Quadrat der zeitlichen Entfernung vom Ausgangspunkt anzunehmen. Vgl. Haeckel, „Schöpfungsgeschichte"[35] und „Anthropogenie"[36], die den verschiednen geologischen Zeiträumen entsprechenden organischen Formen. Je höher, desto rascher geht's.[37]

*

Darwinsche Theorie nachzuweisen als die praktische Beweisführung der Hegelschen Darstellung des innern Zusammenhangs von Notwendigkeit und Zufälligkeit.[38]

*

Kampf ums Dasein[39]. Vor allen Dingen streng zu beschränken auf die durch pflanzliche und tierische *Übervölkerung* hervorgerufenen Kämpfe, die auf gewissen pflanzlichen und niedrigen tierischen Stufen in der Tat vorkommen. Aber davon scharf zu trennen die Verhältnisse, wo Arten sich ändern, alte aussterben, und neue, entwickelte, an ihre Stelle treten *ohne* diese Übervölkerung: z. B. bei Wanderung von Tieren und Pflanzen in neue Gegenden, wo neue klimatische Boden- etc. Bedingungen die Abänderung besorgen.

Wenn *da* die sich anpassenden Individuen überleben und sich durch stets wachsende Anpassung zu einer neuen Art fortbilden, während die andern, stabileren Individuen absterben und schließlich aussterben, und mit ihnen die unvollkommenen Mittelstufen, so kann dies vor sich gehn und geht vor sich *ohne allen Malthusianismus*, und sollte dieser je dabei vorkommen, so ändert er nichts am Prozeß, kann ihn höchstens beschleunigen. – Ebenso bei der allmählichen Veränderung der geographischen, klimatischen etc. Verhältnisse in einem gegebnen Gebiet (Entwässerung von Zentralasien z. B.). Ob da die tierische oder pflanzliche Bevölkerung aufeinander drückt oder nicht, ist gleichgültig; der durch sie bedingte Entwicklungsprozeß der Organismen geht doch vor sich. – Ebenso bei der sexuellen Zuchtwahl, wo der Malthusianismus auch ganz beiseite bleibt. –

Daher auch die Haeckelsche „Anpassung und Vererbung" den ganzen Entwicklungsprozeß besorgen kann, ohne die Zuchtwahl und den Malthusianismus nötig zu haben.

Es ist eben der Fehler von Darwin, daß er in „natural selection *or* the survival of the fittest" [in der natürlichen Auswahl *oder* dem Überleben der Tauglichsten] zwei wildfremde Sachen durcheinanderwirft:

1. Selektion durch den Druck der Übervölkerung, wo die Stärksten vielleicht am ersten überleben, aber auch die Schwächsten in mancher Beziehung sein können.

2. Selektion durch größere Anpassungsfähigkeit an veränderte Umstände, wo die Überlebenden für diese *Umstände* besser geeignet, aber wo diese Anpassung ebensowohl Fortschritt wie Rückschritt im ganzen bedeuten kann (z. B. Anpassung an Parasitenleben *immer* Rückschritt).

Hauptsache: daß jeder Fortschritt in der organischen Entwicklung zugleich ein Rückschritt, indem er *einseitige* Entwicklung fixiert, die Möglichkeit der Entwicklung in vielen andern Richtungen ausschließt.

Dies aber *Grundgesetz*.

*

Struggle for life [Kampf ums Leben][40]. Bis auf Darwin von seinen jetzigen Anhängern grade das harmonische Zusammenwirken der organischen Natur hervorgehoben, wie das Pflanzenreich den Tieren Nahrung und Sauerstoff liefert, und diese den Pflanzen Dünger und Ammoniak und Kohlensäure. Kaum war Darwin anerkannt, so sehen dieselben Leute überall nur *Kampf*. Beide Auffassungen innerhalb enger Grenzen berechtigt, aber beide gleich einseitig und borniert. Die Wechselwirkung toter Naturkörper schließt Harmonie und Kollision, die lebender bewußtes und unbewußtes Zusammenwirken wie bewußten und unbewußten Kampf ein. Es ist also schon in der Natur nicht erlaubt, den einseitigen „Kampf" allein auf die Fahne zu schreiben. Aber ganz kindisch ist es, den ganzen mannigfaltigen Reichtum der geschichtlichen Ent- und Verwicklung unter die magre und einseitige Phrase „Kampf ums Dasein" subsumieren zu wollen. Man sagt damit weniger als nichts.

Die ganze Darwinsche Lehre vom Kampf ums Dasein ist einfach die Übertragung der Hobbesschen Lehre vom bellum omnium contra omnes [Krieg aller gegen alle] und der bürgerlichen ökonomischen von der Konkurrenz, sowie der Malthusschen Bevölkerungstheorie aus der Gesellschaft in die belebte Natur. Nachdem man dies Kunststück fertiggebracht (dessen unbedingte Berechtigung, besonders was die Malthusianische Lehre angeht, noch sehr fraglich), ist es sehr leicht, diese Lehren aus der Naturgeschichte wieder in die Geschichte der Gesellschaft zurückzuübertragen, und eine gar zu starke Naivität, zu behaupten, man habe damit diese Behauptungen als ewige Naturgesetze der Gesellschaft nachgewiesen.

Akzeptieren wir die Phrase: Kampf ums Dasein, für einen Moment, for argument's sake [zwecks Analyse des Beweises]. Das Tier bringt's höchstens zum *Sammeln*, der Mensch *produziert*, er stellt Lebensmittel im weitesten Sinn des Worts dar, die die Natur ohne ihn nicht produziert hätte. Damit jede Übertragung von Lebensgesetzen der tierischen Gesellschaften so ohne weiteres auf menschliche unmöglich gemacht. Die Produktion bringt es bald dahin, daß der sogenannte struggle for existence [Kampf ums Dasein] sich nicht mehr um reine Existenzmittel, sondern um Genuß- und Entwicklungsmittel dreht. Hier schon – bei gesellschaftlich produzierten Entwicklungsmitteln – die Kategorien aus dem Tierreich total unanwendbar. Endlich erreicht, unter der kapitalistischen Produktionsweise, die Produktion eine solche Höhe, daß die Gesellschaft die produzierten Lebens-, Genuß- und Entwicklungsmittel nicht mehr verzehren kann, weil der großen Masse der Produzenten der Zugang zu diesen Mitteln künstlich und gewaltsam versperrt wird; daß also alle 10 Jahre eine Krisis das Gleichgewicht wiederherstellt durch Vernichtung nicht allein der produzierten Lebens-, Genuß- und Entwicklungsmittel, sondern auch eines großen Teils der Produktivkräfte selbst – daß der sogenannte Kampf ums Dasein also *die* Form annimmt: die von der bürgerlichen kapitalistischen Gesellschaft produzierten Produkte und Produktivkräfte gegen die vernichtende, zerstörende Wirkung dieser kapitalistischen Gesellschaftsordnung selbst *zu schützen*, indem die Leitung der gesellschaftlichen Produktion und Verteilung der dazu unfähig gewordenen herrschenden Kapitalistenklasse abgenommen und der produzierenden Masse übertragen wird – und das ist die sozialistische Revolution.

Schon die Auffassung der Geschichte als einer Reihe von Klassenkämpfen viel inhaltsvoller und tiefer als die bloße Reduktion auf schwach verschiedne Phasen des Kampfs ums Dasein.

*

Vertebrata [Wirbeltiere][41]. Ihr wesentlicher Charakter: die *Gruppierung des ganzen Körpers um das Nervensystem*. Damit die Möglichkeit der Entwicklung zum Selbstbewußtsein usw. gegeben. Bei allen andern Tieren das Nervensystem Nebensache, hier Grundlage der ganzen Organisation; das Nervensystem, bis zu einem gewissen Grad entwickelt – durch Verlängerung des Kopfknotens der Würmer nach hinten –, bemächtigt sich des ganzen Körpers und richtet ihn nach seinen Bedürfnissen ein.

*

Wenn Hegel vom Leben zum Erkennen übergeht vermittelst der Begattung (Fortpflanzung)[42], so liegt darin im Keime die Entwicklungslehre, daß, das organische Leben einmal gegeben, es sich durch die Entwicklung der Generationen zu einer Gattung denkender Wesen entwickeln muß.[43]

*

Was Hegel die Wechselwirkung nennt, ist der *organische Körper*, der daher auch den Übergang zum Bewußtsein, d. h. von der Notwendigkeit zur Freiheit, zum Begriff bildet (siehe „Logik", II, Schluß).[44]

*

Anläufe in der Natur[45]: Insektenstaaten (die gewöhnlichen gehn nicht über reine Naturverhältnisse hinaus), hier sogar sozialer Anlauf. Dito produktive Tiere mit Handwerkszeug (Bienen etc., Biber), aber doch nur Nebendinge und ohne Gesamtwirkung. – Vorher schon: die Kolonien der Korallen und Hydrozoa, wo das Individuum höchstens Durchgangsstufe und die fleischliche community [Gemeinschaft] meist Stufe der Vollentwicklung. Siehe Nicholson[46]. – Ebenso die Infusorien, die höchste und teilweise sehr differenzierte Form, zu der es *eine* Zelle bringen kann.

*

Arbeit[47]. – Diese Kategorie wird bei der mechanischen Wärmetheorie aus der Ökonomie in die Physik übertragen (denn *physiologisch* ist sie noch lange nicht wissenschaftlich determiniert), aber dabei ganz anders bestimmt, was schon daraus hervorgeht, daß nur ein ganz geringer untergeordneter Teil der ökonomischen Arbeit (Lastheben etc.) sich in Kilogramm-Metern ausdrücken läßt. Trotzdem Neigung, die thermodynamische Bestimmung von Arbeit auf die Wissenschaften, denen diese Kategorie unter andrer Determinierung entlehnt, rückzuübertragen. Z. B. sie ohne weiteres brutto [grob] mit der physiologischen Arbeit zu identifizieren wie in

Fick und Wislicenus' Faulhorn[48]-Experiment, worin die Hebung eines menschlichen Körpers, disons [sagen wir] 60 kg auf die Höhe von disons [sagen wir] 2000 m, also 120 000 kgm, die getane *physiologische* Arbeit ausdrücken soll. Es macht aber in der getanen physiologischen Arbeit einen enormen Unterschied, *wie* diese Hebung erfolgt: ob durch positives Heben der Last, durch Erklimmung senkrechter Leitern, oder auf einem Weg respektive Treppe mit 45° Neigung (= militärisch impraktikables Terrain), oder auf einem Weg mit Neigung $1/_{18}$, also Länge ca. 36 km (dies jedoch fraglich, wenn für alle Fälle dieselbe Zeit bewilligt). Jedenfalls aber ist in allen praktikablen Fällen auch Vorwärtsbewegung damit verknüpft, und zwar bei Gradstreckung des Wegs eine ziemlich bedeutende, und diese ist als physiologische Arbeit nicht gleich Null zu setzen. Man scheint stellenweise sogar nicht übel Lust zu haben, die thermodynamische Kategorie Arbeit, wie bei den Darwinisten den Kampf ums Dasein, auch in die Ökonomie rückzuimportieren, wobei nichts als Unsinn herauskommen würde. Man verwandle doch irgendwelche skilled labour [qualifizierte Arbeit] in Kilogramm-Meter und versuche danach den Arbeitslohn zu bestimmen! Physiologisch betrachtet, enthält der menschliche Körper Organe, die in ihrer Gesamtheit, *nach einer Seite hin*, als thermodynamische Maschine betrachtet werden können, wo Wärme zugesetzt und in Bewegung umgesetzt wird. Aber selbst wenn für die übrigen Körperorgane gleichbleibende Umstände vorausgesetzt werden, fragt sich, ob getane physiologische Arbeit, selbst Hebung, sich ohne weiteres in Kilogramm-Metern erschöpfend ausdrücken läßt, da gleichzeitig im Körper *inneres* Werk vorgeht, das im Resultat nicht erscheint. Der Körper ist eben keine Dampfmaschine, die nur Reibung und Verschleiß erleidet. Physiologische Arbeit ist nur möglich unter fortwährenden chemischen Umsätzen im Körper selbst, auch abhängig von dem Atmungsprozeß und der Arbeit des Herzens. Bei jeder Muskelkontraktion und -relaxation finden in Nerven und Muskeln chemische Umsätze statt, die mit denen der Kohle der Dampfmaschine nicht parallel zu behandeln sind. Man kann wohl zwei physiologische Arbeiten, die unter sonst gleichen Umständen stattgefunden, vergleichen, aber nicht die physische Arbeit des Menschen nach der einer Dampfmaschine etc. messen: ihre äußerlichen Resultate wohl, aber nicht die Prozesse selbst ohne bedeutenden Vorbehalt.

(Alles dies stark zu revidieren.)

ANMERKUNGEN UND REGISTER

ANMERKUNGEN

[PLANSKIZZEN]

¹ Aus den Notizen des 4. Konvoluts. MEGA, S. 685. Dieser Plan wurde *nach* dem Juni 1878 und *vor* dem Jahre 1880 aufgestellt, da die alte Vorrede zum „Anti-Dühring" darin erwähnt wird, die im Mai-Juni 1878 geschrieben wurde, und jeglicher Hinweis auf solche Kapitel der „Dialektik der Natur" wie „Grundformen der Bewegung", „Wärme" und „Elektrizität" fehlt, die 1880–1882 geschrieben wurden. Ein Vergleich der in Punkt 11 enthaltenen Erwähnung der deutschen bürgerlichen Darwinisten Haeckel und Schmidt mit dem Briefe Engels' an Lawrow vom 10. August 1878 (siehe K. Marx und F. Engels, Werke, Bd. XXVII, S. 12, russ.) gibt Grund zur Annahme, daß die vorliegende Skizze im August 1878 geschrieben wurde. 3

² Gemeint ist die „Alte Vorrede zum ‚[Anti-]Dühring'" (siehe im Text S. 29–39). 3

³ Plastidüle nannte Haeckel die kleinsten Teilchen des lebenden Plasmas, von denen jedes nach seiner Lehre ein Eiweißmolekül von äußerst kompliziertem Bau darstellt und eine gewisse elementare „Seele" besitzt. 4

⁴ Engels meint die Rede Virchows auf der Münchener Versammlung deutscher Naturforscher und Ärzte im September 1877. In dieser Rede schlug Virchow vor, die Freiheit der wissenschaftlichen Lehre zu beschränken. Die Rede Virchows wurde unter dem Titel „Die Freiheit der Wissenschaft im modernen Staat" als Broschüre herausgegeben. Gegen Virchow trat Haeckel auf, der 1878 eine Broschüre „Freie Wissenschaft und freie Lehre" veröffentlichte. 4

⁵ Gemeint ist der Zoologe Oskar Schmidt, der gegen den Sozialismus auftrat. Im Juli-August 1878 plante Engels, dessen Vortrag „Über das Verhältnis des Darwinismus zur Sozialdemokratie" einer Kritik zu unterziehen (siehe K. Marx und F. Engels, Werke, Bd. XXVII, S. 9 und 12, russ.). Auch Haeckel trat gegen den Sozialismus auf und ver-

336	Anmerkungen

suchte, den Darwinismus von dem Vorwurf der Verbindung mit der sozialistischen Bewegung reinzuwaschen. Engels meint hier in erster Linie die Broschüre Haeckels „Freie Wissenschaft und freie Lehre" (1878), die er im Brief an Lawrow vom 10. August 1878 (siehe Werke, Bd. XXVII, S. 12, russ.), in dem auch Äußerungen Oskar Schmidts angeführt werden, erwähnt. 4

[6] Engels meint das Buch von Helmholtz, „Populäre wissenschaftliche Vorträge". Zweites Heft, Braunschweig 1871. Über den physikalischen Begriff Arbeit spricht Helmholtz hauptsächlich auf S. 142–179. Engels betrachtet den Begriff Arbeit im Kapitel „Maß der Bewegung. – Arbeit" (siehe im Text S. 82–99). 4

[7] Aus den Notizen des 4. Konvoluts. MEGA, S. 679. Diese Skizze wurde offenbar nach dem oben angeführten Plan der „Dialektik der Natur" geschrieben, da in ihr bereits Fragen erwähnt werden, die Engels im Kapitel „Grundformen der Bewegung" behandelt, das 1880 oder 1881 geschrieben wurde. In ihrem wichtigsten Teil ist diese Skizze ein vorläufiger Plan des Artikels „Grundformen der Bewegung". Daraus kann man schließen, daß die vorliegende Skizze vor dem Artikel „Grundformen der Bewegung" – etwa 1880 – geschrieben wurde. 5

[8] Engels meint das Buch von Helmholtz „Populäre wissenschaftliche Vorträge". Zweites Heft, Braunschweig 1871. Diese Stelle aus Helmholtz wird von Engels im Kapitel „Grundformen der Bewegung" (siehe im Text S. 78–81) zitiert und kritisch beleuchtet. 5

[9] Helmholtz' Äußerungen über die „Kräfte" behandelt Engels im Kapitel „Grundformen der Bewegung" (siehe im Text S. 75–78). 5

德文版

[ARTIKEL]

Einleitung

¹ Aus dem 3. Konvolut. In dem von Engels aufgestellten Inhaltsverzeichnis des 3. Konvoluts heißt diese „Einleitung" – „Alte Einleitung". Diese Bezeichnung ist offenbar so zu erklären, daß dieser Artikel früher als die anderen Artikel der „Dialektik der Natur" und früher als der „Anti-Dühring" geschrieben wurde. Im Text dieser „Einleitung" finden sich zwei Stellen, nach denen das Datum der Niederschrift bestimmt werden kann. Auf Seite 19 schreibt Engels, daß „die Zelle noch nicht vierzig Jahre entdeckt ist". Wenn man berücksichtigt, daß Engels in seinem Brief an Marx vom 14. Juli 1858 ca. 1836 als das Datum der Entdeckung der Zelle bezeichnet, und wenn man diesem Datum 39 Jahre hinzufügt („noch nicht vierzig Jahre"), erhält man 1875 als das Jahr, in dem die „Einleitung" geschrieben wurde. Anderseits schreibt Engels auf Seite 21, „da erst seit ungefähr zehn Jahren die Tatsache bekannt ist, daß vollkommen strukturloses Eiweiß alle wesentlichen Funktionen des Lebens ... vollzieht", wobei er höchstwahrscheinlich die „Generelle Morphologie der Organismen" von Ernst Haeckel im Auge hatte, die 1866 erschienen war. Wenn man diesem Datum zehn Jahre hinzufügt, kommt man auf 1876. So kann man begründet schlußfolgern, daß die „Einleitung" 1875 oder 1876 geschrieben wurde. (Es ist möglich, daß der erste Teil der „Einleitung" 1875 und der zweite Teil in der ersten Hälfte 1876 geschrieben wurde.) Der ursprüngliche Entwurf dieser „Einleitung", den Engels im Jahre 1874 schrieb, findet sich im Text S. 205–208. 7

² Wörtlich: die fünfhunderter Jahre, d. h. das sechzehnte Jahrhundert. 7

³ Der Bauernkrieg in Deutschland dauerte von 1524–1525. 7

⁴ *Orbis terrarum* – so hieß bei den alten Römern die Welt, die Erde; wörtlich „der Erdkreis". 8

⁵ Die herrschende Theorie in der Chemie des 17. und 18. Jahrhunderts, die annahm, daß der Verbrennungsvorgang dadurch bedingt wird, daß

in den Körpern ein besonderer, unwägbarer Stoff vorhanden ist – das Phlogiston. Die Untersuchungen von M. W. Lomonossow (1711–1765) und Lavoisier (1743–1794) bewiesen die Unhaltbarkeit der Phlogistontheorie. Über die positive Rolle, die die Phlogistontheorie zu ihrer Zeit gespielt hat, spricht Engels auf S. 38–39. 11

[6] Hypothesen über die Entstehung der Himmelskörper aus glühenden Nebelmassen. 14

[7] Die Priorität in der Aufstellung des allgemeinen Prinzips der Erhaltung der Materie und der Bewegung gehört dem genialen russischen Gelehrten M. W. Lomonossow. Seine Gedanken über das „allgemeine natürliche Gesetz" der Erhaltung der Materie und der Bewegung, das „alle in der Natur vor sich gehenden Veränderungen" umfaßt, legte Lomonossow in einem Brief an L. Euler (1748) und in den „Erwägungen über die Festigkeit und Flüssigkeit der Körper" (1760) dar. Das Gesetz der Erhaltung und Verwandlung der Materie und der Bewegung ist in der Gestalt, wie Mayer, Joule und Grove es 1842–1846 formulierten, eine der Etappen in der weiteren Entwicklung und Konkretisierung des allgemeinen Gesetzes Lomonossows. 16

[8] Das Buch Groves „The Correlation of Physical Forces" (Die Wechselwirkung der physischen Kräfte) erschien in erster Auflage 1846. Ihm lag eine Vorlesung Groves zugrunde, die er im Londoner Institut im Januar 1842 gehalten und kurz danach veröffentlicht hatte. 16

[9] *Amphioxus* (*Lanzettfischchen*) – kleines (ungefähr 5 cm langes) fischähnliches Tier, das in verschiedenen Meeren und Ozeanen vorkommt (im Indischen Ozean, im Stillen Ozean an den Küsten des Malaiischen Archipels und Japans, im Mittelmeer, im Schwarzen Meer usw.) und eine Übergangsform von den Wirbellosen zu den Wirbeltieren darstellt.
Lepidosiren (*Schuppenmolch*) – in Südamerika lebendes Tier, das zu den Lungenfischen oder Doppelatmern gehört und sowohl Lungen als auch Kiemen besitzt. 17

[10] *Ceratodus* (*Hornzähner*) – doppelatmender Fisch, der in Australien lebt.
Archäopteryx – ausgestorbenes Tier, ältester Vertreter der Klasse der Vögel mit verschiedenen Reptilienmerkmalen. 17

[11] Dieser Absatz ist im Engelsschen Manuskript vom vorhergehenden und vom folgenden Absatz durch horizontale Striche getrennt und schräg durchgestrichen, wie es Engels mit solchen Absätzen eines Manuskripts zu tun pflegte, die er in anderen Arbeiten benutzt hatte. 19

¹² Engels meint höchstwahrscheinlich die (später nicht bestätigte) Behauptung Haeckels, daß die einfachsten von ihm untersuchten Lebewesen, die er „Moneren" nannte, völlig strukturlose Eiweißklümpchen seien und trotzdem alle wesentlichen Funktionen des Lebens erfüllten. Siehe Haeckel, „Generelle Morphologie der Organismen", Band I, Berlin 1866, S. 133–136. 21

¹³ *Eozoon Canadense* – in Kanada gefundenes Fossil, das man als Überrest sehr alter primitiver Organismen ansah. 1878 widerlegte Möbius die Auffassung von der organischen Herkunft dieses „Fossils". 21

¹⁴ Worte des Mephistopheles in Goethes „Faust" (1. Teil, 3. Szene). 24

¹⁵ Engels zitiert hier die Worte des italienischen Astronomen A. Secchi aus dessen Werk „Die Sonne" (deutsche Ausgabe 1872). 24

¹⁶ *Caput mortuum* – wörtlich „Totenkopf"; hier im Sinne von toten Überresten. 26

¹⁷ Das zweibändige Werk J. W. Drapers „History of the Intellectual Development of Europe" erschien in London 1864. Die von Engels zitierte Stelle findet sich auf S. 325 des zweiten Bands. 27

Alte Vorrede zum „[Anti-]Dühring". Über die Dialektik

¹ So lautet die Überschrift dieses Artikels im Inhaltsverzeichnis des 2. Konvoluts, in das ihn Engels bei der Gruppierung des Materials der „Dialektik der Natur" nach Konvoluten aufnahm. Das Manuskript des Artikels hat als Überschrift nur das eine Wort „Vorrede", aber in der rechten oberen Ecke der ersten Seite steht noch in Klammern die Notiz „Dühring, Umwälzung in der Wissenschaft". Dieser Artikel wurde im Mai oder in den ersten Tagen des Junis 1878 als Vorrede zur ersten Ausgabe des „Anti-Dührings" geschrieben, der im Sommer 1878 als Buch erscheinen sollte. (Vom Januar 1877 an wurde er in einzelnen Kapiteln in der Zeitung *Vorwärts* abgedruckt.) Aber in letzter Minute beschloß Engels, diese lange Vorrede durch eine kürzere zu ersetzen, für die er die ersten beiden Seiten (und die ersten fünf Zeilen der dritten Seite) des Manuskripts der ursprünglichen Vorrede verwandte. Die von ihm benutzten Seiten strich er nach seiner Gewohnheit mit einem senkrechten Strich durch. Die neue Vorrede ist vom 11. Juni 1878 datiert. Ihr Inhalt stimmt im wesentlichen mit den durchgestrichenen Seiten der „Alten Vorrede" überein (mit Ausnahme des letzten Absatzes, der in der „Alten Vorrede" fehlt). 29

340   Anmerkungen

² Im September 1877. 30

³ Virchow gab seine Rede „Die Freiheit der Wissenschaft im modernen Staat" 1877 in Berlin als Broschüre heraus. Siehe dort S. 13–14. 31

⁴ Hier endet der Teil des Manuskripts von Engels, der mit einem senkrechten Bleistiftstrich durchgestrichen ist. 31

⁵ Im Manuskript sind dieser und der vorhergehende Satz mit Bleistift durchgestrichen, offenbar nicht von Engels. 32

⁶ Engels meint die Broschüre Kékulés „Die wissenschaftlichen Ziele und Leistungen der Chemie", die in Bonn 1878 erschien. 33

⁷ Siehe Notiz über die alten griechischen Atomisten (S. 200–202). 33

⁸ Diese Worte sind dem Nachwort von Marx zur zweiten Auflage des I. Bands des „Kapitals" entnommen (siehe Karl Marx: „Das Kapital", Bd. I, Dietz Verlag, Berlin 1951, S. 18). 37

⁹ Siehe ebenda. 38

¹⁰ Engels meint den Mathematiker Jean Baptiste Joseph Fourier, den Autor der Abhandlung „Théorie analytique de la chaleur" (Analytische Theorie der Wärme), Paris 1822. 38

Die Naturforschung in der Geisterwelt

¹ So ist dieser Artikel auf der ersten Seite des Manuskripts betitelt. Im Inhaltsverzeichnis des 3. Konvoluts, in das ihn Engels aufnahm, lautet die Überschrift: „Die Naturforschung und die Geisterwelt". Der Artikel wurde höchstwahrscheinlich in der ersten Hälfte oder Mitte 1878 geschrieben. Diese Schlußfolgerung kann man auf Grund eines Vergleichs zwischen dem ziehen, was Engels über die „neueren Berichte" hinsichtlich der „Versuche" Zöllners mit der Schlingung von Knoten in einen auf den Tisch angesiegelten Faden (S. 49) sagt, und dem, was Zöllner selbst darüber im I. Band seiner „Wissenschaftlichen Abhandlungen" (Leipzig 1878, S. 726) erzählt, der in der zweiten Hälfte 1878 veröffentlicht wurde. Hier berichtet Zöllner, daß die obenerwähnten „Versuche" von ihm am 17. Dezember 1877 in Leipzig durchgeführt wurden und daß er vorher niemals Zeuge spiritistischer Erscheinungen war. Daraus folgt, daß der Artikel von Engels nach dem 17. Dezember 1877 geschrieben wurde. Anderseits geht aus dem Inhalt des Artikels

hervor, daß er geschrieben wurde, bevor Engels das Buch Zöllners kennenlernte, da er im entgegengesetzten Falle keinen Grund gehabt hätte, die Vermutung auszusprechen, Zöllner selbst habe an Sitzungen der Spiritisten teilgenommen. Engels' Artikel ist zu seinen Lebzeiten nicht gedruckt worden. 1898 erschien er im „Illustrierten Neuen Welt-Kalender für das Jahr 1898", Hamburg 1898, S. 56–59. 40

[2] „Über Wunder und modernen Spiritualismus", London, Verlag Burns. 41

[3] *Barataria* – Name einer sagenhaften Insel, zur scherzhaften Bezeichnung der Einwohner von Baratario in einer komischen Episode des Romans „Don Quijote" von Cervantes. 42

[4] *Notting Hill* – westlicher Vorort, jetzt Bezirk Londons. 44

[5] I am (Ich bin) – Einzahlform des englischen Verbs „to be" (sein). „They are" (sie sind) – Mehrzahlform desselben Verbs. 45

[6] Das *Radiometer* wurde von Crookes 1874 erfunden. Mit dem Wort „Lichtmühle" bezeichnet man ein Mühlrädchen, das sich unter der Einwirkung von Licht- und Wärmestrahlen dreht.
Das *Thallium* wurde von Crookes 1861 entdeckt. 46

[7] Wallace, a. a. O., S. 181. 46

[8] Alle Hervorhebungen von Engels. Das Zitat ist einem Artikel von Crookes entnommen, der in der Londoner Wochenschrift *Spiritualist* unter der Überschrift „Das letzte Erscheinen von Katey King" (S. 270) veröffentlicht wurde. 47

[9] Aus demselben Artikel von Crookes, ebenda. 47

[10] „Mystisches London", von Hochwürden Charles Maurice Davies. London 1875. Verlag Tinsley Brothers. – Die von Engels zitierte Stelle befindet sich S. 319. 48

[11] Es handelt sich um die „Kommission zur Prüfung mediumistischer Erscheinungen", die am 6. Mai 1875 von der Physikalischen Gesellschaft an der Petersburger Universität eingesetzt wurde und die ihre Tätigkeit am 21. März 1876 beendete. Diese Kommission wandte sich an Persönlichkeiten, die den Spiritismus in Rußland verbreiteten – Aksakow, Butlerow und Wagner –, mit dem Vorschlag, eine Einführung in „echte" spiritistische Erscheinungen zu geben. Zu der Kommission gehörten die Gelehrten Bobylew, Borgman, Gesechus, Krajewitsch, D. I. Mendelejew und andere. Die Kommission kam zu dem Ergebnis, daß „die spiritistischen Erscheinungen auf unbewußte Bewegungen oder bewußten Betrug

zurückzuführen sind und daß die spiritistische Lehre Aberglauben ist", und veröffentlichte ihre Ergebnisse in der Zeitung *Golos* (Die Stimme) vom 25. März 1876. Das Material der Kommission wurde von D. I. Mendelejew unter dem Titel „Material zur Beurteilung des Spiritismus" (SPB. 1876) herausgegeben. 49

12 „Relata refero" — „ich erzähle das Erzählte", d. h. ich kann nicht für die Richtigkeit der Mitteilung bürgen. 49

13 Aus dem Libretto der Oper Mozarts „Die Zauberflöte" (I. Akt, 18. Szene). 50

14 Engels spielt auf die reaktionären Angriffe gegen den Darwinismus an, die in Deutschland besonders nach der Pariser Kommune 1871 im Schwange waren. Sogar ein so bedeutender Gelehrter wie Virchow, der früher ein Anhänger des Darwinismus gewesen war, trat 1877 mit dem Vorschlag hervor, die Lehre des Darwinismus zu verbieten, unter der Behauptung, daß der Darwinismus in engem Zusammenhang mit der sozialistischen Bewegung stünde und deshalb gefährlich für die bestehende gesellschaftliche Ordnung wäre. 50

15 Im Jahre 1870 wurde in Rom das Dogma der „Unfehlbarkeit" des Papstes verkündet. Der deutsche katholische Theologe Döllinger weigerte sich, dieses Dogma anzuerkennen. Der Mainzer Bischof Ketteler war anfangs ebenfalls gegen die Verkündung des neuen Dogmas, söhnte sich aber sehr bald damit aus und wurde sein eifriger Verteidiger. 52

16 Diese Worte sind einem Brief des Biologen Thomas Huxley an die Londoner „Dialektische Gesellschaft" entnommen, die ihn aufgefordert hatte, an der Arbeit des Komitees zum Studium spiritistischer Erscheinungen teilzunehmen. Huxley lehnte diese Einladung mit einigen ironischen Bemerkungen über den Spiritismus ab. Der Brief Huxleys vom 29. Januar 1869 wurde in der Zeitung *Daily News* vom 17. Oktober 1871 abgedruckt. Er wird auch in dem obenerwähnten Buch von Davies „Mystisches London" (1875) auf S. 389 angeführt. 52

Dialektik.

1 So lautet die ursprüngliche Überschrift dieses Artikels, die auf der ersten Seite des Manuskripts steht. Auf der fünften und neunten Seite des Manuskripts (d. h. am Anfang des zweiten und dritten Blatts) ist oben am Rand „Dialektische Gesetze" geschrieben. In den früheren Ausgaben der „Dia-

lektik der Natur" wurde dieser Artikel unter der Überschrift „Allgemeine Natur der Dialektik als Wissenschaft" gebracht (das sind die ersten sechs Wörter des in Klammern eingeschlossenen Satzes, mit dem der Artikel beginnt). Der Artikel ist dem 4. Konvolut entnommen. Er ist unvollendet geblieben. Wahrscheinlich wurde er 1879 geschrieben (es wird darin der zweite Band der „Chemie" von Roscoe und Schorlemmer zitiert, der 1879 erschien, aber es wird nichts von der Entdeckung des Skandiums gesagt, das Engels im Zusammenhang mit der Entdeckung des Galliums bestimmt nicht unerwähnt gelassen haben würde, wenn er den Artikel nach 1879, dem Entdeckungsjahr des Skandiums, geschrieben hätte). 53

[2] Engels bezieht sich auf das Vorwort Heines zum dritten Teil seines „Salons", das 1837 geschrieben wurde und die Überschrift „Über den Denunzianten" trägt. 55

[3] Hegel, „Enzyklopädie". Vollst. Ausg. der Werke, Bd. VI, S. 217. – Im VI. Band der Ausgabe der Werke Hegels stimmen Text und Pagination der ersten Auflage (Berlin 1840) mit der zweiten Auflage (Berlin 1843) völlig überein. Engels zitiert den VI. Band augenscheinlich nach der zweiten Auflage. Siehe Hegel, Sämtliche Werke, Jubiläumsausgabe, Stuttgart 1940, 8. Bd., S. 255. 57

[4] Das Wort „Veränderung" ist im Manuskript durchgestrichen. 57

[5] Engels verweist auf die Seite des III. Bands der Ausgabe der Werke Hegels nach der zweiten Auflage (Berlin 1841). Siehe Hegel, Sämtliche Werke, Jubiläumsausgabe, 4. Bd., S. 443. 57

[6] Roscoe und Schorlemmer, „Ausführliches Lehrbuch der Chemie", Bd. II., erschien in Braunschweig 1879. 59

[7] Zur Benennung der fehlenden Glieder des periodischen Systems der Elemente schlug Mendelejew vor, die Sanskritzahlwörter „Eka", „Dwi", „Tri", „Tschatur" als Vorsilben in Verbindung mit dem Namen desjenigen Elements zu benutzen, nach dem die entsprechenden fehlenden Glieder der Reihe einzuordnen waren. 59

[8] In der Komödie „Le Bourgeois Gentil'homme" (Der Bürger als Edelmann). 60

[9] Im Manuskript folgt eine Seite mit Auszügen aus der „Logik" Hegels über das „Nichts" und die „Negation" (diese Auszüge werden im Text auf S. 235 gegeben), weiter folgen fünf kleine Seiten mit mathematischen Berechnungen. 60

Grundformen der Bewegung

[1] Aus dem 3. Konvolut. Dieser Artikel wurde offenbar 1880 oder 1881 geschrieben. 61

[2] Engels bezieht sich höchstwahrscheinlich auf S. 22 des I. Bands der sämtlichen Werke Kants (I. Kant's Sämtliche Werke, in chronologischer Reihenfolge herausgegeben von G. Hartenstein, I. Band, Leipzig 1867). Auf S. 22 dieser Ausgabe ist § 10 der Jugendarbeit Kants „Gedanken von der wahren Schätzung der lebendigen Kräfte" abgedruckt. Die Grundthese dieses Paragraphen lautet: „Die dreifache Abmessung scheinet daher zu rühren, weil die Substanzen in der existierenden Welt so ineinander wirken, daß die Stärke der Wirkung sich wie das Quadrat der Weiten umgekehrt verhält." 63

[3] Helmholtz, „Über die Erhaltung der Kraft", Berlin 1847, Kapitel I und II. 63

[4] Es handelt sich um die allgemeine Bewegungsmenge, um die Bewegung in ihrer quantitativen Bestimmtheit überhaupt. Die „Bewegungsmenge" im speziellen Sinne von Masse × Geschwindigkeit (mv) wird mit den Worten „Bewegungsgröße" und „Quantität der Bewegung" wiedergegeben. An manchen Stellen gebraucht Engels statt des Ausdrucks „Bewegungsmenge" den Ausdruck „Masse der Bewegung" – ebenfalls im Sinne der allgemeinen Menge jeder Art von Bewegung (siehe z. B. im Text S. 304). 63

[5] Im Sinne des gegenseitigen Ausgleichs und der Neutralisation. 65

[6] Der volle Titel des Helmholtzschen Buches lautet: „Populäre wissenschaftliche Vorträge" von H. Helmholtz. Zweites Heft, Braunschweig 1871. 68

[7] Gemeint ist das oben zitierte Buch „Populäre wissenschaftliche Vorträge" von H. Helmholtz. Zweites Heft, Braunschweig 1871. Hervorhebungen in dem weiter angeführten Zitat von Engels. 72

[8] Engels meint höchstwahrscheinlich die „Anmerkung" Hegels zum Paragraphen „Der formelle Grund" in der „Großen Logik" (siehe Hegel, Sämtliche Werke, Jubiläumsausgabe, 4. Bd., S. 570–574). In dieser „Anmerkung" spottet Hegel über *die formelle Art der Erklärung aus tautologischen Gründen*. „Wodurch sich diese Erklärungsweise eben empfiehlt" – schreibt Hegel – „ist ihre große Deutlichkeit und Begreiflichkeit; denn es ist nichts deutlicher und begreiflicher, als daß z. B. eine Pflanze

ihren Grund in einer vegetativen, d. h. Pflanzen hervorbringenden Kraft habe" (ebenda, S. 571). „Wenn auf die Frage, warum dieser Mensch in die Stadt reise, der Grund angegeben wird, weil in der Stadt sich eine anziehende Kraft befinde, die ihn dahin treibe", so ist diese Art des Antwortens nicht weniger sinnlos als die Erklärung mit Hilfe der „vegetativen Kraft" (ebenda, S. 571). „Überdies", bemerkt Hegel, „sind die Wissenschaften, vornehmlich die physikalischen, mit den Tautologien dieser Art angefüllt, welche gleichsam ein Vorrecht der Wissenschaft ausmachen" (ebenda, S. 570). 75

9 Engels zitiert den I. Band der „Geschichte der Philosophie" Hegels nach der ersten Ausgabe (Berlin 1833). Hervorhebungen von Engels. Siehe Hegel, Sämtliche Werke, Jubiläumsausgabe, 17. Bd., S. 224. 75

10 Hervorhebung von Engels. 75

11 Es handelt sich um die Vorlesung „Über die Wechselwirkung der Naturkräfte und die darauf bezüglichen neuesten Ermittlungen der Physik". 78

12 Hervorhebung von Engels Das Zitat ist S. 120 des Buches von Helmholtz entnommen. 79

Maß der Bewegung. — Arbeit

1 Diese Überschrift gab Engels auf der ersten Seite des Manuskripts dieses Artikels. Der Artikel ist dem 3. Konvolut entnommen. In dem von Engels aufgestellten Inhaltsverzeichnis des 3. Konvoluts trägt dieser Artikel die Überschrift „Zwei Maße der Bewegung". Er wurde offenbar 1880 oder 1881 geschrieben. 82

2 „Populäre wissenschaftliche Vorträge" von H. Helmholtz. Zweites Heft, Braunschweig 1871. Die von Engels angeführte Stelle befindet sich auf S. VI–VII. 82

3 Suter, „Geschichte der mathematischen Wissenschaften", Teil 2, Zürich 1875, S. 367. 83

4 *Acta Eruditorum* (Berichte der Gelehrten) – Zeitschrift, die in Leipzig von 1682–1782 erschien. 83

5 Hervorhebung von Engels. 84

6 Hervorhebung von Engels. 84

7 Diese Stelle ist von Engels wie folgt nach dem französischen Original zitiert:
„Or tout le monde convient qu'il y a équilibre entre deux corps, quand les produits de leurs masses par leurs vitesses virtuelles, c'est à dire par les

Anmerkungen

vitesses avec lesquelles ils tendent à se mouvoir, sont égaux de part et d'autre. Donc dans l'équilibre le produit de la masse par la vitesse, ou, ce qui est la même chose, la quantité de mouvement, peut représenter la force. Tout le monde convient aussi que dans le mouvement retardé, le nombre des obstacles vaincus est comme le carré de la vitesse, en sorte qu'un corps qui a fermé un ressort, par exemple, avec une certaine vitesse, pourra, avec une vitesse double, fermer ou tout à la fois, ou successivement, non pas deux, mais quatre ressorts semblables au premier, neuf avec une vitesse triple, et ainsi du reste. D'où les partisans des forces vives (die Leibnizianer) concluent que la force des corps qui se meuvent actuellement, est en général comme le produit de la masse par le carré de la vitesse. Au fond, quel inconvénient pourrait-il y avoir, à ce que la mesure des forces fût différente dans l'équilibre et dans le mouvement retardé, puisque, si on veut ne raisonner que d'après des idées claires, on doit n'entendre par le mot *force* que l'effet produit en surmontant l'obstacle ou en lui résistant?"
Die vorliegende Übersetzung ist der deutschen Ausgabe: D'Alembert, „Abhandlung über Dynamik", Leipzig 1899, Vorrede, S. 15–16, entnommen. 86

[8] Einschaltung in runder Klammer von Engels. 86

[9] Diese beiden Stellen sind von Engels wie folgt nach dem französischen Original zitiert:
„si dans ce dernier cas on mesure la force, non par la quantité absolue des obstacles, mais par la somme des résistances des ces mêmes obstacles. Car on ne saurait douter que cette somme des résistances ne soit proportionelle à la quantité de mouvement (mv), puisque, de l'aveu de tout le monde, la quantité de mouvement que le corps perd à chaque instant, est proportionelle au produit de la résistance par la durée infiniment petite de l'instant, et que la somme de ces produits est evidemment la résistance totale."
„car un obstacle n'est tel qu'en tant qu'il résiste, et c'est, à proprement parler, la somme des résistances qui est l'obstacle vaincu; d'ailleurs, en estimant ainsi la force, on a l'avantage d'avoir pour l'équilibre et pour le mouvement retardé une mesure commune."
Die vorliegende Übersetzung ist der in Anmerkung 7 genannten deutschen Ausgabe, Vorrede, S. 16, entnommen. 87

[10] 1686–1687 veröffentlichte der französische Abbé Catelan in der Zeitschrift *Nouvelles de la République des Lettres* (Nachrichten der Gelehrtenrepublik) zwei Artikel, in denen er das Cartesische Maß der Bewegung (mv) gegen Leibniz verteidigte. 87

[11] Gemeint ist die Anekdote von dem ungebildeten preußischen Unteroffizier, der absolut nicht begreifen konnte, wann die Dativform „mir" und wann die Akkusativform „mich" (die von Berlinern häufig verwechselt werden) anzuwenden sind. Um sich mit dieser Frage nicht länger herumzuquälen, traf der Unteroffizier folgende Entscheidung: im Dienst in allen Fällen die Form „mir" und außerhalb des Dienstes in allen Fällen die Form „mich" zu verwenden. 88

[12] Thomson und Tait, „Abhandlung über Naturphilosophie", Oxford 1867. Unter „Naturphilosophie" wird hier die theoretische Physik verstanden. 88

[13] Diese beiden Stellen sind von Engels wie folgt nach dem englischen Original zitiert:
„The *quantity of motion* or the *momentum* of a rigid body moving without rotation is proportional to its mass and velocity conjointly. Double mass or double velocity would correspond to double quantity of motion."
„The *vis viva* or *kinetic energy* of a moving body is proportional to the mass and the square of the velocity conjointly."
Die vorliegende Übersetzung ist der deutschen Ausgabe: „Handbuch der theoretischen Physik von W. Thomson und P. G. Tait", Braunschweig 1871, 1. Bd., §§ 210, 213, S. 181 und 182, entnommen. 88

[14] Helmholtz, „Über die Erhaltung der Kraft", Berlin 1847, S. 9. 89

[15] Ebenda, S. 21. 89

[16] Engels berechnet die Geschwindigkeit des fallenden Körpers nach der Formel $v = \sqrt{2gh}$, wobei v die Geschwindigkeit, g die Fallbeschleunigung und h die Höhe ist, von der der Körper herabfällt. 90

[17] „*Rolf Krake*" – dänisches Panzerschiff, das in der Nacht zum 29. Juni 1864 an der Küste der Insel Alsen lag und die Aufgabe hatte, den Übergang der preußischen Truppen auf die Insel zu verhindern. 93

[18] Engels bezieht sich auf den Artikel Taits „Force" (Kraft) in der englischen Zeitschrift *Nature* vom 21. September 1876. 96

[19] Engels zitiert die „Vorlesungen über mathematische Physik. Mechanik" von Kirchhoff, die in Leipzig 1876 erschienen. 96

[20] „Theorie der Wärme", 4. Aufl., London 1875. 97

[21] Hervorhebung von Engels. 97

[22] Engels bezieht sich auf das „Handbuch der allgemeinen und physikalischen Chemie" von Naumann, das in Heidelberg 1877 erschien. 98

Anmerkungen

[23] Clausius, „Die mechanische Wärmetheorie", 2. Auflage, I. Band, Braunschweig 1876. 98

[24] Hervorhebung von Engels. 98

[25] Diese Stelle ist von Engels wie folgt nach dem englischen Original zitiert:
„The *vis viva* or kinetic energy of a moving body ist proportional to the mass and the square of the velocity conjointly. If we adopt the same units of mass as before (nämlich unit of mass moving with unit velocity) there is a *particular advantage* in defining kinetic energy as *half* the product of the mass and the square of the velocity."
Die vorliegende Übersetzung ist (mit einer geringen Änderung) der in Anmerkung 13 genannten deutschen Ausgabe, 1. Bd., § 213, S. 182, entnommen. 98

Flutreibung. Kant und Thomson-Tait

[1] Die erste Zeile der Überschrift steht bei Engels auf dem Titelblatt, das diesem Artikel vorhergeht, die zweite Zeile auf der ersten Seite des Artikels selbst. Die Zeit der Entstehung des Artikels ist offenbar 1880 oder 1881. Der Artikel ist dem 3. Konvolut entnommen. 100

[2] Das Buch Thomsons und Taits heißt im Englischen „A Treatise on Natural Philosophy" (Oxford 1867), wörtlich „Abhandlung über Naturphilosophie", aber unter „Naturphilosophie" wird hier die theoretische Physik verstanden. Die angeführte umfängliche Stelle ist von Engels wie folgt nach dem englischen Original zitiert:
„There are also indirect resistances, owing to friction impeding the tidal motions, on all bodies which, like the earth, have portions of their free surfaces covered by liquid, which, as long as these bodies move relatively to neighbouring bodies, must keep drawing off energy from their relative motions. Thus, if we consider, in the first place, the action of the moon alone, on the earth with its oceans, lakes, and rivers, we perceive that it must tend to equalize the periods of the earth's rotation about its axis, and of the revolution of the two bodies about their centre of inertia; because as long as these periods differ, the tidal action of the earth's surface must keep subtracting energy from their motions. To view the subject more in detail, and, at the same time, to avoid unnecessary complications, let us suppose the moon to be a uniform spherical body. The mutual action und reaction of gravitation between her mass and the earth's, will be equivalent

to a single force in some line through her centre; *and must be such as to impede the earth's rotation as long as this is performed in a shorter period than the moon's motion round the earth.* It must therefore lie in some such direction as the line MQ in the diagram, which represents, necessarily with enormous exaggeration, its deviation, OQ, from the earth's centre. Now the actual force on the moon in the line MQ may be regarded as consisting of a force in the line MO towards the earth's centre,

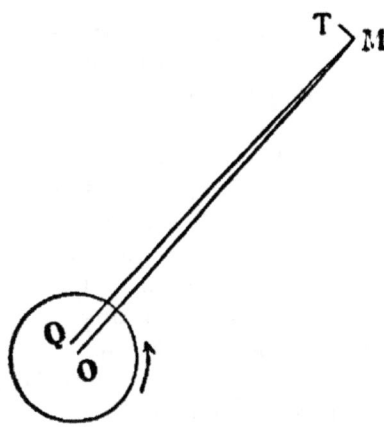

sensibly equal in amount to the whole force, and a comparatively very small force in the line MT perpendicular to MO. This latter is very nearly tangential to the moon's path, and is in the direction *with* her motion. Such a force, if suddenly commencing to act, would, in the first place, increase the moon's velocity; but after a certain time she would have moved so much farther from the earth, in virtue of this acceleration, as to have lost, by moving against the earth's attraction, as much velocity as she had gained by the tangential accelerating force. The effect of a continued tangential force, acting with the motion, but so small in amount as to make only a small deviation at any moment from the circular form of the orbit, is to gradually increase the distance from the central body, and to cause as much again as its own amount of work to be done against the attraction of the central mass, by the kinetic energy of motion lost. The circumstances will be readily understood, by considering this motion round the central body in a very gradual spiral path tending outwards. Provided the law of force is the inverse square of the distance, the tangential component of gravity against the motion will be twice as great as the disturbing tangential force in the direction with the motion; and therefore one-half of the amount of work done against the former, is done by the latter, and the other half by kinetic energy taken from the motion. The integral effect on the moon's motion, of the particular disturbing cause now under consideration, is most easily found by using the principle of moments of momenta. Thus we see that as much moment of momentum is gained in any time by the motions of the centres of inertia of the moon and earth relatively to their common centre of inertia, as is lost by the earth's rotation about its axis. The sum of the moments of momentum of the centres of inertia of the moon and earth as moving at present, is about 4,45 times the present moment of momentum of the earth's rotation. The average plane of the former is the ecliptic; and therefore the axes of the two momenta are inclined to one another at the average angle of 23° 27,5′, which, as we are neglecting the sun's influence on the plane of the moon's motion, may be taken as the actual inclination of the two axes at present. The resultant, or whole moment of momentum, is therefore 5,38 times that of the earth's present rotation, and its axis is inclined 19° 13′ to the axis of the earth. Hence the ultimate tendency of the *tides* is, to reduce the earth and moon to a simple uniform rotation with this resultant moment round this resultant axis, as if they were two parts of one rigid body: in which condition the moon's distance would be increased (approximately) in the ratio 1:1,46 being the ratio of the square of the present moment of momentum of the centres of inertia to the square of the whole moment of momentum; and the period of revolution in the ratio 1: 1,77, being that of the cubes of the same quantities. The distance would therefore be increased to 347100 miles, and the period lengthened to 48,36 days. Were there no other body in the universe but the earth and the moon, these two bodies might go on moving thus for ever, in circular orbits round their common centre of inertia, and the earth rotating about its axis in the same period, so as always to turn the same face to the moon, and therefore to have all the liquids at its surface at rest relatively to the solid. But the existence of the sun would prevent any such state of things from being permanent. There would be solar tides – twice high water and twice low water – in the period of the earth's revolution relatively to the sun (that is to say, twice in the solar day, or, which would be the same thing, the month). This could not go on without *loss of energy by fluid friction*. It is not easy to trace the whole course of the disturbance in the earth's and moon's motions which this cause would produce, but its ultimate effect must be to bring the earth, moon, and sun to rotate round their common centre of inertia, like parts of one rigid body."

Die vorliegende Übersetzung ist der deutschen Ausgabe: „Handbuch der theoretischen Physik von W. Thomson und P. G. Tait", Braunschweig 1871, 1. Bd., § 276, S. 214–217, entnommen. 100

³ Vorher sprechen Thomson und Tait über die direkten Widerstände der Bewegung von Körpern, d. h. über solche Widerstände wie den, den die Luft dem Flug einer Gewehrkugel entgegenstellt. 100

⁴ Hervorhebung von Engels. 101

⁵ Hervorhebung von Engels. 102

⁶ Hervorhebung von Engels. 103

⁷ Engels zitiert die Arbeit Kants „Untersuchung der Frage, ob die Erde in ihrer Umdrehung um die Achse einige Veränderung seit den ersten Zeiten ihres Ursprungs erlitten habe" offenbar nach der Ausgabe von Hartenstein (Kant's Sämtliche Werke, hrsg. v. Hartenstein, I. Band, Leipzig 1867, S. 185). 103

⁸ Ebenda, S. 182–183. 104

Wärme

¹ Aus dem 4. Konvolut. Der Artikel ist unvollendet geblieben. Er wurde 1881 oder Anfang 1882 geschrieben, wie aus dem Hinweis (siehe im Text S. 111) auf Leibniz' Briefwechsel mit Papin, herausgegeben von Gerland in Berlin 1881, ersichtlich ist (das Vorwort zu diesem Buch ist vom 31. Dezember 1880 datiert). 108

² Im „Anti-Dühring" (Kapitel VII des ersten Teils) und im Text in den Artikeln „Dialektik" und „Grundformen der Bewegung". 109

³ Clausius, „Die mechanische Wärmetheorie", 2. Aufl., I. Band, Braunschweig 1876. 109

⁴ Vgl. Engels' Brief an Marx vom 23. November 1882, in dem Engels von den Einheiten zur Messung der elektrischen Energie spricht (siehe Karl Marx/Friedrich Engels, „Briefwechsel", IV. Band, Dietz Verlag, Berlin 1950, S. 684–685). 110

⁵ „Leibnizens und Huygens' Briefwechsel mit Papin, nebst der Biographie Papin's und einigen zugehörigen Briefen und Actenstücken", bearbeitet von E. Gerland, Berlin 1881. 111

⁶ Th. Thomson, „An Outline of the Sciences of Heat and Electricity" (Abriß der Wissenschaften von der Wärme und Elektrizität), 2. Auflage, London 1840. Das von Engels angeführte Zitat befindet sich auf S. 281. Hervorhebung des Wortes „Bewegung" von Engels. 112

Elektrizität

¹ Den ersten Absatz dieser Anmerkung strich Engels durch, aber später änderte er seinen Entschluß und fügte einen zweiten Absatz hinzu. Der Hinweis auf die englische Zeitschrift *Nature* vom 15. Juni 1882 zeigt, daß

dieser Artikel Engels' 1882 geschrieben wurde. Die dritte Auflage der Abhandlung Wiedemanns „Die Lehre vom Galvanismus und Elektromagnetismus" erschien 1882–1885, bereits nach Engels' Niederschrift dieses Artikels. Der Artikel ist dem 3. Konvolut entnommen. In dem von Engels aufgestellten Inhaltsverzeichnis des 3. Konvoluts ist dieser Artikel „Elektrizität und Magnetismus" überschrieben. 115

² Thomas Thomson, „Abriß der Wissenschaften von der Wärme und Elektrizität". Es handelt sich um die zweite Auflage dieses Buches (die erste Auflage erschien 1830). 114

³ Dieses Zitat aus Faraday führt Thomson auf S. 400 der zweiten Auflage seines Buches an. Das Zitat ist der Arbeit Faradays „Experimental Researches in Elektricity", 12th Series (Experimentelle Untersuchungen über Elektrizität, 12te Folge) entnommen, die in der Zeitschrift der Londoner „Royal Society" *Philosophical Transactions*, 1838, S. 105, veröffentlicht wurde. Bei Thomson ist das Zitat ungenau wiedergegeben. An Stelle der Worte „as if a metallic wire had been put into the place of the discharging particles" (im letzten Satz) gibt Thomson folgenden Text: „as if a metallic particle had been put into the place of the discharging particle". Wenn man den genauen Text Faradays wiederherstellt, muß die Übersetzung dieser Stelle lauten: „als ob ein metallischer Leiter an die Stelle der entladenden Teilchen getreten wäre". 116

⁴ Hegel, „Naturphilosophie", § 324, Zusatz. Siehe Hegel, Sämtliche Werke, Jubiläumsausgabe, 9. Bd., S. 372, 374, 375. 116

⁵ Hervorhebung von Engels. 117

⁶ Hervorhebung von Engels. 118

⁷ Später wurde festgestellt, daß die Geschwindigkeit des Lichts und die Geschwindigkeit der Ausbreitung elektrischer Wellen gleich groß sind. 119

⁸ Das Zitat ist S. 472 des zweiten Teils des II. Bands entnommen. 122

⁹ Engels schildert die Versuche Favres nach dem Buch Wiedemanns (Band II, Teil 2, S. 521–522). 123

¹⁰ Heute ist das mechanische Äquivalent der Wärme auf Grund exakterer Untersuchungen als gleich 426,9 *mkg* bestimmt worden. 124

¹¹ Hervorhebung von Engels. 126

[12] Alle Hervorhebungen in diesem Zitat von Engels. 128

[13] Wiedemann, a. a. O., Bd. I, S. 45. 129

[14] Ebenda, S. 44–45. 130

[15] Ebenda, S. 45. 130

[16] Alle Hervorhebungen in diesem Zitat von Engels. 131

[17] Hervorhebung von Engels. 132

[18] Alle Hervorhebungen in diesen beiden Zitaten von Engels. 133

[19] Alle Hervorhebungen in diesem Zitat von Engels. 134

[20] Wiedemann, a. a. O., Bd. I, S. 49–51. 135

[21] Hervorhebung von Engels. 135

[22] Hervorhebung von Engels. 136

[23] Hervorhebung von Engels. 136

[24] Wiedemann spricht an einigen Stellen von den „Atomen der Salzsäure", er meint damit die Moleküle dieser Säure. 136

[25] Hervorhebung von Engels. 136

[26] Bei Engels sind diese in eckige Klammer eingeschlossenen Wörter ausgelassen. 136

[27] Hervorhebung von Engels. 137

[28] Hervorhebung von Wiedemann. Alle übrigen Hervorhebungen in diesem Zitat von Engels. 139

[29] „Gott aus der Maschine" – im altgriechischen Theater das plötzliche Erscheinen der Gottheit auf der Bühne (mit Hilfe mechanischer Vorrichtungen), das eine verwickelte Situation löst; in übertragenem Sinne eine unerwartete Lösung, die sich nicht aus dem Gang der Ereignisse ergibt. 141

[30] Hervorhebung von Engels. 143

[31] Hervorhebung von Engels. 146

[32] Wiedemann, a. a. O., Bd. I, S. 482. 149

23 Engels, Dialektik der Natur

354 Anmerkungen

³³ D. h. der alte Major, der von dem „Einjährigen" hörte, daß er Doktor der Philosophie war, und sich nicht näher damit befassen wollte, was das bedeutet und welcher Unterschied zwischen einem „Doktor der Philosophie" und einem „Doktor der Medizin" besteht, sagte: „Für mich ist das gleich, Pflasterkasten ist Pflasterkasten." 150

³⁴ Hier benutzt Engels das Wort „Gewichtsteil", aber es handelt sich wie vorher um Äquivalente. 153

³⁵ Hervorhebung von Engels. 157

³⁶ Gemeint ist der Unterschied zwischen dem inneren Durchmesser des Gewehrlaufs und dem Durchmesser der Kugel. 160

³⁷ In diesem Zitat sind alle in Klammern eingeschlossenen Wörter von Engels hinzugefügt. 163

³⁸ Die in Klammer gesetzten Worte „iterum Crispinus!" stammen von Engels. Sie bedeuten: „wieder Crispin!" Mit diesen Worten beginnt die IV. Satire von Juvenal, die (in ihrem ersten Teil) Crispin, einen Höfling des römischen Kaisers Domitian, geißelt. In übertragenem Sinne bedeuten diese Worte: „wieder dieselbe Person!" oder „wieder dasselbe Thema!". 165

³⁹ *Experimentum crucis* – wörtlich „Experiment des Kreuzes", von der Baconschen instantia crucis (Beispiel, Tatsache oder Umstand, der als Wegweiser am Kreuzweg dient); entscheidendes Experiment, das die Richtigkeit irgendeiner von mehreren vorgeschlagenen Erklärungen einer Erscheinung endgültig bestätigt und alle anderen vorgeschlagenen Erklärungen ausschließt. 165

⁴⁰ Wiedemann, a. a. O., Bd. I, S. 104. 168

⁴¹ Ebenda, S. 62. 168

⁴² *Contradictio in adjecto* – wörtlich „Widerspruch im Epitheton" oder „Widerspruch in der Beifügung", d. h. absurder Widerspruch in der Art wie in den Ausdrücken „rundes Quadrat" oder „hölzernes Eisen". 170

⁴³ Die Worte „der dritte im Bunde" stammen aus der Ballade von Schiller „Die Bürgschaft", 20. Strophe, wo sie der Tyrann Dionys in der Bitte ausspricht, ihn in den Bund der beiden wahren Freunde aufzunehmen. 171

⁴⁴ Die Versuche Poggendorffs werden bei Wiedemann im I. Band auf S. 368–372 angeführt. 172

Anteil der Arbeit an der Menschwerdung des Affen

[1] Aus dem 2. Konvolut. Der Artikel wurde von Engels ursprünglich als Einleitung zu einer umfangreicheren Arbeit mit dem Titel „Über die drei Grundformen der Knechtschaft" geschrieben. Später änderte Engels diesen Titel in „Die Knechtung des Arbeiters". Aber da die Arbeit nicht vollendet wurde, gab Engels schließlich ihrem einführenden Teil die Überschrift „Anteil der Arbeit an der Menschwerdung des Affen", der dem Inhalt der ersten 8–9 Seiten des Manuskripts dieser Arbeit entspricht (die letzten 2–3 Manuskriptseiten leiten zu einer unmittelbareren Behandlung des Themas der Knechtung der werktätigen Menschheit über). Der Artikel wurde offenbar 1876 geschrieben. Für diese Annahme spricht ein Brief W. Liebknechts an Engels vom 10. Juni 1876, in dem Liebknecht unter anderem schreibt, er warte ungeduldig auf die von Engels versprochene Arbeit „Über die drei Grundformen der Knechtschaft" für die Zeitung *Volksstaat*. 1896 wurde dieser Artikel in der Zeitschrift *Die Neue Zeit* veröffentlicht (Jahrgang XIV, Band 2, S. 545–554). 179

[2] Engels meint die Wirtschaftskrise 1873–1874. 194

[3] Hier bricht das Manuskript ab. 194

[NOTIZEN UND FRAGMENTE]

[Aus der Geschichte der Wissenschaft]

¹ Aus den Notizen des 1. Konvoluts. 1875. MEGA, S. 645–646. 197

² Aus den Notizen des 1. Konvoluts. MEGA, S. 666–669. Engels zitiert den ersten Band der „Geschichte der Philosophie" Hegels nach der ersten deutschen Auflage (Berlin 1833). Siehe Hegel, Sämtliche Werke, Jubiläumsausgabe, 17. Bd. 197

³ Siehe Hegel, Sämtliche Werke, Jubiläumsausgabe, 17. Bd., S. 214. 197

⁴ Hervorhebung von Engels. Die mit diesem Namen beginnende Stelle ist von Engels wie folgt nach dem lateinischen Original zitiert:
„*Thales* Milesius ... aquam dixit esse initium rerum, Deum autem eam mentem quae ex aqua cuncta fingeret." 197

⁵ Siehe Hegel, Sämtliche Werke, Jubiläumsausgabe, 17. Bd., S. 225. 198

⁶ Siehe ebenda, S. 229. 198

⁷ Hervorhebung von Engels. 198

⁸ Siehe Hegel, Sämtliche Werke, Jubiläumsausgabe, 17. Bd., S.226. 198

⁹ Siehe ebenda, S. 231. 198

¹⁰ Siehe ebenda, S. 231–232. Von dem Werk „De placitis philosophorum" wurde in der Folgezeit nachgewiesen, daß es nicht von Plutarch stammt (sogenannter Pseudo-Plutarch). Es geht auf Aetios zurück, der um das Jahr 100 gelebt hat. 198

¹¹ Siehe Hegel, Sämtliche Werke, Jubiläumsausgabe, 17. Bd., S. 232–233. 198

¹² Siehe ebenda, S. 234–236. 199

¹³ Hervorhebung von Engels. 199

Notizen und Fragmente 357

¹⁴ Siehe Hegel, Sämtliche Werke, Jubiläumsausgabe, 17. Bd., S. 253. 199
¹⁵ Siehe ebenda, S. 281. 199
¹⁶ Siehe ebenda, S. 283–284. 199
¹⁷ Siehe ebenda, S. 295–296. 200
¹⁸ Siehe ebenda, S. 295. 200
¹⁹ *Hekatombe* – Opfer von hundert Stieren. 200
²⁰ Siehe Hegel, Sämtliche Werke, Jubiläumsausgabe, 17. Bd., S. 295. 200
²¹ Aus den Notizen des 1. Konvoluts. „Marx-Engels-Archiv", II. Band, Frankfurt a. M. 1927, S. 263–264. Diese Notiz ist von Marx handgeschrieben und besteht aus in griechischer Sprache angeführten Zitaten (nach Tauchnitz-Ausgaben) aus der „Metaphysik" des Aristoteles und aus dem IX. und X. Buch des Diogenes Laertius. Die Notiz ist vor dem Juni 1878 entstanden, da die darin enthaltenen Zitate über Epikur von Engels in der alten Vorrede zum „Anti-Dühring" benutzt worden sind (siehe im Text S. 33). Alle Sperrungen in den Zitaten und alle erläuternden Einschaltungen (in runder Klammer) stammen von Marx. Die Notiz umfaßt drei Seiten mittleren Formats. Auf der letzten Seite hat Marx nur die ersten drei Zeilen geschrieben. Der übrige Teil dieser Seite enthält ein von Engels handgeschriebenes Fragment über das Verhältnis der Naturforscher zur Philosophie (siehe im Text S. 223). Der von Engels angeführte griechische Text lautet wie folgt:

Leucippus und Demokritus. Λεύκιππος δὲ καὶ ὁ ἑταῖρος αὐτοῦ Δημόκριτος στοιχεῖα μὲν τὸ πλῆρες καὶ τὸ κενὸν εἶναί φασι, λέγοντες τὸ μὲν ὄν, τὸ δὲ μὴ ὄν, τούτων δὲ τὸ μὲν π λ ῆ ρ ε ς κ α ὶ σ τ ε ρ ε ὸ ν (nämlich τὰ ἄτομα) τὸ ὄν, τὸ δὲ κενόν γε καὶ μ α ν ὸ ν τὸ μὴ ὄν. διὸ καὶ οὐδὲν μᾶλλον τὸ ὄν τοῦ μὴ ὄντος εἶναί φασιν... αἴτια δὲ τῶν ὄντων ταῦτα ὡς ὕλην. καὶ καθάπερ οἱ ἓν ποιοῦντες τὴν ὑποκειμένην οὐσίαν τὰ ἄλλα τοῖς πάθεσιν αὐτῆς γεννῶσι,... τὸν αὐτὸν τρόπον καὶ οὗτοι τ ὰ ς δ ι α φ ο ρ ὰ ς (nämlich der Atome) αἰτίας τῶν ἄλλων εἶναί φασιν. ταύτας μέντοι τ ρ ε ῖ ς ε ἶ ν α ι λ έ γ ο υ σ ι, σ χ ῆ μ ά τ ε κ α ὶ τ ά ξ ι ν κ α ὶ θ έ σ ι ν... διαφέρει γὰρ τὸ μὲν Α τοῦ Ν σ χ ή μ α τ ι, τὸ δὲ AN τοῦ NA τ ά ξ ε ι, τὸ δὲ Ζ τοῦ Ν θ έ σ ε ι. (Aristot. Metaph., l. I. c. 4).

πρῶτός (Leucippus) τ᾽ ἀτόμους ἀρχὰς ὑπεστήσατο... καὶ στοιχεῖά φησι, κόσμους τ᾽ ἐκ τούτων ἀπείρους εἶναι καὶ διαλύεσθαι εἰς ταῦτα· γίνεσθαι δὲ τοὺς κόσμους οὕτω· φέρεσθαι κατ᾽ ἀποτομὴν ἐκ τῆς ἀπείρου πολλὰ σώματα | παντοῖα | τοῖς σχήμασιν εἰς μέγα κενόν, | ἅπερ | ἀθροισθέντα δ ί ν η ν ἀ π ε ρ γ ά ζ ε σ θ α ι μ ί α ν, καθ᾽ ἣν προςκρούοντα καὶ παντοδαπῶς

358　Anmerkungen

κυκλούμενα διακρίνεσθαι | χωρὶς | τὰ ὅμοια πρὸς τὰ ὅμοια. ἰσορρόπων δὲ διὰ τὸ πλῆθος μηκέτι δυναμένων περιφέρεσθαι, τὰ μὲν λεπτὰ χωρεῖν εἰς τὸ ἔξω κενόν, ὥσπερ διαττόμενα· τὰ δὲ λοιπὰ συμμένειν καὶ περιπλεκόμενα συγκατατρέχειν ἀλλήλοις καὶ ποιεῖν πρῶτόν | τι | σύστημα σφαιροειδές. (Diog. Laert., l. IX. c. 6).

Folgendes über Epikur. — κινοῦνταί τε συνεχῶς αἱ ἄτομοι· φησὶ δὲ ἐνδοτέρω καὶ ἰσοταχῶς αὐτὰς κινεῖσθαι, τοῦ κενοῦ τὴν ἴξιν ὁμοίαν παρεχομένου καὶ τῇ ᾗ οὑφοτάτῃ καὶ τῇ βαρυτάτῃ εἰς τὸν αἰῶνα... μηδὲ ποιότητά τινα περὶ τὰς ἀτόμους εἶναι πλὴν σχήματος καὶ μεγέθους καὶ βάρους ... πᾶν τε μέγεθος μὴ εἶναι περὶ αὐτάς· οὐδέποτε γοῦν ἄτομος ὤφθη αἰσθήσει... (Diog. Laert., l. X, § 43–44) καὶ μὴν καὶ ἰσοταχεῖς ἀναγκαῖον τὰς ἀτόμους εἶναι, ὅταν διὰ τοῦ κενοῦ εἰσφέρωνται, μηδενὸς ἀντικόπτοντος· οὔτε γὰρ τὰ βαρέα θᾶττον οἰσθήσεται τῶν μικρῶν καὶ κούφων, ὅταν γε δὴ μηδὲν ἀπαντᾷ αὐτοῖς· οὔτε τὰ μικρὰ τῶν μεγάλων, πάντα πόρον σύμμετρον ἔχοντα, ὅταν μηδὲν μηδ' ἐκείνοις ἀντικόπτῃ. (loc. cit. § 61.)

ὅτι μὲν οὖν τὸ ἓν ἐν παντὶ γένει ἐστί τις φύσις, καὶ οὐδενὸς τοῦτό γ' αὐτὸ ἡ φύσις τὸ ἕν, φανερόν. (Aristot., Metaph., l. IX, c. 2).

Die vorliegende Übersetzung ist den in den Anmerkungen 22 und 23 genannten deutschen Ausgaben entnommen. 200

[22] Siehe Aristoteles, „Metaphysik", Leipzig 1920, S. 12–13. 201

[23] Die kompilatorische Arbeit von Diogenes Laertius trägt folgenden Titel: „Über das Leben, die Meinungen und Aussprüche berühmter Philosophen" (geschrieben am Anfang des 3. Jahrhunderts). Siehe Diogenes Laertius, „Leben und Meinungen berühmter Philosophen", Leipzig 1921, S. 149. 201

[24] Siehe ebenda, S. 207–208. 201

[25] Siehe ebenda, S. 215. 202

[26] Siehe Aristoteles, „Metaphysik", S. 247. In den neueren Ausgaben der „Metaphysik" heißt das Buch IX Buch X. 202

[27] Engels bezieht sich auf das Buch Mädlers „Der Wunderbau des Weltalls oder Populäre Astronomie", 5-te Auflage, Berlin 1861. 202

[28] Engels bezieht sich auf das Buch Rudolf Wolfs „Geschichte der Astronomie", München 1877. 202

[29] Aus den Notizen des 4. Konvoluts. MEGA, S. 678. 202

[30] Aus den Notizen des 1. Konvoluts. 1875. MEGA, S. 647–648. 202

Notizen und Fragmente

³¹ Engels meint das elfte Blatt seiner Notizen. Es wird im Text S. 204–205 wiedergegeben. 203

³² Aus den Notizen des 1. Konvoluts. 1875. MEGA, S. 648. 204

³³ Aus den Notizen des 1. Konvoluts. 1874. MEGA, S. 624–626. Diese Notiz bildet den ersten Entwurf der „Einleitung" (siehe im Text S. 7–28). 205

³⁴ Der Satz ist unvollendet geblieben. 207

³⁵ Bis hierher ist der gesamte Text der Anmerkung im Manuskript, als von Engels im ersten Teil der „Einleitung" benutzt, mit einem senkrechten Strich durchgestrichen (siehe im Text S. 7–18). Weiter folgen noch zwei Absätze, die teilweise im zweiten Teil der „Einleitung" (S. 19–28) benutzt wurden, aber im Manuskript nicht gestrichen sind. 207

³⁶ So ist dieses Fragment im Inhaltsverzeichnis des 2. Konvoluts des Materials zur „Dialektik der Natur" benannt, wo es von Engels selbst eingereiht wurde. Das Fragment umfaßt vier Seiten des ursprünglichen Manuskripts „L. Feuerbach", die die Nummern 16, 17, 18 und 19 tragen. Auf Seite 16 oben steht von Engels' Hand geschrieben: *Aus „Ludwig Feuerbach"*. Dieses Fragment gehörte zum II. Kapitel des „L. Feuerbach" und sollte unmittelbar nach der Charakteristik der drei spezifischen „Beschränktheiten" der französischen Materialisten des 18.Jahrhunderts folgen. (Siehe Friedrich Engels, „Ludwig Feuerbach und das Ende der klassischen deutschen Philosophie", Dietz Verlag, Berlin 1951, S. 25.) Bei der endgültigen Ausarbeitung des Manuskripts „L. Feuerbach" nahm Engels diese vier Seiten heraus und ersetzte sie durch einen anderen Text (siehe die obengenannte Ausgabe, S. 25–27), aber den wesentlichen Inhalt dieser im II. Kapitel ausgelassenen Seiten (über die drei großen Entdeckungen der Naturwissenschaft des 19. Jahrhunderts) brachte er in gekürzter Form im IV. Kapitel des „L. Feuerbach" (siehe die obengenannte Ausgabe, S.44–45). Da der „L. Feuerbach" von Engels zum erstenmal in der April- und Mainummer der Zeitschrift *Die Neue Zeit* 1886 erschien, kann man das erste Vierteljahr 1886 als die Entstehungszeit dieses Fragments ansehen. Auf der ersten Seite des Fragments (die die Ordnungszahl „16" trägt) beginnt der Text in der Mitte des Satzes. Der Anfang des Satzes, der nach dem in der *Neuen Zeit* abgedruckten Text des „L. Feuerbach" wiederhergestellt worden ist, wurde in eckige Klammer eingeschlossen. – „Marx-Engels-Archiv", II. Band, Frankfurt a. M. 1927, S. 382–385. 208

³⁷ D. h. der französischen Materialisten des 18. Jahrhunderts. 208

Anmerkungen

38 Dieses Zitat wird in dem Buch Starckes „Ludwig Feuerbach", Stuttgart 1885, auf S. 154–155 angeführt. Es ist der 1846 geschriebenen Arbeit Feuerbachs „Die Unsterblichkeitsfrage vom Standpunkt der Anthropologie" entnommen (siehe Ludwig Feuerbach's sämmtliche Werke, III. Band, Leipzig 1847, S. 331). 212

39 Dieser Satz, der von uns in eckige Klammer gesetzt wurde, war von Engels durchgestrichen worden. Er mußte im Text wieder eingefügt werden, weil der Anfang des folgenden Satzes ohne ihn unverständlich wird. 212

40 Hier endet S. 19 des ursprünglichen Manuskripts „L. Feuerbach". Das Ende dieses Satzes befand sich auf der folgenden Seite, die nicht auf uns gekommen ist. Auf Grund des gedruckten Texts des „L. Feuerbach" kann man annehmen, daß der zweite Teil des Satzes etwa so lautete: „aber auf dem Gebiet der menschlichen Geschichte ist er Idealist" (siehe „Ludwig Feuerbach und das Ende der klassischen deutschen Philosophie", S. 27). 213

41 Aus den Notizen des 1. Konvoluts. 1874. MEGA, S. 619–620. 213

42 „Sire, je n'avais pas besoin de cette hypothèse" (Euer Gnaden, ich brauchte diese Hypothese nicht) – Antwort von Laplace auf die Frage Napoleons, warum er Gott in seiner Himmelsmechanik nicht erwähne. 213

43 „Ich kann die Sachen nicht gebrauchen." 213

44 Engels bezieht sich auf den Vortrag Tyndalls auf der Sitzung der Englischen Wissenschaftlichen Vereinigung in Belfast am 19. August 1874 (veröffentlicht in der Zeitschrift *Nature* vom 20. August 1874). In seinem Brief an Marx vom 21. September 1874 gibt Engels eine ausführlichere Charakteristik dieses Vortrags (siehe Karl Marx/Friedrich Engels, „Briefwechsel", IV. Band, S. 509). 214

45 Held des Romans von Prévost-d'Exiles (1697–1763) „Histoire du chevalier des Grieux et de Manon Lescaut", Paris 1728. 214

46 „Unwissenheit ist kein Argument". Über die Appellation an die Unwissenheit (das Nichtwissen) als einziges Argument, dessen sich die Anhänger der kirchlich-teleologischen Ansicht von der Natur bedienen, spricht Spinoza in der Anlage zum ersten Teil der „Ethik". 214

[Naturwissenschaft und Philosophie]

[1] Das Fragment mit der Überschrift „Büchner" steht am Anfang der Notizen des 1. Konvoluts der „Dialektik der Natur". Unmittelbar danach auf demselben ersten Blatt des Manuskripts folgt ein Fragment über die Dialektik der Naturwissenschaft, das sich auf Mai 1873 bezieht (siehe im Text S. 264–265 und Anmerkung 23 dazu). Weiter unten, am Ende derselben Manuskriptseite, sind noch einige ergänzende Bemerkungen über die „Prätention des Büchner, über Sozialismus und Ökonomie ... abzuurteilen" hingeworfen. In unserer Ausgabe werden diese Bemerkungen unmittelbar nach dem ersten Fragment gegeben, von dem sie durch einen Zwischenraum und eine dünne Linie getrennt sind. Das Fragment über Büchner mit den erwähnten ergänzenden Bemerkungen ist offenbar der Konspekt über die von Engels geplante Arbeit gegen Büchner und andere Vertreter des Vulgärmaterialismus. Wenn man davon ausgeht, daß dieser Konspekt auf demselben Blatt wie das Fragment über die Dialektik der Naturwissenschaft und zum Teil nach diesem Fragment steht, so ist anzunehmen, daß er in der ersten Hälfte 1873 geschrieben wurde. —MEGA, S. 601–603. 215

[2] Engels bezieht sich auf folgende Stelle aus Hegel: „Lessing sagte zu seiner Zeit, die Leute gehen mit Spinoza wie mit einem toten Hunde um" (siehe Hegel, Sämtliche Werke, Jubiläumsausgabe, 8. Bd., S. 15). Über die französischen Materialisten spricht Hegel ausführlich im III. Band seiner „Geschichte der Philosophie" (siehe Hegel, Sämtliche Werke, Jubiläumsausgabe, 19. Bd., S. 506–529). 215

[3] Beim Verweis auf S. 170–171 bezieht sich Engels offenbar auf Büchners Hauptwerk „Kraft und Stoff", das erstmals 1855 erschien und seit der Zeit mehr als zwanzig Auflagen erlebt hat. Es ist anzunehmen, daß Engels die siebente Auflage dieses Buches benutzte (Leipzig 1862), da sich in dieser Ausgabe auf Seite 170 folgende Erwägungen finden: „Wir hätten keinen Begriff vom Dunkel ohne das Licht, keine Ahnung von Hoch ohne Niedrig, von Warm ohne Kalt usw." Vgl. Hegel, Sämtliche Werke, Jubiläumsausgabe, 4. Bd., S. 541–544. 215

[4] Engels meint die Beschränktheit der philosophischen Ansichten Newtons, seine einseitige Überschätzung der Methode der Induktion und seine ablehnende Einstellung zu Hypothesen, die ihren Ausdruck in Newtons bekannten Worten fanden: „Hypotheses non fingo" (Ich ersinne keine Hypothesen). 217

362   Anmerkungen

⁵ Heute steht ohne Zweifel fest, daß Newton die Differential- und Integralrechnung unabhängig von Leibniz und früher als dieser entdeckte, aber Leibniz, der diese Entdeckung ebenfalls selbständig machte, gab ihr eine vollkommenere Form. Bereits zwei Jahre nach der Niederschrift dieses Fragments äußerte Engels eine richtigere Ansicht in dieser Frage (siehe im Text S. 275). 217

⁶ Das Wort ließ sich im Manuskript nicht entziffern, da es von einem Tintenklecks verdeckt ist. 217

⁷ Engels bezieht sich auf folgende Stelle aus der „Kleinen Logik" Hegels: „Man gibt zu, daß man die andern Wissenschaften studiert haben müsse, um sie zu kennen, und daß man erst vermöge einer solchen Kenntnis berechtigt sei, ein Urteil über sie zu haben. Man gibt zu, daß um einen Schuh zu verfertigen, man dies gelernt und geübt haben müsse, obgleich jeder an seinem Fuße den Maßstab dafür, und Hände und in ihnen die natürliche Geschicklichkeit zu dem erforderlichen Geschäfte, besitze. Nur zum Philosophieren selbst soll dergleichen Studium, Lernen und Bemühung nicht erforderlich sein." Siehe Hegel, Sämtliche Werke, Jubiläumsausgabe, 8. Bd., S. 47. 218

⁸ Bezieht sich auf die Anmerkung zum § 6 der „Kleinen Logik", wo Hegel über den abstrakten Verstand und seine Beziehung zur Kategorie des Sollens spricht, „als ob die Welt auf ihn (diesen Verstand) gewartet hätte, um zu erfahren, wie sie (die Welt) sein *solle*". Siehe Hegel, Sämtliche Werke, Jubiläumsausgabe, 8. Bd., S. 49. 218

⁹ Bezieht sich auf die Anmerkung zum § 20. Siehe Hegel, Sämtliche Werke, Jubiläumsausgabe, 8. Bd., S. 73. 218

¹⁰ Bezieht sich auf den Zusatz zum § 21. Siehe Hegel, Sämtliche Werke, Jubiläumsausgabe, 8. Bd., S. 78. 218

¹¹ Siehe Hegel, Sämtliche Werke, Jubiläumsausgabe, 8. Bd., S. 80. 218

¹² Siehe ebenda, S. 83. 218

¹³ Siehe ebenda, S. 91. 218

¹⁴ Bezieht sich auf die Überlegung Hegels über den Übergang vom Zustand der naiven Unmittelbarkeit zum Zustand der Reflexion: „In der Tat liegt jedoch ... das Erwachen des Bewußtseins im Menschen selbst und es ist dies die an jedem Menschen sich wiederholende Geschichte." Siehe Hegel, Sämtliche Werke, Jubiläumsausgabe, 8. Bd., S. 94. 218

Notizen und Fragmente

¹⁵ Ein „mathematisches Gedicht" nennt W. Thomson das Buch des französischen Mathematikers Jean Baptiste Joseph Fourier „Théorie analytique de la chaleur" (Paris 1822). Siehe Anlage zum Buch Thomsons und Taits „A Treatise on Natural Philosophy", vol. I., Oxford 1867, S. 713 und 718. In dem von Engels zusammengestellten Konspekt über das Buch Thomsons und Taits ist diese Stelle herausgeschrieben und unterstrichen. 218

¹⁶ Aus den Notizen des 1. Konvoluts. Mit Bleistift geschrieben. MEGA, S. 652. 218.

¹⁷ Aus den Notizen des 1. Konvoluts. 1874. MEGA, S. 610–611. 218

¹⁸ Siehe Hegel, Sämtliche Werke, Jubiläumsausgabe, 8. Bd., S. 297. 218

¹⁹ Gemeint ist die „Große Logik". Siehe Hegel, Sämtliche Werke, Jubiläumsausgabe, 4. Bd., S. 613–622. 218

²⁰ Siehe Hegel, Sämtliche Werke, Jubiläumsausgabe, 8. Bd., S. 243–244. Hegel polemisiert hier mit jenen Physikern, die die Unterschiede des spezifischen Gewichts der Körper damit erklären, daß sie sagen, „ein Körper, dessen spezifische Schwere noch einmal so groß ist als die eines andern, enthalte innerhalb desselben Raumes noch einmal so viel materielle Teile (Atome) als der andere". 219

²¹ Aus den Notizen des 4. Konvoluts. MEGA, S. 677. 219

²² Richard Owen, „On the Nature of Limbs" (Über die Natur der Gliedmaßen), London 1849, S. 86. Die angeführte Stelle ist von Engels wie folgt nach dem englischen Original zitiert:
„The archetypal idea was manifested in the flesh under diverse such modifications upon this planet, long prior to the existence of those animal species that actually exemplify it." 219

²³ Aus den Notizen des 4. Konvoluts. MEGA, S. 656. 219

²⁴ Aus den Notizen des 1. Konvoluts. 1874. MEGA, S. 618. 219

²⁵ Engels bezieht sich auf das bekannte Buch Ernst Haeckels „Natürliche Schöpfungsgeschichte", das erstmalig 1868 erschien und später sehr oft neu herausgegeben wurde. Engels benutzte offenbar die vierte Auflage dieses Buches (Berlin 1873). Auf S. 59 dieser Auflage schildert Haeckel nicht ohne Ironie die „Vorstellungen Agassiz' über den Plan der Schöpfung". 219

²⁶ Haeckel, „Natürliche Schöpfungsgeschichte", 4-te verbesserte Auflage, Berlin 1873. 219

Anmerkungen

27 Aus den Notizen des 1. Konvoluts. 1874. MEGA, S. 618–619. 219

28 Engels meint das Büchlein August Wilhelm Hofmanns „Ein Jahrhundert chemischer Forschung unter dem Schirme der Hohenzollern. Rede, am 3. August 1881 in der Aula der Universität zu Berlin gehalten", Berlin 1881. 220

29 Auf S. 26 seines Büchleins führt Hofmann folgendes Zitat aus dem Buch Rosenkranz' „System der Wissenschaft. Ein philosophisches Encheiridion", Königsberg 1850, an: „... Platin ist ... im Grunde nur eine Paradoxie des Silbers, schon die höchste Stufe der Metallität einnehmen zu wollen. Diese gebührt nur dem Golde ..." 220

30 Über die „Verdienste" des preußischen Königs Friedrich Wilhelms III. um die Organisation der Rübenzuckerfabrikation spricht Hofmann auf S. 5–6 seines Büchleins. – Die Notiz ist dem 1. Konvolut entnommen. Sie wurde 1882 geschrieben (auf demselben Blatt wie die Notiz „Erkennen", die auf S. 255–256 unserer Ausgabe abgedruckt ist). MEGA, S. 664. 220

31 Aus den Notizen des 4. Konvoluts. MEGA, S. 677–678. 220

32 In Engels' Manuskript steht der Name Cassini in der Mehrzahl (die Cassinis). In der Geschichte der französischen Wissenschaft sind vier Astronomen Cassini bekannt: 1. der aus Italien eingewanderte Giovanni Domenico Cassini (1625–1712), 2. sein Sohn Jacques Cassini (1677–1756), 3. der Sohn des vorigen César François Cassini (1714–1784) und 4. der Sohn des vorigen Jacques Dominique Cassini (1747–1845). Engels meint wahrscheinlich den zweiten und dritten von ihnen. 220

33 Engels bezieht sich auf das Buch Thomas Thomsons „An Outline of the Sciences of Heat and Electricity", 2nd edition (Abriß der Wissenschaften von der Wärme und Elektrizität, 2. Auflage), London 1840. Die erste Auflage dieses Buches erschien 1830. 220

34 Aus den Notizen des 4. Konvoluts. MEGA, S. 678. 220

35 Engels bezieht sich auf das Buch Haeckels „Anthropogenie oder Entwicklungsgeschichte des Menschen", Leipzig 1874. Alle Hervorhebungen im Zitat von Engels. Das Wort „früher" ist doppelt unterstrichen. 220

36 Aus den Notizen des 1. Konvoluts. 1874. MEGA, S. 628. 220

37 Aus den Notizen des 1. Konvoluts. 1874. MEGA, S. 619. Der Ausdruck „causae finales" bedeutet „letzte (oder ein bestimmtes Ziel verfolgende) Ursachen" und der Ausdruck „causae efficientes" „wirkende (hervorbringende) Ursachen". 221

Notizen und Fragmente

38 Haeckel, „Natürliche Schöpfungsgeschichte", 4-te verbesserte Auflage, Berlin 1873. 221

39 Haeckel (a. a. O., S. 89–94) unterstreicht den Widerspruch zwischen der „mechanischen Erklärungsmethode" und der Teleologie in Kants „Kritik der teleologischen Urteilskraft", wobei Haeckel im Gegensatz zu Kant die letztere als die Lehre von den äußeren Zielen, von der äußeren Zweckmäßigkeit darstellt. Aber Hegel, der dieselbe „Kritik der teleologischen Urteilskraft" betrachtet, hebt vor allem den Kantschen Begriff der „inneren Zweckmäßigkeit" hervor, wonach im organischen Wesen „alles Zweck und wechselseitig auch Mittel ist". (Zitat aus Kant, angeführt von Hegel.) Engels benutzte die erste Ausgabe des III. Bands der „Geschichte der Philosophie" Hegels (Berlin 1836); in der Jubiläumsausgabe (Hegel, Sämtliche Werke, 19. Bd.) befindet sich diese Stelle auf S. 603. 221

40 Das Wort „Andres" bezieht sich auf die Notiz „Polarität", die unmittelbar vor dieser Notiz auf demselben Blatt steht (siehe im Text S. 230). 221

41 Engels zitiert den V. Band der Ausgabe der Werke Hegels (der den dritten Teil der „Großen Logik" enthält) nach der zweiten Auflage (Berlin 1841). In der Jubiläumsausgabe (Hegel, Sämtliche Werke, 5. Bd.) befindet sich diese Stelle auf S. 211. 221

42 Hervorhebung von Engels. 221

43 Siehe Hegel, Sämtliche Werke, Jubiläumsausgabe, 5. Bd., S. 212. 221

44 Einschaltung von Engels. 221

45 Siehe Hegel, Sämtliche Werke, Jubiläumsausgabe, 5. Bd., S. 251–252. 222

46 Aus den Notizen des 1. Konvoluts. Geschrieben offenbar etwa 1881. MEGA, S. 654–655. 222

47 Aus den Notizen des 1. Konvoluts. 1874. MEGA, S. 624. 222

48 D. h. nicht in dem Sinne, in dem Newton diesen Satz gebrauchte, der mit dieser Warnung sein negatives Verhältnis zum philosophischen Denken überhaupt ausdrückte (siehe im Text S. 14). 223

49 Aus den Notizen des 1. Konvoluts. MEGA, S. 666. 223

[Dialektik]

[a) Allgemeine Fragen der Dialektik. Grundgesetze der Dialektik]

[1] Aus den Notizen des 1. Konvoluts. 1875. MEGA, S. 640–641. 225

[2] *Compsognathus* – ausgestorbenes Tier aus der Ordnung der Dinosaurier, das zur Klasse der Reptilien gehört, aber nach dem Bau des Beckens und der hinteren Extremitäten den Vögeln sehr ähnlich ist.
Archäopteryx – siehe Anmerkung 9 zu S. 17. 225

[3] Engels meint die Vermehrung durch Knospung oder Teilung bei den Hohltieren. 225

[4] Aus den Notizen des 1. Konvoluts. 1875. MEGA, S. 639–640. 226

[5] Aus den Notizen des 1. Konvoluts. Mit Bleistift geschrieben. MEGA S. 652. 226

[6] Aus den Notizen des 1. Konvoluts. 1874. MEGA, S. 607. 226

[7] Siehe Hegel, Sämtliche Werke, Jubiläumsausgabe, 8. Bd., S. 260. Hervorhebung von Engels. 226

[8] Aus den Notizen des 1. Konvoluts. 1874. MEGA, S. 607. 226

[9] Aus den Notizen des 1. Konvoluts. 1874. MEGA, S. 608. Engels bezieht sich auf folgende Stelle aus der „Kleinen Logik" Hegels: „So sind z. B. die Glieder und Organe eines lebendigen Leibes nicht bloß als dessen Teile zu betrachten, da dieselben das, was sie sind, nur in ihrer Einheit sind und sich gegen dieselbe keineswegs als gleichgültig verhalten. Zu bloßen Teilen werden diese Glieder und Organe erst unter den Händen des Anatomen, welcher es dann aber auch nicht mehr mit lebenden Körpern, sondern mit Kadavern zu tun hat" (Hegel, Sämtliche Werke, Jubiläumsausgabe, 8. Bd., S. 306). 226

[10] Aus den Notizen des 1. Konvoluts. 1874. MEGA, S. 610. 227

[11] Siehe Hegel, Sämtliche Werke, Jubiläumsausgabe, 8. Bd., S. 294. 227

[12] Aus den Notizen des 1. Konvoluts. 1874. MEGA, S. 608–609. 227

[13] In der Jubiläumsausgabe (Hegel, Sämtliche Werke, 8. Bd.) entspricht dieser Seite der „Kleinen Logik" S. 273. 228

Notizen und Fragmente

14 Im Manuskript: „Hegel, II, 231". Die römische Ziffer II ist offenbar ein Schreibfehler von VI (die den VI. Band der Ausgabe der Werke Hegels bedeutet, der die „Kleine Logik" enthält). Auf S. 231 der „Kleinen Logik" ist die Rede davon, daß schon die *Form* des Satzes oder des Urteils auf den *Unterschied* zwischen Subjekten und Prädikaten hinweist (siehe Hegel, Sämtliche Werke, Jubiläumsausgabe, 8. Bd., S. 268–269). 228

15 Aus den Notizen des 1. Konvoluts. 1874. MEGA, S. 623–624. 229

16 Mit den „beiden Hauptgegensätzen" meint Engels 1. den Gegensatz von Identität und Unterschied und 2. den Gegensatz von Ursache und Wirkung. Die Worte „Notwendigkeit und Zufälligkeit" wurden später zwischen die Zeilen geschrieben. 229

17 Aus den Notizen des 1. Konvoluts. Mit Bleistift geschrieben. MEGA, S. 652. 229

18 Aus den Notizen des 1. Konvoluts. 1874. MEGA, S. 609. 229

19 Aus den Notizen des 1. Konvoluts. MEGA, S. 672. Der Hinweis auf Clausius bezieht sich höchstwahrscheinlich auf das Buch von Clausius „Die mechanische Wärmetheorie", 2-te umgearbeitete Auflage, I. Band, Braunschweig 1876. Auf S. 87–88 dieses Buches wird von „positiven und negativen Wärmemengen" gesprochen. 230

20 Aus den Notizen des 1. Konvoluts. Offenbar etwa 1881 geschrieben. MEGA, S. 654. 230

21 Aus den Notizen des 1. Konvoluts. MEGA, S. 654. Offenbar etwa 1881 geschrieben. Engels spricht ausführlicher über den fränkischen Dialekt in der besonderen Arbeit „Der fränkische Dialekt", die etwa 1881–1882 geschrieben und in den ersten Teil des Bands XVI der Werke von Karl Marx und Friedrich Engels (russ.) aufgenommen wurde. Die vorliegende Notiz, die das Gesetz der Einheit der Gegensätze am Beispiel der deutschen Dialekte illustriert, steht bei Engels auf einem Blatt mit der vorhergehenden Notiz über Polarität. 230

22 Aus den Notizen des 1. Konvoluts. MEGA, S. 656–660. 231

23 Siehe Hegel, Sämtliche Werke, Jubiläumsausgabe, 4. Bd., S. 683–684, 685, 693, 695. 234

24 Zitat aus dem satirischen Gedicht Heines „Disputation" („Romanzero", III. Buch, 1851), wo ein mittelalterlicher Disput zwischen einem katholischen Kapuziner und einem gelehrten hebräischen Rabbiner dargestellt wird, der im Verlauf dieses Disputs auf das jüdische Religionsbuch

| 368 | Anmerkungen |

„Tausves Jontof" anspielt. In der Antwort darauf schickt der Kapuziner den „Tausves Jontof" zum Teufel. Da ruft der empörte Rabbiner in Raserei: „Gilt nichts mehr der Tausves Jontof! Was soll gelten? Zeter! Zeter! usw. 235

[25] Aus den Notizen des 4. Konvoluts. MEGA, S. XLVII. Engels bezieht sich auf den ersten Teil der „Großen Logik" von Hegel und zitiert diese nach der Ausgabe von 1841. Alle Hervorhebungen in den Zitaten von Engels. 235

[26] Siehe Hegel, Sämtliche Werke, Jubiläumsausgabe, 4. Bd., S. 89. Engels benutzte dieses Zitat im Fragment über Null (siehe im Text S. 279). 235

[27] Einschaltung von Engels. 235

[28] Siehe Hegel, Sämtliche Werke, Jubiläumsausgabe, 4. Bd., S. 93. 235

[29] Siehe ebenda, S. 51. Bei Hegel stehen an Stelle der Worte „bestimmten Inhalts" die Worte „besonderen Inhalts", wobei das Wort „besonderen" unterstrichen ist. 235

[30] Engels zitiert Hegels „Phänomenologie des Geistes" höchstwahrscheinlich nach der Ausgabe von 1841. Die angezogene Stelle lautet: „Die Knospe verschwindet in dem Hervorbrechen der Blüte, und man könnte sagen, daß jene von dieser widerlegt wird, ebenso wird durch die Frucht die Blüte für ein falsches Dasein der Pflanze erklärt, und als ihre Wahrheit tritt jene an die Stelle von dieser" (**Hegel**, Sämtliche Werke, Jubiläumsausgabe, 2. Bd., S. 12). 235

[b) Dialektische Logik und Erkenntnistheorie. Von den „Grenzen der Erkenntnis"]

[1] Aus den Notizen des 1. Konvoluts. 1874. MEGA, S. 620. 236

[2] Aus den Notizen des 1. Konvoluts. MEGA, S. 652. 236

[3] Aus den Notizen des 1. Konvoluts. MEGA, S. 652. 236

[4] Aus den Notizen des 1. Konvoluts. 1875. MEGA, S. 637–638. 236

[5] *Dido* – Name eines Hundes, den Engels im Brief an Marx vom 16. April 1865 erwähnt (Karl Marx/Friedrich Engels, „Briefwechsel", III. Bd., S. 314). 236

[6] Der letzte Satz ist ergänzend an den Rand geschrieben. 237

⁷ Aus den Notizen des 1. Konvoluts. MEGA, S. 662–664. Geschrieben 1882 (auf einem Blatt mit der Notiz „Erkennen", die im Text auf S. 255 bis 256 steht). 237

⁸ Die Beziehungen zwischen der Einteilung der Logik in drei Teile (die Logik des Seins, die Logik des Wesens und die Logik des Begriffs) und der viergliedrigen Klassifikation des Urteils erklärt Hegel damit, „daß es die allgemeinen Formen der logischen Idee selbst sind, wodurch die verschiedenen Arten des Urteils bestimmt werden. Wir erhalten demgemäß zunächst drei Hauptarten des Urteils, welche den Stufen des Seins, des Wesens und des Begriffs entsprechen. Die zweite dieser Hauptarten ist dann dem Charakter des Wesens, als der Stufe der Differenz, entsprechend, noch wieder in sich gedoppelt." (Hegel, Sämtliche Werke, Jubiläumsausgabe, 8. Bd., S. 371.) 237

⁹ Das Wort „singulär" bedeutet hier „einzeln" im formal-logischen Sinne im Unterschied zum dialektischen Begriff „Einzelnes". 238

¹⁰ Das Wort „partikulär" bedeutet hier „besonders" im formal-logischen Sinne im Unterschied zum dialektischen Begriff „Besonderes". 238

¹¹ Das Wort „universell" bedeutet hier „allgemein" im formal-logischen Sinne im Unterschied zum dialektischen Begriff „Allgemeines". 238

¹² Engels bezeichnet die Seiten nach der zweiten Auflage des V. Bands der Ausgabe der Werke Hegels (Berlin 1841). Es handelt sich um das ganze Kapitel über das Urteil. In der Jubiläumsausgabe (Hegel, Sämtliche Werke, 5. Bd.) entsprechen diesen Seiten S. 65–118. 238

¹³ Engels bezieht sich auf die große Notiz über die Klassifikation des Urteils, die die 2. und 3. Seite jenes Blatts einnimmt, auf dessen 4. Seite (am Ende) diese sehr kurze Notiz steht. Siehe im Text S. 237–240. – MEGA, S. 664. 240

¹⁴ Die Notiz bricht mitten im Satz ab (danach freier Raum ohne irgendwelche Interpunktionszeichen, während am Ende aller anderen Absätze dieses Blatts klar ausgeprägte Punkte stehen). Wenn man den Inhalt des obenstehenden Fragments über die Klassifikation des Urteils in Betracht zieht, so kann man annehmen, daß Engels in dem nicht geschriebenen Ende dieser Notiz dem Kantschen a-priori die These von der empirischen Grundlage aller unserer Kenntnisse gegenüberstellen wollte (siehe im Text S. 239). 240

¹⁵ D. h. der ganze dritte Teil der Hegelschen „Logik" (siehe Hegel, Sämtliche Werke, Jubiläumsausgabe, 5. Bd.: „Logik II"). 240

370   Anmerkungen

16 Aus den Notizen des 1. Konvoluts. MEGA, S. 664. Geschrieben 1882 (auf einem Blatt mit der Notiz „Erkennen"). 241

17 Aus den Notizen des 1. Konvoluts. 1874. MEGA, S. 618. 241

18 Engels bezieht sich auf das Buch Haeckels „Natürliche Schöpfungsgeschichte", 4-te Auflage (siehe Anmerkung 25 zu S. 219). 241

19 Nach Haeckel ging Goethe von dem Induktionsschluß aus: „Alle Säugetiere haben einen Zwischenkieferknochen." Engels nennt dies eine falsche Induktion, denn ihr widersprach der als richtig anerkannte Satz, daß das Säugetier Mensch keinen Zwischenkieferknochen hat. Die Induktion wurde erst nach der Entdeckung des Zwischenkieferknochens beim Menschen richtig. 241

20 Auf diesen Seiten der vierten Auflage seiner „Natürlichen Schöpfungsgeschichte" (Berlin 1873) erzählt Haeckel davon, wie Goethe das Vorhandensein des Zwischenkieferknochens beim Menschen entdeckte. Nach der Meinung Haeckels kam Goethe zuerst zu dem Induktionsschluß: „Alle Säugetiere haben einen Zwischenkieferknochen", von da aus zog er dann die deduktive Schlußfolgerung: „Das bedeutet, auch der Mensch hat diesen Knochen", darauf wurde diese Schlußfolgerung durch Versuchsergebnisse bestätigt (durch die Entdeckung des Zwischenkieferknochens beim Menschen im Embryonalzustand und in einzelnen atavistischen Fällen bei Erwachsenen). 241

21 Aus den Notizen des 1. Konvoluts. MEGA, S. 653. 241

22 Engels bezieht sich offenbar auf die beiden Hauptwerke Whewells „Geschichte der induktiven Wissenschaften" (3 Bände, London 1837) und „Philosophie der induktiven Wissenschaften" (2 Bände, London 1840). 241

23 Im Manuskript steht: „die bloß mathematisch(en) umfass(en)d". Das Wort „umfassend" ist hier offenbar im Sinne vom „Darumherumgreifen" der rein mathematischen Wissenschaften gebraucht, die nach Whewell die Wissenschaften des reinen Verstandes sind, die „Bedingungen jeder Theorie" erforschen und in diesem Sinne gleichsam die zentrale Stellung in der „Geographie der intellektuellen Welt" einnehmen. Im zweiten Buch seiner „Philosophie der induktiven Wissenschaften" (Bd. I, S. 79-156) gibt Whewell einen kurzen Abriß der „Philosophie der reinen Wissenschaften", als deren Hauptvertreter er Geometrie, theoretische Arithmetik und Algebra ansieht. In seiner „Geschichte der induktiven Wissenschaften" stellt Whewell den „induktiven Wissen-

schaften" (Mechanik, Astronomie, Physik, Chemie, Mineralogie, Botanik, Zoologie, Physiologie, Geologie) die „deduktiven" Wissenschaften (Geometrie, Arithmetik, Algebra) gegenüber. 241

[24] In der Formel „A–E–B" bedeutet A das Allgemeine, E das Einzelne, B das Besondere. Diese Formel wird von Hegel bei der Analyse des logischen Wesens des induktiven Schlusses benutzt (siehe Hegel, Sämtliche Werke, Jubiläumsausgabe, 5. Bd., S. 152–153). 241

[25] Siehe Hegel, Sämtliche Werke, Jubiläumsausgabe, 5. Bd., S. 154. 242

[26] Aus den Notizen des 1. Konvoluts. MEGA, S. 653. 242

[27] D. h. jenen, die die Induktion für die einzig richtige Methode halten. – Aus den Notizen des 1. Konvoluts. 1875. MEGA, S. 638–639. 242

[28] Aus den Notizen des 1. Konvoluts. 1875. MEGA, S. 644–645. 243

[29] Post hoc = nach diesem; propter hoc = wegen diesem. Die Formel „post hoc, ergo propter hoc" (nach diesem, folglich wegen diesem) bedeutet einen unberechtigten Schluß auf den ursächlichen Zusammenhang zweier Erscheinungen, der sich nur darauf gründet, daß die eine Erscheinung nach der anderen auftritt. 244

[30] Engels bezieht sich auf folgende Stelle aus der „Kleinen Logik" Hegels: „Ebenso gewährt die Empirie wohl Wahrnehmungen von *aufeinanderfolgenden* Veränderungen ..., aber nicht einen Zusammenhang der *Notwendigkeit*" (Hegel, Sämtliche Werke, Jubiläumsausgabe, 8. Bd., S. 122). 244

[31] D. h. wenn ich eine bestimmte Folge der Erscheinungen hervorrufen kann. 244

[32] Aus den Notizen des 4. Konvoluts. MEGA, S. 656. 244

[33] Aus den Notizen des 1. Konvoluts. 1874. MEGA, S. 615–616. 244

[34] Dieser Nebensatz lautet im Manuskript: „und auf den erfahrungsmäßig im voraus bekannten Effekt rechnen". Da sich bei dieser Fassung kein Hauptsatz ergibt, muß an Stelle von „und ... rechnen" – „so rechnen wir ..." gelesen werden. 245

[35] Engels bezieht sich auf das Buch Groves „The Correlation of Physical Forces" (Die Wechselwirkung der physischen Kräfte), dessen erste Auflage 1846 erschien. Die Seiten sind höchstwahrscheinlich nach der dritten Auflage (London 1855) angegeben. 246

[36] Aus den Notizen des 1. Konvoluts. 1874. MEGA, S. 616–617. 247

372   Anmerkungen

37 Aus den Notizen des 1. Konvoluts. 1874. MEGA, S. 607. 247

38 Diese Überschrift steht in dem von Engels aufgestellten Inhaltsverzeichnis des 2. Konvoluts des Materials zur „Dialektik der Natur", wo diese Notiz (unter dem Buchstaben „c") unmittelbar auf zwei „Noten" zum „Anti-Dühring" folgt (siehe die Anmerkungen 29 und 25 zu S. 267 und 284). Die Notiz selbst (auf zwei einzelne Blätter besonderen Formats mit besonderer Pagination geschrieben) hat keinerlei Beziehung zum „Anti-Dühring" und enthält keinerlei Hinweise auf ihn. Sie bildet eine kritische Analyse der grundlegenden Thesen, die der Botaniker Nägeli in seinem Vortrag auf der Münchener Versammlung deutscher Naturforscher und Ärzte am 20. September 1877 aufstellte. Der Vortrag Nägelis war betitelt: „Die Schranken der naturwissenschaftlichen Erkenntnis". Engels zitiert ihn nach der „Beilage" zum Sitzungsbericht, der ihm höchstwahrscheinlich von Schorlemmer, welcher an der Sitzung teilgenommen hatte, zur Verfügung gestellt worden war. Die Zeit der Niederschrift der Notiz ist unbekannt, auf jeden Fall ist sie nach September 1877 anzusetzen. – MEGA, S. 474–478. 247

39 Die Seiten beziehen sich auf den Vortrag Nägelis „Die Schranken der naturwissenschaftlichen Erkenntnis", abgedruckt im „Tageblatt der 50. Versammlung deutscher Naturforscher und Ärzte in München 1877. Beilage. September 1877". 247

40 Nägeli, „Die Schranken der naturwissenschaftlichen Erkenntnis", S. 13. Hervorhebung von Engels. 248

41 Engels bezieht sich auf die Entdeckung des Sauerstoffs durch Joseph Priestley, der selbst nicht einmal vermutete, daß er ein neues chemisches Element entdeckt hatte und daß diese Entdeckung einen Umschwung in der Chemie herbeiführen würde. Ausführlicher spricht Engels über diese Entdeckung in seinem Vorwort zum II. Band des „Kapitals" von Marx (siehe Karl Marx, „Das Kapital", Bd. II, Dietz Verlag, Berlin 1951, S. 15–16). 250

42 Nägeli, a. a. O., S. 13. Hervorhebung von Engels. 250

43 Alle drei Stellen befinden sich auf S. 13 des Vortrags Nägelis. 250

44 Nach Nägeli. 251

45 Siehe Hegel, Sämtliche Werke, Jubiläumsausgabe, 8. Bd., S. 59. 251

46 Aus den Notizen des 4. Konvoluts. MEGA, S. 478. Die Zeit der Niederschrift dieser Notiz ist unbekannt, auf jeden Fall ist sie nach September 1877 anzusetzen (der Vortrag Nägelis „Die Schranken der naturwissenschaftlichen Erkenntnis" wurde am 20. September 1877 gehalten). 252

[47] Aus den Notizen des 1. Konvoluts. 1874. MEGA, S. 610. 252

[48] Dieser Hinweis bezieht sich auf die „Große Logik" Hegels, und zwar auf den Teil über die Menge (im III. Band der zweiten Auflage der Werke Hegels). Bei der Erwähnung der Astronomie sagt Hegel, daß sie „bewundernswürdig ist", nicht wegen der unvernünftigen Unendlichkeit nichtmeßbarer Entfernungen und der unmeßbaren Anzahl der Sterne, „sondern im Gegenteil um der *Maßverhältnisse* und der *Gesetze* willen, welche die Vernunft in diesen Gegenständen erkennt und die das vernünftige Unendliche gegen jene unvernünftige Unendlichkeit sind". (Hegel, Sämtliche Werke, Jubiläumsausgabe, 4. Bd., S. 279.) 253

[49] Dies ist ein von Engels leicht abgeändertes Zitat aus der Abhandlung des italienischen Ökonomen Galiani „Della Moneta" (Über das Geld). Dasselbe Zitat führt Marx im I. Band des „Kapitals" an (Kapitel 4, Anmerkung 10a). Marx und Engels benutzten die Ausgabe Custodi: „Scrittori Classici Italiani di Economia Politica". Parte moderna. Tomo III. Milano 1803, S. 156. 253

[50] Die Worte „So auch $\frac{1}{r^2}$" schrieb Engels nachträglich hinzu. Es ist möglich, daß Engels hier die Zahl π meint, die eine ganz bestimmte Bedeutung hat, aber nicht durch einen endlichen Dezimalbruch oder einen gewöhnlichen Bruch ausgedrückt werden kann. Wenn man den Flächeninhalt des Kreises gleich 1 setzt, so ergibt sich aus der Formel $\pi r^2 = 1$ die Formel $\pi = \frac{1}{r^2}$ (r bedeutet den Radius des Kreises). – Die Notiz ist dem 1. Konvolut entnommen. MEGA, S. 670. 253

[51] Aus den Notizen des 1. Konvoluts. MEGA, S. 664–665. Offenbar in der zweiten Hälfte 1876 geschrieben (auf einem Blatt mit dem ursprünglichen Entwurf der „Einleitung" zum „Anti-Dühring", die in ihrer endgültigen Fassung in der Zeitung *Vorwärts* vom 3. Januar 1877 erschien). 255

[52] Siehe Hegel, Sämtliche Werke, Jubiläumsausgabe, 9. Bd., S. 181: „Die Sonne dient dem Planeten, wie denn überhaupt Sonne, Mond, Kometen, Sterne nur Bedeutungen der Erde sind." Engels zitiert die „Naturphilosophie" Hegels nach der Ausgabe von 1842. 255

Anmerkungen

⁵³ Auf der im Marx-Engels-Lenin-Institut, Moskau, vorliegenden Fotokopie des Blatts, auf dem diese Notiz steht, sind die letzte Zeile des Textes und der Anfang der vorletzten Zeile nicht vollständig wiedergegeben, da das untere Ende des Blatts beim Fotografieren teilweise umgebogen war. Die in eckige Klammer eingeschlossenen Wörter („Es genügt") wurden dem Sinne nach und auf Grund der auf der Fotokopie wiedergegebenen oberen Teile einzelner Buchstaben wiederhergestellt. Das Wort „stattfindet" wurde dem Sinne nach hinzugefügt. – Die Notiz ist dem 4. Konvolut entnommen. MEGA, S. 678–679. 255

⁵⁴ Aus den Notizen das 1. Konvoluts. Geschrieben 1882, wie der Hinweis auf die Zeitschrift *Nature* vom 8. Juni 1882 zeigt. – MEGA, S. 665–666. 255

⁵⁵ Engels bezieht sich auf die Rezension des Buches John Lubbocks „Ants, Bees und Wasps" (Ameisen, Bienen und Wespen), London 1882, durch George J. Romanes. Diese Rezension war in der englischen Zeitschrift *Nature* vom 8. Juni 1882 abgedruckt. Die Engels interessierende Stelle, daß die Ameisen „sehr empfindlich sind für ultraviolette Strahlen", befindet sich auf S. 122 des XXVI. Bands der *Nature*. 255

⁵⁶ Engels bezieht sich auf das 1732 erschienene Gedicht Hallers „Falschheit menschlicher Tugenden", in dem Haller behauptet: „Ins Innere der Natur dringt kein erschaffner Geist; zu glücklich, wenn er nur die äußere Schale weist". Goethe wendet sich in den Gedichten „Allerdings" (1820) und „Ultimatum" (1821) gegen diese Behauptung Hallers, indem er zeigt, daß in der Natur alles eins ist und daß man sie nicht in einen nichterkennbaren inneren Kern und eine dem Menschen zugängliche äußere Schale teilen darf, wie es Haller tut. Diesen Streit Goethes mit Haller erwähnt auch Hegel (siehe Hegel, Sämtliche Werke, Jubiläumsausgabe, 8. Bd., S. 314). 256

⁵⁷ Siehe Hegel, Sämtliche Werke, Jubiläumsausgabe, 8. Bd., S. 133. 257

⁵⁸ Aus den Notizen des 1. Konvoluts. 1874. MEGA, S. 605–606. 257

⁵⁹ Aus den Notizen des 1. Konvoluts. 1874. MEGA, S. 607. 257

⁶⁰ Engels bezieht sich auf den zweiten Teil der „Großen Logik" Hegels. In der Jubiläumsausgabe (Hegel, Sämtliche Werke, 4. Bd.) entsprechen S. 10 der Ausgabe 1841 (die Engels benutzte) S. 488–489. Der von Engels erwähnte „ganze Abschnitt" über das Ding an sich umfaßt in der Jubiläumsausgabe S. 602–613. 257

[61] In der Jubiläumsausgabe (Hegel, Sämtliche Werke, 8. Bd.) befindet sich diese Stelle auf S. 290–291. 257

[62] Hervorhebung von Engels. 258

[63] Aus den Notizen des 1. Konvoluts. MEGA, S. 655. Geschrieben offenbar etwa 1881. Der Verweis auf Hegel bezieht sich auf den dritten Teil der „Großen Logik" (siehe Hegel, Sämtliche Werke, Jubiläumsausgabe, 5. Bd., S. 265–268). 258

[Bewegungsformen der Materie. Klassifizierung der Wissenschaften]

[1] Aus den Notizen des 1. Konvoluts. 1873. MEGA, S. 605. 259

[2] Aus den Notizen des 1. Konvoluts. 1874. MEGA, S. 610. 259

[3] Siehe Hegel, Sämtliche Werke, Jubiläumsausgabe, 8. Bd., S. 296. 259

[4] Aus den Notizen des 4. Konvoluts. MEGA, S. 677. 260

[5] Aus den Notizen des 4. Konvoluts. MEGA, S. 678. 260

[6] Vgl. Hegel, Sämtliche Werke, Jubiläumsausgabe, 8. Bd., S. 239–240. 260

[7] Vgl. auch Notiz über „Kohäsion" auf S. 305. 260

[8] Aus den Notizen des 1. Konvoluts. 1874. MEGA, S. 606–607. 260

[9] Aus den Notizen des 1. Konvoluts. 1874. MEGA, S. 618. 261

[10] Engels bezieht sich offenbar auf die Überlegung Hegels im 1. Buch der „Großen Logik" (siehe Hegel, Sämtliche Werke, Jubiläumsausgabe, 4. Bd., S. 422–442). 261

[11] Der in Klammer gesetzte Satz ist von Engels nachträglich hinzugefügt worden, nachdem er bereits das 5. Blatt der Notizen geschrieben hatte (die Notiz über die Teilbarkeit der Materie befindet sich auf dem 4. Blatt). Die Ziffer 3 nach der Nummer des Blatts bedeutet die Seite (das Blatt hat 4 Seiten). Die von Engels erwähnte Notiz über Clausius (im Zusammenhang mit der kinetischen Gastheorie und der Hypothese über den Äther) wird im Text in den Notizen zur Physik gebracht (S. 305). 261

[12] Aus den Notizen des 1. Konvoluts. 1873. MEGA, S. 604. 261

13 Engels zitiert die „Naturphilosophie" Hegels nach der Ausgabe von 1842. In der Jubiläumsausgabe (Hegel, Sämtliche Werke, 9. Bd.) befindet sich diese Stelle auf S. 91 und die im folgenden zitierte Stelle auf S. 93. 261

14 Aus den Notizen des 1. Konvoluts. 1874. MEGA, S. 613. 261

15 Aus den Notizen des 1. Konvoluts. 1874. MEGA, S. 613. 262

16 Aus den Notizen des 1. Konvoluts. 1874. MEGA, S. 617. 262

17 Engels bezieht sich auf das bekannte Buch Groves „The Correlation of Physical Forces" (Die Wechselwirkung der physischen Kräfte), das 1846 (in London) in erster Auflage erschien und danach oftmals neu herausgegeben worden ist. Nach den bei Engels erwähnten Seiten und nach den von ihm angeführten Zitaten benutzte Engels die dritte Auflage dieses Buchs, die in London 1855 erschien. Auf S. 20–29 dieser Auflage spricht Grove von der „Unzerstörbarkeit der Kraft" bei den Umwandlungen mechanischer Bewegung in den „Spannungszustand" und in Wärme. 262

18 Aus den Notizen des 1. Konvoluts. 1874. MEGA, S. 614–615. 262

19 Diesem „entweder" entspricht im folgenden kein „oder". Man kann annehmen, daß Engels am Ende dieses Satzes auch auf den umgekehrten Umschlag der Repulsion in Attraktion hinweisen wollte, aber diese Absicht nicht verwirklichte. Die vermutete Beendigung dieses Satzes wird in eckiger Klammer gebracht. 263

20 Aus den Notizen des 4. Konvoluts. MEGA, S. 680. Die Gedanken, die in dieser Notiz skizziert sind, hat Engels im Kapitel „Grundformen der Bewegung" (siehe im Text S. 61–81) entwickelt. Die Notiz wurde etwa 1880 geschrieben. 264

21 Aus den Notizen des 1. Konvoluts. 1874. MEGA, S. 617–618. 264

22 Engels zitiert das erstmalig 1846 erschienene Buch Groves „Die Wechselwirkung der physischen Kräfte" höchstwahrscheinlich nach der dritten Auflage (London 1855). Unter „Zuständen (affections) der Materie" versteht Grove „Wärme, Licht, Elektrizität, Magnetismus, chemische Affinität und Bewegung" (S. 15) und unter „Bewegung (motion)" mechanische Bewegung oder Ortsveränderung. Die angeführte Stelle ist von Engels wie folgt nach dem englischen Original zitiert:
„is strongly inclined to believe that the other affections of matter... are, and will ultimatively be resolved into, modes of motion".
Die vorliegende Übersetzung ist der deutschen Ausgabe, Berlin 1863, S. 13, entnommen. 264

Notizen und Fragmente

²³ Dieser Entwurf steht auf dem ersten Blatt des 1. Konvoluts der „Dialektik der Natur". Sein Inhalt deckt sich mit dem Brief Engels' an Marx vom 30. Mai 1873. Dieser Brief beginnt mit den Worten: „Heute morgen im Bett ist mir folgendes Dialektische über die Naturwissenschaften in den Kopf gekommen" (Karl Marx/Friedrich Engels, „Briefwechsel", IV. Bd., S. 476). Die Darstellung dieser Gedanken ist im Brief ausführlicher als im vorliegenden Entwurf. Daraus läßt sich der Schluß ziehen, daß der Entwurf vor dem Brief an demselben Tag, am 30. Mai 1873, geschrieben wurde. Wenn man das Fragment über Büchner (siehe im Text S. 215 bis 218) außer acht läßt, das nicht lange vor diesem Entwurf geschrieben wurde, so sind alle übrigen Kapitel und Fragmente der „Dialektik der Natur" später, d. h. nach dem 30. Mai 1873, geschrieben worden. – MEGA, S. 603–604. 264

²⁴ Das in eckige Klammer eingeschlossene Wort wurde aus dem Brief Engels' an Marx vom 30. Mai 1873 hinzugefügt. 265

²⁵ Aus den Notizen des 1. Konvoluts. 1874. MEGA, S. 620–621. 266

²⁶ Aus den Notizen des 4. Konvoluts. MEGA, S. 680. 266

²⁷ Engels bezieht sich auf den III. Teil der „Großen Logik" Hegels, der erstmalig 1816 erschien. In der „Naturphilosophie" bezeichnet Hegel diese drei Hauptabteilungen der Naturwissenschaft mit den Termini „Mechanik", „Physik" und „Organik". – Die Notiz ist dem 4. Konvolut entnommen. MEGA, S. 683–684. 266

²⁸ Aus den Notizen des 4. Konvoluts. MEGA, S. 680. Das Wort „Physiographie" bedeutet „Naturbeschreibung". 267

²⁹ Diese Notiz gehört zu jenen drei größeren Notizen („Noten"), die Engels in das 2. Konvolut des Materials zur „Dialektik der Natur" aufnahm (die Notizen geringeren Umfangs gelangten in das 1. und 4. Konvolut). In den früheren Ausgaben der „Dialektik der Natur" standen alle drei Notizen unter der Überschrift „Noten zum Anti-Dühring". Bei Engels gibt es diese Überschrift nicht. Zum „Anti-Dühring" haben nur die ersten beiden Notizen Beziehung, aber auch sie sind keine Anmerkungen im gewöhnlichen Sinne des Wortes, sondern stellen die Weiterentwicklung einiger überaus wichtiger Gedanken dar, die an einzelnen Stellen des „Anti-Dührings" beiläufig erwähnt werden. Die Zeit der Niederschrift dieser beiden Notizen ist höchstwahrscheinlich Anfang 1885, als sich Engels anschickte, die zweite, *erweiterte* Auflage des „Anti-Dührings" für den Druck vorzubereiten. Wie aus seinen Briefen an Bernstein,

378 Anmerkungen

Kautsky und Schlüter ersichtlich ist, hatte Engels vor, einige „Zusätze" oder „Anhänge" zu einzelnen Stellen des „Anti-Dührings" zu schreiben, um sie am Ende der zweiten Auflage dieses Werks aufzunehmen. Aber die außerordentliche Inanspruchnahme durch andere Dinge (vor allem durch die Arbeit an der Herausgabe des II. und III. Bands des „Kapitals" von Marx) hinderte Engels daran, diese Absicht auszuführen. Er kam nur dazu, zwei „Anmerkungen" oder „Zusätze" – zu S. 17–18 und zu S. 46 des Textes des „Anti-Dührings" im Konzept zu entwerfen. Die vorliegende Notiz ist die zweite dieser „Anmerkungen". Die Überschrift „Über die ‚mechanische' Naturauffassung" hat ihr Engels im Inhaltsverzeichnis des 2. Konvoluts der „Dialektik der Natur" gegeben. Die Überschrift: „Note 2. Zu S. 46: Die verschiedenen Formen der Bewegung und die sie behandelnden Wissenschaften" steht am Anfang dieser Notiz. – MEGA, S. 469–473. 267

[30] Die Seite ist nach der ersten Auflage des „Anti-Dührings" angegeben. Es ist die erste Seite des VII. Kapitels des ersten Teils „Naturphilosophie. Organische Welt" (Friedrich Engels, „Herrn Eugen Dührings Umwälzung der Wissenschaft (‚Anti-Dühring')", Dietz Verlag, Berlin 1948, S. 78f.). 267

[31] Engels verweist auf jene Nummer der Zeitung *Vorwärts*, in der das VII. Kapitel des „Anti-Dührings", der als Artikelserie gedruckt wurde, zuerst erschien. 267

[32] „Die wissenschaftlichen Ziele und Leistungen der Chemie". Unter diesem Titel ließ Kekulé seine am 18. Oktober 1877 in der Bonner Universität gehaltene Rede in Form einer Broschüre 1878 erscheinen. 267

[33] Kekulé, a. a. O., S. 12. 268

[34] D. h. im Text des „Anti-Dührings", am Anfang des VII. Kapitels des ersten Teils. 268

[35] D. h. in der Note über das Mathematisch-Unendliche, die in der vorliegenden Ausgabe auf S. 283–290 steht. 268

[36] Engels bezieht sich auf die Notiz in der Zeitschrift *Nature* vom 15. November 1877, in der ein kurzer Bericht über die Rede Kekulés gegeben wurde. 268

[37] Engels zitiert die Arbeit Haeckels „Die Perigenesis der Plastidule oder die Wellenzeugung der Lebensteilchen. Ein Versuch zur mechanischen Erklärung der elementaren Entwickelungs-Vorgänge", Berlin 1876. Das Zitat ist S. 13 entnommen. Hervorhebung von Engels. 268

Notizen und Fragmente

38 Als Kurve Lothar Meyers wird die Kurve bezeichnet, die die Wechselbeziehung zwischen den Atomgewichten der Elemente und ihren Atomvolumina darstellt. Der Artikel L. Meyers „Die Natur der chemischen Elemente als Funktion ihrer Atomgewichte" erschien 1870. Die Entdeckung des gesetzmäßigen Zusammenhangs der Atomgewichte und der physikalischen und chemischen Eigenschaften der chemischen Elemente stammt von dem großen russischen Gelehrten D. J. Mendelejew, der als erster das periodische Gesetz der chemischen Elemente in seinem Artikel „Über die Wechselbeziehung der Eigenschaften und Atomgewichte der Elemente" formulierte. Der Artikel erschien 1869, d. h. ein Jahr vor dem Erscheinen des Artikels L. Meyers. In seinen Schlußfolgerungen ging Mendelejew bedeutend weiter als Meyer. Auf der Grundlage des von ihm entdeckten periodischen Gesetzes sagte Mendelejew die Existenz und die spezifischen Eigenschaften von damals noch nicht bekannten chemischen Elementen voraus, während L. Meyer in seinen folgenden Arbeiten ein Unverständnis des Wesens des periodischen Gesetzes an den Tag legte. 269

39 Engels bezieht sich auf das dritte Buch der „Großen Logik" Hegels („Die subjektive Logik oder Lehre vom Begriff"), Abt. II, Kap. III. In der Jubiläumsausgabe (Hegel, Sämtliche Werke, 5. Bd.) befindet sich diese Stelle auf S. 209–210. 271

40 Vgl. die Bemerkung Hegels in der „Kleinen Logik": „... wie wenn z. B. einer, der Obst verlangte, Kirschen, Birnen, Trauben usf. ausschlüge, weil sie Kirschen, Birnen, Trauben, *nicht* aber Obst seien" (Hegel, Sämtliche Werke, Jubiläumsausgabe, 8. Bd., S. 59). 272

41 Engels bezieht sich auf S. 199 der „Kleinen Logik" Hegels im VI. Band der Ausgabe der Werke Hegels (Berlin 1840 oder 1843). In der Jubiläumsausgabe (Hegel, Sämtliche Werke, 8. Bd.) befindet sich diese Stelle auf S. 237. 272

42 Engels bezieht sich auf die Äußerungen Kekulés, daß die Chemie die Wissenschaft von den Atomen sei und die Physik die Wissenschaft von den Molekülen. Diese Äußerungen (aus der Rede Kekulés in der Bonner Universität am 18. Oktober 1877, in Form einer Broschüre 1878 veröffentlicht) werden von Engels in der zweiten „Note" zum „Anti-Dühring" analysiert (siehe im Text S. 267–270). Das vorliegende Fragment, das auf ein besonderes, nicht numeriertes Blatt geschrieben und mit der Überschrift „Noten" versehen wurde, stammt aus den Notizen des 1. Konvoluts. Die Zeit seiner Niederschrift ist unbekannt, auf jeden Fall ist sie nach 1877 anzusetzen. Es ist möglich, daß dieses Fragment der ursprüngliche Entwurf der oben angeführten zweiten „Note" zum „Anti-Dühring" ist. — MEGA, S. 473–474. 272

[Mathematik]

[1] Aus den Notizen des 1. Konvoluts. 1874. MEGA, S. 607–608. 274

[2] Aus den Notizen des 1. Konvoluts. 1875. MEGA, S. 634–635. 274

[3] Aus den Notizen des 1. Konvoluts. MEGA, S. 670–671. 275

[4] Engels bezieht sich auf den ersten Teil der „Großen Logik". In der Jubiläumsausgabe (Hegel, Sämtliche Werke, 4. Bd.) befindet sich diese Stelle auf S. 256: In der Arithmetik „... befindet sich das Denken hier in einer Tätigkeit, die zugleich die äußerste Entäußerung seiner selbst ist, in der gewaltsamen Tätigkeit, sich in der *Gedankenlosigkeit zu bewegen* und das keiner Notwendigkeit Fähige zu verknüpfen". 276

[5] Der Verweis auf den Abschnitt der „Großen Logik" über das „Maß" wurde später hinzugefügt. Engels bezieht sich auf den Hinweis Hegels: „Das natürliche Zahlensystem zeigt schon eine solche *Knotenlinie* von qualitativen Momenten, die sich in dem bloß äußerlichen Fortgang hervortun" (Hegel, Sämtliche Werke, Jubiläumsausgabe, 4.Bd., S. 458). 276

[6] D. h. im Mathematisch-Unendlichen. 276

[7] Aus den Notizen des 1. Konvoluts. MEGA, S. 671. 276

[8] Aus den Notizen des 4. Konvoluts. MEGA, S.674–675. 277

[9] Siehe Hegel, Sämtliche Werke, Jubiläumsausgabe, 4. Bd., S. 51. Hervorhebung von Engels. 279

[10] Aus den Notizen des 4. Konvoluts. MEGA, S. 672–674. 280

[11] Aus den Notizen des 1. Konvoluts. 1875. MEGA, S. 635. 280

[12] Dieser Ausdruck findet sich in dem Buch Bossuts, auf das Engels im Fragment „Grad und Krumm" hinweist. Im Kapitel über die „Integralrechnung mit endlichen Differenzen" betrachtet Bossut vor allem die folgende Aufgabe: „Die ganzzahligen Stufen der veränderlichen Größe x zu integrieren oder zu summieren". Dabei nimmt Bossut an, daß die Differenz Δx konstant ist, und bezeichnet sie mit dem griechischen Buchstaben ω. Da die Summe aus Δx oder aus ω gleich x ist, so ist die Summe aus $\omega \times 1$ oder aus ωx^0 auch gleich x. Diese Gleichung schreibt Bossut so: $\Sigma \omega x^0 = x$. Dann nimmt Bossut die Konstante ω heraus, stellt sie vor das

Notizen und Fragmente

Summenzeichen und bekommt die Formel $\omega \Sigma x^0 = x$, und daraus ergibt sich die Gleichung $\Sigma x^0 = \dfrac{x}{\omega}$. Diese letzte Gleichung benutzt Bossut weiter, um die Größen Σx, Σx^2, Σx^3 usw. zu finden und andere Aufgaben zu lösen. Siehe Bossut, „Traités de calcul différentiel et de calcul intégral". Tome premier (Abhandlungen über Differentialrechnung und Integralrechnung. Erster Band). Paris 1798, S. 38. 280

[13] Aus den Notizen des 1. Konvoluts. MEGA, S. 671–672. 281

[14] Aus den Notizen des 1. Konvoluts. MEGA, S. 675. 281

[15] Aus den Notizen des 1. Konvoluts. 1875. MEGA, S. 635. 281

[16] Aus den Notizen des 1. Konvoluts. 1875. MEGA, S. 635–636. 282

[17] Hervorhebung von Engels. 282

[18] Der volle Titel des Buches Bossuts lautet: „Traités de calcul différentiel et de calcul intégral". 2 vols. Tome premier. Paris, de l'imprimerie de la République. An VI (1798). Die beiden angeführten Stellen sind von Engels wie folgt nach dem französischen Original zitiert:
„comme une petite ligne droite qui est tout à la fois l'élément de l'arc et celui de la tangente" ... „lorsqu'on la considère comme rigoureuse; puisque le détour à chaque point M étant infiniment petit, la raison dernière de l'élément de la courbe à celui de la tangente est *évidemment une raison d'égalité*". 282

[19] Gemeint sind Kurven, die im Polarkoordinatensystem betrachtet werden. 282

[20] Engels bezieht sich auf Figur 17 im ersten Band der „Abhandlungen" Bossuts. Die Figur hat folgende Form: BMK ist die Kurve. MT ist ihre Tangente. P ist der Pol oder der Koordinatenursprung. PZ ist die Polarachse. PM ist die Ordinate des Punkts M (so nannte sie Bossut; die heutige Bezeichnung ist Radius-Vektor). Pm ist die Ordinate des M unendlich nahen Punkts m. (Engels nennt diesen Radius-Vektor „differentiale imaginäre Abszisse".) Die Dreiecke Mrm und TPM (und auch die Dreiecke Mrm und MPH) werden als ähnliche Dreiecke angesehen. 282

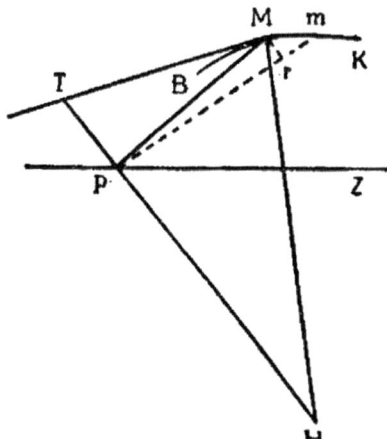

	Anmerkung

²¹ Aus den Notizen des 4. Konvoluts. MEGA, S. 676. 283

²² Aus den Notizen des 1. Konvoluts. 1875. MEGA, S. 634. 283

²³ Aus den Notizen des 4. Konvoluts. MEGA, S. 676. 283

²⁴ Engels bezieht sich auf das Buch Wiedemanns, „Die Lehre vom Galvanismus und Elektromagnetismus", II. Band, 2-te Abteilung. 2-te Auflage, Braunschweig 1874. 283

²⁵ Diese Notiz gehört zu jenen drei größeren „Noten", die Engels in das 2. Konvolut des Materials zur „Dialektik der Natur" aufnahm. Ursprünglich wurde sie als erster Entwurf des Zusatzes (oder Anhangs) zu S. 17–18 des „Anti-Dührings" fixiert. Die Zeit ihrer Niederschrift ist ebenso wie die der Note „Über die ‚mechanische' Naturauffassung" höchstwahrscheinlich Anfang 1885 (siehe Anmerkung 29 zu S. 267). Die Überschrift „Über die Urbilder des Mathematisch-Unendlichen in der wirklichen Welt" hat ihr Engels im Inhaltsverzeichnis des 2. Konvoluts der „Dialektik der Natur" gegeben. Die Überschrift „Zu S. 17–18: ‚Einstimmung von Denken und Sein. – Das Unendliche der Mathematik'" steht am Anfang der Notiz. – MEGA, S. 464–469. 283

²⁶ Die Seiten sind nach der ersten Auflage des „Anti-Dührings" angegeben, die im Sommer 1878 erschien. Es handelt sich um die zweite und dritte Seite des III. Kapitels „Einteilung. Apriorismus" des ersten Teils, wo vom Verhältnis des Denkens und Seins im Zusammenhang mit der Kritik des Dühringschen Apriorismus gesprochen wird (Friedrichs Engels, „Herrn Eugen Dührings Umwälzung der Wissenschaft [‚Anti-Dühring']", S. 40 bis 41). 283

²⁷ Gemeint ist der „Anti-Dühring". 285

²⁸ Ausdruck Dührings. 285

²⁹ Diese Zahl wird in einem Artikel William Thomsons, „The Size of Atoms" (Die Größe der Atome), angeführt, der erstmalig in der Zeitschrift *Nature* vom 51. März 1870 (vol. I., p. 553) erschien und danach in zweiter Auflage in „A Treatise on Natural Philosophy", 2nd edition (Abhandlung über theoretische Physik, 2te Auflage), 1883, von Thomson und Tait als Anhang abgedruckt wurde. 286

³⁰ Einer der Zwergstaaten, die im zweiten deutschen Reich aufgegangen sind. 289

³¹ Engels bezieht sich hier offenbar auf den psychophysischen Monismus Haeckels, wie er z. B. in dem von Engels an anderer Stelle (siehe im Text

S. 268 und Anmerkung 37 dazu) zitierten Büchlein Haeckels „Die Perigenesis der Plastidule" (Berlin 1876) dargestellt wird. Auf S. 38–40 dieses Büchleins behauptet Haeckel, daß nicht nur die Plastidulen (d. h. die Moleküle des Protoplasmas), sondern auch die Atome eine elementare „Seele" hätten, daß alle Atome „beseelt" seien und „Empfindung" und „Willen" besäßen. 290

[32] Es ist möglich, daß sich Engels auch hier auf die Ansichten Haeckels bezieht, der in dem in der vorhergehenden Anmerkung zitierten Büchlein über die „Perigenesis der Plastidule" von den Atomen als von etwas absolut Diskretem, absolut Unteilbarem und absolut Unveränderlichem spricht, aber neben den diskreten Atomen die Existenz des Äthers als etwas absolut Kontinuierliches anerkennt. 290

[33] Diese drei Zeilen wurden von Engels später hinzugefügt. 290

[34] Aus den Notizen des 1. Konvoluts. MEGA, S. 672. 290

[35] Aus den Notizen des 1. Konvoluts. MEGA, S. 672. 291

[Mechanik und Astronomie]

[1] Aus den Notizen des 1. Konvoluts. 1874. MEGA, S. 628. 292

[2] Aus den Notizen des 1. Konvoluts. 1873. MEGA, S. 605. 292

[3] Aus den Notizen des 1. Konvoluts. 1874. MEGA, S. 616. 292

[4] Aus den Notizen des 1. Konvoluts. 1875. MEGA, S. 637. 293

[5] Aus den Notizen des 1. Konvoluts. 1873. MEGA, S. 605. 293

[6] Aus den Notizen des 1. Konvoluts. 1876. MEGA, S. 649–650. Die vorliegende Notiz besteht aus Auszügen aus dem neunten Teil des Buches Mädlers „Der Wunderbau des Weltalls, oder Populäre Astronomie", 5-te Auflage, Berlin 1861. Der neunte Teil dieses Buches heißt „Die Fixsterne" und umfaßt die Seiten 408–484. 293

[7] Engels bezieht sich auf das Buch Secchis „Die Sonne. Autorisierte deutsche Ausgabe", Braunschweig 1872. Die periodische partielle Verdunklung des Sterns Algol erklärt Secchi dadurch, daß dieser Stern einen dunklen Trabanten hat. 294

[8] Aus den Notizen des 1. Konvoluts. 1876. MEGA, S. 650–651. 295

Anmerkungen

⁹ Die Auszüge aus dem Buch Secchis „Die Sonne. Autorisierte deutsche Ausgabe", Braunschweig 1872, gehen weiter. 296

¹⁰ Einschaltung von Engels 296

¹¹ Hervorhebung von Engels. 296

¹² Aus den Notizen des 1. Konvoluts. 1876. MEGA, S. 651. Die Notiz besteht aus Auszügen aus dem Buch Secchis „Die Sonne. Autorisierte deutsche Ausgabe", Braunschweig 1872. 296

¹³ Der in Klammer eingeschlossene Zusatz stammt von Engels, der hier auf das oben genannte Buch Mädlers hinweist. 296

¹⁴ Diese Stelle wird von Engels in der „Einleitung" zitiert. Siehe im Text S. 24. 297

¹⁵ Aus den Notizen des 1. Konvoluts. 1873. MEGA, S. 605. 297

¹⁶ Engels bezieht sich auf das Buch Rudolf Wolfs „Geschichte der Astronomie", München 1877. Auf S. 325 dieses Buches behauptet Wolf, das Gesetz der Lichtbrechung wäre nicht von Descartes entdeckt worden, sodern von Snellius, der es in seinen nichtveröffentlichten Arbeiten dargelegt hatte, woraus es Descartes in der Folgezeit (nach dem Tode von Snellius) entlehnt hätte. 297

¹⁷ Aus den Notizen des 4. Konvoluts. MEGA, S. 677. 297

¹⁸ Engels bezieht sich auf das Buch Julius Robert Mayers „Die Mechanik der Wärme in gesammelten Schriften", zweite, umgearbeitete und vermehrte Auflage, Stuttgart 1874. 297

¹⁹ Mayer erwähnt die Berechnungen des englischen Astronomen Adams in diesem Buche auf S. 330. 297

²⁰ Aus den Notizen des 1. Konvoluts. 1874. MEGA, S. 628. 297

[Physik]

¹ Aus den Notizen des 4. Konvoluts. MEGA, S. 677. 298

² Aus den Notizen des 4. Konvoluts. MEGA, S. 676–677. 298

³ Aus den Notizen des 4. Konvoluts. MEGA, S. 678. 298

⁴ Aus den Notizen des 1. Konvoluts. MEGA, S. 676. 299

Notizen und Fragmente

⁵ Aus den Notizen des 4. Konvoluts. MEGA, S. 676. 299

⁶ Bezieht sich auf die folgenden Arbeiten Mayers: 1. „Bemerkungen über die Kräfte der unbelebten Natur" (erstmalig veröffentlicht 1842 in den „Annalen der Chemie und Pharmacie", hrsg. von Wöhler und Liebig) und 2. „Die organische Bewegung in ihrem Zusammenhange mit dem Stoffwechsel" (erstmalig veröffentlicht 1845 in Heilbronn als Broschüre). Diese beiden Arbeiten sind in der Artikelsammlung Mayers „Die Mechanik der Wärme" enthalten, die in erster Auflage 1867 und in zweiter Auflage 1874 erschien. 299

⁷ Aus den Notizen des 1. Konvoluts. 1874. MEGA, S. 628. Das in dieser Notiz angeführte Zitat aus Hegel benutzte Engels im Kapitel „Grundformen der Bewegung" (siehe im Text S. 75). 299

⁸ Alle Hervorhebungen in diesem Zitat von Engels. 299

⁹ Aus den Notizen des 1. Konvoluts. MEGA, S. 652. Der erste Satz ist mit Bleistift geschrieben, der zweite mit Tinte. 299

¹⁰ Aus den Notizen des 1. Konvoluts. 1874. MEGA, S. 611–613. 299

¹¹ D. h. die verschiedenen Formen der Bewegung: mechanische Bewegung, Wärme, Elektrizität usw. 300

¹² Im Manuskript ist diese Stelle von Engels zum Teil durchgestrichen, im Zusammenhang damit, daß er der ursprünglichen Fassung des zweiten Satzes dieses Abschnitts die Worte „und die ‚Kraft' kommt hier damit an ihrer Grenze an. Ist aber noch meßbar durch die Wärmeerzeugung, bis jetzt aber ohne viel Resultat" hinzufügte, während der mit den Worten „zu ihrer Erklärung eine sogenannte Kraft *erfindet*" beginnende Satz unverändert blieb und mit dem Hinzugefügten nicht in Übereinstimmung gebracht wurde. Um den vollen Sinn und einen grammatisch richtigen Bau des letzten Satzes zu erhalten, wurden die von Engels gestrichenen Worte „wird hier reine Phrase, wie überall, wo man, statt nicht untersuchte Bewegungsformen zu untersuchen" wiederhergestellt und durch Voranstellung des Subjekts „Sie" ergänzt. 301

¹³ Vgl. die Bemerkung Hegels: „Es ist damit dem Inhalt nach nichts anderes ausgesprochen, als was das Phänomen, nämlich die Beziehung dieser Körper aufeinander in ihrer Bewegung, enthält, nur in der Form von in sich reflektierter Bestimmung, von Kraft", wodurch sich eine „leere Tautologie" ergibt (Hegel, Sämtliche Werke, Jubiläumsausgabe, 4. Bd., S. 570). 301

25 Engels, Dialektik der Natur

Anmerkungen

¹⁴ Engels zitiert die „Naturphilosophie" Hegels nach der Ausgabe von 1842. In der Jubiläumsausgabe (Hegel, Sämtliche Werke, 9. Bd.) befindet sich die von Engels erwähnte Stelle auf S. 105. 302

¹⁵ Aus den Notizen des 1. Konvoluts. 1874. MEGA, S. 613–614. 302

¹⁶ Aus den Notizen des 1. Konvoluts. 1874. MEGA, S. 616. 303

¹⁷ Aus den Notizen des 1. Konvoluts. 1875. MEGA, S. 636–637. 303

¹⁸ Engels bezieht sich auf das Buch Lawrows „Versuch der Geschichte des Denkens", Bd. I (SPB. 1875). Auf S. 109 dieses Buches schreibt Lawrow: „Erloschene Sonnen mit ihrem toten System von Planeten und Trabanten setzen ihre Bewegung im Raume fort, solange sie noch nicht in neu sich bildende Nebelmassen versunken sind. Dann werden die Reste einer abgestorbenen Welt Stoff zur Beschleunigung des Bildungsprozesses einer neuen Welt." In einer Fußnote führt Lawrow die Ansicht Zöllners an, daß der Zustand der Erstarrung der erloschenen Himmelskörper „nur durch äußere Einflüsse aufgehoben werden kann, z.B. durch Wärme, die sich beim Zusammenstoß mit irgendeinem anderen Körper entwickelt". 303

¹⁹ Engels bezieht sich auf den Vortrag Clausius' „Über den zweiten Hauptsatz der mechanischen Wärmetheorie", der in Frankfurt am Main am 23. September 1867 gehalten und als Broschüre im gleichen Jahr 1867 in Braunschweig herausgegeben wurde. 303

²⁰ D. h. bis die Wärme wieder Arbeit leisten und in andere Bewegungsformen übergehen kann. 304

²¹ Aus den Notizen des 1. Konvoluts. 1875. MEGA, S. 639. 304

²² Mit dem Ausdruck „reductio ad absurdum" („Zurückführung aufs Absurde" oder „Hinführung zum Absurden") wird ein besonderes Beweisverfahren bezeichnet, das darin besteht, irgendeine Behauptung durch den Nachweis zu widerlegen, daß die aus ihr abgeleiteten Folgerungen ins Ungereimte führen. – Die Notiz ist dem 1. Konvolut entnommen. 1875. MEGA, S. 646. 304

²³ Aus den Notizen des 4. Konvoluts. MEGA, S. 679. Geschrieben etwa 1880 (auf einem Blatt mit der Skizze des Teilplans). 305

²⁴ Aus den Notizen des 4. Konvoluts. MEGA, S. 677. 305

²⁵ Aus den Notizen des 1. Konvoluts. 1873. MEGA, S. 605. 305

²⁶ Aus den Notizen des 1. Konvoluts. 1873. MEGA, S. 605. Fragezeichen nach dem Wort „Äther" von Engels. 305

Notizen und Fragmente

²⁷ Aus den Notizen des 1. Konvoluts. MEGA, S. 679. 305
²⁸ Aus den Notizen des 1. Konvoluts. MEGA, S. 679. 305
²⁹ Aus den Notizen des 1. Konvoluts. 1875. MEGA, S. 639. 305
³⁰ Engels bezieht sich auf die Broschüre von Clausius „Über den zweiten Hauptsatz der mechanischen Wärmetheorie. Ein Vortrag, gehalten in einer allgemeinen Sitzung der 41. Versammlung deutscher Naturforscher und Ärzte zu Frankfurt a. M. am 23. September 1867", Braunschweig 1867. 306
³¹ Engels bezieht sich offenbar ebenfalls auf S. 16 der obengenannten Broschüre, wo Clausius den Äther flüchtig erwähnt, der sich *außerhalb* der Himmelskörper befindet. Hier handelt es sich um den gleichen Äther, aber nicht außerhalb der Körper, sondern in den Zwischenräumen zwischen den kleinsten Bestandteilen der Körper. 306
³² Aus den Notizen des 1. Konvoluts. 1874. MEGA, S. 623. 306
³³ *Horror vacui* – Furcht vor dem Leeren. Bis zur Mitte des 17. Jahrhunderts herrschte die noch auf Aristoteles zurückgehende Ansicht, daß „die Natur das Leere fürchtet", d. h. die Entstehung eines leeren Raums nicht zuläßt. Mit dieser „Furcht vor dem Leeren" erklärte man das Steigen des Wassers in der Pumpe. 306
³⁴ Aus den Notizen des 1. Konvoluts. Mit Bleistift geschrieben. 1874. MEGA, S. 626–627. 306
³⁵ Aus den Notizen des 1. Konvoluts. 1875. MEGA, S. 636. 306
³⁶ Engels bezieht sich höchstwahrscheinlich auf jene Stelle aus dem Buch Mädlers „Der Wunderbau des Weltalls, oder Populäre Astronomie" (5-te Auflage, Berlin 1861), wo Mädler die Frage der sogenannten Absorption des Lichts und der Ursachen des Umstands berührt, warum der Himmel in der Nacht trotz der unendlich großen Zahl leuchtender Sterne dunkel ist (S. 465–466). 306
³⁷ Der Name Lawrow ist bei Engels mit russischen Buchstaben geschrieben. Engels bezieht sich auf das Buch Lawrows „Versuch der Geschichte des Denkens" (Bd. I), das 1875 anonym in St. Petersburg erschien. Im Kapitel „Die kosmische Grundlage der Geschichte des Denkens" erwähnt Lawrow die Ansichten verschiedener Gelehrter über das Erlöschen des Lichts in sehr großen Entfernungen (S. 103–104). 306
³⁸ Engels zitiert das Büchlein Ficks „Die Naturkräfte in ihrer Wechselbeziehung. Populäre Vorträge", Würzburg 1869. 306

388   Anmerkungen

39 Hervorhebung von Engels. 306

40 Engels zitiert das Buch Maxwells „Theory of Heat", 4th edition (Theorie der Wärme, 4te Auflage), London 1875, wie folgt im Originaltext:
„These rays (of radiant heat) have all the physical properties of rays of light and are capable of reflexion etc. ... some of the heat-rays are identical with the rays of light, while other kinds of heat-rays make no impression upon our eyes." 306

41 Engels bezieht sich auf das Buch Secchis „Die Sonne. Die wichtigeren neuen Entdeckungen über ihren Bau, ihre Strahlungen, ihre Stellung im Weltall und ihr Verhältnis zu den übrigen Himmelskörpern. Autorisierte deutsche Ausgabe", Braunschweig 1872. 307

42 Engels bezieht sich auf das S. 632 des Buches Secchis abgebildete Diagramm, das wir hier in seinen wichtigsten Teilen wiedergeben:

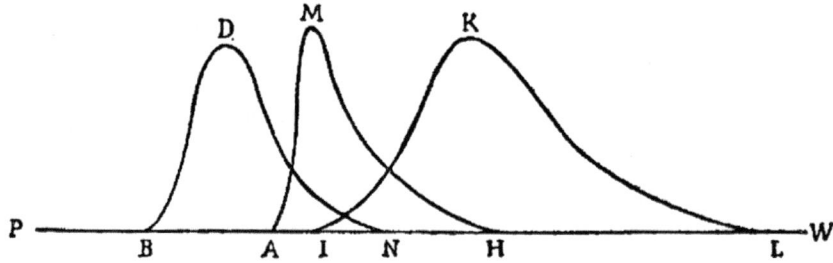

Die Kurve BDN veranschaulicht die Intensität der Wärmestrahlung von den langwelligsten Wärmestrahlen (beim Punkt B) bis zu den kurzwelligsten (beim Punkt N). Die Kurve AMH veranschaulicht die Intensität der Lichtstrahlen von den langwelligsten (beim Punkt A) bis zu den kurzwelligsten (beim Punkt H). Die Kurve IKL veranschaulicht die Intensität der chemischen Strahlen von den langwelligsten (beim Punkt I) bis zu den kurzwelligsten (beim Punkt L). In allen drei Fällen ist die Intensität der Strahlen durch die Entfernung des betrachteten Kurvenpunkts von der Linie PW dargestellt. 307

43 Aus den Notizen des 1. Konvoluts. 1875. MEGA, S. 642–643. 307

44 Engels bezieht sich auf die „Naturphilosophie" Hegels in der Berliner Ausgabe 1842. In der Jubiläumsausgabe (Hegel, Sämtliche Werke, 9. Bd.) befindet sich diese Stelle auf S. 340–341. – Die Notiz ist dem 4. Konvolut entnommen. MEGA, S. 681. 307

45 Aus den Notizen des 4. Konvoluts. MEGA, S. 683. 307

46 Engels bezieht sich auf die „Naturphilosophie" Hegels in der Berliner Ausgabe von 1842. In der Jubiläumsausgabe (Hegel, Sämtliche Werke, 9. Bd.) befindet sich diese Stelle auf S. 372–373. 307

47 Siehe Hegel, Sämtliche Werke, Jubiläumsausgabe, 9. Bd., S. 373. 307

48 Engels bezieht sich auf das Buch Thomas Thomsons „An Outline of the Sciences of Heat and Electricity", 2nd edition, London 1840. Die von Thomson angeführte Aussage Coulombs über die „elektrischen Partikel" (Elektrizitätsteilchen) (das Wort „Partikeln" wurde von Engels hervorgehoben) stammt aus dem Jahr 1786. – Die Notiz ist dem 4. Konvolut entnommen. MEGA, S. 682–683. 308

49 Im Kapitel „Elektrizität" (siehe im Text S. 114–116) führt Engels diese Äußerungen Faradays über den elektrischen Funken an, indem er sie nach dem Buch von Thomson zitiert. Sie sind folgender Arbeit Faradays entnommen: „Experimental Researches in Electricity", 12th Series, erschienen in der Zeitschrift der Londoner „Royal Society" *Philosophical Transactions*, 1838, S. 105. (Deutsche Ausgabe in der Sammlung: Ostwald's Klassiker der exakten Wissenschaften, Bd. 128, Akad. Verlagsges., Leipzig o. J.) Bei Thomson werden die Äußerungen Faradays nicht genau angeführt (siehe Anmerkung 3 zum Kapitel „Elektrizität"). 308

50 Hervorhebung von Engels (die Worte „komprimiert" und „feine Spaltung" wurden von ihm doppelt unterstrichen, um die Ungereimtheit der von Thomson angeführten Erklärung zu betonen). 308

51 Hervorhebung von Engels. 309

52 Hervorhebungen von Engels. 309

53 Thomas Thomson, „An Outline of the Sciences of Heat and Electricity", 2nd edition, London 1840, S. 454. Hervorhebung von Engels. Ausrufezeichen am Ende des Zitats ebenfalls von ihm.– Die in der vorliegenden Notiz angeführten vielen Stellen sind von Engels nach dem englischen Original zitiert. Zur besseren Lesbarkeit wurde ein durchgehender deutscher Text hergestellt, während der Wortlaut des Manuskripts nachstehend gegeben wird:
„Wenn Coulomb von *particles* of electricity spricht, which repel each other inversely as the square of their distance, so nimmt Thomson das ruhig hin als bewiesen 358. Dito 366 die Hypothese, daß Elektrizität aus two fluids, positive and negative, bestehe, deren particles repel each other. Daß die Elektrizität in einem geladenen Körper zurückgehalten werde bloß durch

den Druck der Atmosphäre 360. Faraday legte die Elektrizität in die entgegengesetzten Pole der Atome (oder Moleküle, was noch sehr durcheinander) und drückte so zum ersten Male aus, daß die Elektrizität kein Fluidum, sondern eine Bewegungsform, „Kraft" sei 378. Was dem alten Thomson gar nicht in den Kopf will, gerade der Funke sei ja was *Materielles!*
Faraday hatte schon 1822 entdeckt, daß der momentane induzierte Strom – erster wie zweiter, rückläufiger – participates more of the current produced by the discharge of the Leyden jar than that produced by the Voltaic battery, worin das ganze Geheimnis lag 385.
Über den *Funken* allerhand Räubergeschichten, die jetzt als Spezialfälle oder Täuschungen bekannt sind: Der Funke aus einem positiven Körper sei ein pencil of rays, brush or cone, dessen Spitze ein Entladungspunkt, dagegen der negative Funke sei ein *star* 396. Ein kurzer Funke sei immer weiß, ein langer meist rötlich oder violettlich. (Schöner Blödsinn von Faraday über den Funken 400.) Der mit einer Metallkugel aus dem prime conductor entlockte Funke sei weiß, mit der Hand purple, mit Wasserfeuchtigkeit rot 405. Der Funke, d. h. das Licht sei not inherent in electricity, but merely the result of the compression of the air. That air is violently and suddenly **compressed** when an electric spark passes through it, beweist das Experiment von Kinnersley in Philadelphia, wonach der Funke *a sudden* **rare faction** *of the air in the tube* erzeugt und das Wasser in die Röhre treibt 407. In Deutschland vor 30 Jahren Winterl und andere geglaubt, der Funke oder das elektrische Licht sei of the same nature with *fire* und entstehe durch Vereinigung der zwei Elektrizitäten. Wogegen Thomson ernsthaft beweist, die Stelle, wo die beiden Elektrizitäten zusammentreffen, sei grade die lichtärmste, und das sei $^2/_3$ vom positiven und $^1/_3$ vom negativen Ende! (409–410.) Daß hier Feuer noch ganz etwas *Mythisches*, ist augenscheinlich.
Mit demselben Ernst die Experimente von Dessaignes, wonach bei steigendem Barometer und fallender Temperatur Glas, Harz, Seide etc. durch Eintauchen in Quecksilber negativ elektrisch werden, bei fallendem Barometer und steigender Temperatur aber positiv und im Sommer in unreinem Quecksilber stets positiv, in reinem stets negativ werden, daß Gold und diverse andre Metalle im Sommer durch Erwärmen positiv und beim Abkühlen negativ werden, im Winter umgekehrt, daß sie bei hohem Barometer und nördlichem Wind highly electric sind, positiv bei steigender, negativ bei fallender Temperatur usw. 416.
Wie es mit der *Wärme* aussah: In order to produce thermoelectric effects, it is not necessary to apply heat. Any thing *which alters the temperature* in

Notizen und Fragmente 391

one part of the chain ... occasions a variation in the declination of the magnet. So Abkühlung eines Metalls durch Eis oder Ätherverdunstung! 419. Die elektrochemische Theorie 438 als at least very ingenious and plausible akzeptiert.

Fabroni und Wollaston hatten schon lange und neuerdings Faraday die Voltasche Elektrizität als einfache Folge der chemischen Prozesse behauptet, und Faraday sogar schon die richtige Erklärung der in der Flüssigkeit vorgehenden Atomverschiebung gegeben und aufgestellt, daß das Quantum der Elektrizität gemessen werde durch das Quantum des elektrolytischen Produkts.

Mit Hilfe von Faraday bringt er das Gesetz fertig: that every atom must be naturally surrounded by the same quantity of electricity, *so that in this respect heat and electricity resemble each other!*" 310

[54] Aus den Notizen des 4. Konvoluts. MEGA, S. 681–682. 310

[55] Engels bezieht sich auf das Buch des englischen Physikers Frederick Guthrie „Magnetism and Electricity" (Magnetismus und Elektrizität), London and Glasgow 1876. Auf S. 210 schreibt Guthrie: „Die Stromstärke ist proportional der Menge des Zinks, das in der Batterie aufgelöst, d. h. der Oxydation unterworfen ist, und proportional der Wärme, die die Oxydation dieses Zinks frei macht." 310

[56] Aus den Notizen des 4. Konvoluts. MEGA, S. 678. Engels bezieht sich auf das Buch Guthries „Magnetism and Electricity", London and Glasgow 1876. 311

[57] Aus den Notizen des 4. Konvoluts. MEGA, S. 684. 311

[58] Siehe Wiedemann, „Die Lehre vom Galvanismus und Elektromagnetismus", II. Band, 2-te Abteilung. 2-te Auflage, Braunschweig 1874, S. 418. 311

[59] Aus den Notizen des 1. Konvoluts. 1873. MEGA, S. 605. 311

[Chemie]

[1] Aus den Notizen des 1. Konvoluts. 1875. MEGA, S. 639. Der vollständige Titel des Buches Kopps, auf das Engels verweist, lautet: „Die Entwickelung der Chemie in der neueren Zeit. Erste Abteilung: Die Entwickelung der Chemie vor und durch Lavoisier", München 1871. 312

[2] Aus den Notizen des 4. Konvoluts. MEGA, S. 684. 312

392   Anmerkungen

³ Aus den Notizen des 4. Konvoluts. MEGA, S. 680–681. 313
⁴ Aus den Notizen des 4. Konvoluts. MEGA, S. 655. 313
⁵ Aus den Notizen des 1. Konvoluts. MEGA, S. 652–653. 313

[Biologie]

¹ Aus den Notizen des 1. Konvoluts. 1875. MEGA, S. 633–634. 314

² Aus den Notizen des 1. Konvoluts. 1874. MEGA, S. 609–610. 314

³ Siehe Hegel, Sämtliche Werke, Jubiläumsausgabe, 8. Bd., S. 190–191: „daß das Leben als solches den Keim des Todes in sich trägt". 314

⁴ Aus den Notizen des 1. Konvoluts. 1874. MEGA, S. 627–628. 315

⁵ *Plasmogonie* nannte Haeckel die hypothetische Entstehung von Organismen, wenn der Organismus in einer gewissen organischen Flüssigkeit entsteht, zum Unterschied von der *Autogonie*, d. h. der direkten Entstehung lebenden Protoplasmas aus organischen Stoffen. 315

⁶ Engels bezieht sich auf Versuche zur Frage der Urzeugung, die Pasteur im Jahre 1862 durchführte. Durch diese Versuche bewies Pasteur, daß sich Mikroorganismen in irgendeinem Medium nur aus den Keimen entwickeln, die schon vorher darin enthalten waren oder die aus der Außenluft hineingefallen sind. Daraus schloß Pasteur auf die Unmöglichkeit der Urzeugung der heute lebenden Mikroorganismen. 316

⁷ Aus den Notizen des 1. Konvoluts. 1874. MEGA, S. 628–633. 316

⁸ Hervorhebung dieser beiden Wörter und Ausrufezeichen von Engels. Ebenso in den weiteren Auszügen aus dem Artikel Wagners alle Hervorhebungen und in Klammern eingeschlossenen Fragezeichen und Ausrufezeichen von Engels. 316

⁹ Der vollständige Titel des Buches lautet: „Handbuch der theoretischen Physik von W. Thomson und P. G. Tait. Autorisierte deutsche Übersetzung von Dr. H. Helmholtz und G. Wertheim", 1. Band, 2. Teil, Braunschweig 1874. Die von Wagner zitierte und von Engels angeführte Stelle aus der Vorrede von Helmholtz befindet sich auf Seite XI dieses Buches. Engels zitiert nach dem Artikel Wagners, wie aus kleinen Abweichungen vom Helmholtzschen Text ersichtlich ist. 317

Notizen und Fragmente

[10] Siehe Liebig, „Chemische Briefe", 4-te umgearbeitete und vermehrte Auflage, I. Band, Leipzig und Heidelberg 1859, S. 373. 317

[11] Hier enden die Auszüge aus dem Artikel Wagners. Sie sind den S. 4333, 4334, 4351 und 4370 der Augsburger *Allgemeinen Zeitung* von 1874 entnommen. 319

[12] Aus den Notizen des 1. Konvoluts. 1876. MEGA, S. 648–649. 323

[13] Engels bezieht sich auf den Vortrag Allmans „Neue Fortschritte unserer Kenntnisse über die Ciliaten", erschienen in den Nrn. 294, 295 und 296 der englischen Zeitschrift *Nature* (vom 17., 24. Juni und 1. Juli 1875). 323

[14] Engels bezieht sich auf die Rezension des Buches Crolls „Climate and Time in their Geological Relations; a Theory of Secular Changes of the Earth's Climate" (Klima und Zeit in ihren geologischen Wechselbeziehungen; eine Theorie der periodischen Veränderungen des Klimas der Erde), London 1875, abgedruckt in den Nrn. 294 und 295 der Zeitschrift *Nature* (vom 17. und 24. Juni 1875). 323

[15] Engels bezieht sich auf den Artikel Tyndalls „Über die Keime", erschienen in den Nrn. 326 und 327 der Zeitschrift *Nature* vom 27. Januar und 3. Februar 1876. 323

[16] Aus den Notizen des 1. Konvoluts. 1874. MEGA, S. 621–622. 323

[17] Engels bezieht sich auf das Buch Haeckels „Natürliche Schöpfungsgeschichte", 4-te Auflage (siehe Anmerkung 25 zu S. 219). Die Tafel I befindet sich zwischen den S. 168 und 169 dieser Ausgabe, aber die Erklärung dazu auf S. 664. 323

[18] Engels bezieht sich höchstwahrscheinlich auf eine der frühen Auflagen des „Leitfadens der Zoologie" („A Manual of Zoology") des englischen Biologen Nicholson. In der im Marx-Engels-Lenin-Institut, Moskau, vorliegenden fünften Ausgabe dieses Buches (Edinburgh und London 1878) wird auf S. 77 vom Unterschied der äußeren und inneren Schicht beim Actinophrys sol gesprochen. 324

[19] Engels bezieht sich höchstwahrscheinlich auf Wilhelm Wundts „Lehrbuch der Physiologie des Menschen", das in erster Auflage 1865, in zweiter Auflage 1868 und in dritter Auflage 1873 erschien. 324

[20] Über die Amoeba sphaerococcus spricht Haeckel auf S. 380 der vierten Auflage der „Natürlichen Schöpfungsgeschichte" (Berlin 1873). 324

[21] Nicholson, „A Manual of Zoology". 324

Anmerkungen

22 Haeckel, „Natürliche Schöpfungsgeschichte", 4-te Auflage, Berlin 1873. 324

23 *Zoophyta* (Pflanzentiere) nannte Haeckel die Hohltiere (Coelenterata) und rechnete dazu auch die Schwämme, die man jetzt in eine von den Hohltieren gesonderte Gruppe einreiht. 325

24 Von den Planula- und Gastrula-Formen Haeckels wird auf S. 452 der vierten Auflage seiner „Natürlichen Schöpfungsgeschichte" gesprochen. Bereits in der fünften Auflage dieses Buches änderte Haeckel diese Stelle, er strich von den auf S. 452 folgenden Seiten an jede Erwähnung der Planula und ließ nur den Hinweis auf die Gastrula stehen. Daraus kann man den Schluß ziehen, daß Engels gerade die vierte Auflage der „Natürlichen Schöpfungsgeschichte" (Berlin 1873) benutzt hat. In dieser Auflage zählt Haeckel die folgenden ersten fünf embryonalen Entwicklungsstufen des Keims bei den mehrzelligen Tieren auf: Monerula, Ovulum, Morula, Planula und Gastrula. In den späteren Auflagen des Buches ist dieses Schema Haeckels wesentlich verändert worden. Aber die grundlegende Idee Haeckels, die Engels positiv wertete, die Idee des Parallelismus zwischen der individuellen Entwicklung des Organismus (Ontogenese) und der Entwicklung einer bestimmten Form im Verlaufe des Evolutionsprozesses (Phylogenese) hat in der Wissenschaft festen Fuß gefaßt. 325

25 Das Wort *bathybius* bedeutet „in der Tiefe lebend" Im Jahre 1868 beschrieb Huxley klebrigen Schleim, den man aus der Tiefe des Ozeans heraufgeholt hatte, und hielt ihn für die ursprüngliche, strukturlose lebende Materie – für Protoplasma. Zu Ehren Haeckels nannte er dieses, wie er dachte, einfachste lebende Wesen Bathybius Haeckelii. In der Folgezeit wurde bewiesen, daß der Bathybius nichts mit Protoplasma zu tun hat. Über den Bathybius und die in ihm eingeschlossenen kleinen Kalksteinchen spricht Haeckel auf S. 165–166 der vierten Auflage seiner „Natürlichen Schöpfungsgeschichte" (Berlin 1873). 325

26 Aus den Notizen des 1. Konvoluts. 1875. MEGA, S. 657. 325

27 Aus den Notizen des 1. Konvoluts. 1874. MEGA, S. 622. 325

28 Mit diesem Terminus bezeichnet Haeckel (im I. Band der „Generellen Morphologie der Organismen", Berlin 1866) solche Kolonien oder Vereinigungen von Organismen, die aus „morphologischen Individuen fünfter Ordnung" bestehen, z. B. aus Ketten von Meeresglühwürmchen. 325

Notizen und Fragmente

²⁹ *Metameren* heißen die Abschnitte des Körpers (Segmente) verschiedener Tiere (z. B. Würmer), die sich ihrem Bau nach wiederholen. 325

³⁰ Engels bezieht sich auf das Buch Haeckels „Anthropogenie oder Entwickelungsgeschichte des Menschen", Leipzig 1874. 325

³¹ Engels bezieht sich auf das Buch Haeckels „Generelle Morphologie der Organismen", 2 Bde., Berlin 1866. In Band I dieses Werkes behandelt Haeckel in vier großen Kapiteln (VIII–XI) den Begriff des organischen Individuums, die morphologische und physiologische Individualität der Organismen, die Kolonien, Metameren usw. 325

³² Aus den Notizen des 1. Konvoluts. 1874. MEGA, S. 623. 326

³³ *Gastrula* – zweischichtiger Keim, ein Stadium der Embryonalentwicklung, das bei den meisten vielzelligen Tieren zu beobachten ist. 326

³⁴ Aus den Notizen des 1. Konvoluts. 1874. MEGA, S. 622. 326

³⁵ Haeckel, „Natürliche Schöpfungsgeschichte", 4-te Auflage, Berlin 1873. 326

³⁶ Haeckel, „Anthropogenie oder Entwickelungsgeschichte des Menschen", Leipzig 1874. 326

³⁷ Aus den Notizen des 1. Konvoluts. 1874. MEGA, S. 623. 326

³⁸ Aus den Notizen des 4. Konvoluts. MEGA, S. 655. Über Zufälligkeit und Notwendigkeit siehe im Text S. 231–235. 326

³⁹ Aus den Notizen des 4. Konvoluts. MEGA, S. 660–661. 326

⁴⁰ Aus den Notizen des 1. Konvoluts. 1875, S. 641–642. Der Inhalt dieser Notiz stimmt fast wortgetreu mit dem Inhalt eines Briefes Engels' an Lawrow vom 12. November 1875 überein (siehe K. Marx und F. Engels, Werke, Bd. XXVI, S. 405–410, russ.). 328

⁴¹ Aus den Notizen des 1. Konvoluts. 1875. MEGA, S. 636. 329

⁴² Siehe Hegel, Sämtliche Werke, Jubiläumsausgabe, 5. Bd., S. 248 und 262. 330

⁴³ Aus den Notizen des 1. Konvoluts. Geschrieben offenbar etwa 1881. MEGA, S. 655. 330

⁴⁴ Aus den Notizen des 4. Konvoluts. MEGA, S. 655. Engels verweist auf das Ende des zweiten Teils der Hegelschen „Logik" (siehe Hegel, Sämtliche Werke, Jubiläumsausgabe, 4. Bd., S. 717–721 und 8. Bd., S. 345 bis 352). Hegel erwähnt hier selbst den lebenden Organismus als Beispiel

für die Wechselwirkung: „dessen einzelne Organe und Funktionen sich gleichfalls als zueinander im Verhältnis der Wechselwirkung stehend erweisen" (Hegel, Sämtliche Werke, Jubiläumsausgabe, 8. Bd., S. 346). 330

45 Aus den Notizen des 1. Konvoluts. 1874. MEGA, S. 620. 330

46 Engels bezieht sich offendar auf eins der beiden Bücher des englischen Biologen Nicholson: 1. „A Manual of Zoology" (Leitfaden der Zoologie), dessen erste Auflage 1870 und dessen 7. Auflage 1887 erschienen, oder 2. „Introduction to the Study of Biology" (Einführung in das Studium der Biologie), 1872. 330

47 Aus den Notizen des 1. Konvoluts. 1875. MEGA, S. 643–644. 330

48 Berg in der Schweiz. 331

CHRONOLOGISCHES VERZEICHNIS DER FRAGMENTE UND ARTIKEL

1873

1. „Büchner" (S. 215–218)
2. „Dialektik der Naturwissenschaft" (S. 264–265)
3. „Teilbarkeit" (S. 261)
4. „Kohäsion" (S. 305)
5. „Aggregatzustände" (S. 305)
6. „Secchi und der Papst" (S. 297)
7. „Newtonsche Attraktion und Zentrifugalkraft" (S. 292)
8. „Laplaces Theorie" (S. 293)
9. „Reibung und Stoß erzeugen eine *innere* Bewegung" (S. 311)
10. „Causa finalis – die Materie und ihre inhärente Bewegung" (S. 259)

1874

11. „Die Entwicklungsform der Naturwissenschaft, soweit sie denkt, ist die *Hypothese*" (S. 256–257)
12. „Umschlag der Attraktion in Repulsion und umgekehrt" (S. 260)
13. „Die Gegensätzlichkeit der verständigen Denkbestimmungen" (S. 226)
14. „Wer Kausalität leugnet, dem ist jedes Naturgesetz eine Hypothese" (S. 247)
15. „Ding an sich" (S. 257–258)
16. „Die wahre Natur der ‚Wesens'bestimmungen von Hegel selbst ausgesprochen" (S. 226)
17. „Die mathematischen sogenannten Axiome" (S. 274)
18. „Teil und Ganzes z. B. sind schon Kategorien" (S. 226)
19. „Identität – abstrakte" (S. 227–228)
20. „Positiv und negativ" (S. 229–230)
21. „Leben und Tod" (S. 314)
22. „Schlechte Unendlichkeit" (S. 252–253)
23. „Einfach und zusammengesetzt" (S. 227)
24. „Urmaterie" (S. 259)

25. „Die falsche *Porositätstheorie* ... von Hegel als reine *Erdichtung des Verstandes* dargestellt" (S. 218)
26. „Kraft" (S. 299–302)
27. „Die Unzerstörbarkeit der Bewegung im Satz des *Descartes*" (S. 261 bis 262)
28. „Ihr (der Bewegung) Wesen ist, die unmittelbare Einheit des Raums und der Zeit zu sein" (S. 261)
29. „Kraft (s. oben)" (S. 302–303)
30. „Bewegung und Gleichgewicht" (S. 262–263)
31. „Kausalität" (S. 244–246)
32. „Newtonsche Gravitation" (S. 292–293)
33. „Kraft" (S. 303)
34. „Wechselwirkung" (S. 246–247)
35. „Unzerstörbarkeit der Bewegung" (S. 262)
36. „Mechanische Bewegung" (S. 264)
37. „Teilbarkeit der Materie" (S. 261)
38. „Naturforscherliches Denken" (S. 219)
39. „Induktion und Deduktion" (S. 241)
40. „Bei *Oken*... tritt der Unsinn hervor" (S. 219)
41. „Causae finales und efficientes" (S. 221)
42. „Gott wird nirgends schlechter behandelt als bei den Naturforschern, die an ihn glauben" (S. 213–214)
43. „Anläufe in der Natur" (S. 330)
44. „Einheit von Natur und Geist" (S. 236)
45. „Klassifizierung der Wissenschaften" (S. 266)
46. „Protisten" (S. 323–325)
47. „Individuum" (S. 325)
48. „Wiederholung der morphologischen Formen auf allen Entwicklungsstufen" (S. 326)
49. „Auf die ganze Entwicklung der Organismen..." (S. 326)
50. „Die ganze organische Natur ein ununterbrochener Beweis der Identität oder Untrennbarkeit von Form und Inhalt" (S. 325–326)
51. „Kinetische Gastheorie" (S. 306)
52. „Der Satz der Identität" (S. 228–229)
53. „Die Naturforscher glauben sich von der Philosophie zu befreien, indem sie sie ignorieren oder über sie schimpfen" (S. 222)
54. „Historisches" (S. 205–208)
55. „Gegensätzlichkeit der theoretischen Entwicklung" (S. 306)
56. „Generatio aequivoca" (S. 315–316)
57. „Kraft" (S. 299)

Chronologisches Verzeichnis

58. „Haeckel, ‚Anthropogenie‘, S. 707" (S. 220)
59. „Mayer, ‚Mechanische Theorie der Wärme'" (S. 297)
60. „Beispiel der Notwendigkeit des dialektischen Denkens ...: das Fallgesetz" (S. 292)
61. „Moriz Wagner, ‚Naturwissenschaftliche Streitfragen'" (S. 316–323)

1875

62. „Reaktion" (S. 314)
63. „Identität und Unterschied" (S. 283)
64. „Mathematisches" (S. 274–275)
65. „Asymptoten" (S. 281–282)
66. „Potenzen hoch Null" (S. 280)
67. „Grad und Krumm" (S. 282–283)
68. „Äther" (S. 306)
69. „Vertebrata" (S. 329)
70. „Wärmestrahlung in den Weltraum" (S. 303–304)
71. „Newtons Parallelogramm der Kräfte" (S. 293)
72. „Bathybius" (S. 325)
73. „Verstand und Vernunft" (S. 236–237)
74. „Den Allinduktionisten" (S. 242–243)
75. „Kinetische Theorie" (S. 305)
76. „Clausius – if correct – beweist ..." (S. 304)
77. „Die Vorstellung von der faktischen *chemisch einheitlichen Materie*" (S. 312)
78. „Hard and fast lines" (S. 225–226)
79. „Die Dialektik, die sogenannte *objektive*, herrscht in der ganzen Natur" (S. 224–225)
80. „Struggle for life" (S. 328–329)
81. „Licht und Finsternis" (S. 306–307)
82. „Arbeit" (S. 330–332)
83. „Induktion und Analyse" (S. 243–244)
84. „*Die sukzessive Entwicklung* der einzelnen Zweige der Naturwissenschaft zu studieren" (S. 195–197)
85. „*Clausius, II. Satz* etc., mag sich stellen, wie er will" (S. 304)
86. „Unterschied der Lage bei Ende der alten Welt und Ende des Mittelalters" (S. 202–203)
87. „Historisches. – Erfindungen" (S. 204–205)

1876

88. „Naturdialektik – references" (S. 323)

Chronologisches Verzeichnis

89. „Mädler, Fixsterne" (S. 293–295)
90. „Nebelflecke" (S. 295–296)
91. „Secchi: *Sirius*" (S. 296–297)
92. „Einleitung" (möglich, daß der erste Teil der „Einleitung" 1875 geschrieben wurde) (S. 7–28)
93. „Anteil der Arbeit an der Menschwerdung des Affen" (S. 179–194)
94. „Die ewigen Naturgesetze" (S. 253–255)

1878

95. „Alte Vorrede zum ‚(Anti-)Dühring' " (S. 29–39)
96. „Die Naturforschung in der Geisterwelt" (S. 40–52)
97. [Skizze des Gesamtplans] (S. 3–4)

1879

98. „Dialektik" (S. 55–60)

1880–1881

99. [Skizze des Teilplans] (S. 5)
100. „Schluß für Thomson, Clausius, Loschmidt" (S. 304–305)
101. „Bewegung der Weltkörper. Annäherndes Gleichgewicht von Attraktion und Repulsion" (S. 263–264)
102. „Grundformen der Bewegung" (S. 61–81)
103. „Maß der Bewegung. — Arbeit" (S. 82–99)
104. „Flutreibung" (S. 100–107)
105. „Polarisation" (S. 230)
106. „Polarität" (S. 230)
107. „Andres Exempel der Polarität bei Haeckel" (S. 221–222)
108. „Kostbare Selbstkritik des Kantschen *Dings an sich*" (S. 258)
109. „Wenn Hegel vom Leben zum Erkennen übergeht..." (S. 330)

1881–1882

110. „Wärme" (S. 108–112)

1882

111. „Erkennen" (S. 255–256)
112. [Über die Klassifikation des Urteils] (S. 237–240)
113. „Einzelheit, Besonderheit, Allgemeinheit" (S. 240–241)

114. „Oben aber auch nachgewiesen..." (S. 240)
115. „Hofmann... zitiert Naturphilosophie" (S. 220)
116. „Elektrizität" (S. 113–178)

1885

117. „Über die Urbilder des Mathematisch-Unendlichen in der wirklichen Welt" (S. 283–290)
118. „Über die ‚mechanische' Naturauffassung" (S. 267–272)

1886

119. „Ausgelassenes aus ‚Feuerbach'" (S. 208–213)

LITERATURVERZEICHNIS

Alembert, d', Traité de dynamique, dans lequel les lois de l'équilibre et du mouvement des corps sont réduites au plus petit nombre possible, et démontrées d'une manière nouvelle, et ou l'on donne un principe général pour trouver le mouvement de plusieurs corps qui agissent les uns sur les autres, d'une manière quelconque. Paris, David l'aîné, 1743. 84–88

Allman, G. J., Recent progress in our knowledge of the ciliate infusoria. In der Zeitschrift *Nature* vom 17. Juni 1875 (vol. XII, No 294), vom 24. Juni 1875 (vol. XII, No 295) und vom 1. Juli 1875 (vol. XII, No 296). 323

Aristoteles, Metaphysica (Text in griechischer Sprache). Zitate entnommen aus der Edition Tauchnitz: „Aristotelis opera omnia graece". Vol. II: Metaphysica. Ad optimorum librorum fidem accurate edita. Editio stereotypa C. Tauchnitii. Lipsiae 1831. 201 202

Bossut, Charles, Traités de calcul différentiel et de calcul intégral. 2 vols. Tome premier. Paris, de l'imprimerie de la République, An VI [1798]. 280–282

Büchner, Louis, Kraft und Stoff. Empirisch-naturphilosophische Studien in allgemein-verständlicher Darstellung. 7-te Auflage. Leipzig, Theodor Thomas, 1862. 215

Carnot, S., Réflexions sur la puissance motrice du feu et sur les machines propres à développer cette puissance. Paris, Bachelier, 1824. 38 112 243–244

Clausius, R., Die mechanische Wärmetheorie. 2-te Auflage, I. Bd.: Entwickelung der Theorie, soweit sie sich aus den beiden Hauptsätzen ableiten läßt, nebst Anwendungen. Braunschweig, Friedrich Vieweg und Sohn, 1876. 98 109 230

— Über den zweiten Hauptsatz der mechanischen Wärmetheorie. Ein Vortrag, gehalten in einer allgemeinen Sitzung der 41. Versammlung deutscher Naturforscher und Ärzte zu Frankfurt a. M. am 23. September 1867. Braunschweig, Friedrich Vieweg und Sohn, 1867. 292 303 bis 305 306

Croll, James, Climate and time in their geological relations; a theory of secular changes of the earth's climate. London, Daldy, Isbister, and Co., 1875. (Bei Engels handelt es sich um die Rezension dieses Buches, die, mit den Initialen J. F. B. gezeichnet, in der Zeitschrift *Nature*, vol. XII, NoNo 294 und 295 vom 17. und 24. Juni 1875 veröffentlicht wurde. 323

Crookes, William, The last of „*Katie King*". In der Londoner Wochenzeitung *The Spiritualist Newspaper* vom 5. Juni 1874. 47

D'Alembert, siehe *Alembert.*

Darwin, Charles, The origin of species by means of natural selection, or the preservation of favoured races in the struggle for life. London 1859. 18 215 327–329

Davies, Charles Maurice, Mystic London, or phases of occult life in the metropolis. London, Tinsley Brothers, 1875. 48 52

Diogenes Laertius, De vitis, dogmatibus et apophthegmatibus clarorum philosophorum libri decem (Text in griechischer Sprache). Zitate entnommen aus der Edition Tauchnitz: „Diogenis Laertii de vitis philosophorum libri decem cum indice rerum". Ad optimorum librorum fidem accurate editi. Editio stereotypa C. Tauchnitii. Tomus I–II. Lipsiae 1833. 33 201–202

Draper, John William, History of the intellectual development of Europe. In two volumes. London, Bell and Daldy, 1864. 27 245

„*Echo*" (London) vom 8. Juni 1871. 45–46

Engels, Friedrich, Herrn Eugen Dührings Umwälzung der Philosophie. In der Zeitung *Vorwärts* (Leipzig, Druck und Verlag der Genossenschaftsbuchdruckerei) von 1877. 29 267–268

– Herrn Eugen Dührings Umwälzung der Wissenschaft. Philosophie. Politische Ökonomie. Sozialismus. Leipzig, Druck und Verlag der Genossenschaftsbuchdruckerei, 1878. 267–268 283–285

Feuerbach, Ludwig, Die Unsterblichkeitsfrage vom Standpunkt der Anthropologie [1846]. In der Ausgabe Otto Wigands: Ludwig Feuerbach's sämmtliche Werke. III. Band. Leipzig, Otto Wigand, 1847. 212

Fick, Adolf, Die Naturkräfte in ihrer Wechselbeziehung. Populäre Vorträge. Würzburg, Stahel, 1869. 306

Fourier, Jean Baptiste Joseph, Théorie analytique de la chaleur. Paris 1822. 38 218

Literaturverzeichnis

Galiani, Ferdinando, Della moneta (1750). Zitiert nach der Ausgabe Custodi: Scrittori classici italiani di economia politica. Parte moderna. Tomo III. Milano, Destefanis, 1803. 253

Grove, W. R., The correlation of physical forces. 3rd edition. London, Longman, Brown, Green, and Longmans, 1855. 16 246 262 264

Guthrie, Frederick, Magnetism and electricity. London and Glasgow, William Collins, Sons, and Company, 1876. 310 311

Haeckel, Ernst, Anthropogenie oder Entwickelungsgeschichte des Menschen. Gemeinverständliche wissenschaftliche Vorträge über die Grundzüge der menschlichen Keimes- und Stammes-Geschichte. Leipzig, Wilh. Engelmann, 1874. 220 326

— Freie Wissenschaft und freie Lehre. Eine Entgegnung auf Rud. Virchow's Münchener Rede über „Die Freiheit der Wissenschaft im modernen Staat". Stuttgart, Schweizerbart, 1878. 4

— Generelle Morphologie der Organismen. Allgemeine Grundzüge der organischen Formenwissenschaft, mechanisch begründet durch die von Charles Darwin reformierte Deszendenz-Theorie. Zwei Bände. Berlin, Georg Reimer, 1866. 21 315 325 326

— Natürliche Schöpfungsgeschichte. Gemeinverständliche wissenschaftliche Vorträge über die Entwickelungslehre im Allgemeinen und diejenige von Darwin, Goethe und Lamarck im Besonderen. 4-te verbesserte Auflage. Berlin, Georg Reimer, 1873. 219 221 241 323–325 326

— Die Perigenesis der Plastidule oder die Wellenzeugung der Lebensteilchen. Ein Versuch zur mechanischen Erklärung der elementaren Entwickelungs-Vorgänge. Berlin, Georg Reimer, 1876. 268 290

Hegel, G. W. F., Werke. Vollständige Ausgabe durch einen Verein von Freunden des Verewigten: Ph. Marheineke, J. Schulze, Ed. Gans, Lp. v. Henning, H. Hotho, K. Michelet, F. Förster. Berlin, Duncker und Humblot.

Bd. II: Phänomenologie des Geistes. Hrsg. v. Johann Schulze. 2-te unveränderte Auflage. Berlin 1841. 235

Bd. III: Wissenschaft der Logik. Hrsg. v. Leopold v. Henning. 1. Teil. Die objektive Logik. 1. Abt. Die Lehre vom Sein. 2-te unveränderte Auflage. Berlin 1841. 57 235 252 253 261 275–276 279

Bd. IV: Wissenschaft der Logik. 1. Teil. Die objektive Logik. 2. Abt. Die Lehre vom Wesen. 2-te unveränderte Auflage. Berlin 1841. 75 218 234 257–258 330

Bd. V: Wissenschaft der Logik. 2. Teil. Die subjektive Logik, oder: Die Lehre vom Begriff. 2-te unveränderte Auflage. Berlin 1841. 221–222 237 bis 241 242 258 266–267 271 330

Bd. VI: Enzyklopädie der philosophischen Wissenschaften im Grundrisse. 1. Teil. Die Logik. Hrsg. v. Leopold v. Henning. 2-te Auflage. Berlin 1843. 57 215 218 219 226 227 228 244 251 256–258 259 260 272 314

Bd. VII: Erste Abteilung: Vorlesungen über die Naturphilosophie, als der Enzyklopädie der philosophischen Wissenschaften im Grundrisse zweiter Teil. Hrsg. v. K. L. Michelet. Berlin 1842. 115 116 255 261 293 299 307

Bd. XIII: Vorlesungen über die Geschichte der Philosophie. Hrsg. v. K. L. Michelet. Erster Band. Berlin 1833. 75 197–200 299

Bd. XV: Vorlesungen über die Geschichte der Philosophie. Hrsg. v. K. L. Michelet. Dritter Band. Berlin 1836. 215 221

Helmholtz, H., Populäre wissenschaftliche Vorträge. Zweites Heft. Braunschweig, Friedrich Vieweg und Sohn, 1871. 4 5 68–80 82 97

– Über die Erhaltung der Kraft. Eine physikalische Abhandlung, vorgetragen in der Sitzung der physikalischen Gesellschaft zu Berlin am 23. Juli 1847. Berlin, Georg Reimer, 1847. 63 72 89 96–98

Hofmann, August Wilhelm, Ein Jahrhundert chemischer Forschung unter dem Schirme der Hohenzollern. Rede zur Gedächtnisfeier des Stifters der Kgl. Friedrich-Wilhelms-Universität zu Berlin am 3. August 1881 in der Aula der Universität gehalten. Berlin, G. Vogt, 1881. 220

Huxley, T. H., A letter to the Council of the London Dialectical Society. Erstmalig veröffentlicht in der Zeitung *Daily News* vom 17. Oktober 1871. Nachgedruckt im Buche Davies', „Mystic London" (London 1875) auf S. 389. 52

Kant, I., Allgemeine Naturgeschichte und Theorie des Himmels, oder Versuch von der Verfassung und dem mechanischen Ursprunge des ganzen Weltgebäudes, nach Newton'schen Grundsätzen abgehandelt. 1755. In der Ausgabe: Immanuel Kant's sämmtliche Werke. In chronologischer Reihenfolge hrsg. v. G. Hartenstein. Erster Band. Leipzig, Leopold Voß, 1867. 14

– Gedanken von der wahren Schätzung der lebendigen Kräfte und Beurteilung der Beweise, deren sich Herr von Leibnitz und andere Mechaniker in dieser Streitsache bedienet haben, nebst einigen vorhergehenden Betrachtungen, welche die Kraft der Körper überhaupt betreffen. In der Ausgabe: Immanuel Kant's sämmtliche Werke. In chronologischer Reihenfolge hrsg. v. G. Hartenstein. Erster Band. Leipzig, Leopold Voß, 1867. 63 84

– Untersuchung der Frage, ob die Erde in ihrer Umdrehung um die Achse, wodurch sie die Abwechselung des Tages und der Nacht hervorbringt, einige Veränderung seit den ersten Zeiten ihres Ursprunges erlitten habe und woraus man sich ihrer versichern könne. 1754. In der Ausgabe: Immanuel Kant's sämmtliche Werke. In chronologischer Reihenfolge hrsg. v. G. Hartenstein. Erster Band. Leipzig, Leopold Voß, 1867. 103 bis 104

Kekulé, August, Die wissenschaftlichen Ziele und Leistungen der Chemie. Rede gehalten beim Antritt des Rectorats der Rheinischen Friedrich-Wilhelms-Universität am 18. October 1877. Bonn, Max Cohen und Sohn (Fr. Cohen), 1878. 33 267–268

Kirchhoff, Gustav, Vorlesungen über mathematische Physik. Mechanik. Leipzig, B. G. Teubner, 1876. 88 96 98

Kohlrausch, F., Das elektrische Leitungsvermögen der wässerigen Losungen von den Hydraten und Salzen der leichten Metalle, sowie von Kupfervitriol, Zinkvitriol und Silbersalpeter. In der Zeitschrift *Annalen der Physik und Chemie*, Neue Folge, Band VI, Heft 1 und 2. Hrsg. v. G. Wiedemann. Leipzig, J. A. Barth, 1879 (Januar- und Februar-Nummer). 140

Kopp, Hermann, Die Entwickelung der Chemie in der neueren Zeit. Erste Abteilung: Die Entwickelung der Chemie vor und durch Lavoisier. München, R. Oldenbourg, 1871. 312

[Лавров, П. Л.], Опыт истории мысли. Том первый. С.-Петербург 1875. 303 306

Leibnizens und *Huygens'* Briefwechsel mit *Papin*, nebst der Biographie Papin's und einigen zugehörigen Briefen und Actenstücken. Bearbeitet und auf Kosten der Preußischen Akademie der Wissenschaften herausgegeben von Dr. Ernst Gerland. Berlin, Verlag der Akademie der Wissenschaften, 1881. 111

Lubbock, John, Ants, bees and wasps; a record of observations on the social hymenoptera. London, Kegan Paul, Trench, and Co., 1882. (Bei Engels handelt es sich um die Rezension dieses Buches, die in der Zeitschrift *Nature*, vol. XXVI, No 658 vom 8. Juni 1882 veröffentlicht wurde; Verfasser der Rezension war George J. Romanes.) 255

Mädler, J. H., Der Wunderbau des Weltalls, oder Populäre Astronomie. 5-te, gänzlich neu bearbeitete Auflage. Berlin, Carl Heymann, 1861. 13 19 202 293–296 306

Marx, Karl, Das Kapital. Kritik der politischen Ökonomie. I. Band, Buch I: Der Produktionsprozeß des Kapitals. 2-te Auflage. Hamburg, Otto Meißner, 1872. 38

Maxwell, J. Clerk, Theory of Heat. 4th edition. London, Longmans, Green, and Co., 1875. 97 98 306

Literaturverzeichnis 407

Mayer, J. R., Die Mechanik der Wärme in gesammelten Schriften. 2-te umgearbeitete und vermehrte Auflage. Stuttgart, Cotta, 1874. 72–73 239 297 299

Meyer, Lothar, Die Natur der chemischen Elemente als Funktion ihrer Atomgewichte. In der Zeitschrift *Annalen der Chemie und Pharmacie*, hrsg. und redigiert von Friedrich Wöhler, Justus Liebig und Hermann Kopp. VII. Supplementband, 3. Heft. Leipzig und Heidelberg, C. F. Winter, 1870. 269

Nägeli, C. v., Die Schranken der naturwissenschaftlichen Erkenntnis. Im „Tageblatt der 50. Versammlung deutscher Naturforscher und Ärzte in München 1877". Beilage, September 1877. Zweite allgemeine Sitzung am 20. September 1877. Druck der Akademischen Buchdruckerei von F. Straub in München. 30 247–252

„*Nature*", A weekly illustrated journal of science. London and New York, Macmillan and Co.

Vol. XVII, No 420 vom 15. November 1877, S. 55 – informatorische Notiz über die Rede Kekulés in der Bonner Universität. 268

Vol. XXVI, No 659 vom 15. Juni 1882, S. 148 – Fußnote zum Buche Wiedemanns (in der Rezension G. C.'s des Buches *Mascart* et *Joubert*, „Leçons sur l'électricité et le magnétisme", Paris 1882). 113

Naumann, Alexander, Handbuch der allgemeinen und physikalischen Chemie. Heidelberg, Carl Winter's Universitätsbuchhandlung, 1877. 98 128 165

Nicholson, Henry Alleyne, A manual of zoology. Edinburgh and London, Blackwood, 1870. 2nd edition, 1871. 324 325 330

Owen, Richard, On the nature of limbs. A discourse delivered on Friday, February 9, at an evening meeting of the Royal Institution of Great Britain. London, John van Voorst, 1849. 219

Roscoe, H. E. und *Schorlemmer, C.*, Ausführliches Lehrbuch der Chemie. Bd. II: Die Metalle und Spectralanalyse. Braunschweig, Friedrich Vieweg und Sohn, 1879. 59

Secchi, P. A., Die Sonne. Die wichtigeren neuen Entdeckungen über ihren Bau, ihre Strahlungen, ihre Stellung im Weltall und ihr Verhältnis zu den übrigen Himmelskörpern. Autorisierte deutsche Ausgabe. Hrsg. durch Dr. H. Schellen. Braunschweig, George Westermann, 1872. 24 294–297 307

Literaturverzeichnis

Starcke, C. N., Ludwig Feuerbach. Stuttgart, Ferd. Enke, 1885. 212

Suter, Heinrich, Geschichte der mathematischen Wissenschaften. Zweiter Teil: Vom Anfange des XVII. bis gegen das Ende des XVIII. Jahrhunderts. Zürich, Orell Füßli und Co., 1875. 83–87 91

Tait, P. G., Force. Evening lecture at the Glasgow meeting of the British Association, Sept. 8. In der Zeitschrift *Nature* vom 21. September 1876 (vol. XIV, No 360). 96

Thomson, Thomas, An outline of the sciences of heat and electricity. 2nd edition, remodelled and much enlarged. London, H. Baillière, 1840. 112 114 bis 116 220 307–310

Thomson, William, On the secular cooling of the earth. Erstmalig veröffentlicht in „Transactions of the Royal Society of Edinburgh", vol. XXIII, Edinburgh 1862. Nachgedruckt im Buche: *Thomson* and *Tait*, Treatise on natural philosophy, vol. I, Oxford 1867, Appendix D, S. 711–727. 218

– The size of atoms. Erstmalig veröffentlicht in der Zeitschrift *Nature* vom 31. März 1870 (vol. I, No 22). Nachgedruckt im Buche *Thomson* and *Tait*, Treatise on natural philosophy, vol. I, 2nd edition, 1883, Appendix F. 286

Thomson, Sir William, and *Tait, Peter Guthrie*, Treatise on natural philosophy. Vol. I, Oxford, Clarendon Press, 1867. 88 98 100–107

Tyndall, John, Inaugural address, delivered on the forty-fourth annual meeting of the British Association for the Advancement of Science at Belfast. In der Zeitschrift *Nature* vom 20. August 1874 (vol. X, No 251). 213–214

– On the optical deportment of the atmosphere in reference to the phenomena of putrefaction and infection. Abstract of a paper read before the Royal Society, January 13th, by Prof. Tyndall, F.R.S. (Communicated by the author.) In der Zeitschrift *Nature* vom 27. Januar 1876 (vol. XIII, No 326) und vom 3. Februar 1876 (vol. XIII, No 327). 323

Virchow, Rudolf, Die Freiheit der Wissenschaft im modernen Staat. Rede gehalten in der dritten allgemeinen Sitzung der fünfzigsten Versammlung deutscher Naturforscher und Ärzte zu München am 22. September 1877. Berlin, Wiegandt, Hempel und Parey (Paul Parey), 1877. 4 31

– Die Zellularpathologie in ihrer Begründung auf physiologische und pathologische Gewebelehre. 4-te Auflage. Berlin, Hirschwald, 1871. 217

Wagner, Moriz, Naturwissenschaftliche Streitfragen, I: Justus v. Liebigs Ansichten über den Lebensursprung und die Deszendenztheorie. In: Beilage zur *Allgemeinen Zeitung*, Augsburg, J. G. Cotta'sche Buchhandlung, 1874, Nr. 279, 6. Oktober, S. 4333–4335; Nr. 280, 7. Oktober, S. 4351 bis 4352; Nr. 281, 8. Oktober, S. 4370–4372. 316–319

Wallace, Alfred Russel, On miracles and modern spiritualism. Three essays. London, James Burns, 1875. 41–46 50 51

Whewell, William, History of the inductive sciences, from the earliest to the present times. 3 vols. London 1837. 241

– The philosophy of the inductive sciences, founded upon their history. 2 vols. London, John W. Parker, 1840. 241

Wiedemann, Gustav, Die Lehre vom Galvanismus und Elektromagnetismus. 2-te Auflage, 2 B.-de. Braunschweig, Friedrich Vieweg und Sohn, 1872, 1873, 1874. Bd. I: Galvanismus. Bd. II, Abt. I: Elektrodynamik, Elektromagnetismus und Diamagnetismus. Bd. II, Abt. 2: Induktion und Schlußkapitel. 113–178 283 311

Wolf, Rudolf, Geschichte der Astronomie. München, Oldenbourg, 1877. 202 297

Wundt, Wilhelm, Lehrbuch der Physiologie des Menschen. Dritte völlig umgearbeitete Auflage. Erlangen, Ferdinand Enke, 1873. 324

NAMENVERZEICHNIS

Adams, John Couch (1819–1892) englischer Astronom und Mathematiker. 297

Agassiz, Louis Jean Rudolf (1807 bis 1873) Schweizer Zoolog, Geolog und Geograph. Gegner des Darwinismus. 207 213 219

Aksakow, Alexander Nikolajewitsch (1832 bis 1903) russischer spiritistischer Mystiker. 49

Alembert siehe D'Alembert

Allman, George James (1812–1898) englischer Biolog. 323

Anaximander aus Milet (etwa 611 bis 547 v. u. Z.) altgriechischer materialistischer Philosoph. 198

Anaximenes aus Milet (etwa 588 bis 524 v. u. Z.) altgriechischer materialistischer Philosoph. 198 200

Archimedes aus Syrakus (etwa 287 bis 212 v. u. Z.) berühmter Mathematiker und Mechaniker des Altertums. 195

Aristarch von Samos (320–250 v. u. Z.) altgriechischer Astronom und Mathematiker. 202

Aristoteles (384–322 v. u. Z.) altgriechischer Denker, Erforscher der Dialektik, enzyklopädischer Gelehrter, der zwischen Materialismus und Idealismus hin und her schwankte. 32 197–202 216 220 256

Augustin (Augustinus), Aurelius, Heiliger (354–430) christlicher Theolog, Bischof von Hippo (Nordafrika). 232

Auwers, Arthur (1838–1915) deutscher Astronom. 297

Bacon, Francis, Baron von Verulam (1561–1626) englischer Philosoph, Stammvater des englischen Materialismus und der Erfahrungswissenschaften der Neuzeit, Politiker und Historiker. 35 40 298

Baer, Karl Ernst von (Karl Maximowitsch) (1792–1876) bedeutender Vertreter der russischen Wissenschaft, Begründer der modernen vergleichenden Embryologie, Geograph – Erforscher Rußlands. 18 207

Bauer, Bruno (1809–1882) Linkshegelianer, Verfasser von Arbeiten über die Geschichte des Frühchristentums. 141

Becquerel, Antoine César (1788–1878) französischer Physiker, bekannt

Namenverzeichnis

durch seine Arbeiten über Elektrizität. 163 165

Beetz, Wilhelm von (1822–1886) deutscher Physiker. 164

Berthelot, Pierre Eugène Marcelin (1827 bis 1907) französischer Chemiker, der auf dem Gebiet der organischen und Thermochemie arbeitete; Politiker. 157

Bessel, Friedrich Wilhelm (1784–1846) deutscher Astronom und Mathematiker. 294 296 297

Boltzmann, Ludwig (1844–1906) deutscher Physiker. 121

Bossut, Charles (1730–1814) französischer Mathematiker. 282

Boyle, Robert (1627–1691) englischer Physiker und Chemiker. 196 298

Bradley, James (1693–1762) englischer Astronom. 293

Bruno, Giordano (1548–1600) italienischer Philosoph der Renaissancezeit, der die Religion bekämpfte; von der Inquisition auf dem Scheiterhaufen verbrannt. 9 205

Buch, Christian Leopold von (1774 bis 1853) deutscher Geolog und Paläontolog. 319

Büchner, Ludwig (1824–1899) deutscher Arzt, Popularisator der Naturwissenschaft, in der Philosophie Vulgärmaterialist. 33 34 215 218

Butlerow, Alexander Michailowitsch (1828–1886) bedeutender russischer Chemiker, einer der Schöpfer der Lehre von der Struktur organischer Einheiten. 49

Calvin, Jean (1509–1564) Gründer des schweizerischen, französischen und holländischen Protestantismus. 9 232

Carnot, Nicolas Léonard Sadi (1796 bis 1832) französischer Physiker, einer der Begründer der mechanischen Wärmetheorie. 38 112 243

Cartesius siehe *Descartes*

Cassini, César François (1714–1784) (Sohn des folgenden) französischer Astronom. 220

Cassini, Jacques (1677–1756) französischer Astronom; von 1712 an Direktor der Pariser Sternwarte. 220

Catelan (zweite Hälfte des 17. Jahrh.) französischer Abt, Anhänger Descartes'. 87

Cicero, Marcus Tullius (106–43 v. u. Z.) römischer Orator, Politiker und philosophischer Schriftsteller. 197 198

Clapeyron, Benoît Paul Emile (1799 bis 1864) französischer Ingenieur und Physiker. 112

Clausius, Rudolf Julius Emanuel (1822–1888) deutscher Physiker. 3 92 98 99 108 109 112 230 261 292 299 303–304 306

Cohn, Ferdinand Julius (1828 bis 1898) deutscher Botaniker und Bakteriolog. 318

Colding, Ludwig August (1815 bis 1888) dänischer Physiker und Ingenieur. 72 94 209 239

Comte, Isidore Marie Auguste (1798 bis 1857) französischer positivistischer Philosoph. 266

Coulomb, Charles Augustin (1736 bis 1806) französischer Physiker und Ingenieur. 308

Croll, James (1821–1890) englischer Geolog. 323

Crookes, Sir William (1832–1919) englischer Physiker und Chemiker, Anhänger des Spiritismus. 46–48 50 51 52

Cuvier, Georges, Baron (1769–1832) französischer Zoolog, Anatom und Paläontolog. 15 196 207

D'Alembert, Jean le Rond (1717 bis 1783) französischer Mathematiker und positivistischer Philosoph. 84–88 95

Dalton, John (1766–1844) englischer Physiker und Chemiker, Begründer der Atomtheorie in der Chemie. 17 33 114 312

Daniell, John Frederick (1790 bis 1845) englischer Physiker und Chemiker. 164 167 172

Darwin, Charles Robert (1809 bis 1882) großer englischer Biolog, Begründer der Lehre von der Entstehung und Entwicklung der Pflanzen- und Tierarten. 18 23 41 179 181 188 207 210 215 234 235 319 326 327 328 331

Davies, Charles Maurice (1828 bis 1910) englischer Priester. 48

Davy, Sir Humphry (1778–1829) englischer Chemiker, einer der Begründer der Elektrochemie. 220

Demokritos (etwa 460–370 v. u. Z.) großer griechischer materialistischer Philosoph, einer der Begründer der Atomistik. 33 200 202

Descartes, René (1596–1650) französischer Philosoph und Mathematiker, in der Philosophie Dualist, in der Physik mechanischer Materialist. 10 16 33 62 72 83 84 86 95 120 261 262 275 297 299

Dessaignes, Victor (1800–1885) französischer Chemiker. 115 309

Diogenes von Laertius (etwa erste Hälfte des 3. Jahrh.) Verfasser umfangreicher Kompilationen, die sehr viel Tatsachenmaterial über die antiken Philosophen enthalten. 33 198 200 201

Döllinger, Ignaz (1799–1890) deutscher katholischer Theolog. 52

Draper, John William (1811–1882) amerikanischer Physiolog, Chemiker und Historiker. 27 245

DuBois-Reymond, Emil Heinrich (1818–1896) deutscher Physiolog. 4 163

Dühring, Karl Eugen (1833–1921) deutscher Vulgärmaterialist und Positivist, Vertreter des reaktionären kleinbürgerlichen „Gleichmacher-Sozialismus". 29 30 31 36

Dürer, Albrecht (1471–1528) deutscher Maler. 8

Edlund, Erik (1819–1888) schwedischer Physiker. 119

Epikur (etwa 341–270 v. u. Z.) altgriechischer materialistischer Philosoph. 33 201.

Euklid (Anfang des 3. Jahrh. v. u. Z). altgriechischer Mathematiker 10.

Namenverzeichnis

Fabroni, Giovanni Valentino Mattia (1752–1822) italienischer Chemiker und Ingenieur. 309

Faraday, Michael (1791–1867) bedeutender englischer Physiker und Chemiker, einer der Begründer der heutigen Lehre von der Elektrizität. 115 116 119 120 153 220 308 309

Favre, Pierre Antoine (1813–1880) französischer Physiker und Chemiker, einer der ersten Experimentatoren auf dem Gebiet der Thermochemie. 119 123 125 156 157

Fechner, Gustav Theodor (1801 bis 1887) deutscher Physiker, Physiolog, Psycholog und idealistischer Philosoph. 117 126 127 163 165

Feuerbach, Ludwig (1804–1872) deutscher materialistischer Philosoph. 37 208 212-213

Fichte, Johann Gottlieb (1762 bis 1814) deutscher Philosoph, subjektiver Idealist. 257

Fick, Adolf (1829–1901) deutscher Physiolog. 306 331

Flamsteed, John (1646–1719) englischer Astronom, erster Direktor der Greenwicher Sternwarte. 293

Fourier, Jean Baptiste Joseph (1768 bis 1830) französischer Mathematiker und Physiker. 38 218

Friedrich Wilhelm III. (1770 bis 1840) ab 1797 König von Preußen. 213

Galilei, Galileo (1564–1642) italienischer Physiker und Astronom, einer der Begründer der exakten Naturwissenschaft der Neuzeit. 82 196 206 292

Gall, Franz Joseph (1758–1828) deutscher Arzt und Anatom, Begründer der Phrenologie. 41 42 43

Gassiot, John Peter (1797–1877) englischer elektrotechnischer Physiker. 128

Gerland, Ernst (1838–1910) deutscher Physiker, Verfasser einer Reihe von Arbeiten über die Geschichte der Physik. 111

Goethe, Johann Wolfgang von (1749 bis 1832) großer deutscher Dichter, Gelehrter. 241 256

Gramme, Zénobe Théophile (1826 bis 1901) belgischer Elektrotechniker, Erfinder der Dynamomaschine. 122

Grimm, Jakob Ludwig Karl (1785 bis 1863) deutscher germanistischer Philolog. 230

Grove, William Robert (1811–1896) englischer Physiker und Advokat. 16 128 156 167 207 246 262 264

Guido Aretino (d'Arezzo) (990–1050) italienischer Mönch, Erfinder der Grundlagen des heutigen Notensystems in der Musik. 204

Guthrie, Frederick (1833–1886) englischer Physiker und Chemiker. 310 311

Haeckel, Ernst (1834–1919) deutscher Biolog. 4 219 220 221 240 bis 243 268 270 271 272 290 315 323–327

Hall, Spencer (1812–1885) englischer Spiritist und Phrenolog. 41 bis 42

Haller, Albrecht von (1708–1777) Schweizer Naturforscher und Dichter. 256

Halley, Edmund (1656–1742) englischer Astronom. 293

Hankel, Wilhelm Gottlieb (1814 bis 1899) deutscher Physiker. 119 120

Harvey, William (1578–1657) englischer Arzt, der durch die Entdeckung des Blutkreislaufs den Grund zur heutigen Physiologie legte. 196

Hartmann, Eduard von (1842–1906) deutscher Philosoph, metaphysischer Idealist. 34

Hauer, Franz, Ritter von (1822 bis 1899) österreichischer Geolog und Paläontolog. 319

Hegel, Georg Wilhelm Friedrich (1770–1831) deutscher Philosoph, Begründer eines Systems des absoluten Idealismus. 3 14 32 36–39 53–59 74 75 115 116 119 155 197–199 215–222 226 227 228 234–242 246 251–261 266 267 270–272 275 276 279 284 290 293 299 302 307 314 326 330

Heine, Heinrich (1797–1856) deutscher revolutionärer Dichter. 55

Helmholtz, Hermann von (1821 bis 1894) deutscher Physiker und Physiolog. 4 5 63 67–81 82 84 89 92 96 97 98 117 161 256 299 317 321

Henrici, Friedrich Christoph (1795 bis 1885) deutscher Physiker. 163

Heraklit (etwa 535–475 v. u. Z.) altgriechischer Philosoph, einer der Begründer der Dialektik, spontaner Materialist. 198

Heron aus Alexandria (2. Jahrh. v. u. Z.) altgriechischer Mathematiker und Physiker. 111

Herschel I, Sir Frederick William (1738–1822) englischer Astronom. 14 294–297

Herschel II, John (1792–1871) (Sohn des vorigen) englischer Astronom und Physiker. 295

Hipparchos aus Nikäa (2. Jahrh. v. u. Z.) altgriechischer Astronom, Begründer der wissenschaftlichen Astronomie. 293

Hobbes, Thomas (1588–1679) englischer materialistischer Philosoph. 328

Hofmann, August Wilhelm von (1818 bis 1892) deutscher Chemiker. 220

Hohenzollern – Dynastie, die in Brandenburg-Preußen von 1415 bis 1918 und im Deutschen Reich von 1871–1918 regierte. 220

Huggins, Sir William (1824–1910) englischer Astronom und Physiker. 296

Humboldt, Alexander, Freiherr von (1769–1859) deutscher Naturforscher. 207

Hume, David (1711–1776) englischer Philosoph, subjektiver Idealist. 4 244

Huxley, Thomas Henry (1825 bis 1895) englischer Biolog. 52

Namenverzeichnis

Huygens, Christian (1629–1695) holländischer Physiker, Astronom, Mathematiker; Urheber der Wellentheorie des Lichtes. 83

Jamblichos (gest. um 333) altgriechischer idealistischer Philosoph, Neuplatoniker. 44
Joule, James Prescott (1818–1889) englischer Physiker. 16 72 94 119 125 164 209 239

Kant, Immanuel (1724–1804) Vertreter des deutschen Idealismus im letzten Drittel des 18. Jahrh. 4 14 17 18 34 36 63–66 82 84 100 103 bis 105 207 217 221 240 255 257 258 297
Karl der Große (742–814) ab 768 König der Franken, ab 800 Kaiser. 204
Karolinger – fränkische Dynastie, die in Frankreich, Deutschland und Italien vom 8.–10. Jahrh. herrschte. 230
Kekulé von Stradonitz, Friedrich August (1829–1896) deutscher organischer Chemiker. 33 177 267 268 272
Kepler, Johannes (1571–1630) deutscher Astronom. 10 206
Ketteler, Wilhelm Emanuel, Freiherr von (1811–1877) Bischof von Mainz. 52
Kinnersley, Ebenezer (1711–1778) amerikanischer Physiker. 308
Kirchhoff, Gustav Robert (1824–1887) deutscher Physiker. 88 96 98
Klipstein, Philipp Engel (1747–1808) deutscher Geolog und Paläontolog. 319

Kohlrausch, Friedrich Wilhelm Georg (1840–1910) deutscher Physiker. 140 165 167–168 177
Kolumbus, Christoph (etwa 1446 bis 1506) gebürtig aus Genua, berühmter Seefahrer, der 1492 Amerika entdeckte. 192
Kopernikus, Nikolaus (1473–1543) großer polnischer Astronom, Begründer des heliozentrischen Systems der Planetenbewegung. 9 12 202 206
Kopp, Hermann Franz Moritz (1817 bis 1892) deutscher Chemiker. 312

Lalande, Joseph Jérôme de (1732 bis 1807) französischer Astronom. 293
Lamarck, Jean Baptiste de (1744 bis 1829) französischer Naturforscher, Evolutionist, Vorgänger Darwins. 18 207 222 319
Laplace, Pierre Simon, Marquis de (1749 bis 1827) französischer Mathematiker und Astronom. 13 14 19 36 66 207 213 217 259 293
Lavoisier, Antoine Laurent (1743 bis 1794) französischer Chemiker. 16 39 312
Lawrow, Peter Lawrowitsch (1823 bis 1900) Theoretiker des Narodnikitums und Publizist; Vertreter der russischen „subjektiven Schule" in der Soziologie, in der Philosophie Positivist. 303 306
Lecoq de Boisbaudran, Paul Emile (1838 bis 1912) französischer Chemiker. 60
Leibniz, Gottfried Wilhelm (1646 bis 1716) deutscher Philosoph, objektiver Idealist; Mathematiker und

Physiker. 10 82 83 84 86 87 88 95 111 217 275

Leonardo da Vinci (1452–1519) genialer italienischer Vertreter der Renaissancezeit, Dichter, Maler, Naturforscher, Philosoph. 8

Le Roux, François (1832–1907) französischer Physiker. 129

Lessing, Gotthold Ephraim (1729 bis 1781) deutscher aufklärerischer Philosoph, Dichter und Kritiker. 215

Leukippos aus Abdera (5. Jahrh. v. u. Z.) altgriechischer materialistischer Philosoph, Begründer der Atomistik. 33 200 201

Leverrier, Urbain Jean Joseph (1811 bis 1877) französischer Astronom. 60

Liebig, Justus von (1803–1873) deutscher Chemiker, Begründer der Agrochemie. 316 317 319 320–321

Liebknecht, Wilhelm (1826–1900) einer der Gründer und Führer der deutschen Sozialdemokratie und der II. Internationale. 29

Linné, Karl von (1707–1778) schwedischer Naturforscher, Verfasser der ersten systematischen Klassifikation der Pflanzen und Tiere. 10 11 12 266

Locke, John (1632–1704) englischer sensualistischer Philosoph, Dualist. 35

Loschmidt, Joseph (1821–1895) österreichischer Physiker und Chemiker. 3 304

Lubbock, John (1834–1913) (ab 1899 Lord Avebury) englischer Biolog,

Ethnolog, Archäolog und Politiker. 255

Luther, Martin (1483–1546) Reformator, Gründer des Protestantismus (Luthertums) in Deutschland. 9 206

Lyell, Sir Charles (1797–1875) englischer Geolog, Begründer der Entwicklungslehre auf dem Gebiet der Geologie. 15 16 207

Machiavelli, Niccolo (1469–1527) italienischer Politiker und Schriftsteller. 8

Mädler, Johann Heinrich von (1794 bis 1874) deutscher Astronom. 13 19 26 202 293–296 306

Malthus, Thomas Robert (1766–1834) englischer Priester, Volkswirtschaftler, Apologet des Kapitalismus, Urheber einer reaktionären Bevölkerungstheorie. 327 328

Manteuffel, Otto Theodor, Freiherr von (1805–1882) preußischer reaktionärer Politiker. 225

Marggraf, Andreas Sigismund (1709 bis 1782) deutscher Chemiker. 220

Marx, Karl (1818–1883). 37 38

Maskelyne, Nevil (1732–1811) englischer Astronom. 293

Maxwell, James Clerk (1831–1879) englischer Physiker, einer der Urheber der klassischen Theorie der Elektrizität und des Magnetismus. 97 98 112 119 120 121 196 306

Mayer, Julius Robert (1814–1878) deutscher Naturforscher. 16 72 73 209 239 297 299

Mendelejew, Dmitri Iwanowitsch (1834 bis 1907) großer russischer Chemiker, der das periodische Gesetz der chemischen Elemente entdeckte. 59 60

Meyer, *Julius Lothar* (1830–1895) deutscher Chemiker. 177 269

Moleschott, *Jakob* (1822–1893) Physiolog, gebürtig aus der Lombardei, lebte in Deutschland, der Schweiz und Italien; in der Philosophie Vulgärmaterialist. 215

Molière, *Jean Baptiste* (1622–1673) großer französischer Dramatiker. 60

Montalembert, *Marie René* (1714 bis 1800) französischer Militäringenieur. 8

Münster, *Georg, Graf zu* (1776–1844) deutscher Paläontolog. 319

Murray, *Lindley* (1745–1826) englischer Grammatiker. 45

Nägeli, *Carl Wilhelm von* (1817 bis 1891) deutscher Botaniker. 4 50 247 248 249 250 251 252

Naumann, *Alexander* (1837–1922) deutscher Chemiker. 98 128 165

Neper, *Lord John* (1550–1617) schottischer Mathematiker. 10

Neumann, *Carl Gottfried* (1832–1925) deutscher Mathematiker und Physiker. 117

Newcomen, *Thomas* (1663–1729) englischer Schmied, einer der Erfinder der Dampfmaschine. 111

Newton, *Sir Isaac* (1642–1727) großer englischer Mathematiker und Physiker, der das universale Gravitationsgesetz entdeckte und die Grundgesetze der klassischen Mechanik formulierte. 10 12 14 40 65 206 217 220 266 275 292 293 298

Nicholson, *Henry Alleyne* (1844 bis 1899) englischer Paläontolog und Zoolog. 324 325 330

Nicolai, *Christoph Friedrich* (1733 bis 1811) deutscher Schriftsteller, arbeitete mit Lessing zusammen; später Helfershelfer des Absolutismus. 215

Ohm, *Georg Simon* (1787–1854) deutscher Physiker. 126 127

Oken, *Lorenz* (1779–1851) deutscher Naturforscher und Naturphilosoph. 18 217 219

Olbers, *Heinrich Wilhelm* (1758 bis 1840) deutscher Astronom, Mediziner. 295

Orbigny, *Alcide Dessalines d'* (1802 bis 1857) französischer Forschungsreisender und Paläontolog. 319

Owen, *Richard* (1804–1892) englischer Zoolog und Paläontolog, Gegner der Theorie Darwins. 219

Paganini, *Niccolo* (1784–1840) großer italienischer Geiger und Komponist. 181

Papin, *Denis* (1647–1714) französischer Physiker, einer der Erfinder der Dampfmaschine. 111

Pasteur, *Louis* (1822–1895) französischer Bakteriolog und Chemiker, Begründer der Mikrobiologie. 316

Perty, *Joseph Anton Maximilian* (1804 bis 1884) deutscher Naturforscher. 318

27 Engels, Dialektik der Natur

Plinius der Ältere, Gajus Secundus (24 bis 79) berühmter römischer Gelehrter, Verfasser des umfangreichen enzyklopädischen Werkes „Historia naturalis" (Naturgeschichte). 220

Plutarch (etwa 48–120) altgriechischer Schriftsteller, moralistischer Philosoph. 198

Poggendorff, Johann Christian (1796 bis 1877) deutscher Physiker und Chemiker. 153 171 172

Polo, Marco (1254–1324) berühmter italienischer Reisender, erster europäischer Erforscher Innerasiens. 203

Priestley, Joseph (1733–1804) englicher Chemiker und materialistischer Philosoph. 39 250

Ptolemäus, Claudius (um 150) altgriechischer Astronom, Mathematiker und Geograph. 10

Pythagoras aus Samos (etwa 571 bis 497 v. u. Z.) altgriechischer Philosoph und Mathematiker. 198–200 272

Quenstedt, Friedrich August (1809 bis 1889) Professor der Mineralogie, Geologie und Paläontologie in Tübingen. 319

Raffael (Raffaelo), Santi (1483 bis 1520) großer italienischer Maler. 181

Raoult, François Marie (1830–1901) französischer Chemiker, einer der Begründer der physikalischen Chemie. 119 125 164

Renault, Bernard (1836–1904) französischer Paläontolog; beschäftigte sich auch mit Elektrochemie. 152 153

Reynard, François (geb. 1805) französischer Ingenieur, Verfasser einer Reihe von Arbeiten über Fragen der Physik und Chemie. 119 120

Ritter, Johann Wilhelm (1776–1810) deutscher Physiker. 125

Roscoe, Sir Henry Enfield (1833–1915) englischer Chemiker. 59

Rosenkranz, Johann Karl Friedrich (1805–1879) deutscher Philosoph, Hegelianer. 220

Rosse, William Parsens, Earl of (1800 bis 1867) englischer Astronom. 295 297

Ruhmkorff, Heinrich Daniel (1803 bis 1877) deutscher Mechaniker, der in Paris arbeitete; Erfinder des Induktionsapparats, der sogenannten Ruhmkorffschen Spule. 311

Saint-Simon, Claude Henri, Comte de (1760–1825) großer französischer utopischer Sozialist. 3 14 266

Savery, Thomas (etwa 1650–1715) englischer Ingenieur, einer der ersten Dampfmaschinenkonstrukteure. 111

Schleiden, Matthias Jakob (1804–1881) deutscher Botaniker. 209

Schmidt, Eduard Oskar (1823–1886) deutscher Zoolog, Darwinist. 4

Schopenhauer, Arthur (1788–1860), deutscher idealistischer Vulgärphilosoph. 34

Schorlemmer, Carl (1834–1892) bedeutender deutscher organischer Chemiker; dialektischer Materialist; Mitglied der Sozialdemokratischen Partei Deutschlands; enger Freund von Marx und Engels. 59 217

Schwann, Theodor (1810–1882) deutscher Zoolog. 209

Secchi, Angelo (1818–1878) italienischer Astronom, Jesuit. 19 24 26 213 294 296 297 307

Servet, Miguel (1511–1553) spanischer Arzt, der wichtige Entdeckungen auf dem Gebiet des Blutkreislaufs machte; von Calvin wegen Freidenkerei auf dem Scheiterhaufen verbrannt. 9 205

Siemens, Werner von (1816–1892) deutscher Ingenieur, Erfinder der Dynamomaschine. 122

Silbermann, Johann Theobald (1806 bis 1865) deutscher Physiker. 157

Smee, Alfred (1818–1877) englischer Chirurg und Physiker. 123

Snellius van Roijen, Willebrord (1591 bis 1626) holländischer Mathematiker, der das Gesetz der Lichtbrechung entdeckte. 297

Solon (6. Jahrh. v. u. Z.) berühmter Athener Gesetzgeber. 218

Spencer, Herbert (1820–1903) englischer positivistischer Philosoph und Soziolog. 274

Spinoza, Baruch (Benedikt) de (1632 bis 1677) großer materialistischer Philosoph. 13 214 215 246

Starcke, Carl Nikolaus (1858–1926) dänischer Philosoph und Soziolog. 212

Strauß, David Friedrich (1808–1874) deutscher Philosoph, Linkshegelianer; Historiker und Publizist. 141

Suter, Heinrich (1848–1922) Schweizer Professor der Mathematik. 83 84 85 87 91 95

Tait, Peter Guthrie (1831–1901) englischer Mathematiker und Physiker. 88 96 98 100–107

Thales aus Milet (6. Jahrh. v. u. Z.) altgriechischer materialistischer Philosoph. 75 197 198 200 299

Thomsen, Hans Peter Jörgen Julius (1826–1909) dänischer Chemiker, einer der Begründer der Thermochemie. 134 147 154

Thomson, Thomas (1773–1852) englischer Chemiker. 112 114 115 116 220 307 308 309

Thomson, William (1824–1907) (ab 1892 Lord Kelvin) englischer Physiker. 88 98 100–107 184 286 304 317

Thorvaldsen, Bertel (1768–1844) bekannter dänischer Bildhauer. 181

Torricelli, Evangelista (1608–1647) italienischer Physiker und Mathematiker. 11 196

Traube, Moritz (1826–1894) deutscher Chemiker und Physiolog. 322

Tyndall, John (1820–1893) englischer Physiker (Experimentator und Popularisator). 213 214 323

Varley, Cromwell Fleetwood (1828 bis 1883) englischer Elektroingenieur. 47

27 Engels, Dialektik der Natur

Virchow, Rudolf von (1821–1902) deutscher Patholog und Anthropolog; in der Politik zunächst gemäßigter Liberaler, seit den 70er Jahren Reaktionär und leidenschaftlicher Gegner des Sozialismus. 4 31 50 217

Vogt, Karl (1817–1895) deutscher Naturforscher, Vulgärmaterialist. 33 34 215

Volckman (Volkmann) 46–48

Volta, Alessandro, Graf (1745–1827) italienischer Physiker, einer der Begründer der Lehre von der galvanischen Elektrizität. 125 131 169 308 309 310

Voltaire, François Marie Arouet de (1694 bis 1778) markanter Vertreter der französischen Aufklärung des 18. Jahrhunderts, deistischer Philosoph, satirischer Schriftsteller, Historiker. 215

Wagner, Moriz **(1813–1887)** deutscher Biolog, Geograph und Forschungsreisender. 316–317

Wallace, Alfred Russel (1823–1913) englischer Zoolog und Zoogeograph, der gleichzeitig mit Darwin zur Theorie der natürlichen Selektion gelangte; Anhänger des Spiritismus. 41–46 50 51 52

Watt, James (1736-1819) englischer Physiker und Mechaniker, der die Dampfmaschine vervollkommnete. 111

Weber, Wilhelm Eduard (1804–1891) deutscher Physiker. 117

Wheatstone, Sir Charles (1802–1875) englischer Physiker. 164

Whewell, William (1794–1866) englischer Philosoph (eklektischer Idealist) und Wissenschaftshistoriker; Professor der Mineralogie (1828–1832) und der Moralphilosophie (1838–1855) an der Universität Cambridge. 241

Whitworth, Sir Joseph, Baronet (1803 bis 1887) englischer Ingenieur. 93

Wiedemann, Gustav (1826–1899) deutscher Physiker; Verfasser von Zusammenstellungen über Elektrizität. 113 117 118 122 123 125–135 137–153 157 159 161–166 168 169 171 175 176 283 311

Wilke, Christian Gottlieb (1788–1854) deutscher Philolog und Historiker, der sich mit der Erforschung der Evangeliengeschichte befaßte. 141

Winterl, Jakob Joseph (1732–1809) österreichischer Arzt, Botaniker und Chemiker. 309

Wislicenus, Johannes (1835–1902) deutscher Chemiker. 331

Wöhler, Friedrich (1800–1882) deutscher Chemiker. 211

Wolf, Rudolf (1816–1893) Schweizer Astronom. 202 297

Wolff, Caspar Friedrich (1733–1794) deutscher Anatom und Physiolog. 18

Wolff, Christian, Freiherr von (1679 bis 1754) deutscher Philosoph, metaphysischer Idealist; Systematiker und Popularisator der Leibnizschen Philosophie. 13 35 234

Wollaston, William Hyde (1766 bis 1828) englischer Physiker und Chemiker, Gegner der Atomtheorie. 309

Worm-Müller, Jakob (1834–1889) deutscher Arzt, Physiolog und Physiker. 163 164

Wundt, Wilhelm Max (1832–1920) deutscher Physiolog, Psycholog, Folklorist und Philosoph idealistischer Richtung. 324

Zöllner, Johann Karl Friedrich (1834 bis 1882) deutscher Physiker und Astronom; Anhänger des Spiritismus. 49

SACHREGISTER

Abstraktion
— die Entwicklung des Abstraktionsvermögens und die Arbeit 184
— Abstrahieren beim Menschen und bei den Tieren 236–237
— abstrakt und konkret 256
— mathematische Abstraktionen 243 280–281 287–290
— Abstraktionen sind nicht sinnlich zu erkennen 250–251
— Bedeutung des abstrakten Denkens 246–247

Aggregatzustände 54 56–57 246 305
Aktion und Reaktion siehe *Wirkung und Gegenwirkung*
Alchemie 10 11 195
Algebra 10 280–281 285–286
Allgemeinheit
— die Form der Allgemeinheit ist Form der Insichabgeschlossenheit, damit Unendlichkeit 249
— die Form der Allgemeinheit in der Natur ist Gesetz 249
— Einzelheit, Besonderheit, Allgemeinheit 237–241 249

Altes und Neues 228
— hemmender Einfluß alter Traditionen auf die Wissenschaft 15 bis 16 142–143 165–166 167 312

Amoeba 321 324

Amphibien 242 326
Analyse
— Analysieren bei den Tieren 236 bis 237
— Analyse und Synthese 236–237 242
— Induktion und Analyse 243–244

Anatomie
— Elemente der vergleichenden Methode in der Anatomie 17 207 209–210 234–235

Anpassung
— Anpassung der Organismen an die sich ändernde Umgebung 15
— Widerstreit von Vererbung und Anpassung 224 326–327

Anthropologie 197
Arbeit (ökonomisch)
— Differentiation des Menschen durch Arbeit 4
— Anteil der Arbeit an der Menschwerdung des Affen 179–190
— die Arbeit hat den Menschen selbst geschaffen 179
— die Arbeit fängt an mit der Verfertigung von Werkzeugen 185 bis 186
— die Arbeit als Kategorie der politischen Ökonomie 99 330–332
— Teilung der Arbeit 9 16

Sachregister

Arbeit (physikalisch)
— Arbeit ist Formwechsel der Bewegung, betrachtet nach seiner quantitativen Seite hin 96
— Unrechtmäßigkeit der Anwendung des Begriffs Arbeit im physikalischen Sinn auf ökonomische Arbeitsverhältnisse 99
— physiologische Arbeit 330–332

Arten in der Biologie 227 229 231 233–235 315
— Arten der Pflanzen und Tiere nach Linné 11–12
— C. F. Wolff erließ den ersten Angriff auf die Beständigkeit der Arten 18

Astronomie 5 10 11 19 195 196 199 206 207 255 265 289
— gewöhnliche Schulastronomie 65
— Notwendigkeit der Astronomie für Hirten- wie Ackerbauvölker 195

Asymptoten 281–282
— das Erkennen des Unendlichen kann sich nur vollziehn in einem unendlichen asymptotischen Prozeß 250

Aszidien 242 326

Atheismus 215

Äther
— Hypothetizität des Äthers 62 260 305 306
— Materialität des Äthers 260
— Ätherteilchen 62 109 289
— Ätheratome 312
— Kontinuität des Äthers 261 306
— der Äther leistet dem Licht Widerstand 306
— Mechanik des Äthers 109

Äther
— Äthertheorie der Elektrizität 109 119–121

Atom
— Atome haben ganz andere Eigenschaften als Moleküle 55
— Atomgewichte 33 59 146 219 269 288
— die Atome gelten keineswegs für einfach 288
— Ätheratome 312
— chemische Atome 288 312
— in der Chemie besteht eine bestimmte Grenze der Teilbarkeit, jenseits der die Körper nicht mehr chemisch wirken können – Atom, und mehrere Atome sind stets in Verbindung – Molekül 261
— Atom und Molekül kann man nicht mit dem Mikroskop beobachten, sondern nur mit Denken 217
— Atome bei den altgriechischen Philosophen 33 200–202

Atomistik
— die neue Atomistik behauptet nicht, daß die Materie bloß diskret ist 312

Attraktion
— die Anziehung wird als wesentliche Eigenschaft der Materie aufgefaßt 12
— Attraktion und Repulsion sind untrennbar 259–260
— Attraktion und Repulsion als Grundformen der Bewegung 63 bis 80
— Attraktion und Repulsion als Wesen der Materie 259–260

Sachregister

Attraktion
— Attraktion und Repulsion sind nicht als sogenannte „Kräfte" zu fassen 64
— Anwendung der Kategorie Attraktion in der Physik 301
— auf der heutigen Erde ist die Attraktion bereits durch ihr entschiednes Übergewicht über die Repulsion durchaus passiv geworden 74
— die Attraktion ist die passive Seite der Bewegung 304
— mechanische Attraktion 79–80 263
— physikalische Attraktion 79–80
— chemische Attraktion 78 79–80 224
— elektrodynamische Attraktion 122
— Umschlag der Attraktion in Repulsion und umgekehrt 260

Axiome (in der Mathematik) 274 284

Bakterien 315–316 318

Begriff
— Entwicklung eines Begriffs in der Geschichte des Denkens und im Kopf des einzelnen Dialektikers 236
— Untersuchung der Natur der Begriffe als Voraussetzung dialektischen Denkens 237
— Hegels „Lehre vom Begriff" 240

Besonderes, Besonderheit 219 237 bis 241 249

Bewegung
— Bewegung ist die Daseinsweise der Materie 61 262 271
— Bewegung, auf die Materie anwendbar, ist Veränderung überhaupt 264

Bewegung
— Unerschaffbarkeit und Unzerstörbarkeit der Bewegung 62 261–262
— als durchgehend Allgemeingültiges bleibt nichts als die Bewegung 255
— Bewegung und Gleichgewicht 262–263
— Grundform aller Bewegung ist Attraktion und Repulsion 63–64
— Verwandlung der einen Bewegungsform in die andere 71–72 209 246–247 263–266 299 300
— die Unzerstörbarkeit der Bewegung kann nicht bloß quantitativ, sie muß auch qualitativ gefaßt werden 25 304
— Übertragung der Bewegung 299 bis 301 302–303
— Bewegungsformen und Klassifizierung der Wissenschaften 266 bis 269
— Bewegung ist nicht bloß Ortsveränderung; sie ist auf den übermechanischen Gebieten auch Qualitätsänderung 269
— höhere, Haupt- und Nebenform der Bewegung 264
— die Untersuchung über die Natur der Bewegung mußte von den niedrigsten, einfachsten Formen dieser Bewegung ausgehen 61
— die Bewegung als solche ist nichts andres als die Gesamtheit aller sinnlich wahrnehmbaren Bewegungsformen 251

Bewegungsgröße (im Sinne des Produkts der Masse in die Geschwindigkeit, quantity of motion,

Sachregister

quantité de mouvement) 82–83 85–88 92 94–95

Bewegungsmenge (im Sinne der allgemeinen Menge der Bewegung) 55 63 67 72 83 87 88 91–92 95 177

Biologie
— die Biologie als Chemie der Eiweiße 268
— die Biologie und der französische Materialismus des 18. Jahrhunderts 270
— die Vorstellung der Kraft in der Biologie 81
— Dialektik in der Biologie 34
— Umschlagen von Quantität in Qualität in der Biologie 60
— Biologie und Artbegriff 234 bis 235
— Anwendung der Mathematik in der Biologie 291

Botanik 11 18 195 196 232–234 235

Cartesianer 84 86 95

Causae finales und causae efficientes 221 246–247 259 270–271

Chemie
— die Chemie als die Physik der Atome 56 61 267–268 273 311
— die Chemie als die Wissenschaft von den qualitativen Veränderungen der Körper infolge veränderter quantitativer Zusammensetzung 57
— die sämtlichen chemischen Gleichungen, die die Molekularzusammensetzung der Körper ausdrücken, sind der Form nach Differentialgleichungen 288

Chemie
— in der Chemie besteht eine bestimmte Grenze der Teilbarkeit, jenseits der die Körper nicht mehr chemisch wirken können 261
— die Reduktion der chemischen Vorgänge auf bloß mechanische verengert ungebührlich das Feld der Chemie 268
— die Chemie, in der die Analyse die vorherrschende Untersuchungsform ist, ist nichts ohne ihren Gegenpol, die Synthese 237
— geozentrischer Charakter unserer Chemie 252–255
— die Chemie emanzipierte sich durch die phlogistische Theorie von der Alchimie 11
— neue Epoche beginnt in der Chemie mit der Atomistik 312
— Bedeutung der Namen in der organischen Chemie 313
— die Chemie rückt der Aufgabe, Eiweißkörper aus unorganischen Stoffen herzustellen, immer näher 210–211 265 273

Dampfmaschine 22 94 111 112 124 160 176 192 243–244 331–332

Darwinismus 3 18 210 272
— Modewerden des Darwinismus 215
— der Darwinismus und das Problem der Zufälligkeit 234–235 326
— Darwin über die Vorfahren des Menschen 179
siehe auch *Anpassung, Entwicklung,*

Kampf ums Dasein, Natürliche Auswahl, Vererbung
Deduktion 236–237 240–242
— der Schluß polarisiert in Induktion und Deduktion 241
— Grund des Deduktionsschlusses ist die Klassifikation 241

Denken
— das Denken als Form der Bewegung 61
— das Denken als Reflex der Natur 224
— die Frage der „Reduktion" des Denkens auf molekulare und chemische Bewegungen im Gehirn 264
— Denken und Sein 283–284 290
— Denkgesetze und Naturgesetze 53–54 238 239 284–285
— das theoretische Denken einer jeden Epoche ist ein historisches Produkt, das zu verschiednen Zeiten sehr verschiedne Form und damit sehr verschiednen Inhalt annimmt 32
— Parallelismus zwischen der Entwicklung eines Begriffs in der Geschichte des Denkens und seiner Entwicklung im Kopf des einzelnen Dialektikers 236
— Vorgeschichte des Menschengeistes 210
— menschliches und tierisches Denken 236–237
— das dialektische Denken ist nur dem Menschen möglich 237
— die Veränderung der Natur durch den Menschen ist die wesentlichste und nächste Grundlage des menschlichen Denkens 245

Denken
— die Unendlichkeit des absolut erkennenden Denkens setzt sich zusammen aus einer unendlichen Anzahl endlicher Menschenköpfe 249
— Abscheu vor dem Denken bei der großen Mehrzahl der Naturforscher 14
— naturforscherliches Denken 219
— Seichtigkeit des Denkens 247
— Formen der Bewegung des Denkens 237
— die Untersuchung der Denkformen ist sehr lohnend und notwendig 256
— die Menschen gewöhnten sich daran, ihr Tun aus ihrem Denken zu erklären statt aus ihren Bedürfnissen 188

Determinismus 232–234
— mechanischer Determinismus 234

Deutsche Philosophie Ende des 18. und Anfang des 19. Jahrhunderts 33 bis 39 215–216 284

Dialektik
— die Dialektik ist die Wissenschaft von den allgemeinsten Gesetzen aller Bewegung 285
— die Dialektik als Wissenschaft des Gesamtzusammenhangs 3 53
— objektive und subjektive Dialektik 224
— die Dialektik des Kopfs ist Widerschein der Bewegungsformen der realen Welt 216
— rationelle Dialektik 39 217

Sachregister

Dialektik
— die des Mystizismus entkleidete Dialektik wird eine absolute Notwendigkeit für die Naturwissenschaft 217
— die Dialektik und die Formel „entweder – oder" 225 226
— Dialektik und Erfahrung 64–65
— die Dialektik als einzige der jetzigen Stufe der Naturanschauung in höchster Instanz angemeßne Denkmethode 225 bis 226
— dialektischer Charakter der Naturvorgänge 54
— Dialektik in der Geschichte 111
— man verachtet die Dialektik nicht ungestraft 51–52
— es ist ein alter Satz der in das Volksbewußtsein übergegangenen Dialektik, daß die Extreme sich berühren 40
— die Dialektik vermittelt die Gegensätze 226
— die Dialektik faßt die Dinge in ihrem Zusammenhange statt in ihrer Isolierung 283
— die Dialektik ist von Aristoteles und Hegel untersucht worden 32
— Marx wandte im „Kapital" die dialektische Methode auf die Tatsachen der politischen Ökonomie an 37–38
— Hauptgesetze der Dialektik 3 53–60 224–235
— das dialektische Denken ist nur dem Menschen möglich 237
— Dialektik bei den alten Griechen 18 35–36 237

Dialektik
— Dialektik in der deutschen Philosophie Ende des 18. und Anfang des 19. Jahrhunderts 36–39
Differential- und Integralrechnung 10 217 275 281–290
— die Differentialrechnung macht es der Naturwissenschaft erst möglich, Prozesse mathematisch darzustellen: Bewegung 290
„*Ding an sich*" 34 257–258
Diskretion
— diskrete Teile verschiedener Stufen 312–313
siehe auch *Kontinuität*

Einfach und zusammengesetzt 227
Einheit
— Einheit von Denken und Sein 284
— Einheit von Natur und Geist 236
Einheit (quantitativ) 277–278 280
— Einheit und Vielheit 277–278
Einzeller 18 315–316 323–325 330
Einzelnes 219 237–241 249
Eiweiß
— das Eiweiß, welches der ausschließliche selbständige Träger des Lebens ist, entsteht unter bestimmten durch den ganzen Naturzusammenhang gegebnen Bedingungen als Produkt eines chemischen Prozesses 212
— sobald die Zusammensetzung der Eiweißkörper einmal bekannt ist, wird die Chemie an die Herstellung von lebendigem Eiweiß gehn können 211

Eiweiß
— das Eiweiß als wesentlichstes Vehikel der Zellenbildung 315
— das Eiweiß ist die unbeständigste Kohlenstoffverbindung, die wir kennen 320
— die Daseinsbedingungen des Eiweißes sind unendlich viel komplizierter als die jeder andern bekannten Kohlenstoffverbindung 320
— die Bildung des Zellenkerns ist als eine Polarisierung des lebendigen Eiweißstoffs zu betrachten 224
— vollkommen strukturloses Eiweiß vollzieht alle wesentlichen Funktionen des Lebens 21 316
— gelingt es der Chemie, das Eiweiß darzustellen, so ist der dialektische Übergang auch real dargetan 273

Elektrizität 70 113–178 307–311
— Elektrizität und Magnetismus bilden ein Geschwisterpaar 109
— statische und dynamische Elektrizität 121–122 310–311
— Äthertheorie der Elektrizität (Maxwell) 109 119–121

Elektrochemie 311
— chemisch-elektrischer und elektro-chemischer Prozeß 145
— Wechselwirkung zwischen Chemismus und Elektrizität 174–175 177
— enger Zusammenhang der chemischen mit der elektrischen Aktion 177–178

Elektrolyse
— aktive und passive Elektrolyse 145 150

Element (chemisch)
— Abwesenheit der Vorstellung eines chemischen Elements im Altertum 195
— die Qualität der chemischen Elemente ist bedingt durch die Quantität ihres Atomgewichts 59
— die Eigenschaften eines Elements werden durch seine Stellung in der Kurve Lothar Meyers nicht erschöpfend ausgedrückt 269
— auf den Nebelflecken existieren vielleicht nicht einmal diejenigen der 65 Elemente, die möglicherweise selbst zusammengesetzt sind 254

Embryologie 17 207 209–210 218 234–235

Empirie
auf dem theoretischen Gebiet versagen die Methoden der Empirie 32
— Theorie und Empirie 220
— in der Lehre von der Elektrizität reproduzieren die Empiriker ganz das blinde Tasten der Alten 220
— plumpste Empirie der hausbackenen Philistererfahrung bei Hegel 307
— die allerplatteste, alle Theorie verachtende, gegen alles Denken mißtrauische Empirie ist der sicherste Weg zum Mystizismus 51–52
— die bloße Empirie ist unfähig, mit den Spiritisten fertig zu werden 52

Sachregister

Empirie
— die einseitige Empirie, die nicht nur falsch denkt, sondern auch nicht imstande ist, den Tatsachen treu zu folgen, schlägt in das Gegenteil von wirklicher Empirie um 114
— die exklusive Empirie hantiert mit veralteten Produkten des Denkens 142
— die Theorie von der absoluten qualitativen Identität der Materie ist empirisch ebensowenig widerlegbar wie beweisbar 270
— die Empirie der Beobachtung kann nicht die Notwendigkeit beweisen 244
— der Empiriker vertieft sich so sehr in die Gewohnheit des empirischen Erfahrens, daß er sich noch auf dem Gebiet des sinnlichen Erfahrens glaubt, wenn er mit Abstraktionen hantiert 250-251

Empirismus
— der englische Empirismus ist dem Spiritismus verfallen 40

Energie
— Identifizierung der Energie mit Bewegung überhaupt 54 95 bis 96 209
— die Energie als anderer Ausdruck für Repulsion 67-71 73-74 80
— Erhaltung der Energie 33 72-73 126 143 153 176 298-299
— Verwandlung der Energie 139 bis 140 153 159 162 165 166 176 209 233 236 239-240 254 298-299 303
— kinetische Energie 98 101 104 bis 106 298

Energie
— potentielle Energie 56 92-96 104-106 108
— dynamische Energie 105 106
— Molekularenergie 105
— Wärmeenergie 138-141
— chemische Energie 122-126 137 bis 141 143 156 159-161 166 bis 167 170-171 176
— alle Energie, die jetzt auf der Erde tätig, ist verwandelte Sonnenwärme 264
— Unzulänglichkeit des Ausdrucks Energie 74

Entropie 304

Entwicklung
— Artenentwicklung 227
— die Entwicklungstheorie wurde zuerst von Darwin im Zusammenhang dargestellt und begründet 210
— hard and fast lines mit der Entwicklungstheorie unverträglich 225-226
— Wiederholung der morphologischen Formen auf allen Entwicklungsstufen 326
— Entwicklungslehre und Induktion 241-243

Erfahrung 40 64 218 241 245 271 284 290
— plumpste Empirie der hausbackenen Philistererfahrung 307
siehe auch *Experiment, Empirie*

Erfindungen 203-205

Erkenntnis
— alle menschliche Erkenntnis entwickelt sich in einer vielfach verschlungnen Kurve 256-257

Sachregister

Erkenntnis
— es gibt keine absoluten Grenzen der Erkenntnis 247–258
— die unendlich vielen Universen da draußen brauchen wir nicht, um die Natur zu erkennen 252
— alle wahre Naturerkenntnis ist Erkenntnis von Ewigem, Unendlichem und daher wesentlich absolut 249
— wir können nur unter den Bedingungen unsrer Epoche erkennen und soweit diese reichen 257
— haben wir die Bewegungsformen der Materie erkannt, so haben wir die Materie selbst erkannt, und damit ist die Erkenntnis fertig 246
— historische Entwicklung der Erkenntnis 238–240
— alles wirkliche, erschöpfende Erkennen besteht nur darin, daß wir das Einzelne im Gedanken aus der Einzelheit in die Besonderheit und aus dieser in die Allgemeinheit erheben 249

„*Ewige Wahrheit*" 32 216
— ewige Naturgesetze siehe *Gesetz*

Experiment 165–166 196 237 241 244
— experimentum crucis 165

Fall
— Fallgesetz 82 83 285 292

Flutreibung 5 14 36 100–107 297

Form
— Formtrieb allen Eiweißkörpern eigen 323
— Wiederholung der morphologischen Formen auf allen Entwicklungsstufen 326

Form
— Identität oder Untrennbarkeit von Form und Inhalt in der organischen Natur 325

Galvanismus 70 121–122 124 125

Ganzes
— der Weg vom Verständnis des Einzelnen zum Verständnis des Ganzen 35
— bei den Griechen wird die Natur als Ganzes angeschaut 35
— Teil und Ganzes 226

Gase
— Kohäsion bei Gasen 305
— permanentes Gas ist ein Unding 305
— kinetische Gastheorie 305 306

Gedanke
— wie Elektrizität, Magnetismus etc. sich polarisieren, im Gegensatz bewegen, so die Gedanken 226
— Bedeutung des abstrakten Gedankens 246

Gegensatz
— gegenseitiges Durchdringen der polaren Gegensätze und Ineinander-Umschlagen, wenn auf die Spitze getrieben 3
— Bewegung in Gegensätzen 224
— Widerstreit der Gegensätze 224
— Gegensätzlichkeit der theoretischen Entwicklung 306
— die ganze Logik entwickelt sich aus fortschreitenden Gegensätzen 216
— Gegensätzlichkeit der verständigen Denkbestimmungen 226
— die Dialektik vermittelt die Gegensätze 226

Gegensatz
— dialektische Natur des polaren Gegensatzes 65
— qualitativer Gegensatz in der Mathematik 275–276
siehe auch *Gesetz der gegenseitigen Durchdringung der Gegensätze, Pol, Polarität*

Gehirn
— Gehirn des Affen und Gehirn des Menschen 183–184
— Wirkung der Fleischnahrung auf das Gehirn 186
— Ausbildung des Gehirns des Menschen 21–22
— die Sinnesorgane sind die nächsten Werkzeuge des Gehirns 183–184
— Vorgeschichte des denkenden Menschenhirns 210
— unfruchtbare Spekulationen Feuerbachs über das Verhältnis des Denkens zum denkenden Organ, dem Gehirn 212

Gemeineigentum 193

Geographie 17 207

Geologie 15 19 197 206 207 228

Geometrie 281 285
— synthetische Geometrie 283
— analytische Geometrie 10 230 279 281 282

Geozentrischer Standpunkt 252–255

Geschichte
— Geschichte der Menschheit und Geschichte der Natur 12 14 53
— Geschichte der Tiere und Geschichte der Menschheit 22–24

Geschichte
— jetzt auch die ganze Natur in Geschichte aufgelöst, und die Geschichte nur als Entwicklungsprozeß selbstbewußter Organismen von der Geschichte der Natur verschieden 252
— die Geschichte des Sonnensystems und der Erde als reale Voraussetzung der Organik 265
— Dialektik und Geschichte 111
— Auffassung der Geschichte als einer Reihe von Klassenkämpfen viel inhaltsvoller und tiefer als die bloße Reduktion auf schwach verschiedne Phasen des Kampfs ums Dasein 329
Bewegung in Gegensätzen in der Geschichte 225
— Einseitigkeit der naturalistischen Geschichtsauffassung 245–246

Gesellschaft
— der bezeichnende Unterschied zwischen Affenrudel und Menschengesellschaft — die Arbeit 184–185
— Unmöglichkeit der Übertragung von Lebensgesetzen der tierischen Gesellschaften auf die menschliche Gesellschaft 328

Gesellschaftsklassen 192–193 329 bis 330

Gesetz
— von der Hypothese zum Gesetz 256
— wer Kausalität leugnet, dem ist jedes Naturgesetz eine Hypothese 247
— das Gesetz als Form der Allgemeinheit 249

Sachregister

Gesetz
— das Gesetz von der Unzerstörbarkeit und Unerschaffbarkeit der Bewegung 64
— das Gesetz der Erhaltung und Verwandlung der Energie als absolutes Naturgesetz 239-240
— nichts ist ewig als die ewig sich verändernde, ewig sich bewegende Materie und die Gesetze, nach denen sie sich bewegt und verändert 28
— die ewigen Naturgesetze verwandeln sich in historische 253 bis 255
— das Fallgesetz wird schon bei mehreren Minuten Fallzeit unrichtig 292
— Helmholtz über Naturgesetze 75-77
— in der organischen Welt gehen die chemischen Vorgänge nach denselben Gesetzen, aber unter andern Bedingungen vor als in der unorganischen Welt 273
— Unmöglichkeit der Übertragung von Lebensgesetzen der tierischen Gesellschaften auf die menschliche Gesellschaft 328
— Denkgesetze 32 53-54 237-240

Gesetz der gegenseitigen Durchdringung der Gegensätze 3 51-52 53 155 225-235
— Widerstreit der Gegensätze 224

Gesetz der Negation der Negation 3 53 203 235
— Entwicklung durch den Widerspruch oder Negation der Negation 3

Gesetz des Umschlagens von Quantität in Qualität und umgekehrt 3 53 bis 60 226 248 268-270 275 bis 276 305 313

Gleichgewicht 26 56 262-263 265
— alles Gleichgewicht nur relativ und temporär 263
— die Möglichkeit temporärer Gleichgewichtszustände ist wesentliche Bedingung der Differenzierung der Materie und damit des Lebens 262-263

Grad und Krumm 281-282

Gravitation 12 260 292-293
siehe auch *Schwere*

Griechische Philosophie 8 12 18 33 35-36 197-202 211 236 237

Größe
— die Größe als Gegenstand der Mathematik 274
— die variable Größe als Wendepunkt in der Mathematik 275
— imaginäre Größen 52
— Urbilder der mathematischen Größen in der Natur 285-290
— die negativen Größen der Algebra sind reell nur, insoweit sie sich auf positive beziehen 280

Hand
— die Hand beim Affen und beim Menschen 180-181
— die Hand ist nicht nur das Organ der Arbeit, sie ist auch ihr Produkt 181
— alle menschliche Kultur beruht auf der Tätigkeit der Hand 22

Hegelei
— mit der Hegelei warf man auch die Dialektik über Bord 34

Sachregister

Hegelei
— das hilflose Versumpfen der Berliner Hegelei 36

Hypothese
— die Hypothese ist die Entwicklungsform der Naturwissenschaft 256 273
— Hypothese und Gesetz 247
— zwei geniale Hypothesen Kants 36

Idealismus
— Kritik des Hegelschen Idealismus 36–38 53–54 216
— zwischen den alten Griechen und uns liegen mehr als zwei Jahrtausende wesentlich idealistischer Weltanschauung 211
— wie die idealistische Weltanschauung entstand 187–188
— der Idealismus und das Ding an sich 257–258

Identität
— die Identität der Naturkräfte und ihre gegenseitige Verwandlung 217
— Identität von Denken und Sein 290
— Identität oder Untrennbarkeit von Form und Inhalt 325–326
— dialektischer Gegensatz von Identität und Unterschied 216 227–229 283
— Unhaltbarkeit der metaphysischen Kategorie der abstrakten Identität 227–229
— der Satz der Identität im altmetaphysischen Sinn ist der Fundamentalsatz der alten Anschauung 228–229

Identität
— die wahre konkrete Identität schließt den Unterschied in sich 229

Individuum
— Relativität dieses Begriffs in der Biologie 225–226 325–326
— Erfahrung des Individuums und Erfahrung der Gattung 283 bis 284
— Parallelismus zwischen menschlichem Individuum und Geschichte 218

Induktion
— Induktion bei den Tieren und beim Menschen 236–237
— Induktion und Deduktion 240 bis 243
— Induktion und Deduktion gehören so notwendig zusammen wie Synthese und Analyse 242
— der Induktionsschluß ist wesentlich ein problematischer Schluß 242
— mit aller Induktion in der Welt wären wir nie dahin gekommen, uns über den Induktionsprozeß klarzuwerden 242
— der Induktionsschwindel geht aus von den Engländern 241
— die induktive Methode Bacons 40
— Induktion bei Newton 217
— Induktion und Klassifikation 241 bis 242 243–244
— Induktion und Analyse 243–244

Inertia
— die Inertia ist nur der negative Ausdruck der Unzerstörbarkeit der Bewegung 3
— Inertia und Ruhe 302

Infusorien 315–316 323 325 330

Kampf ums Dasein 23 218 326–329

Kant-Laplacesche kosmogonische Theorie 13 14 18 19 36 66 207 217 259 293

Kapitaistische Produktionsweise 193 bis194 329

Kategorien
— zum Denken sind Denkbestimmungen nötig 222 223
— Notwendigkeit der Untersuchung der Denkformen, Denkbestimmungen 256
— fixe Kategorien bei den Metaphysikern und flüssige Kategorien in der Dialektik 216–217
— die Lehre von der Identität der Naturkräfte und ihrer gegenseitigen Verwandlung machte aller Fixität der Kategorien ein Ende 217
— die Kategorien Qualität und Quantität 247–248
— die Kategorien positiv und negativ 224–225
— die Kategorien Ganzes und Teil 226
— die Kategorien einfach und zusammengesetzt 227
— die Kategorien Notwendigkeit und Zufälligkeit 231–235
— die Kategorie oder Abkürzung Kraft 300
— die Meßbarkeit der Bewegung gibt der Kategorie Kraft ihren Wert 300
— die Kategorien aus dem Tierreich sind total unanwendbar auf gesellschaftliche Verhältnisse 329

Kategorien
— die Kategorie Arbeit in Thermodynamik, Physiologie und politischer Ökonomie 330–332

Kausalität
— wer Kausalität leugnet, dem ist jedes Naturgesetz eine Hypothese 247
— durch die Tätigkeit des Menschen begründet sich die Vorstellung von Kausalität und wird die Probe auf die Kausalität gemacht 244–245
— dialektisches Verhältnis zwischen Ursache und Wirkung 216 246–247
— Identität von Ursache und Wirkung 299
— mit dem Aufhören der Ursache hört auch ihre Wirkung auf 311
— die Substanz (der Materie) ist Ursache ihrer selbst 246 271
siehe auch *Causae finales und causae efficientes*

Kinetische Gastheorie 260 305 306

Klassifikation der Organismen 17–18 225–226 241–243

Klassifizierung der Wissenschaften 3–4 61–62 264–273
— Klassifizierung der Wissenschaften, von denen jede eine einzelne Bewegungsform oder eine Reihe zusammengehöriger und ineinander übergehender Bewegungsformen analysiert, ist damit Klassifikation dieser Bewegungsformen selbst 266

Knotenpunkte (wo quantitative Veränderung in qualitative umschlägt) 57 305 312–313

Sachregister

Kohlenstoff
— der Kohlenstoff ist wesentlicher Träger des organischen Lebens 269
— in welchem Sinne kann man von der Ewigkeit der Kohlenstoffverbindungen sprechen 320–321
— Erscheinungen der Endosmose und des Wachstums sind auch ohne Kohlenstoff darzustellen 322
— homologe Reihen der Kohlenstoffverbindungen 58–59

Konkret
— das allgemeine Gesetz des Formwechsels der Bewegung ist viel konkreter als jedes einzelne „konkrete" Beispiel davon 236

Konkurrenz 23 328

Kontinuität
— Kontinuität und Diskretion der Materie 261 290 305–306 312
— Kontinuität und Diskretion im gegenseitigen Verhältnis der Wissenschaften 268

Kraft
— die Vorstellung von Kraft ist der Betätigung des menschlichen Organismus innerhalb seiner Umgebung entlehnt 74 302–303
— die Kraft als die aktive Seite der Bewegung 74 299–300
— die Kraft wird nach ihrer Äußerung gemessen 299–300
— wenn wir Zuflucht zum Worte Kraft nehmen, so drücken wir damit nicht unsre Wissenschaft, sondern unsern Mangel an Wissenschaft von der Natur des Gesetzes und seiner Wirkungsweise aus 76

Kraft
— die irdische Mechanik ist die einzige Wissenschaft, in der man wirklich weiß, was eine Kraft bedeutet 77
— in allen Forschungszweigen, die über die rechnende Mechanik hinausgehn, ist die Vorstellung der Kraft überhaupt wissenschaftlich unbrauchbar 81
— der Begriff Kraft wird reine Phrase 301
— Lebenskraft 301–302 317
— Sollizitation der Kraft 302
— Verwirrung bei Wiedemann über die Frage der „elektrischen Scheidungskraft" und der „elektromotorischen Kraft" 159 bis 162 176–177
— in jeder Naturwissenschaft, selbst in der Mechanik, ist es jedesmal ein Fortschritt, wenn man das Wort Kraft irgendwo los wird 162
— Schiefheit der Bezeichnung „Unzerstörbarkeit der Kraft" 27

Kritische Punkte siehe *Knotenpunkte*

Lamarckismus 222 319
Lanzettfischchen 17 243
Leben
— organisches Leben als eine der Bewegungsformen der Materie 61–62 240
— Leben ist die Daseinsweise der Eiweißkörper 321–322
— Entstehung des Lebens aus der unorganischen Natur 210–211
— Unhaltbarkeit der Lehre von der „Lebenskraft" 301–302

Leben
— Unzulässigkeit der Hypothese des „ewigen Lebens" 319–323
— Entwicklung des Lebens zu einer Gattung denkender Wesen 330
— Leben und Tod 314–315
— organisches Leben ist nicht ohne mechanische, molekulare, chemische etc. Änderung möglich 264

Lebendige Kraft 72–73 83–84 86 87 bis 89 92 94 98–99 139–141

Liberalismus 225

Licht 16 75–77 109–110 112 116 209 244–247 265 272–275 288 295–297 306–307 308–309
— Licht und Finsternis 306–307

Logik
— die Wissenschaft vom Denken ist die Wissenschaft von der geschichtlichen Entwicklung des menschlichen Denkens 32
— die Theorie der Denkgesetze ist keineswegs eine ein für allemal ausgemachte „ewige Wahrheit", wie der Philisterverstand sich dies bei dem Wort Logik vorstellt 32
— die reine Lehre vom Denken als Inhalt der Philosophie 223
— formelle Logik 32 237
— die formelle Logik ist kein Unsinn 257
— ordinäre Logik 237
— dialektische Logik 237
— alte und neue Logik über Induktion 241
— die ganze Logik entwickelt sich aus fortschreitenden Gegensätzen 216

Logik
— die festen Kategorien sind gleichsam die niedre Mathematik der Logik, ihr Hausgebrauch 217

Magnetische Pole 65 230 311

Magnetismus 16 70 112 116 122 177 224 226 246 300
— Elektrizität und Magnetismus bilden ein ähnliches Geschwisterpaar wie Wärme und Licht 109–110

Malthusianismus 327 328

Maß
— Hegel über das Maß 275–276
— zwei Maße der Bewegung 82 bis 99 305

Masse
— die Masse besteht aus lauter Molekülen, ist aber etwas wesentlich vom Molekül Verschiednes 56
— Mechanik der irdischen Massen 61
— die irdischen Massen, die Körper, mit denen die Mechanik operiert, bestehn aus Molekülen 286
— Ätheratome, chemische Atome, Massen, Weltkörper sind die diskreten Teile verschiedener Stufen 312
— himmlische und irdische Massen 56
— Massenbewegung 72 95–96 108 109 272–273 305

Materialismus
— materialistische Naturanschauung heißt weiter nichts als einfache Auffassung der Natur so, wie sie sich gibt, ohne fremde Zutat 211

Materialismus
— ursprünglicher naturwüchsiger Materialismus der alten Griechen 197–198 211
— französischer Materialismus des 18. Jahrhunderts 8 13 215 221 232 266 270 272 284
— Materialismus der Owenisten 41
— Vulgärmaterialismus Büchners, Vogts und Moleschotts 33–34 208 215 218
— Feuerbach und der Materialismus 208 212–213
— Haeckel und der Materialismus 220
— die Materialisten über Gott 213 bis 214
— die sozialistischen Materialisten gehn weiter als die Naturforscher 37

Materie
— die Materie und ihre inhärente Bewegung ist die causa finalis 259 271
— Materie ist undenkbar ohne Bewegung 62
— in welchem Sinne ist Materie als solche Abstraktion und in welchem Sinne ist sie keine Abstraktion 259 271–272
— Urmaterie 259
— Bewegungsverwandlungen, die der sich bewegenden Materie von Natur zustehn 26
— der ewige Kreislauf der sich bewegenden Materie als Resultat der Wissenschaft 16

Materie
— nichts ist ewig als die ewig sich verändernde, ewig sich bewegende Materie und die Gesetze, nach denen sie sich bewegt und verändert 28
— die Materie als Einheit von Attraktion und Repulsion 64 259 bis 260
— Teilbarkeit der Materie 261
— diskrete und kontinuierliche Materie 291
— verschiedene qualitative Daseinsweisen der allgemeinen Materie 312–313
— der Stoff, die Materie als die Gesamtheit der Stoffe, aus der dieser Begriff abstrahiert 251
— Erkennbarkeit der Materie als solcher 246 251
— die Theorie von der absoluten qualitativen Identität der Materie 270–272
— die Vorstellung von der chemisch einheitlichen Materie 312
— die Materie ist in eine Reihe von großen Gruppen gegliedert 289
— die Materie schreitet kraft ihrer Natur zur Entwicklung denkender Wesen fort 28 207 221
— Unhaltbarkeit der idealistischen Vorstellung von einem absoluten Gegensatz zwischen Geist und Materie 191

Mathematik
— Entstehung der Mathematik aus den Bedürfnissen des praktischen Lebens 195
— die Mathematik ist die Wissenschaft der Größen 274

28 Engels, Dialektik der Natur

Mathematik
— die Mathematik ist eine abstrakte Wissenschaft, die sich mit Gedankendingen, Abklatschen der Realität, beschäftigt 228
— niedere und höhere Mathematik 216
— Wendepunkt in der Geschichte der Mathematik 275
— Dialektik in der Mathematik 216 228 274–291
— mathematische Axiome 274 285 bis 287
— Urbilder des Mathematisch-Unendlichen in der wirklichen Welt 283–291
— Anwendung der Mathematik auf andere Wissenschaften 291

Mechanik
— die Mechanik als Wissenschaft von der Bewegung der himmlischen und irdischen Massen 56
— die Mechanik als Theorie der einfachen Ortsveränderung 61
— irdische Mechanik 5 69 77 252 bis 253 267
— irdische reine Mechanik 67–68 69
— himmlische Mechanik 267
— die Mechanik des Himmels – jetzt aufgelöst in einen Prozeß 3
— die Mechanik der irdischen und himmlischen Körper als elementarste Naturwissenschaft 10
— in der Mechanik kommen keine Qualitäten vor 56
— die Mechanik kennt nur Quantitäten 268
— Entstehung und Entwicklung der Mechanik 61 195
— rechnende Mechanik 81 85

Mechanik
— theoretische Mechanik 99

Mechanische Bewegung
— die erste, einfachste Bewegungsform ist die mechanische, rein ortsverändernde 265
— alle Bewegung ist mit irgendwelcher Ortsveränderung verbunden; je höher die Bewegungsform, desto geringer wird diese Ortsveränderung; sie erschöpft die Natur der betreffenden Bewegung in keiner Weise, aber sie ist untrennbar von ihr 62
— Umschlag mechanischer Bewegung in Wärme und umgekehrt 108–112 265 272 298
— doppeltes Maß der mechanischen Bewegung 94–95

Mechanismus
— Mechanismus aufs Leben angewandt ist eine hilflose Kategorie 221
— der Mechanismus kommt nicht aus der abstrakten Notwendigkeit und daher auch nicht aus der Zufälligkeit heraus 221
— mechanischer Determinismus 234
— mechanischer Materialismus 266 270
— nach der herrschenden mechanischen Ansicht gelten alle qualitativen Unterschiede nur so weit für erklärt, als sie auf quantitative reduziert werden können 248
— die Wut, alles auf mechanische Bewegung zu reduzieren, verwischt den spezifischen Charakter der andern Bewegungsformen 264

Mechanismus
— Reduktion der mechanischen Vorgänge auf bloß mechanische ist unstatthaft 268
— die „mechanische" Auffassung erklärt alle Veränderung aus Ortsveränderung, alle qualitativen Unterschiede aus quantitativen 269–270
— Unhaltbarkeit der „mechanischen" Naturauffassung 267–272
— Überwindung der mechanistischen Einseitigkeit des 18. Jahrhunderts 208

Mensch
— der Mensch ist das einzige Tier, das sich aus dem bloß tierischen Zustand herausarbeiten kann 207 bis 208
— im Menschen erlangt die Natur das Bewußtsein ihrer selbst 21
— Scheidung vom Affen 21–22 184 bis 186
— Anteil der Arbeit an der Menschwerdung des Affen 179–190
— der Mensch ist das geselligste aller Tiere 182
— die Menschen machen ihre Geschichte selbst 22–24
— Herrschaft des Menschen über die Natur 190–191
— Einssein des Menschen mit der Natur 191

Mesmerismus 41–44

Metaphysik
— Metaphysik – Wissenschaft der Dinge, nicht der Bewegungen 218
— metaphysische Richtung in der Philosophie 216

Metaphysik
— herrschende metaphysische Denkweise der Naturforscher 65 155 216 222–223 227 228–229 248
— die Newtonsche Attraktion und Zentrifugalkraft als Beispiel metaphysischen Denkens 292
— wenn die Metaphysik den Griechen gegenüber im einzelnen recht behielt, so behielten die Griechen gegenüber der Metaphysik recht im ganzen und großen 35
— Metaphysik des 17. und 18. Jahrhunderts 35
— der metaphysische Charakter des Materialismus des 18. Jahrhunderts 284
— Gedankenlosigkeit der Wolffschen Metaphysik 234
— die metaphysischen Kategorien behalten ihre Gültigkeit für den Hausgebrauch 217 226 229
— „Physik, hüte dich vor der Metaphysik!" 14 223

Methode
— elementare Verfahrungsweisen, die die ordinäre Logik anerkennt 236–237
— die vergleichende Methode 17 19 207
— die Dialektik als einzige der jetzigen Stufe der Naturanschauung in höchster Instanz angemeßne Denkmethode 225–226
— die dialektische Methode 37–38
— alte Methoden erweisen sich als Hemmschuh 312
— die empirische, induktive Methode Bacons 40

Molekül
— das Molekül als Verbindung von Atomen 261
— das Molekül ist von der Körpermasse, der es angehört, qualitativ verschieden 55–56
— wir wissen nicht, ob das physikalische und das chemische Molekül identisch oder verschieden sind 261
— das Molekül zerfällt in seine einzelnen Atome, und diese haben ganz andre Eigenschaften als jene 55
— das Molekül kann man nicht mit dem Mikroskop beobachten 217
— die Molekularbewegung ist Gegenstand der Physik 108
— mit der Molekulartheorie beginnt eine neue Epoche in der Physik 312

Moneren 316 322–323

Monismus 221 268

Natur
— Einheit von Natur und Geist 236
— widernatürliche Vorstellung von einem Gegensatz zwischen Mensch und Natur 191
— die Natur als geschichtlicher Prozeß 252
— die gesamte Natur bewegt sich in ewigem Fluß und Kreislauf 18 bis 19
— in der ganzen Natur herrscht die Dialektik 224
— die ganze uns zugängliche Natur bildet ein System, einen Gesamtzusammenhang von Körpern 62

Natur
— die Natur als System von Zusammenhängen und Vorgängen 211
— in der Natur geschieht nichts vereinzelt 188
— die Natur wirkt nicht ausschließlich auf den Menschen, sondern der Mensch wirkt auch auf die Natur zurück, verändert sie, schafft sich neue Existenzbedingungen 245–246
— das Tier benutzt die äußere Natur bloß, der Mensch beherrscht sie 190
— unsre ganze Herrschaft über die Natur besteht darin, ihre Gesetze erkennen und richtig anwenden zu können 191

Naturalismus 51 112 245–246

Natürliche Auswahl 41 50 271 327

Naturphilosophie 14 36 37 40 51 114 bis 115 220 290 293
— geniale naturphilosophische Intuitionen der Alten 7

Naturwissenschaft
— die anfangs revolutionäre Naturwissenschaft und die später entstandene Vorstellung von einer durch und durch konservativen Natur 12 207
— Verwandlung der Naturwissenschaft aus einer empirischen in eine theoretische Wissenschaft 208–209
— die theoretische Naturwissenschaft verarbeitet ihre Naturanschauung möglichst zu einem harmonischen Ganzen 25

Sachregister

Naturwissenschaft·
— aus der Geschichte der Naturwissenschaft 7–19 195–214
— Naturwissenschaft und Philosophie 31–52 215–223
— Naturwissenschaft und sozialistische Organisation der Gesellschaft 23–24

Nebelfleck 14 19 27–28 66 78–80 254 259 295–297

Negation 235 280 314–315
— in der Geschichte tritt der Fortschritt als Negation des Bestehenden auf 224–225
siehe auch *Gesetz der Negation der Negation*

Nervensystem 21 329

Neukantianismus 54 56 76

Nichts 235 279

Notwendigkeit
— die Empirie der Beobachtung allein kann nie die Notwendigkeit genügend beweisen 244
— der Mechanismus kommt nicht aus der abstrakten Notwendigkeit und daher auch nicht aus der Zufälligkeit heraus 221
zwei metaphysische Auffassungen in der Frage des Verhältnisses von Notwendigkeit und Zufälligkeit 231–234
— Hegel über Notwendigkeit und Zufälligkeit 234
— innere Notwendigkeit 235
— innerer Zusammenhang von Notwendigkeit und Zufälligkeit 229 326
— die Notwendigkeit ist auch dem Zufall inhärent 26

Null 278–280
— Potenzen hoch Null 280

Optik
— die Fortschritte der Optik wurden durch das praktische Bedürfnis der Astronomie hervorgerufen 11

Organische Natur
— Nichtvorhandensein einer unüberschreitbaren Kluft zwischen unorganischer und organischer Natur 17 18
— die Geschichte der Erde als Voraussetzung der Organik 265
— Teil und Ganzes sind schon Kategorien, die in der organischen Natur unzureichend werden 226
— die abstrakte Identität ist in der organischen Natur unanwendbar 227
— in der organischen Natur ist die Kategorie Kraft vollständig unzureichend 301
— die ganze organische Natur ein ununterbrochener Beweis der Identität oder Untrennbarkeit von Form und Inhalt 325

Organismus
— der Organismus ist die höhere Einheit, die Mechanik, Physik und Chemie zu einem Ganzen in sich bezieht 267
— die Bewegungsform im organischen Körper ist verschieden von der mechanischen, physikalischen, chemischen und enthält sie alle aufgehoben in sich 302
— der Organismus ist weder einfach, noch zusammengesetzt, er mag noch so kompliziert sein 227

442 Sachregister

Organismus
— ein organisches Wesen ist nicht als ein mit sich einfach Identisches zu behandeln 227
— der organische Körper hat eine selbständige Reaktionskraft 314
— formlose, undifferenzierte Organismen 322
— Organismen niederer Gattung, Protisten, Pilze, Infusorien 315 bis 316
— Organismen, von denen nicht einmal zu sagen ist, ob sie zum Pflanzenreich oder zum Tierreich gehören 17–18
— lebendige Einheit von Bewegung und Gleichgewicht im Organismus 263
— alle vielzelligen Organismen wachsen aus je einer Zelle heraus 210
— Abstammungstheorie der Organismen 18
— die Entwicklungsgeschichte der Organismen und die Geologie 526

Paläontologie 11 17 196 206 207 218 235 236

Periodisches System der Elemente 59 bis 60 269

Pflanze
— Entstehung der ersten Pflanzen 21 523–525
— einzellige Pflanzen 525
— Veränderung der Pflanzen durch den Menschen 189

Philosophie
— die Philosophie rächt sich posthum an der Naturwissenschaft dafür, daß diese sie verlassen hat 217

Philosophie
— die heutigen Naturforscher sind Halbwisser auf dem Gebiet der Theorie, auf dem Gebiet dessen, was bisher als Philosophie bezeichnet wurde 31
— Notwendigkeit des Studiums der Philosophie für die Ausbildung der Anlage zum theoretischen Denken 32
— die theoretischen Naturforscher müssen sich mit der dialektischen Philosophie in ihren geschichtlich vorliegenden Gestalten näher beschäftigen 34–35
— zwei philosophische Richtungen 216
— naturwissenschaftliche Erfolge der Philosophie 217
— der Philosoph wird vom Naturforscher bestätigt 262
— Unsinn, entstanden aus dem Dualismus zwischen Naturwissenschaft und Philosophie 219
— die, die am meisten auf die Philosophie schimpfen, sind Sklaven grade der schlechtesten vulgarisierten Reste der schlechtesten Philosophien 222
— die Naturforscher mögen sich stellen, wie sie wollen, sie werden von der Philosophie beherrscht 223
— erst wenn Natur- und Geschichtswissenschaft die Dialektik in sich aufgenommen, wird all der philosophische Kram – außer der reinen Lehre vom Denken – überflüssig 223
— Vulgärphilosophie 270

Sachregister

Phlogiston 11 38-39
Physik
— die Physik als die Mechanik der Moleküle 56 61 108-110 267 bis 270 272 311
— physikalische Bewegungsformen 20
— geozentrischer Charakter unserer Physik 252-255
— Scheidung der Physik von der Chemie 196
— gewaltige Fortschritte in der Physik, deren Resultate im Jahr 1842 von Mayer, Joule und Grove zusammengefaßt wurden 16
— neue Epoche in der Physik 312
— Physik und Metaphysik 14 223
Physiologie
— die Physiologie ist die Physik und besonders die Chemie des lebenden Körpers, aber damit hört sie auch auf, speziell Chemie zu sein 273
— je weiter die Physiologie sich entwickelt, desto wichtiger wird für sie die Betrachtung des Unterschieds innerhalb der Identität 227
— die Physiologie faßt den Tod als wesentliches Moment des Lebens auf 314
Pol 64-65 70 216 229-230
— alle polaren Gegensätze überhaupt sind bedingt durch das wechselnde Spiel der beiden entgegengesetzten Pole aufeinander 64-65
Polarität, Polarisation 70 161-162 221 224 226 230 241
— die dialektische Natur des polaren Gegensatzes 65

Politische Ökonomie 4 99 330-332
— die klassische politische Ökonomie als Sozialwissenschaft der Bourgeoisie 193-194
Positiv und negativ 73 224 226 229 bis 230 236
— Umschlagen des Positiven ins Negative 230
Praxis, praktische Tätigkeit der Menschen 11 110-111 195-196 202 bis 205 244-246
Produktion
— die Produktion hob die Menschen aus der Tierheit zur Menschheit empor und bildet die materielle Grundlage aller ihrer übrigen Tätigkeiten 23
— Produktion bei Tieren 22 328 bis 329 330
— natürliche und gesellschaftliche Wirkungen der menschlichen Produktionshandlungen 190-194
— erst eine bewußte Organisation der gesellschaftlichen Produktion kann die Menschen ebenso in gesellschaftlicher Beziehung aus der übrigen Tierwelt herausheben, wie dies die Produktion überhaupt für die Menschen in spezifischer Beziehung getan hat 23-24
— Fortschritte der Naturwissenschaft und die Produktion 191
— Entstehung und Entwicklung der Wissenschaften durch die Produktion bedingt 195-197
— Produktion und Kampf ums Dasein 328-329
Protisten 18 21 315 318 323-325
Protoplasma 18 21 189 210 219 273
Pythagoräer 199-200

Qualität
— es existieren keine Qualitäten, sondern nur Dinge mit Qualitäten 247
— verschiedene qualitative Daseinsweisen der allgemeinen Materie 312–313
— jede Qualität hat unendlich viele quantitative Gradationen 247
— der Metaphysik gelten Qualität und Quantität als absolut verschiedene Kategorien 248
— in der Mechanik kommen keine Qualitäten vor 56
— qualitative Änderungen, deren Bedingtheit durch quantitative Veränderung keineswegs erwiesen ist 269–270
— das Verhältnis von Qualität und Quantität ist reziprok 269–270
— die Unzerstörbarkeit der Bewegung kann nicht bloß quantitativ, sie muß auch qualitativ gefaßt werden 25 304
siehe auch *Gesetz des Umschlagens von Quantität in Qualität und umgekehrt*

Quantität
— selbst so einfache Verhältnisse, wie die der bloßen abstrakten Quantität, nehmen eine vollkommen dialektische Gestalt an 216
— die Zahl ist die reinste quantitative Bestimmung, aber sie steckt voll qualitativer Unterschiede 275–277
siehe auch *Gesetz des Umschlagens von Quantität in Qualität und umgekehrt*

Raum
— der Raum ist eine Existenzform der Materie 251
— Unendlichkeit des Raums 252 285–286
— die Vorstellung vom absolut leeren Weltraum 306
— die „vierte Dimension" des Raumes 49–52

Reduktion
— man kann nicht alles auf mechanische Bewegung reduzieren 264
— Reduktion der chemischen Vorgänge auf bloß mechanische verengert ungebührlich das Feld der Chemie 268

Reibung
— Reibung und Stoß 90–92 105 108 272–273 298 311
— Flutreibung 5 14 36 100–107 297

Religion
— die Religion ist das phantastische Spiegelbild der menschlichen Dinge im menschlichen Kopf 187
— Naturforscher und Religion 9–10 205–206 213–214

Repulsion
— Attraktion und Repulsion als Grundformen der Bewegung 63 bis 81
— Attraktion und Repulsion als Wesen der Materie 259–260
— Repulsionsbewegung oder sogenannte Energie 80
— Attraktion und Repulsion sind nicht als „Kräfte" zu fassen 64
— Verwendung der Kategorie Repulsion in der Physik 301

Sachregister 445

Repulsion
— die Repulsion ist die eigentlich aktive Seite der Bewegung 305
— mechanische Repulsion 263
— Verwandlung von Massenrepulsion in Molekularrepulsion 69
— chemische Repulsion 224
— elektrodynamische Repulsion 122
— die Wärme als eine Form der Repulsion 69-70
— Umschlag der Repulsion in Attraktion und umgekehrt 260

Revolution
— Revolution von 1848 33 208
— sozialistische Revolution, ihre Unumgänglichkeit 23-24 192-193 329
— Revolution in der Epoche der Renaissance 7-9 205
— bürgerliche religiöse Revolution 203

Rotation
— einfache Rotation 292-293
— Rotation notwendig bei allen im Weltraum schwebenden Körpern 293
— Hypothese über den Ursprung der Rotation 66
— Rotation der Erde und Flutreibung 14 100-107 297

Schluß
— Schlußformen 237 240-242
— der Schluß polarisiert in Induktion und Deduktion 241
— die Entwicklung des Schlußvermögens wirkte auf Arbeit und Sprache zurück 184

Schuppenmolch 17 238

Schwere, Schwerkraft 67-69 78-79 211 254 259-260 263 313
Sein und Denken 284 291
Skeptizismus 244-245 257-258
— skeptisches Verhalten der exklusiven Empirie gegen die Resultate des gleichzeitigen Denkens 142
Sozialismus 225
— sozialistische Revolution 192 bis 193 329
— sozialistische Organisation der Gesellschaft 23-24
Spiritismus 40-52
Spontane Zeugung 315-316 321-323
Sprache
— Entstehung der Sprache aus und mit der Arbeit 182-184
Sprünge
— in der Natur gibt es keinen Sprung, eben weil die Natur sich aus lauter Sprüngen zusammensetzt 289
Stoff
— Gegenstand der Naturwissenschaft ist der sich bewegende Stoff 264-265
— der Stoff, die Materie ist nichts andres als die Gesamtheit der Stoffe, aus der dieser Begriff abstrahiert 251
Stoffwechsel 321-323
Substanz 236 246
Synthese
— Analyse und Synthese 236-237 242
— Synthese bei den Tieren 236-237

Teil siehe *Ganzes*
Teilbarkeit
— die Materie ist teilbar und kontinuierlich 261

Teilbarkeit
— jeder Körper ist praktisch innerhalb gewisser Grenzen teilbar 261

Teleologie 13 207 221–222 271

Theologie 9–10 12 142 232

Theorie
— Theorie und Empirie 220
— die Geringschätzung der Theorie ist der sicherste Weg, falsch zu denken 51
— die heutigen Naturforscher sind Halbwisser auf dem Gebiet der Theorie 31
— eine Nation, die auf der Höhe der Wissenschaft stehn will, kann nun einmal ohne theoretisches Denken nicht auskommen 33–34
— der Schaden falscher Theorien 112 244

Tier
— in welchem Sinne haben die Tiere eine Geschichte 22
— Produktion bei Tieren 22 328 bis 329 330
— soziale Anläufe bei Tieren 330
— Fähigkeit planmäßiger Handlungsweise bei Tieren 189–190
— Verstandstätigkeit bei Tieren 236–237
— Zähmung von Tieren 110 186–187

Trigonometrie 281 283

Unendlichkeit
— schlechte Unendlichkeit 217 250 252–253
— der unendliche Progreß bei Hegel 253

Unendlichkeit
— das unendlich Große und das unendlich Kleine in der Mathematik 276
— Urbilder des Mathematisch-Unendlichen in der wirklichen Welt 283–290
— Wechselbeziehungen zwischen dem Endlichen und dem Unendlichen 248–251 253
— das Unendliche ist ebenso erkennbar wie unerkennbar 250

Universum 252 261 271

Urteil 237–240
— die Tatsache, daß die Identität den Unterschied in sich enthält, ausgesprochen in jedem Satz, wo das Prädikat vom Subjekt notwendig verschieden 228

Veränderung
— Veränderung überhaupt 264
— Veränderung, d. h. Aufhebung der abstrakten Identität mit sich 228
— quantitative und qualitative Änderungen 54–59 269–270

Vererbung
— Widerstreit von Vererbung und Anpassung 224 326–327
— Vererbung erworbener Eigenschaften 284
— die uns so vorkommende Selbstverständlichkeit der mathematischen Axiome ist angeerbt 274
— die Rolle der Vererbung in der Entwicklungsgeschichte der Arbeit 181

Sachregister

Vernunft
— die Vernunft kann nicht widernatürlich sein 236
— im Verhältnis, wie der Mensch die Natur verändern lernte, in dem Verhältnis wuchs seine Intelligenz 245

Verstand
— Verstand und Vernunft 236–237
— verständige Denkbestimmungen 226

Vielheit der Welten 27

Wandelbarkeit
— die Lehre von der Wandelbarkeit der Arten 15

Wärme
— die Wärme als Bewegungsform der Materie 16 54–55 108–112 119 239–240 246 500
— die Wärme ist eine Form der Repulsion 69–70 79–80 260
— mechanisches Äquivalent der Wärme 16 119 124 209
— mechanische Wärmetheorie 33 38–39 254 331
— man kann sich nicht mit der Behauptung begnügen, daß die Wärme eine gewisse Ortsveränderung der Moleküle ist 269
— strahlende Wärme 109 209
— Unhaltbarkeit der Lehre vom Wärmetod des Weltalls 24–28 292 303–304

Wechselwirkung
— Wechselwirkung ist das erste, was uns entgegentritt, wenn wir die sich bewegende Materie im ganzen und großen betrachten 246

Wechselwirkung
— Wechselwirkung der Bewegung des Universums 188 271
— die gegenseitige Einwirkung der Körper aufeinander ist eben die Bewegung 62
— Wechselwirkung toter Naturkörper und Wechselwirkung lebender Wesen 328
— Wechselwirkung von Quantität und Qualität 269–270
— Wechselspiel von Attraktion und Repulsion 64–69
— Wechselwirkung zwischen Chemismus und Elektrizität 174–175
— die Wechselwirkung schließt jedes absolut Primäre und absolut Sekundäre aus 175
— Wechselwirkung von Identität und Unterschied 229
— Hegel über Wechselwirkung 246 259 330

Werkzeug
— das Werkzeug bedeutet die spezifisch menschliche Tätigkeit 22
— die Arbeit fängt an mit der Verfertigung von Werkzeugen 185
— die ältesten Werkzeuge waren Werkzeuge der Jagd und des Fischfangs 185–186
— Erfindung des Werkzeugs 110
— Tiere mit Handwerkszeug 330

Wesen
— Wesen und Schein 216
— Hegel über Wesensbestimmungen 226
— Unhaltbarkeit der Vorstellung, daß wir das Wesen der Dinge nicht erkennen können 256–257

Sachregister

Wesen
— das Wesen der Materie ist Attraktion und Repulsion 259–260

Widerspiegelung
— die Wissenschaften als Spiegelbilder der Bewegungsformen der Materie 266
— die Dialektik des Kopfs ist nur Widerschein der Bewegungsformen der realen Welt, der Natur wie der Geschichte 216
— die subjektive Dialektik ist nur Reflex der in der Natur sich überall geltend machenden Bewegung in Gegensätzen 224
— mathematische Gedankendinge sind Abklatsche der Realität 228
— Urbilder mathematischer Begriffe in der wirklichen Welt 283–290
— die Religion ist das phantastische Spiegelbild der menschlichen Dinge im menschlichen Kopf 187

Widerspruch 15 16 65 142–143 157 176–177 216 290 293
— Entwicklung durch den Widerspruch oder Negation der Negation 3
— contradictio in adjecto 170

Wirbeltiere 21 242–243 322 326 329

Wirkung und Gegenwirkung 74 77

Wissenschaft
— wie eine Bewegungsform sich aus der andern entwickelt, so müssen auch ihre Spiegelbilder, die verschiednen Wissenschaften, eine aus der andern mit Notwendigkeit hervorgehn 266
— jede Wissenschaft ist eine historische Wissenschaft 52

Wissenschaft
— Wissenschaft und Produktion 195 bis 197
siehe auch *Klassifizierung der Wissenschaften*

Zahl 275–280 285
— die Zahl bei Pythagoras 199 272

Zeit
— die Zeit ist eine Existenzform der Materie 251
— erfüllte Zeit 252

Zelle
— die Zelle ist die Grundform fast aller Lebensentwicklung 19
— die Zelle entstand aus formlosem Eiweiß 21
— mit der ersten Zelle war auch die Grundlage der Formbildung der ganzen organischen Welt gegeben 21
— Oken entdeckt auf dem Gedankenweg das Protoplasma und die Zelle 219
— Entdeckung der Rolle der organischen Zelle durch Schwann und Schleiden 209–210
— die Eizelle 21
— Bedeutung der Entdeckung der Zelle für die Entwicklung der Morphologie und Physiologie 196 bis 197
— jede Zelle ist in jedem Augenblick ihres Lebens identisch mit sich und doch sich von sich selbst unterscheidend 227–228
— die Zelle mit permanenter Zellhaut 324
— Verbindung mehrerer Zellen zu einem Körper 325

Zelle
— die Traubeschen „künstlichen Zellen" 322

Zoologie 11 17–18 195 196 234

Zufälligkeit
— die Zufälligkeit faßt sich in Notwendigkeit zusammen 236
— der Mechanismus kommt nicht aus der abstrakten Notwendigkeit und daher auch nicht aus der Zufälligkeit heraus 221
— zwei metaphysische Auffassungen in der Frage des Verhältnisses von Notwendigkeit und Zufälligkeit 231–234
— Hegel über Notwendigkeit und Zufälligkeit 234
— der Darwinismus und das Problem der Zufälligkeit 234–235 326
— innerer Zusammenhang von Notwendigkeit und Zufälligkeit 229 326
— die Notwendigkeit ist auch dem Zufall inhärent 26

Zusammenhang
— die ganze uns zugängliche Natur bildet einen Gesamtzusammenhang von Körpern 62
— Zusammenhang der Einzelbewegungen einzelner Körper unter sich 244
— Gesamtzusammenhang der Naturerscheinungen 55 246–247
— der allgemeine Entwicklungszusammenhang in der Natur 266
— die Dialektik als Wissenschaft des Gesamtzusammenhangs 3 53
— in der theoretischen Naturwissenschaft sind die Zusammenhänge nicht in die Tatsachen hineinzukonstruieren, sondern aus ihnen zu entdecken 37
— die Systematisierung der Naturwissenschaft kann nicht anders gefunden werden als in den Zusammenhängen der Erscheinungen selbst 272

Zweck
— Zweck und Resultat der Tätigkeit der Menschen 22–24 190–193
— der innere Zweck bei Kant und Hegel 221–222
— der innere Zweck ist eine ideologische Bestimmung 222
siehe auch *Causae finales*, *Teleologie*

INHALT

Vorwort V

DIALEKTIK DER NATUR

[Planskizzen]

[Skizze des Gesamtplans] 3
[Skizze des Teilplans] 5

[Artikel]

Einleitung 7
Alte Vorrede zum „[Anti-]Dühring". Über die Dialektik 29
Die Naturforschung in der Geisterwelt 40
Dialektik 53
Grundformen der Bewegung 61
Maß der Bewegung. — Arbeit 82
Flutreibung. Kant und Thomson-Tait 100
Wärme 108
Elektrizität 113
Anteil der Arbeit an der Menschwerdung des Affen 179

[Notizen und Fragmente]

[Aus der Geschichte der Wissenschaft] 195
[Naturwissenschaft und Philosophie] 215
[Dialektik] 224

[a) Allgemeine Fragen der Dialektik. Grundgesetze der Dialektik] 224
[b) Dialektische Logik und Erkenntnistheorie. Von den „Grenzen der Erkenntnis"] 236
[Bewegungsformen der Materie. Klassifizierung der Wissenschaften] 259
[Mathematik] 274
[Mechanik und Astronomie] 292
[Physik] 298
[Chemie] 312
[Biologie] 314

Anmerkungen und Register

Anmerkungen 335
Chronologisches Verzeichnis der Fragmente und Artikel 397
Literaturverzeichnis 402
Namenverzeichnis 410
Sachregister 422

In der Bücherei des Marxismus-Leninismus

sind von Friedrich Engels ferner erschienen:

Band 1   *Karl Marx/Friedrich Engels* · Manifest der Kommunistischen Partei
                  6. Auflage · XXXVII, 89 Seiten · Broschiert –,80 DM
                                          Halbleinen 1,75 DM

Band 3   *Friedrich Engels* · Herrn Eugen Dührings Umwälzung der Wissenschaft („Anti-Dühring")
                  5. Auflage · XXIV, 527 Seiten · Halbleinen 4,50 DM

Band 5   *Karl Marx/Friedrich Engels* · Revolution und Konterrevolution in Deutschland
                  2. Auflage · 171 Seiten · Halbleinen 2,25 DM

Band 8   *Karl Marx/Friedrich Engels* · Die Revolution von 1848 Auswahl aus der „Neuen Rheinischen Zeitung"
                  Vergriffen · Neuauflage in Vorbereitung

Band 11   *Friedrich Engels* · Der Ursprung der Familie, des Privateigentums und des Staats
                  4. Auflage · 199 Seiten · Halbleinen 2,80 DM

Band 16   *Friedrich Engels* · Der deutsche Bauernkrieg
                  6. Auflage · 198 Seiten · Halbleinen 3,– DM

Band 30   *Friedrich Engels·* Die Lage der arbeitenden Klasse in England
                  2. Auflage erscheint im Frühjahr 1952

DIETZ VERLAG BERLIN